北京城市文化活力研究

何丹　张宝秀　著

——基于多源数据的综合评价与提升策略

中国社会科学出版社

图书在版编目（CIP）数据

北京城市文化活力研究：基于多源数据的综合评价与提升策略／何丹，张宝秀著 . —北京：中国社会科学出版社，2023.8
ISBN 978 - 7 - 5227 - 2457 - 7

Ⅰ.①北…　Ⅱ.①何…②张…　Ⅲ.①城市文化—文化研究—北京　Ⅳ.①G127.1

中国国家版本馆 CIP 数据核字（2023）第 155140 号

出 版 人　赵剑英
责任编辑　吴丽平　胡安然
责任校对　吴焕超
责任印制　李寡寡

出　　　版　中国社会科学出版社
社　　　址　北京鼓楼西大街甲 158 号
邮　　　编　100720
网　　　址　http://www.csspw.cn
发 行 部　010 - 84083685
门 市 部　010 - 84029450
经　　　销　新华书店及其他书店

印刷装订　三河市华骏印务包装有限公司
版　　　次　2023 年 8 月第 1 版
印　　　次　2023 年 8 月第 1 次印刷

开　　　本　710×1000　1/16
印　　　张　32
插　　　页　2
字　　　数　523 千字
定　　　价　168.00 元

目　　录

前　言

　　文化是民族的精神命脉，文化自信是更基础、更广泛、更深厚的自信，是一个国家、一个民族发展中最基本、最深沉、最持久的力量。文化的繁荣发展，关系着每个人的获得感、幸福感。北京是世界著名古都，有着3000多年建城史、870年建都史，文化资源富集、人才荟萃，丰富的历史文化是一张金名片，是中华文明源远流长的伟大见证。1949年以来，文化中心一直是北京重要的首都功能。《北京城市总体规划（2016年—2035年）》提出，要把北京建设成为具有高度包容性和亲和力，充满人文关怀、人文风采和文化魅力的中国特色社会主义先进文化之都，到2035年成为彰显文化自信与多元包容魅力的世界文化名城，到2050年成为弘扬中华文明和引领时代潮流的世界文脉标志的总体目标。其中，特别提出要活化北京的地域文化，激发区域文化活力，服务全国文化中心建设。党的十九大对文化建设作出全面部署，提出要坚持中国特色社会主义文化发展道路，激发全民族文化创新创造活力，建设社会主义文化强国。习近平总书记在党的二十大报告中指出，要推进文化自信自强，铸就社会主义文化新辉煌。《北京市推进全国文化中心建设中长期规划（2019年—2035年）》提出，到2035年全面建成中国特色社会主义先进文化之都。

　　"十四五"时期是北京落实首都城市战略定位，建设国际一流的和谐宜居之都的关键时期，也是北京文化高质量发展、高品质推进世界文化名城建设的重要五年。文化活力与居民精神文化生活体验、北京地域文化名片打造、全国文化中心建设、文化产业活力激发有着千丝万缕的联系。随着现代城市快速发展，城市活力定量评价逐渐成为当前热议话题之一，但指标体系建立多站在客观物质环境角度，缺少结合使用者生理、心理需求的主观评价研究。而文化活力理论研究仍处于探索阶段，实证研究定性居多，少见定量综合评价研究，也缺乏全面系统的评价指标体系参考，更欠缺对科学理论研究方法框架的深刻挖掘。本书采用客观和主观指标相结合，运用多源数据与大数据分析，基于表征北京全国文化中心文化活力内涵的多个要素建立评价指标体系，构建文化活力综合指数模型，整体评价北京城市文化活力，识别文化活力中心类型及等级，并总结不同活力中心空间特征及差异，提出相应的文化活力提升和优化策略，为今后城市文化建设和管理提供一定借鉴和参考。期待研究成果能够助力北京文化事业、文化产业及相关产业高质量发展和提升。

在 21 世纪的今天，人类观测地球的技术已经大幅提升，获取相关数据的来源日益多样，处理大规模数据的手段层出不穷、效率不断提升。地理大数据的挖掘与处理为人们定量分析地表要素提供了契机，当前地理实体要素的空间分布已不能满足研究需求，人们的主观认知评价受到日益广泛的关注。因此，地理实体要素的客观存在 + 主观认知，是当前借助大数据开展地理分析的前沿领域。大数据在城市空间研究方面已广泛应用，但综合使用多源数据融合分析的研究和实践成果较为少见。跟随当前地理大数据来源与处理水平的提升趋势，本书借助多源大数据对北京城市文化活力采取定量监测评价，这是一个创新的尝试，将新技术应用于文化活力研究之中。

首先，本书对城市活力和城市文化活力概念和研究进展展开综述，为后续研究方法、研究理论打下基础；对北京历史文化资源、文化产业、文化活动、文化设施、文化发展政策等北京文化发展建设格局与现状进行归纳整理。其次，通过大众点评、马蜂窝、去哪儿、携程等网站获取 2016—2019 年的评论内容，进行游客的文化感知分析，采用调查问卷获取人们的文化感知情况，对北京老城文化精华区的文化感知及差异进行分析和评价；同时采用 2019 年的新浪微博数据，对构成首都文化的四类文化（古都文化、京味文化、红色文化、创新文化）的感知进行分析和挖掘。再次，从大众点评网、天眼查企业数据库、百度、北京文旅局网站、北京市文物局网站、豆瓣同城网、微博等网络平台获取多源大数据，包括文化设施、文化产业、文化活动等分布和评价评分数据，选择文化资源分布、文化产业分布、文化活动服务、文化设施服务、文化设施分布、文化功能布局、文化感知分布和文化感知情绪共 8 个一级指标并构建评价体系，采用熵权 + TOPSIS 法得到格网尺度和街道乡镇尺度的文化活力综合指数的空间分布特征。

主要研究结论如下：在格网尺度上，分为市域和城六区两种尺度。在市域尺度，北京城市文化活力高值区在五环以内形成了以老城为主核心，海淀中关村、朝阳望京、三里屯、双井四大副核心的空间结构；在郊区也已经出现大兴亦庄、房山长阳、通州宋庄、昌平回龙观等较多新的核心。在城六区尺度，城市文化活力空间分布结构呈现无明显大规模中心的特征，高值区的空间结构是老城为主核心 + 望京、双井、中关村、常营的副核心，在老城以面状结构为主，在老城以外以零散的点状分布结构为主。在街道乡镇尺度上，文化活力高值区集聚于老城，如东华门街道、大栅栏街道等。

最后，本书提出提升和优化北京城市文化活力策略：一是在整体上提升文化供给的多样性；二是活化历史文化资源，利用新技术开展文化活动、创新表现形式；三是针对郊区文化活力的低值区做好谋划，提升基层文化活力，协调北京城乡文化活力差异。本书还提出了文化活力相应的未来提升路径。

总之，本书基于北京城市文化活力要素的相关数据，对城市文化活力空间分布特征展开探索，以格网、街道单元为基本尺度，研究文化活力及其影响因素，并尝试探索城市文化活力定量评价方法，以期为提升和优化城市文化活力提供新思路。从多个研究视角对北京城市文化设施点空间分布特征进行分析，有助于推进北京地区文化建设并探索文化活力营造与复兴的途径。本书尝试构建城市文化活力的评价体系，采用大数据获取的方法确定活力影响因素，针对不同城市文化活力因素进行量化评价。由于国内学者对于城市文化活力的研究主要是注重构建评价模型，而忽略"人"这一文化活力的重要因素，模型并不能全面反映城市的文化活力。因此，本书基于人的主观感知评价的多源数据，丰富城市文化活力评价指标，构建城市文化活力评价体系，分析城市文化活力在市域空间分布的状况，更好地促进城市文化活力的空间公平化。在此研究基础上，以北京市为研究区域，综合全面地考虑北京文化资源、产业、活动、设施的数量、多样性以及人的主观感知等具体评价指标，以揭示北京城市文化活力的整体空间特征以及各要素的空间分布特征，全面深刻地剖析北京城市文化活力的空间结构。

第一章　城市活力与城市文化活力

第一节　城市与城市文化

文化是国家和民族之魂，也是国家治理之魂。没有社会主义文化繁荣发展，就没有社会主义现代化。"十四五"时期是我国推进社会主义文化强国建设、挖掘和创新中华文化的关键时期。进入新发展阶段，贯彻新发展理念，构建新发展格局，推动高质量发展，文化是重要内容，文化是重要支点。顺应我国社会主要矛盾的历史性变化，满足人民日益增长的美好生活需要，促进人的全面发展，文化是重要因素。迎接新一轮科技革命浪潮，推动发展质量变革、效率变革、动力变革，文化是重要领域。实现中华民族伟大复兴，战胜前进道路上各种风险挑战，文化是重要力量源泉。应对世界百年未有之大变局在错综复杂国际环境中化解新矛盾、迎接新挑战、形成新优势，文化是重要软实力。

城市作为地区的经济发展中心，承载着其所在区域历史文脉、文化传统的传承重担。城市文化内涵是城市居民产生文化认同感、地区归属感的本质动力，是城市打造特色品牌的精神支撑。城市文化在城市环境塑造中起着与众不同的效用，它不仅影响着城市整体人文环境，还通过建筑、街区景观、文化设施等城市实体构筑物营造地域城市文化氛围。每一座城市都生活着不同的居住群体，不同的居住群体便具有迥异的文化特点，具体表现为不同的日常生活起居习惯、不同的文化娱乐活动、不同的地方文化风俗，并逐渐发展演化为这座城市根深蒂固的文化精神。每一座城市都需要其独特的文化象征，如果这个城市缺少其独有的历史文化内涵和地域文化特色，便会成为一处缺乏文化底蕴和文化生机活力的文化沼泽。

城市是一个承载着居民生活、生产等各种活动的有机实体，而城市文化便是这个有形实体运转的无形内在动力。一座城市的文化就是城市的精神支柱，文化可以让钢筋混凝土筑成的城市焕发生气。城市文化是一个多层次的、综合的、复杂的统一体，包括物质文化、制度文化和精神文化（严淑华等，2020）。城市文化隐藏在城市的各个角落中，不仅仅是展现在有形的、可见的古建遗址、小品雕塑、服饰美食中，还蕴含在各种风俗传统、生活方式、方言俗语中。这些五彩斑斓的文化碎片共同构筑成城市的灵魂，见证着城市的沧海桑田，描绘着城市的日新月异，是城市不断有机发展和可持续发展的基础。城市文化活力便是城市的历史遗迹、风俗礼仪、品牌形象以及生活方式的集大成体现。城市文化是城市活力的潜在源动力，只有传承城市历史文化脉络，彰显城市精神，才能实现城市永续发展。城市文化是城市发展的内在动力，它为城市经济发展和社会进步提供了源源不断的精神活力。

自 20 世纪 60 年代以来，城市化快速推进，大中小城市社会经济飞速发展，城市文化在传统历史文化、创新科技文化等方面展现出多维度的蓬勃生机。但是，近些年来，伴随着城市边界无限制地向外扩张和全球化的发展，城市的文化面临着地域性、独特性不断丧失的局面。我国城镇化的推进使城市建设用地不断增加，各地建筑高楼拔地而起，让城市空间呈现出缺乏生机活力的千城一面的状况。部分城市在追求城市经济发展的过程中忽视了城市文化建设，纷纷在城市中心建设中央商务区（CBD），把建设超高层建筑视为城市经济发展迅速的象征，在老城、旧城区域采用大拆大建的方式开发房地产。然而，这些大同小异的高楼建筑耸立在城市中心，并不能很好地展现城市的经济水平和文化品牌，反而是严重破坏了城市原有的历史街道肌理，使城市景观缺少地域文化特色。忽略对城市历史文化建筑保护和传承的城市建设，将导致该地区独特的历史文化资源、传统街道民居被统一规划的高楼建筑所覆盖，丧失城市原有的地域风貌和文化底蕴。城市文化的传承与弘扬也面临着巨大挑战，城市公共文化空间缺乏地域文化特色已成常态。城市文化内涵的缺失，带来了城市居民文化认同感和文化立场的危机。城市不仅仅是一个钢筋混凝土筑成的物质环境，而且是需要为城市居民提供精神层面的良好文化环境，对城市文化活力的隐性影响因素进行探索和提炼，对城市文化活力进行综合评价并提出文化活力提升和优化策略，可以助力推动更多的居民主动参与城市文化发展建设，并进而转化为居民的文化自信、文化认同与文化归属感。

　　为提升城市文化活力，国家逐步推出多项政策措施，党的十九大对文化建设作出全面部署，提出要坚持中国特色社会主义文化发展道路，激发全民族文化创新与创造活力，建设社会主义文化强国。2020 年 4 月 9 日，中共北京市委发布《关于新时代繁荣兴盛首都文化的意见》，提出"传承发展源远流长的古都文化、丰富厚重的红色文化、特色鲜明的京味文化、蓬勃兴起的创新文化"。同日，北京市推进全国文化中心建设领导小组发布《北京市推进全国文化中心建设中长期规划（2019 年—2035 年）》，其中"活力"一词被提及 30 次，提出要"激发全社会参与全国文化中心建设的创新创造活力"。2021 年 10 月 25 日，北京市文化和旅游局编制印发了《北京市"十四五"时期文化和旅游发展规划》，指出全力构建新发展格局，围绕做好首都文化这篇大文章，立足古都文化、红色文化、京味文化、创新文化的基本格局和"一核一城三带两区"总体框架，助力北京建设成为弘扬中华文明与引领时代潮流的中国特色社会主义先进文化之都、文化名城。通信技术、对地观测技术等快速发展，为地理大数据的挖掘和分析提供了基础。2022 年 8 月 16 日，中共中央办公厅、国务院办公厅印发了《"十四五"文化发展规划》，提出在新的历史起点上进一步推动社会主义文化繁荣兴盛，建设社会主义文化强国。同时，相关高效处理技术随之诞生，地理大数据的应用是当前地理学发展的主要趋势。因此，结合北京城市文化活力建设的紧迫性、必要性以及地理大数据应用的大背景，提出如下的科学问题：多源地理大数据支撑下，如何构建文化活力指数模型来综合评价北京的城市文化活力，北京城市文化活力当前建设进展如何，还有哪些需要提升优化的地方？

　　伴随着城市文化建设的快速推进，文化活力研究已成为学术界关注的热点。我国城市正处于快速发展阶段，而城市文化活力是评价一个城市的内在文化底蕴和动力的重要指标，对于城市文化活力的研究与探讨具有深刻的现实意义。系统性地分析和研究城市文化活力并构建定量评价体系，对于城市文化塑造和城市品牌形象树立有着相当重要的作用。基于多源大数据对城市文化活力进行系统性的研究，能够了解文化活力研究中遇到的概念抽象、评价结果难以应用、活力评价难以定量化等问题。对城市文化活力进行定量评价，并研究城市文化活力的时空演变，将更加直观地显示文化活力的空间分布状况，并进一步分析地域间文化活力的差异，结合文化活力地图可以看出活力值在空间上的增长与活力区域的扩张情况，有助于城市规划决策者挖掘重点需要提升文化活力的区域，从而为城市文化发展和规划实践出谋划策。在大数据背景下对北京城市文化活力进行定量评价，对于推动全国文化中心建设有着重要的实践意义。

在文献综述基础上对国内外城市文化活力研究进行分析，梳理该研究领域的前沿观点和方向，在大数据背景下，利用多源大数据对北京城市文化活力进行定量评价，尝试从多个研究视角对城市的文化活力空间状况进行分析，这对于研究城市文化表征因素以及各因素与城市文化活力之间的关系有着重要意义。多源大数据分析的尝试有助于丰富城市文化活力指标体系的指标多样性，突破传统的指标数据源限制，是一次大数据应用于城市文化活力研究的初步尝试。

第二节　城市活力

随着中国社会经济的稳步发展，居民的生活水平也在不断提高，人们对于美好生活的向往日益增进。城市生活是城市活力研究的基础，城市生活可分为经济生活、社会生活、文化生活，因而对城市活力的研究可分解为对经济活力、社会活力、文化活力的分析。经济活力是城市活力的基础，是城市活力的驱动力，它代表了当代城市应有的高效性、物质的丰富性以及经济空间的活跃性，是产生现代城市活力的前提；而社会活力是城市活力的核心，是城市活力的具体表现形式；文化活力则是城市活力的内涵品质要求。活力城市是一个城市发展质量的综合表现形态。

一　城市活力概述

城市发展的历史已经超过了 4000 年。18 世纪以后，城市进入了快速发展阶段。自后工业时代以来，以英国索尔福德市为代表的全球许多城市，出现了生活氛围、生活质量不同程度的下降，给居民造成了很大的困扰，引起了城市学者、政府当局的关注，在学术界这一城市现象也进入讨论的范畴。《2022 年世界城市报告：展望城市未来》（https：//new. qq. com/rain/a/20221106A06FNP00）显示，在未来 30 年，世界城市化步伐将继续加快，预计到 2050 年，世界城市化率将从 2021 年的 56% 提高到 68%。这意味着城市居民人口将增加 22 亿人，这些人口主要分布在非洲和亚洲。

全世界都在关注最大程度提高人口聚集的利益的同时，最大程度地减少环境恶化以及不断增长的城市人口带来的其他潜在不利后果，经济、社会和环境领域的可持续城市化是成功发展城市的关键。城市的活力、创新和弹性深刻影响着城市的可持续性。城市活力是另外两个要素的基石：一个宜居、充满活力的城市为人们提供了与城市空间相关的良好情感体验和心理感受，这对于他们的创新或创造力至关重要（Montgomery，1998）。活力充沛为城市带来了韧性和繁荣，使其能够应对内部和外部的不利事件（Dale 等，2010）。城市活力是全面、协调和可持续的城市发展的动力（Li 等，2016）。各国政府越来越多地认识到创建、维护和提高城市活力的关键需求，将城市活力作为指导规划和治理的组织概念。城市活力带来各种好处，例如均衡当地设施的空间布局、塑造多中心城市区域、促进社会互动之间的牢固联系、改善城市生活质量、吸引人才和资本以及增强经济竞争力（Van Lenthe 等，2005）。城市在缺乏活力的情况下，一系列的社会问题，包括经济停滞、土地浪费、人才流失和资本外逃，严重阻碍了城市健康和有序地发展（Woodworth、Wallace，2017）。

总而言之，城市活力作为一个衡量标准，衡量城市的吸引力和竞争力，所以它被认为是城市发展的驱动因素。城市空间的质量和城市活力逐渐开始受到广泛的关注，许多学者都认为营造更具有活力的城市空间、城市要素，对于提升城市生活氛围可能具有显著的作用。于是，城市活力的概念被反复提起，并且已有较为深入的研究。

（一）概念内涵

美国社会学家简·雅各布斯（Jane Jacobs）在 1961 年首先提出了城市活力的概念，她认为城市活力是一种社区积极活动或活力的量度，尽管城市生活面临挑战，但它使城市居民感到愉快。雅各布斯创造的一个重要术语是"街道上的眼睛"，她总结了城市活力的观点，并且给出大致概念，即更安全、更有活力的街区是指那些在一天的不同时间有许多人在街道上从事活动（商业或居住）的街区（Jacobs，1961）。这个概念受到西方学者的欢迎，并在许多规划理论中引起共鸣，包括以公交为导向的发展（Cervero、Kockelman，1997；Ewing、Cervero，2010）、新型城市主义和精明增长（Calthrope，1993；Sternberg，2000；Grant，2002）。当时，雅各布斯（1961）在《美国大城市的死与生》中首次这样描述它："多样性会吸引更多活力在此聚集，毫无生气且单调将影响活力提升。"

在雅各布斯看来，城市的全天候生活是城市性的核心，为了确保城市性，应该提出一定的要求，而多样性是城市具有活力的重要概念之一，她提出了一套由四个基本的多样性条件组成的集合，这些条件将会促使充满活力的地区和社区能够继续维持或新生。

雅各布斯认为城市具有活力的首要条件是她所说的"主要用途的充分混合，最好是两种以上的混合使用"，除其他功能外，城市的街区要有住宅、办公室、小商店和仓库，它们同等必要。土地混合使用，可以使住宅、工作场所和服务场所相互融合进而增加相互交际、了解的机会，有利于提升城市空间的活力（Kang 等，2020）。此外，雅各布斯认为，如果在土地利用方面不存在多样性，则人口集中的利益往往会变得不那么有利。因此，在主要居住区的大量业务可以吸引人们，从而改善公共空间的活力，这又将反映在街道生活中，在这里人们可以听到个人的声音。这与传统的建筑环境研究相一致，土地利用的多样性是城市活力的主要驱动力之一。土地利用的多样性主要通过步行活动来实现（Wey、Chiu，2013）。不仅涉及城市尺度，而且还应适用于其内部尺度，如小的街区或街道。结果，由于土地利用功能的高度混合，人们将在一天中的不同时间在街区内步行去享用不同的城市要素功能，因此他们必然要出现在不同的地方，这不仅会导致更活跃的经济活动，而且会导致更高程度的社会互动，从而导致更高的城市活力（Kang 等，2020）。

第二个多样性条件是接触机会，雅各布斯认为，"大多数街区必须简短，也就是说，必须经常有街道和拐弯的机会"，换句话说，城市结构大部分必须由能够保证一定程度的接触机会的小块组成。首先，由于街道变短和变小，造成人们在步行时面临着更多的拐弯机会，而频繁的转弯会导致可能的转弯次数增加，因此距离变短，并且走不同路径到达同一位置的可能性也更高。而且，较短的街区以及因此而产生更多的交叉路口，将产生更多的适合当地商店的景点供应，这些商店会在一条以上的街道上找到大量的顾客。雅各布斯始终指出，必须以人的规模建造街道，以增强通过更高程度的社会互动而获得的位置感，以及她所称的"街道之眼"所提供的公共安全感。此外，这个想法是基于对空间的需求，以满足人们的社交需求，这有助于在城市的特定区域建立人与人之间的联系。人与人之间相遇的机会将对街道和使用街道的其他路人产生信任，时间维度在这里起着关键作用，因为这种信任是通过频繁的社会接触形成的，例如在人行道上，两个人相对而行，当人们彼此打招呼，以一种特殊的方式行走并以一种邻居的方式彼此了解，从而形成一种信任感和归属感时，社交联系就会在附近的街道上形成，这反映了关于人与人之间的相遇的重要性及其在邻里社区建设中的作用，而这种作用对于提高城市街区的生机和活力具有重要意义，它使得生活在城市中的人们在相对而行时不再擦肩而过，而是形成一种轻松和愉快的邻里交际氛围，由此提高生活氛围与活力，避免街区过于死寂，提高人们的交际次数。

　　雅各布斯强调，多样性的第三个条件是不同特征和年龄的建筑物之间必须进行一定程度的混合。从这个意义上说，她认为"城市急需老建筑，如果没有它们，那么繁华的街道和地区就不可能发展，同时城市必须混合使用年龄和状况不同的建筑物"。城市的老旧建筑不能荒废，必须让其受到使用，建筑多样性利用是创造城市活力的关键之一。除了美学观点外，她进一步指出，如果某个街区仅由全新的建筑物组成，例如大规模的城市发展项目，这将意味着只有那些愿意支付更高租金的人（居民、企业工作人员），被允许占据那个空间。相反，如果保持新、旧建筑物的某种混合，从土地利用和社会角度而言，多样性都会得到加强（King，2013）。这个想法是基于雅各布斯的有关大型建筑规划的评论，据她说，她不认为健康的城市是有机的、自发的、杂乱无章的、复杂的系统，而认为一个健康城市是逐渐进化的，并且是遵循一定规律的，需要人类出谋划策，引导进化过程。重新规划的进程涉及各种年龄和类型的建筑物。其中，新建筑物最终变成了旧建筑物，这使得社区居民之间形成的联系会随着时间的流逝而持续存在。如果总是更新建筑，会使得建筑的记忆留存消失，减少社区居民间的情感联系，不利于城市街区/社区的活力维持与营造。简而言之，雅各布斯提出，建筑年龄和类型的广泛多样性与人口的多样性、商业的多样性和情景的多样性直接相关。

即使雅各布斯将集中力作为解决城市多样性的第四个条件，但它可能是城市活力的最基本条件，因为这至关重要，即人们在场并彼此接近，这就是城市活力的体现。从这个意义上说，雅各布斯在整本书中都强调了足够密集的人群的重要性，人群密度是活力的直观反映。由于各种原因，包括出于居住目的，必须有足够的人群聚集（Méndez 等，2020）。城市街道上的安全不是通过警察的存在来实现的，而是通过人们自己提供的密集而无意识的自愿监视网络来实现的。因此，与行人繁忙的街道相比，安静的街道安全得多。这反映了雅各布斯的主张，即"必须注视街道"。她认为，如果要实现这一目标，通常不仅需要相当大的居住密度，还需要达到较高的净建筑密度。其中，对于居住密度，雅各布斯断言，密集使用城市土地（即高住房密度）有利于某个地区的活力。但是雅各布斯补充说明，较高的建筑密度只是导致邻域充满活力的因素之一。此外，她强调指出，住房密度高的地区常常受到不利的影响，因为这常常与人口密度高相混淆。因此，雅各布斯区分了低密度区域/邻里、高人口密度区域（即显示拥挤的迹象）和高住房密度区域，做好这个区分，对于城市的蓬勃发展和活力提升是必不可少的。

最后，除了主张创造多样性的建成环境以刺激城市活力以外，雅各布斯在书中还对与城市活力有关的其他两个要素进行了探讨。首先城市将需要拥有高度发达的步行可达性和对公共交通的更高投资，它专门指步行和通过公共交通工具而不是私家车的可达性，重视步行的优质条件以及公共交通体系的可达性，间接增加人与人之间高频次的互动，从而提升城市活力。然而，这与当时美国的城市规划背道而驰。其次，雅各布斯讨论了大型基础设施，一次性建筑或公共场所可能对城市活力产生负面影响。她将这种类型的城市元素视为一种真空环境，大型基础设施由于倾向于吸收街头生活而被称为"边界真空"，因为这些真空可以通过创建人为的、不可渗透的边界吸引走街区/社区的生活。从这个意义上讲，她还谈到了地上的铁轨、滨水区，在某些时间关闭的开阔公园或大型一次性服务、行政或商业建筑。这些设施会吸引走人们的目光，从而造成城市街道上的行人被其他要素吸引，减少在街区的停留时间，造成城市街区活力的损失，进而对街区的活力产生负面影响，这意味着那些设施与街区的距离越远越好。

除了雅各布斯以外，其他学者也提出了对城市活力的理解，从不同维度对城市活力的概念进行了补充。Gehl（1971）将城市活力描述为人数或居民的数量，而不是人口居住和被使用的感觉。Dougal 等（2015）将城市活力定义为衡量城市居民互动产生的溢出效应的一种方法。凯文林奇将城市活力定义为城市"支持人类的重要功能、生物学的要求和能力并保护物种的延续"的潜力（Lynch，1984），它被认为是城市发展的原始动力和能量（Landry，2000），反映了城市不同地点和时代的人类活动水平（Li、Liu，2016），这是对城市空间生命力和活力的保证。他又提出城市形态、城市功能、城市社会是组成城市活力的三大关键。其中，城市形态代表了街道、建筑和道路的主要元素，并精确地描绘了城市的物理形式，这是城市活力的三个主要组成部分之一。最后，他建议用五个指标来衡量城市的空间形式和价值：活力、感觉、适宜性、可达性和可控性。马斯（Maas）（1984）认为城市活力包括三个部分：人们持续地出现在街上和公共场所、他们的活动和机会以及开展这些活动的环境。蒙哥马利（Montgomery）（1998）认为城市活力是白天和黑夜不同时间街道上及其周围的人数、设施的使用、一年中的文化活动和庆祝活动的数量、活跃的街头生活以及人们对一个地方感觉活泼或生动的程度，即"各种来往、会议和交易"的综合体现，特别是足够密集的人口集中是促进城市内部社会经济互动的必要条件，建设一个更有活力的城市是城市发展的一个重要目标。

在城市规划、城市社会学、城市设计等领域，有部分学者将城市活力视作城市的社会经济绩效，Xia 等（2020）认为城市活力可以用城市社会经济活动的强度来表征，这是因为城市活力由人聚集构成，而建筑形态就是人创造活力的场所。因此，社会经济活动的强度可以用来描述城市活力（Ye 等，2018）。城市规划领域的邻里活力凸显了人与空间的互动特征，认为只有人们更多地参与空间生活之中，城市活力才会有所提升。城市居民和规划良好的、密集的、功能性空间之间的相互作用，可以创造出城市邻里的活力（Jacobs、Harvey，1992）。"邻里活力"被定义为人的存在和人类活动的空间，例如上学、工作、购物、等车、散步、坐立和社会活动（如在公共空间开会），邻里活动是可持续城市和邻里的基本要素（Jacobs，1961）。随着城市试图应对大都市特有的挑战，如城市蔓延，以及居民区、人和工作的转移导致社区恶化，增强社区邻里活力已成为改善城市经济和社会秩序的一种方法。在整个 20 世纪 90 年代，城市学者和专业人士将他们的注意力集中在社区活力上，并注意到重要的社区包含了强烈的社区意识、对地方的依恋、安全和生活质量（Krier，2009）。鉴于现有研究和当地环境对邻里活力的定义和测量各不相同，理解什么是邻里和邻里活力至关重要。Chhetri 等（2006）解释，邻里构成了社会融合的空间范围，而邻里活力是指人类活动和发生在城市环境中的互动。类似地，蒙哥马利（1998）通过不同时间的大量人类活动定义了邻里活力，而 Gehl（2011）基于邻里居民的密度和人类活动探索了邻里活力。这些定义的总体主题是人口的增加往往会增加人类活动的数量，这反过来又会增强社区的活力（Jalaladdini、Oktay，2012）。根据现有文献，空间实体的密度及其多样性和异质性程度已被确定为促进邻里活力的重要因素。一旦了解和明确了城市设计和社区活力之间的联系，规划政策就可以把重点放在培养能够产生创造力、创新和经济增长的城市环境上（Jacobs、Harvey，1992）。

雅各布斯认为城市活力离不开土地利用的多样性，因此大多数学者指出，城市活力与土地利用结构密切相关，并把城市活力定义为城市中人类公认的土地利用方式（Li、Liu，2016）。许多现有研究试图证明合理的规划和混合的土地利用配置可以增加城市功能，延长活动强度并改善城市活力。因此，基于土地利用定义城市活力，探索活力与土地利用形态之间的定量关系变得至关重要。

国内研究也从多个视角对城市活力概念进行探析。一部分学者从"活力"的内涵这一角度对城市活力概念进行解读，认为城市活力就是城市旺盛的生命力，包括城市自身的成长发展能力，城市对内的凝聚力、向心力，城市对外的辐射力、吸引力，城市未来发展的长效能力和拓展能力（严淑华等，2020）。城市活力是城乡的生命力及其在各方面的活跃程度，比如经济活力、社会活力、文化活力、社区活力、公共空间活力等（孙施文，2019）。有学者认为城市活力即城市自我发展的能力，是城市发展质量的主要标准（卢济威、张凡，2016）。城市的生命力是城市适应环境、维持其功能和形态演进等生命过程的能力，也是衡量城市运转状态、生存能力大小的标尺。城市生命力是城市保持"活体状态"，维持各系统运转的一个必要条件（朱勃，2011）。还有部分学者基于城市中生活主体"人"的视角分析"城市活力"的内涵，将城市活力视为人们在城市环境中从事行为活动的一种衡量维度，体现为人与人之间交往的密度与频率，由此积攒而来的文化事件及其空间魅力（童明，2014）。活力的旺盛程度主要表现在它对人们及世界所产生的吸引力、人们是否能够在这座城市中快乐地工作及幸福地生活、它是否构建了一个真正的生活的场所并表现出某种理想和抱负（李向北，2013）。城市因为人而具备生命的特征，人是活力产生的动因，因此一个纯粹物质的城市聚集是不可能成为活力城市的（张海良，2015）。城市的有机状态是城市具有旺盛生命力的基础，活力是针对生命体所特有的新陈代谢节奏、有机组织形式的旺盛程度的一种描述。与雅各布斯的观点一致，俞孔坚也认为城市是一个巨大而且复杂的生命体，城市的本质在于多样性，城市的活力也在于多样性。城市多样性是借鉴生物多样性的研究开始的，包含了城市生活的方方面面，包括经济多样性、社会多样性、文化多样性和空间多样性等内容，但在这些多样性中，空间多样性是基础。有了空间的多样性，会带来经济、社会等方面的多样性，而城市规划设计的关键是把城市空间多样性与经济、社会、环境、文化多样性打通，以空间多样性为基础，带来城市的多样性。同时，城市的活力与保持城市的多样性是紧密联系在一起的，相辅相成，互相促进，城市活力与多样性是破解千城一面的重要手段（蒋涤非，2007）。

一些研究人员开发了综合指数来描述城市的活力，反映了紧凑性、密度、区域和地方的连通性、目的地可达性、土地利用结构和社会多样性（Braun、Malizia，2015；Barreca 等，2020）。尽管学者们没有统一接受城市活力的定义，但该术语固有地意味着城市必须努力满足人们的日常需求和社会公众的需求，并创造一个宜居的环境。城市活力的共同基础仍然是包括人在内的城市实体之间有机的、不可分割的联系和交流，其外部表现为空间维度上城市活动分散和集中的动态变化以及时间维度上活动的连续性和波动性。内部特征通常是中小街区，街道网络密集，建筑多样且密集，多层次、多城市配置。

总的来说，城市活力描述了一个地方的吸引力、多样性和可达性。综合雅各布斯等学者的观点，城市活力最核心的概念是一个地区对各类人群的吸引力。由此，设施、功能、土地开发的多样性被反复提及。不管是可达性还是多样性，城市活力规划考虑这两点，最终都是为了提高地区吸引力，从而提高地区活力。此外，城市活力也需要人与环境、人与人之间产生良好的互动交流，说明城市活力概念不仅需要地区吸引并且留住人群，还需要关注人的反应与交流。概述而论，城市活力需要一定数量的人以及主动与环境或是其他人产生互动的人。城市活力是实现城市生活质量的基本要素，其源于良好的城市形态、发达的城市功能和充足的城市活动。城市活力描述了人类活动和相互作用产生的城市场所的吸引力、多样性和繁荣，许多学者在概念的剖析中都特别强调了要提高人与空间环境的有机互动，同时也包含人与人之间的交际频次，因为一个充满活力的城市空间支持多样的人类活动，促进社会交流和互动，从而有利于长期的可持续发展。特别是，活力改善了人们对城市空间的主观感受，这对于城市居民的福祉至关重要。理解城市活力概念，对于城市管理者、城市设计者、城市规划者的实践是必要的，对于开展城市内部活力空间评价的理论研究也很重要。

（二）评价方法

城市活力吸引了来自多个学科的学术关注，如城市规划、地理信息科学和社会科学。考虑到各种社会影响和实体影响，城市活力分析对于城市生活的建设是必不可少的，例如平衡当地设施的空间安排（van Lenthe 等，2005）、改善城市生活质量（Jin 等，2017）和促进社会互动之间的强联系（Krier，2009）。简而言之，提出了两个主要问题：描绘城市活力和探索其决定因素（Wu 等，2018；Ye 等，2018）。城市空间的活力以人类的时空活动以及与物理空间的相互作用为特征（Jacobs，1961）。因此，城市中每个空间单元的活力都可以通过人类活动的强度来反映，即"空间活力"。自20世纪60年代以来，关于城市活力的辩论主要基于轶事观察，并且提出了许多关于活力与各种城市要素（包括城市建筑环境）之间关系的定性理论（Gehl，1971），活力与人口密度（Simmel，2002）以及活力与安全性（Jacobs，1961）。文化和社会资本等其他因素也有可能产生经济利益和社会利益（Stern、Seifert，2010）。由于缺乏数据来源，直到20世纪90年代后期才开始讨论量化城市活力的方法。此后，研究开始利用当时的人口普查数据作为城市活力的代名词，来采集人口密度、工作、生产和城市服务等信息（Holian、Kahn，2012）。Wang 和 Guldmann（1996）结合人口和就业密度来衡量城市活力。Braun 和 Malizia（2015）通过综合紧凑性、密度、区域和地方连通性、目的地可达性、土地用途组合和社会多样性，创建了城市活力指数。

在以前的研究中，很难获得大规模的人口活动数据，而相关研究主要基于问卷数据（Sung、Lee，2015），或城市空间形态特征的定量描述数据（Zeng 等，2018）。例如，从定量评估城市活力建设因素的角度来看，地理信息科学（GIS）、空间统计分析方法已用于分析物理环境指标，例如距市中心的距离、城市道路交叉口数量和建筑密度，以彰显城市活力。实地调查是捕捉城市活力的有效方法，因为此类调查直接关注人类活动、互动和生活体验（Azmi、Karim，2012）。在传统数据环境中评估城市活力大多基于定性视角，或通过实地观察和问卷调查。例如，March 等（2012）指出，测量活力应该考虑健康生活所需的不同体验，包括隐私、休息和沉思。Sung 和 Lee（2015）通过电话调查研究了首尔居民的日常步行活动，进一步揭示了居住环境和步行活动之间的联系，有学者收集了居民活动的实地观察，并通过问卷调查了居民的活动（Filion、Hammond，2003）。城市活力也可以从就业数据、经济发展水平和文化交流的角度来描述（Long、Huang，2019），如有学者定量研究使用就业数据和兴趣点作为社区活力的代表性衡量标准（Yue 等，2017）。从居住运动的角度来看，城市空间活力反映了人类趋同和活动产生的城市生活的多样性（Liu 等，2018）。虽然传统的数据来源通常是调查和访谈，可以提供关于个人的详细信息，然而获取这些数据既费时又费力，数据的有限代表性限制了城市活力研究的深度和广度。人口普查和调查数据虽然有用，但却不足以捕捉现代世界中瞬息万变的城市动态。此外，人口普查和调查数据通常样本量较小，更新速度较慢。同时，这种数据收集成本高，并且只捕捉人口的静态属性，而不是动态模式，因此要覆盖一个广阔的区域并不容易。

随着可用城市数据集的增加，从长期来看，兴趣点（Joosten、Nes，2005）、房价（Nicodemus，2013）和土地使用被视为人类活动和互动的代理。因此，它们已被成功地用来间接代表城市活力。许多关于城市活力的研究主要依赖社会因素的影响。具体来说，这些研究将城市活力与社会生活联系起来，这是由人口的集中规模、密度和异质性所支持的（Wirth，1938）。这种类型的研究包括对人口、就业和社会互动等社会经济指标的讨论。例如，Dubin 和 Sung（1990）认为，邻居的特征是城市活力的重要决定因素。同样，Montgomery（1995）将城市活力概括为由城市人口支持的活动、交易和多样性。Dougal 等（2015）指出了城市活力和企业选址之间的联系。有学者关注到了小型餐饮企业与城市活力的关系，认为它们虽然不能反映出城市活力的所有方面，但却可以作为城市吸引力的指标（Ye 等，2018）。

总体来说，随着人们对活力测量的兴趣不断增加，诸如房屋/土地价格（Wu 等，2016）、文化集群（Stern、Seifert，2010）、夜间灯光数据（Mellander 等，2015）、建成环境属性（Winters 等，2010）、人口普查数据、就业率（Harvey，2001）以及可达性和连通性（Braun、Malizia，2015），正用于构建评估城市活力评价体系的指标，多元回归和二项式回归模型等已经应用到解释城市活力影响因素之中。同时，一个不可忽略的问题是：城市活力的最显著特征之一是某个地点的人口随时间推移而变化（Jacobs，1961；Montgomery，1998）。因此，需要使用动态手段来观测、评价城市活力。如前所述，尽管传统的数据收集方法（例如调查和访谈）提供了包括性别、年龄和工作在内的详细而真实的用户资料，但这些指标既昂贵又静态，几乎不能代表人口动态。先前的研究报告了人类活动与人口和社会经济因素（即人口、就业和收入）之间的密切关系（Yue 等，2017）。建成环境（如土地使用、建筑和交通网络）也被广泛认为对活力有显著影响（Azmi、Karim，2012）。这些研究为营造城市活力提供了有价值的启示。例如，小街区和良好的街道立面将支持更多样的人类活动，从而孕育出充满活力的街道和街区。然而，这些研究忽略了空间动态性对城市活力的影响（Wu 等，2018）。在信息与通信技术（ICT）高速发展的今天，多源、多尺度、多时态的数据正在源源不断地产生，可以从多空间尺度评价城市活力。

二　城市活力与城市大数据

大数据（big data）是当今高科技时代的产物。随着云时代的来临，大数据也吸引了越来越多的关注。城市多源大数据不断涌现，如手机数据（Jiang 等，2019；Tu 等，2018）、全球定位系统（GPS）轨迹（Zhou 等，2017）以及社交媒体数据（Jendryke 等，2017；Liu 等，2017；Luo 等，2016）。这些新的数据集包含了城市中丰富的人类活动和交互信息（Shaw 等，2016；Yuan，2018）。特别是手机数据和社交媒体数据可能会高度表征人口活动的微观情况。因此，从社会感知的角度来看，它们能够捕捉大量的人类活动、节奏和偏好。这些有意义的城市大数据使我们能够描绘城市空间的无形景观。它们也为量化活力带来了有价值的见解。

随着通信技术的快速发展，社交媒体数据为量化城市活力提供了显著优势。这种类型的数据是可用的，并且可以实时获得，同时这些数据也能够从个体的角度捕捉动态模式（Liu 等，2015）。Wu 等（2018）采用社交媒体签到表来识别城市活力的时空模式。Yue 等（2017）调查了兴趣点（POIs）的多样性，并将其与城市活力联系起来。研究还整合了多源、开放的大数据，并进一步提出了活力量化的有效措施（Jin 等，2017）。除了上述数据之外，通过社交媒体生成的基于地点的评论，具有用于指示城市活力的巨大潜力。这种类型的数据仅表示与人类活动相关的地点描述，因此可以避免包含在其他社交媒体数据源中的噪声数据。目前，基于地点的评价应用包括旅游景点检测（McKenzie、Adams，2018）、商业模式的地理边界划分（Rahimi 等，2018）和基于消费者满意度的商业设施的空间分布分析（Wang 等，2018）。

社交媒体数据在城市活力研究中的应用非常广泛，Meng 和 Xing（2019）采用了社交媒体数据来探讨城市活力的空间分布，对传统的纯地理空间位置数据在评价活力方面实现了突破，加入了人的主观评价。新数据源的广泛使用，包括移动电话跟踪、公共交通智能卡记录、社交媒体数据和地理标记数据，为人们创造了了解城市设计如何影响经济活力的可能性（Zhou、Long，2016）。这些数据源使研究人员对人们如何以精确度、一致性和细节体验城市有更细致和更人性化的理解（Dunkel，2015）。De Nadai 等（2016）从移动电话互联网记录的密度得出了一个活力指标，并探索了意大利的六个城市的活力，系统地解释了雅各布斯提出的条件和城市生活繁荣之间的关系。Yue 等（2017）利用大量手机数据，根据手机用户密度量化了深圳的城市活力分布特征，揭示了土地混合利用对城市活力的影响。Wu 等（2018）以社交媒体签到数据作为城市活力的代理指标，探讨了城市活力的时空分布特征及其与影响因素的时空关系，这些先进的研究进一步加深了对城市活力的理解。

城市多源大数据能够产生多方面的活力图像，城市活力以更形象的方式显现（Tu 等，2018；Zhang 等，2018；Huang 等，2019）。例如，兴趣点通常反映长期的人类活动，因为它们是人类活动发生的地方，而前述的社交媒体签到数据通过考虑位置和社交媒体用户的偏好，它被研究者们认定为加权的 POI。先前的研究表明，大多数社交媒体签到数据是由热门目的地的年轻用户制作的（Mart 等，2019）。大多数城市居民生成的手机数据以高时间分辨率捕捉日常人类活动。尽管城市大数据为城市研究提供了前所未有的机会，但它们也伴随着空间覆盖或抽样方法等方面的潜在偏差，这可能会引起城市研究者和城市规划师的误解（Jiang 等，2019）。然而，准确绘制活力图存在技术挑战。例如，很难通过现场调查等传统方法准确、快速地收集室外人体密度数据，因为人的位置会不时发生变化。随着通信技术的进步，以及手机和其他嵌入全球定位系统的消费电子产品等位置感知设备的普及，可以收集和分析大量数据，包括个人轨迹。一些研究人员使用社交媒体平台的多种带有位置的数据作为传统数据的补充（Agryzkov 等，2017；Ding、Zhao，2014）。与其他数据相比，基于手机的个人轨迹数据具有独有的特征，有助于分析人类在物理世界中的移动性以及城市的空间结构。一些研究人员使用手机数据来分析人类活动（Calabrese 等，2013）和社区活力（Eagle 等，2009）。虽然这些方法基于轨迹数据能够表征区域活力，但它们并不区分不同轨迹产生的活力的权重。

在前面若干的研究中，活力的潜在定义只是被某个时空范围吸引的人数。然而，Gibson 等（2012）指出，区域活力的感知必须取决于区域内的居民数量，必须考虑他们的异质性、行为和连续性。由于个体的独特性和多样性，不能假设每个人都对给定社区的活力做出同等贡献。例如，繁忙的快递员增加了城市、地区之间的联系数量，但一个整天待在家里的人并没有给他或她的社区带来多少活力，尽管他或她一直在那里。同样，尽管快递中心可能只有少数员工，但它是连接城市各个地区的重要枢纽，他们是创造城市活力的主力军之一。Jia 等（2019）考虑到了创造活力的每个个体的差异，假设不是每一个轨迹均匀地贡献了城市社区的活力，而是旅行范围越来越广、越来越密集的用户对给定社区"注入"活力的能力，或者说是权重，采用了一种基于加权二分图的协同过滤方法，并采用了一种改进的 PageRank 算法（该算法是谷歌搜索使用的一种算法，用于在搜索结果中对网站进行排名，通过计算页面链接的数量和质量来确定网站的重要性。其基本假设是，如果一个页面的反向链接的排名总和很高，那么这个页面就有很高的排名）来确定图中节点的权重，完成街区活力图的绘制。

根据城市活力的定义，雅各布斯的多样性要求表明，不仅活动多样性（即服务于两个以上的主要功能），而且时间多样性（即在一天的不同时间吸引人）和空间多样性（即吸引来自不同地区的人）也是必不可少的。尽管雅各布斯的概念得到了广泛的认可，但由于缺乏大量易于获取的关于"城市活力"和"城市多样性"的数据，这一概念长期以来没有得到全面量化。幸运的是，在过去十年中，信息技术的快速发展促进了相关数据集的广泛获取（Zheng 等，2014）。

一方面，城市研究人员越来越意识到，使用互联网调查技术（如街景图像）测试城市活力理论的想法可以更直观地通过雅各布斯对"人行道芭蕾"的描述来反映街区的活力（Griew 等，2013）。因此，难以大规模分发的关于城市环境感知的传统、耗时的纸质问卷正在被互联网问卷所取代（Rundle 等，2011；Salesses 等，2013）。一个显著的例子是麻省理工学院的研究人员为了收集城市感知数据而开发的众包游戏"地点脉动"（Place Pulse），该游戏是基于对街景图像的成对比较而创建的图像评级，以回答评价性问题（例如，哪个地方看起来更安全、更生动），并被进一步应用于检验经典的城市理论，这个实验——地点脉动，对于感知的测试，是大数据在城市活力方面的一种尝试。

另一方面，传统的研究主要依靠人口普查和调查数据来估计人口动态，由于位置感知设备的广泛渗透提供了大量的时空标记数据，所以传统数据源被大量替换为位置信息大数据。人口定位数据是种类丰富且信息丰富的数据源，包括移动电话定位数据（Gonzalez 等，2008）、滑行轨迹（Liu 等，2012；Yue 等，2012）、社交网络数据（Cranshaw 等，2012）和公共交通系统中的智能卡记录（如公交、地铁、民航购票、刷卡数据）（Zhong 等，2014）等，研究人员能够以有效的方式捕捉、分析和了解城市空间中的人口集中分布区域（Ratti 等，2006）。在这些数据集的帮助下，城市活力概念的测试得到了显著的发展。有学者关注到不同时期的城市动态即城市活力也不相同。在 19 世纪，人类社会促进了夜间照明的使用，以最大限度地增加工作时间和强度。时空大数据可以有效地用于研究不同时间单位下的人类移动模式，Ratti 等（2006）利用手机信号数据研究了意大利米兰城市活动的时间节奏。这是通过比较移动电话用户的空间分布和他们在不同时期的活动强度来完成的。Lee 等（2018）使用移动电话位置数据来分析每小时居民活动模式和城市时空扩展特征。他们提取了活动中心和热点区域的时空变化。此外，Wu 等（2018）还注意到深圳工作日和周末城市活力的空间多样性具有不一致的特征。

如前所述，近几十年来，随着基于位置的服务（LBS）的快速发展和普及，基于位置的服务数据作为一种被动数据，由于其在准确性、及时性、普遍性和可负担性方面的独特优势，在研究个人及人类移动性方面引起了越来越大的兴趣。迄今为止，各种类型的位置服务数据，如手机数据、公交智能卡数据、出租车轨迹数据和社交媒体数据，已被用于建立对个人移动性的全面了解，尤其是对出行行为特征的了解。尽管在揭示个人流动性方面的研究卓有成效，但对以个人运动为特征的城市动态特征的关注却较少。从城市功能和城市结构到土地利用强度，城市系统的所有特征都与人的存在和运动有内在联系。通过利用新兴的数据，揭示了许多关于城市动态的新观点。例如，Liu 等（2012）利用中国上海 7 天的出租车轨迹数据，分析了上下车时间的变化，并通过对出租车乘客时间变化的分类以及利用活力的大小确定了 6 种土地利用类型。在意大利罗马进行的一项类似研究中，塞夫楚克和拉蒂将移动电话数据作为探针，用于估计城市活动的强度及其在空间和时间上的演变；他们还发现通话量模式与人口统计、经济和（建筑）环境指标相关（Sevtsuk、Carlo，2010）。

在现代城市交通拥堵日益严重的背景下，自行车共享系统被认为是提高交通效率和减少空气污染的有效解决方案（Eren、Uz，2020）。除了交通效率和环境可持续性方面的好处，自行车共享系统还通过充当公共交通的"最后一英里"来支持多式联运连接（Fishman 等，2013）。近年来，随着自行车共享系统在全球的快速实施，人们对自行车共享数据的应用越来越感兴趣。Caulfield 等（2017）研究了爱尔兰科克的自行车共享使用模式，发现自行车共享使用与天气条件和旅行距离有关。Bakogiannis 等（2020）分析了希腊 Rethimno 的自行车共享系统的效率，自行车共享系统主要用于短途旅行，交通安全问题和服务限制是影响自行车共享使用的两个因素。大多数研究集中于自行车共享使用模式及其相应的影响因素，较少关注自行车共享用户与城市动态活力之间的相互作用。因此，如果试图鼓励更多的人使用自行车，以此作为实现更可持续发展的交通系统的一种方式，就迫切需要调查骑自行车者的城市内部运动以及这些骑自行车者所表现出的城市动态活力。在描述城市动态的各种特征中，雅各布斯在1961年的著作《美国大城市的死与生》中提出的"城市活力是人类活动和城市空间相互作用产生的多样性的表现"，被认为是衡量一个城市区域对与城市生活相关的多样化人口的吸引力的有效指标。城市活力的概念激发了许多规划策略，如新城市主义和智能增长。正如雅各布斯所指出的，"在成功的城市街道上，人们必须在不同的时间出现。这是一天中不同时间的小范围时间"。因此，个人的活动和出行在更精细的时间尺度上流动，是维持城市"活力"所需要的两个主要方面。根据城市活力的概念，Zeng（2020）借助共享自行车数据对上海的城市活力空间结构进行了解析，是对城市活力数据源的一种创新性补充，添加了衡量城市活力的表征维度。

有学者探讨了城市空间结构与活力的关系，并且利用社交媒体大数据进行辅助研究。活力是指白天和黑夜各个时间活跃或活跃的地方及其周围的人数（Muñiz、Garcia López，2010）和活跃的街头生活的存在（Jalaladdini、Oktay，2012），是高密度城市宜居性的重要指标，它对经济以及人们的社会和经济生活产生积极影响。个体活动由广泛的要素决定，其中最重要的要素是城市空间结构（Huang、Wong，2016）。许多研究发现，发达国家之间城市活力的特征存在差异，与城市空间结构有紧密联系。例如，在北美，由于人流量的增加，城市中心地区（例如曼哈顿、匹兹堡和辛辛那提）成为白天城市活力的沃土。然而，由于其单一的办公功能，单调的环境和普通的摩天大楼无法促进活跃的社会活动，因此该城市核心在夜间容易受到劣质的城市活力的影响（Jacobs，1961）。随着城市发展为多核结构，城市活力倾向于以分散的方式分布。然而，在欧洲国家，优越的城市活力基本上集中在城市核心，并呈现出单中心格局，例如在米兰和阿姆斯特丹。在像中国这样的发展中国家，许多城市都受到长期规划智慧（例如"城墙城市"的权威智慧和"山区和富水城市"的生态智慧）和新近合并的西方国家式规划（例如早期的欧式分区规划和近期的美式分区规划）的影响。不同国家的文化背景差异和规划风格的复杂性可能会严重影响城市的活力模式。例如，在传统规划的影响下，中国城市中的老城区中心通常具有较高的住房和工作空间密度模式，这可能会为城市活力带来足够多样的条件。然而，随着新的副中心或城镇的快速发展，周边新城市化地区的城市密度迅速下降，这可能使城市活力向外传播，并形成类似于北美的分散活力模式。这些不同的城市空间结构特征引起了人们对发展中国家的不同大城市的城市活力特征的关注。当宜居和充满活力的地方定义了城市环境的基本特征以实现高质量的城市生活时，结构良好的城市空间可容纳更多城市功能并促进人类的社会活动（Jacobs、Appleyard，1982）。在 Ratti 等（2006）中发现了有关社会互动的全面的文献综述，其中研究着重于城市空间结构及其相应的土地利用功能（Tian 等，2010；Lang 等，2018），说明可以使用城市社会经济和土地利用数据来更紧密地研究城市空间结构的特征（Shaw、Yu，2009）。一些著作有助于更好地理解社会活动与相应的城市空间结构之间的关系（Lansley、Longley，2016），并表明社会活动的定量分析是探索城市空间结构的可靠度量（Stuart Chapin，1968）。

　　新兴的社交媒体众包和基于位置的服务跟踪数据为分析城市结构、人类活动提供了新的范式（Stanilov、Batty，2011），为理解自上而下和自下而上的机制提供了新的视角，如社会驱动的城市结构（Jin、Batty，2013）。移动设备上社交媒体通信的增长为理解城市与人类之间的互动提供了坚实的机会。社交媒体涵盖了广泛的概念，并且通常从许多不同的角度进行考虑，社交媒体应用程序和平台数量众多且种类繁多。随着安装在 GPS 上的配件（例如智能手机和平板电脑）的进步，以及互联网社交媒体网络工具或应用程序的普及使用，例如从 LBSN 服务的基于位置的签入中，Facebook 获得了数亿个基于位置的社交媒体数据。在过去的几年中，大量的研究学科逐渐考虑了交互式社交媒体工具、应用程序、平台（例如 Facebook）的过多可能性。用户在社交网络工具上带有地理标记的签到信息，不仅可以记录用户所处的地理位置，还可以指示用户的一般行为习惯和偏好。来自在线签到社交媒体工具的带有地理标签的数据，可以被视为反映用户在线和离线活动的桥梁（Hu 等，2015）。社交媒体数据作为一种关于人类活动选择的众包开放数据，为描绘人们的时空偏好和模拟人类流动模式提供了独特而先进的视角。基于位置的社交媒体数据，其中包含有关 POI 的详细信息以及在各个级别观察到的签到数据，还包含时空分析的丰富和动态信息（Gonzalez 等，2008），旨在更好地了解集体人类城市的活动、功能和特征。研究已可以基于个人的手机数据（包括手机蜂窝信号数据和从 GPS 嵌入式跟踪设备收集的数据）来识别移动性模式（Kim、Kim，2013；Lee 等，2018；Shen 等，2013），推论日常活动集群和土地利用集群（Farber 等，2012），并分析城市空间结构（Zhong 等，2017）。然而，关于利用众包数据探索城市空间结构和人类社会活动的实证研究多数仍未公开（Fan 等，2017）。除了各种人群的偏见外，使用社交媒体工具的群体有限这个问题也是不可否认的，它仅代表整个人群的一部分。例如，使用场所类别和时间，人们可以更频繁地登录到商业位置而不是住宅位置来登录社交媒体应用程序，并且人们倾向于报告过去或将来的场所，而不是正在进行的活动场所。年龄人群也可能会出现偏差，例如年轻人想更频繁地使用基于位置的服务应用程序（Steiger 等，2015）。无论如何，所有研究证实了令人鼓舞的结果，即利用社交媒体数据可以反映大量用户的宝贵信息（Hu 等，2015；Shelton 等，2015）。计算科学家、城市地理学家、政策制定者和城市规划人员之间的多学科合作势在必行，以便更好地整合到城市活力规划流程中。

具有空间位置信息的社交媒体数据反映了城市的结构，进而表征城市活力分布结构特征。在最近的研究中，已经广泛使用带有地理标签的社交媒体数据的分析方法来研究城市结构（例如 Huang、Wong，2016；Lee 等，2018）。Hu 等（2015）使用地理算法标记的图像，采用时空聚类算法计算了 POI。Paldino 等（2015）使用带有地理标签的照片，通过提供有关如何以及在何处增加服务开发的信息来加强城市的吸引力。Steiger 等（2015）提取了基于位置的推文来根据人们的社交媒体活动及其流动性模式来确定家庭与工作之间的联系。Shelton（2015）表明，通过分析有关邻里隔离、流动性和不公正性的基于位置的推文来检测人们的活动和流动性是可行的。这些研究表明了一种趋势，即量化城市空间的实际用途和功能进而理解城市动态（Schläpfer 等，2013）。前述研究中，带有地理标签的社交媒体数据，对揭示城市空间结构和完善城市活力提升的规划具有一定的贡献。

经过长期的探索和实践，多源大数据融合定量分析框架被认为是评估城市活力的有效工具。通过构建框架，研究人员科学、系统地分析了城市活力的空间分布特征，并且他们还发现了建成环境的隐含驱动因素。城市活力分析框架可以归纳为以下两类。第一类是多指标测量框架。它使用多因素决策模型来衡量城市活力水平。通常，计算中涉及多个指标，用到多源大数据，避免表征活力的数据单一化，例如人类活动强度、基础设施建设状况和服务资源分配水平。Jin 等（2017）提出了一个交叉路口、兴趣点、基于位置的服务（JPL）评估模型，以评估交通状况（由交叉路口表示）、城市功能（由 POI，即兴趣点数量描述）、人类活动强度（由 LBS，即基于位置的服务的数据显示的人口密度）来识别"鬼城"。Zeng 等（2018）设计了一个密度、可达性、宜居性和多样性（DALD）模型来评估城市活力的显著空间分布。第二类归纳为绩效驱动的评估框架。它使用相关分析模型来研究人类活动强度与城市形态之间的关系。一些学者制定了一系列定量指标来验证城市活力多样性理论（Wayne、Logan，1989；Yue 等，2017）。越来越多的研究使用这种框架来探索城市活力的时空特征及其驱动因素（Jacobs – Crisioni 等，2014；Ye 等，2018）。考虑到人们活动内容的多样性，学者们试图扩展这个框架，以评估不同方面的城市活力。Long 和 Huang（2019）使用社交媒体数据、业务评论数据和房价数据来表征城市经济活力，并分析了诸如交叉路口密度、土地混合使用等城市设计因素对城市经济活力的潜在影响。Huang 等（2019）使用因子分析从三个方面对城市活力进行综合评估：社会活动密度，经济活动密度和行人密度。他们还构建了物理形态指标，以分析影响城市活力的因素。Yue 等（2020）考虑到了发展中国家人类活动与建筑环境之间的关系，对城市活力的分析框架进行了新的补充，即增加对人的行为与建筑环境关系的考量。

在这个城市活力概念框架中，城市活力被定义为建筑环境促进活跃的社会活动的能力。其框架具有三个维度，即人类活动、建筑环境以及人与环境之间的联系（Yue 等，2019）。城市活力具有社会层面，可以反映不同社会群体与其建筑环境之间的相互作用。不是基于社交活动和城市居民的互动来直接衡量城市活力，而是使用替代方法，从具有潜在能力来提升城市活力的人为环境和建筑环境之中间接反映城市活力。建筑环境是城市活力的一个普遍接受的方面，它重视人为的城市环境规划，包括城市结构、道路网络布局和土地使用。从建筑环境的角度来看，城市活力可以定义为存在错综复杂、粒面密布和多样化的土地用途和建筑物。建筑环境是从多个尺度衡量的城市活力，包括但不限于陈旧的建筑物、小块土地和混合土地用途。人类活动反映了人类参与城市生活的程度。根据雅各布斯（1961）的观点，大城市必须有足够的人口集中才能实现城市活力，人口集中度测算是根据总人口以及就业人口和居民的密度来计算的（Gowharji，2016）。城市人口的集聚导致土地集约利用和高密度建筑。因此，具有高发展强度的城市活力被认为与高密度的住宅、办公室和日用建筑物相关（Sung、Lee，2015）。在城市活力定量分析框架中，建筑环境采用土地利用大数据、社交媒体大数据等融合测算表征。人与环境的联系可以被视为致力于优化城市结构，以期为人类提供更好服务的城市发展战略或治理政策。

尽管以上分析框架衡量了城市活力的水平和驱动力，但仍然存在问题。首先，人类活动的不同种类没有得到有效分类。人口密度是衡量城市活力空间表现最常用的方法。但是，它无法区分人类活动中的内容差异。同样，签到和设施评论的数量也不能反映城市中人与地互动的空间分布差异。其次，目前的研究仅从城市空间形态设计的角度分析了城市活力的塑造效果，且多是通过使用不同的地理数据源（LiDAR、遥感、街道网络）表征城市类型和城市质地来进行。但是，人类的参与和社会行为正在不断重塑城市空间的价值。社会桥梁理论认为，人类的社会联系（即在附近地点工作）为生活在不同社区的人们搭建了"社会桥梁"，并极大地影响了人类的行为选择（Dong 等，2017）。因此，动态的人地互动应该成为驱动力分析的重要方面。特别是在高度发达的信息和通信技术（ICT）和广泛使用智能移动设备的时代，网络空间对人类活动的影响不容忽视。仅从静态城市物理建筑水平的维度，很难解释复杂的城市巨系统及其内部运行机制。

近年来，学者们基于大数据追踪、预测、复盘人的复杂时空活动，进而探究城市活力，例如手机数据、智能卡数据和社交媒体签到数据，在探究城市活力分布时已有广泛应用，而窥探更为复杂的时空活动，则需要更高层次、更加精细的应用。然而，在人类活动过程的构建中，应对诸如采样稀疏、定位精度低和杂质高等缺陷，也已成为一项重大的研究挑战。相关研究通过对群体活动进行建模，发现人类活动类型与土地利用密切相关。通常，家庭活动主要发生在居住区，而工作主要发生在办公区附近。Jiang 等（2013）发现人类活动的类型是在某些时空条件下的概率函数。也就是说，活动的类型可以通过时间、一天中的活动链以及具有特定土地利用特征和人口密度特征的空间位置来推断。基于此假设，许多研究已经建立了概率模型，例如有监督和无监督的概率图模型，以推断不同地面空间特征下人们活动的类型。监督模型从带有活动标签的个人活动样本数据中获取人类活动的背景知识，它为手机定位活动目的（类型）的语义标注提供了依据。无监督模型通过构建与人类活动和时空相关的关系规则和约束来对活动数据进行聚类。它依靠大量重复的活动模式来区分用户活动类型。大规模手机数据为这种无监督的活动识别提供了高质量的数据源。这些研究为探索不同的城市活力空间特征奠定了良好的技术基础。

利用多源大数据研究人的时空活动，与人类活动跟踪数据和数据挖掘技术的发展密不可分，也为当前的城市活力研究提供了新的范例。但是，现有的分析框架仅仅分析了人类活动的组成，忽略了探索人地互动对城市活力的影响。Liu 等（2020）结合多源异构大数据，构建了基于人类活动模型的城市活力绩效综合评价框架及其内部驱动机制，旨在使人们对城市活力的内涵有一个全面而系统的理解。与此同时，框架内还包含了定量技术的应用，即充分使用新兴大数据，此框架进行了以下两项创新。第一，它是一个从内涵解构到城市活力分析的新框架，其表达方式明确地带动了机制的探索。在人类活动建模的基础上，该框架将城市活力及其空间表现的内涵构建到经济和社会方面，并实现了从人类活动类型到城市活力的映射，这使它比基于人口密度和部分人口的传统城市活力分析更为完整和准确。第二，提出的框架充分利用了多源大数据，为城市活力提供了多维驱动指标分析方法。并且考虑到网络空间和社会空间对城市活力的塑造作用，从城市自然环境价值与人地互动定义的空间价值相结合的角度，探索城市活力的内在驱动机制。

从雅各布斯关于城市活力多样性的论述中可以看到时间多样性，同一个城市白天和晚上的城市活力可能大不相同。照明可以被认为是夜间城市活力的最明显体现。有学者关注到了城市夜间活力，而恰好夜间灯光数值适合作为自变量的城市活力替代值。作为长期存档的数据源，夜间灯光数据已被广泛用于指示人类活动的强度及其空间变化（Levin、Duke，2012；Levin、Zhang，2017）。NPP－VIIRS（可见光红外成像辐射仪）夜间灯光数据提供了新颖的信息，即太空卫星对地球的"自然扫描"，并且比人类的统计数据更为客观和外在。此外，由于 NPP – VIIRS 夜间灯光数据是从小规模居民区、交通流量和火灾中收集低强度光的优势，因此它是用于监视地球表面人类活动的有效数据源。但是，由于在高增益设置下的标准操作，国防气象卫星计划的操作线扫描系统提供的图像会出现信号饱和的情况。来自 NPP/VIIRS 日/夜波段（DNB）的最新发布的全球夜间灯光数据表明，该问题已得到成功解决，已被证明可替代社会经济活动强度（Bennett、Smith，2017）。这些夜间灯光数据与一些社会经济活动（包括经济生产和能源消耗）之间存在大量相关性（Zhang、Seto，2011）。

夜间灯光数据已广泛用于许多研究领域，例如城市扩张、经济评估、人口密度和能源消耗（Huang 等，2016）。随着城市发展从工业时代进入后工业时代，在一些发达地区，城市管理人员促进夜间休闲娱乐活动以恢复城市活力已变得司空见惯（Hobbs 等，2000）。雅各布斯（1961）提出的城市活力理论认为，城市夜间灯光的存在确实在一定程度上确保了夜间活动的安全性，诱使更多的人参加夜间休闲娱乐活动，并为城市创造了活力。沿着这一思路，许多研究者进行了尝试，Chen 等（2019）使用来自中国上海的数据研究了人类活动的季节性如何影响 NPP – VIIRS 夜间光强度的季节变化，并发现春季和秋季的 NPP – VIIRS 夜间光强于夏季和冬季，特别是在人类活动的高密度区域。Jin 等（2017）使用夜间灯光图像作为城市活力图，并将其与通过指标获得的城市活力评估值进行了比较。Doll 等（2006）发现夜间灯光数据在不同的空间尺度上与经济相关，并为欧盟构建了经济活力图。上述研究表明，夜间照明是对城市人口夜间活动的真实描述，是城市活力的直接体现。Lan 等（2020）、Xia 等（2020）的研究证实夜间灯光数据完全可以作为城市活力的表征元素。

城市活力的测量可以转化为对城市空间中人类活动强度的评估。从人口普查和调查中获得的传统数据的缺点是分辨率低、样本量小和收集成本高。信息和通信技术的蓬勃发展为获取居民日常活动的准确而庞大的数据创造了可能性。新近可用的时空大数据以前所未有的精细时空规模为研究城市活力的动态提供了重要的优势。迄今为止，大数据的各种来源已被用作研究城市活力的代表。城市活力最常见的代表是手机数据，它直接反映了城市空间活动强度的分布（Jin 等，2017），反映城市时空活力特定方面的其他基于位置的服务（LBS）数据源也被用作城市活力的近似值，如手持式全球定位系统（GPS）。GPS 跟踪技术为准确量化人们的选择性行为提供了基础。通过移动电话基站可以获取大量的定位数据，但是可靠性差和定位不准确是主要缺陷。手持 GPS 技术可以实现高精度定位和良好的抗干扰能力，但是成本非常高。因此，学者们普遍认为它仅适用于小规模区域的城市活力测度分析。

许多开放数据源被广泛用于衡量城市活力，包括社交媒体数据、公共交通智能卡数据、出租车数据、共享单车数据和 Wi - Fi 访问点数据（Long、Huang，2019）。社交媒体数据（例如微博签到记录）具有较大的样本量和较高的可访问性，但是签到和人的行为的实际位置不一定匹配，并且由于受众群体限制，用它们反映儿童和老人的空间行为是很难的。传输智能卡数据只能反映出移动性方面的目的地或传输行为。与其他基于位置的数据（LBS）和传统数据集相比，社交媒体签到数据具有两个突出的优势：签到数据是人们活动的空间足迹，可以反映个人出行需求并与 POI 类型相关；通过相应的应用程序接口（API）相对容易获得签到数据，而不会遇到隐私问题或数据资格问题。许多新颖的研究已经使用了签到数据来分析人口的流动性（Lin、Cromley，2015），反映城市的功能结构（Zhen 等，2017），或探讨对其他城市地理和经济要素的影响（Shen、Karimi，2016），用来探究城市活力的大小。与传统和静态统计源相比，这些时空大数据源具有更大的时空粒度，可以研究城市活力时空变异的细节。基于手机的高普及率和随身携带的使用特点，手机数据尤其是手机定位数据，为研究整个人群的社交互动和出行行为提供了宝贵的机会。雅各布斯的四项原则，包括密集的上班族、短小的街道和老化的建筑物，都基于意大利六个城市的移动电话数据得到了定量确认（De Nadai 等，2016）。LBS 数据和补充数据中包含的用户活动记录已用于评估整个中国城市住宅开发的活力（Jin 等，2017）。由于具有全面的人口覆盖、连续的时间覆盖、准确的空间覆盖和较高的单位粒度的优势，手机定位数据可以用来表示城市活力的时空变化。

同时，时空采样精度越来越高的多源数据受到了广泛的关注和实践，学者们尝试搭建框架进行了多源数据的融合应用，解决单一数据表征城市活力的缺陷。如试图从夜间照明数据（Zheng 等，2017）、社交媒体标记数据（Wu 等，2018）和手机中提取人类活动信息，并且分析了活动强度的空间分布。他们也已经实现了对城市规模（Jin 等，2017）、城市街道（Xu 等，2018）和邻里（Dale 等，2010）甚至是 1 千米格网的城市活力的定量测量。尽管当前研究的空间准确性在不断提高，但是大多数研究按照预先定义的空间单位来估算人类活动在城市空间中的分布，并且缺乏关于每个空间单位中人类活动的动态时间变化的研究。根据城市活力的概念（John，1998），城市空间活力是由该区域白天不间断的人类活动产生的。许多学者利用夜间灯光遥感大数据对城市夜间活力进行了探测，并且与白天的城市活力空间分布进行了对比研究。

由于大数据潜在的有偏性，多源城市大数据表征的活力可能不会很好地相互协调。例如，市中心的一个公园可能有稀疏的兴趣点，但有高密度的地理标记的社交媒体内容。公园将被表明具有不同程度的活力。因此，多源城市大数据会混淆对城市活力的理解，误导后续决策。多源城市大数据对城市活力研究提出了第一个挑战：多源城市大数据是否揭示了城市活力的相同空间模式？此外，当探索影响城市活力的空间动态时，第二个挑战出现了：如果活力的空间分布不匹配，决定或表征城市活力的因素对不同来源的城市活力的影响是否一致？这两个问题凸显了利用多源城市大数据研究城市活力的全面研究和比较研究的必要性。总之，基于信息技术的大数据给了城市活力研究新的发展契机，当前主要以挖掘人流的活动强度为主，用以表征活力大小，少数学者考虑到了权重问题。此外，也有学者利用大数据的时间动态追踪优势，开展了城市夜间活力的研究。数据精度、数据解释力等问题是城市活力研究中应用大数据时应该进一步细化探讨的地方。

三 城市活力与城市形态

与专注于利用大数据挖掘人们活动强度以表征城市活力的研究不同，许多学者仍然在关注城市具体形态对城市活力的影响，如城市景观特征、城市形态、土地利用等，这些源于雅各布斯关于"城市具有吸引力才能具有活力"的论断。

城市形态用术语描述了城市环境或城市整体结构的形态。更具体地说，城市形态不仅包括有形的物理环境，而且包括跨时间和空间的无形人类活动的模式和表征。一个城市是由一组形态元素组成的有机整体，可以用不同的分辨率进行识别和解释，城市形态的构成要素是相互交织和相互联系的。街道构成了城市空间的框架，并将城市分为大块和小块。地块在内部配置具有不同形状和功能的一系列形态。地块可以布置各种年龄和用途的建筑物（例如商业、办公、教育、运输）和开放场所（例如广场、公园、庭院）。街道、街区、地块和建筑物以特定方式整合在一起，在城市的每个区域形成了不同的模式。学者们支持这样的观点，即城市形态的所有要素都是相互关联、互动且密不可分的（Zhang 等，2020）。

关于城市活力与城市形态之间关系的研究主要来自西方发达国家。发展中国家和发达国家城市的发展阶段与当地情况不同。在欧洲和美国，使用城市形态设计的经验有一部分已被证明是不合适的（Yokohari 等，2000）。对于广大发展中国家而言，有必要充分考虑其各自城市的实际情况，并探索符合当地条件的适当城市空间形式。作为世界上最大的发展中国家和增长最快的经济体，中国对城市土地产生了巨大的需求。随着城市化进程的加快，中国城市空间增长格局也发生了巨大变化，主要体现在两个方面：城市土地利用规模的快速增长和空间结构的巨大变化。显然，近年来中国城市空间增长的扩张趋势有所增强，特别是以"摊大饼"扩张为代表的扩张模式，是造成"大城市病"的重要原因，如今困扰着城市发展（He 等，2017）。这种城市建设模型围绕核心旋转，并以同心的方式继续向外扩展，形成一个越来越大的圆圈，从而导致城市中心地区的人口和各种社会资源过度集中，使城市周围地区缺乏发展机会。此外，它还带来了一系列问题，例如交通拥堵、环境污染、昂贵的土地价格以及城市管理难度的增加（Modarres，2011），并不利于城市活力的营造和提升。另一方面，受欧美提倡的"新城市主义"等规划运动和思想思潮的影响，"紧凑城市形态"概念被引入中国，充分利用了现有的城市空间或当城市发展到一定程度时进行限制。在此过程中，它在优化土地利用的空间分配、增加土地利用的混合程度以及推动城市基础设施的丰富和改善方面具有重要作用（Thomas、Cousins，1996；Chen 等，2008）。但是，紧凑型城市实现的所谓"好处"主要来自西方发达国家。即使在亚洲发达的城市，如首尔和东京，使用欧美城市的城市设计的经验也被证明是不合适的（Yokohari 等，2000）。此外，过分追求紧凑形式可能加剧城市热岛效应和空气污染，不利于维护城市生态多样性，减少城市居民进入自然和绿色环境的机会。尽管人们普遍认为城市扩散模式是造成城市无序分布的最大原因，但其存在无疑有助于城市多中心结构的形成，分解了城市过度集中的城市功能，促进了城市中心区域的协调发展，促进了城市活力的分散发展，并确保城市生态多样性（Punter 等，2005）。实际上，中华人民共和国国家发展和改革委员会对 144 个城市的调查显示 133 个城市计划在现有城市周围建造新城镇并发展多中心城市结构（Liu、Wang，2016），即多中心城市形态，这在中国城市规划政策制定者中引起了极大的兴趣，城市活力差异因此而缩小（Liu 等，2016）。

学术界和专业界对于城市形态对城市活力的重大贡献表现出极大的兴趣（Long、Huang，2019）。早期学者专注于理论研究。Katz（1994）列出了城市活力的重要因素：紧凑性、步行性、混合功能和适当的建筑密度。Gehl（2000）认为，混合功能、缓慢的交通和开放的街区会影响城市的活力。遵循城市形态学的构成要素，已开发了针对具体情况的指标，并且在中尺度上解读和解构城市活力。典型的应用示例包括加拿大的多伦多（Smith 等，1997），日本的东京和美国的纽约（Cybriwsky，1999），加拿大的安大略（Filion、Hammond，2003），韩国的首尔，伊朗的德黑兰（Zarin 等，2015；Kooshki 等，2015），美国的芝加哥和中国的武汉，挪威的奥斯陆，中国的北京和西班牙的巴塞罗那。Xia 等（2020）注意到中国五个城市的土地利用密度、集约度和城市活力之间相似的局部模式。Zeng 等（2018）将芝加哥和武汉的活力分解为四个方面：密度、可达性、宜居性和多样性。在中尺度上，上述研究普遍认识到一些有助于城市活力的形态特征：密集的街道网络、中小型街区以及建筑和土地利用的多样化和集约化。

城市形态深刻地影响着城市的健康、经济发展水平和城市的可持续性（Lee 等，2018）。关于城市形态的研究主要由城市地理学、城市规划、建筑和景观设计的学者进行。Schlüter（1899）提供了城市形态的早期定义，他将该术语定义为人类行为留在地球表面的痕迹，由土地、定居点、交通线和地表建筑等元素组成。Bourne（1971）将城市形态定义为空间、地形和内部形态（包括密度、异质性、组织原则和社会行为）。新城市主义主张空间形式和建筑环境的重新整合，以形成一个完美的城市和邻里单位

（Calthorpe，2010）。紧凑城市理念倡导在城市规划中节约和集约利用土地资源，集中城市功能要素，加强城市空间增长的管理。基于这些概念和理论，定量地测量城市形态的空间格局，对于研究城市形态与其他城市问题（如城市活力）之间的联系具有重要意义。Song 等（2013）从渗透性测度、活力与可达性测度、多样性测度三个角度提出了多套城市形态测度方法。Ye 和 Van（2013）利用地理信息系统（GIS）来整合城市形态的不同框架和指标，并测量城市空间质量。Yang 等（2016）探讨了不同土地利用性质下的人类活动热点和模式。Yang（2018）发现社会经济数据和土地使用影响香港老年人的出行方式。这些研究得出结论，城市活力可以通过设计方法来创造。探索建成环境与城市活力的关系有助于创造更好的城市空间。雅各布斯认为，功能混合、步行区、新旧建筑混合以及密集的人口分布是保持城市活力的必要条件。蒙哥马利提出，充满活力的城市空间应该有一个详细的纹理、人文尺度、混合功能和街道可达性。Attoe 和 Logan（1992）提出了城市催化剂理论，指出建筑、场所和区域可以变得受欢迎，并驱动邻近城市的相应元素。Adedeji（2015）列出了表征公共景观质量的因素，包括视觉可达性和满意度、美学、清洁度和视觉质量，以及便于进入的开放空间。这些优化的城市形态有助于城市吸引力的提升，从而提升城市活力。

许多研究关注了城市公共空间的形态与城市活力的关系，有学者将城市空间可达性分为视觉可达性、物理可达性和符号可达性（Carr，1995；Zhang 等，2014）。Gehl（2000）指出街道界面的丰富性、城市公共设施的多样性、活动空间的多样性是城市公共生活的重要条件。Clark 等（2011）使用城市形状、道路密度和人口密度作为建筑环境的主要指标，研究美国空气质量和建筑环境之间的关系。

对城市活力的内涵和创造原则的理论成果的总结表明，学界对于建成环境的影响还没有达成共识。此外，选定的指标也不尽相同。根据不同学者的研究，影响空间活力的建筑环境可分为六个方面：空间功能和使用、可达性、强度和密度、空间形状和规模、景观以及在空间和社会环境中的位置（Jacobs，1961），但是缺乏城市空间信息数据。大多数研究已经定性地解释了城市活力与建筑环境因素的相关性。相比之下，它们的数量相关性需要进一步讨论。定量测量和分析方法，如多元回归分析，是揭示这种联系的趋势（Wu 等，2018）。Yue 等（2017）利用线性回归模型探讨了邻域活力与兴趣点（POIs）混合和多样性之间的关系，然而这项研究并没有扩展到分析不同建筑环境因素之间的相互作用机制。此外，研究人员尚未评估不同规模和发展状况的城市活力与建成环境之间的相关性。

总的来说，绝大多数学者认同城市空间形态是影响城市活力的重要因素，城市活力几乎可以与城市的各个方面相关联，例如城市文化、城市经济和生活方式。但是，城市形态对城市活力的影响程度需要更加深入地研究，其中重要的原因之一是难以获得测量数据。由于数据的可访问性有限，以前曾通过宏观经济数据（例如 GDP 增长或人口增长）来衡量城市活力（Drewes、van Aswegen，2011）。但是，此类数据无法提供有关个人及其环境之间的微观社会活动的见解，例如居民在城市中的生活、工作和娱乐场所，对于城市活力的表达不够充分。这种类型的数据将使人们能够更深入地了解城市人口与城市功能之间的相互作用。随着信息通信技术（ICT）的飞速发展，城市分析人员和理论家已开始使用 ICT 分析人们与周围环境的互动方式并指导城市发展（Kitchin，2014）。这些技术使从社交网络和特殊网站获取大量数据成为可能，这些数据提供了有关城市空间组织和居民行为的见解。同时，与移动信息设备（GPS、智能手机、IC 卡等）相关的基于位置的技术已逐渐成熟，可以提供一种衡量城市活力的新手段。例如，Jin 等（2017）使用包含用户活动记录、兴趣点（POI）数据和其他辅助数据的基于位置服务（LBS）的数据来评估中国城市住宅开发的活力。通过使用这些数据，作者确定了 30 个"鬼城"，即城市中几乎没有记录到用户活动。Kang 等（2012）根据一周内 200 万人产生的移动数据绘制了人口的空间分布图。Chi 等（2015）使用来自移动应用程序的位置数据和居民区的 POI 数据来检测和分析中国的"鬼城"。这些新兴的地理数据来源为研究城市问题提供了新的视角和创新的方法，如通过土地利用的长时间监测数据反演出城市形态（如城市扩张），并研究其与城市活力的关系。

普通最小二乘法（OLS）回归模型是统计方法中最具代表性和广泛性的方法，用于理解和处理城市形态与活力之间的复杂关系（Wu 等，2018）。OLS 模型的基本假设是，邻里级别的人类活动数据在城市空间中是独立且稳定的。然而，由于相邻的邻域之间的空间非平稳性和空间依赖性，特定位置的人类活动数据违反了独立性假设。因此，有学者已经注意到 OLS 方法用于城市活力建模的有效性是有限的，因为它忽略了空间变化（Xia 等，2020）。Delclòs - Alióa 等（2019）指出不同地区的不同城市形态可能导致不同程度的城市活力。空间非平稳性在于城市活力对城市形态和地理位置的敏感性，不同城市活力的单元之间的空间非平稳性导致解释变量的估计系数在不同观测值之间产生空间上的变化，必须强调将空间非平稳性纳入城市活力的空间异质性回归模型的必要性。值得注意的是，当使用 OLS 对时空数据（活动强度）进行建模时，因变量需要在一定时期内（例如平均活动日强度）进行汇总或平均。时间是全局 OLS 模型无法充分捕获的另一个关键维度。在分析白天和黑夜，平日和周末之间的差异的邻域中的活动强度时，此限制尤其明显。这表明活动强度在时间上也是不稳定的。类似于空间不稳定，时间不稳定表示活动强度是时间敏感的，应该考虑城市活力的时空变化以及形态要素对其影响的时空非平稳性（Good-child，2013）。Sung 等（2015）通过使用家庭旅行调查数据并设计一种全天多周期的方法，发现城市的自然环境在一天中的不同时期对行人活动起着不同的作用。Wu 和 Niu（2019）通过六个时期的空间滞后模型评估了建筑环境对城市活力的影响。Tang 等（2018）通过时空地理加权回归，初步揭示了形态元素对城市活力的连续时空影响，但忽略了一些基本要素，例如建筑密度和建筑高度。

先前的研究极大地提高了对有关城市活力的认识，但是有四个问题需要进一步深化。首先，从功能和形式的角度出发，针对城市形态对城市活力的时空影响的研究较少。其次，缺乏对形态因子功能项和形式项的协同效应的定量研究，这可能导致结论不完整。再次，就是定义地理边界的问题，它能够捕获影响城市活力的城市形态和土地利用的局部特征，以前的研究可能没有充分考虑地理上合适的规模来捕捉影响城市活力的局部特征。最后，先前的研究已经检查了各种尺度（例如位置、街道、格网、人口普查区和行政区）的活力，但是这些尺度是基于数据处理的简易性。如果尺度太小，尽管影响很大，但仍无法观察到城市环境的某些属性；相反，当尺度太大时，属性度量可能过于汇总而无法充分反映其特征。例如，如果在不是居民邻里边界的大尺度地理边界中将居住区与商业或工业土地利用形态一起进行测量，则特定区域中居住区的功能作用可能会失真。这个尺度问题已在地理领域进行了讨论，称为可变面元问题（Fotheringham、Wong，1991；Jelinski、Wu，1996）。关于城市环境与各种公民的出行和城市活力之间的关系的研究也涉及可变面元问题（Houston，2014）。这些研究支持定义适当的地理区域单位，以通过区域单位类型和大小来确认不同结果的重要性。Zhang 和 Kukadia（2005）提出了一种在研究城市环境影响时利用人们的行为特征来定义合理规模的方法，解决该问题有助于城市活力研究尺度的确定。

在用于表征城市活力时所涉及城市形态的变量中，最常用的衡量建筑环境的分类是"3D"：密度、多样性和设计，也有学者认为是"5D"：密度、多样性、设计、运输距离和目的地辅助功能。这些分类对于发现影响旅行行为的最大因素是非常合理的，但是对于系统地反映城市形式的层次结构却有一些不足。"3D"和"5D"仅专注于内置环境。在这方面，有学者借鉴了城市形态学的概念来测量包括自然环境和建筑环境在内的城市环境。城市形态概念将城市形态分为四个要素：自然环境、街道系统、地块系统和建筑系统。城市形式的这些要素通过确定可用空间、密度和可达性来控制公民的日常生活质量。此外，城市形态与土地利用相结合在确定城市活力规模方面具有重要作用。可以使用各种分类标准来定义土地利用，并指代不同空间的一系列功能属性，例如商业、住宅和工业，根据不同土地利用具有的活力特征差异推断活力大小分布（Rodrigue 等，2016）。

在研究城市形态与城市活力的关系时，许多传统的城市形态学分析都集中在小规模（历史性）地区和传统建筑类型上（Whitehand、Gu，2006）。一些将城市形态学与城市设计联系起来的研究总体上是定性的（Chen、Thwaites，2013）。还有学者从地理建模的角度进行尝试（Chen、Wang，2013）。但是，对于城市设计实践仍然缺乏可行和定量的见解，因此需要在城市形态的研究中引入新的技术和方法（Samuels，2013），更新城市活力研究的媒介。

新兴的城市数据环境为城市形态的定量和系统研究提供了新的可能性。随着通信技术、定位系统的快速发展，有关城市形态和功能的志愿性地理数据可以通过高时空分辨率生成。例如，OpenStreetMap（OSM）提供有关大地理区域且具有较高空间精度的建筑物和街区的开放信息。此外，兴趣点（POIs）和来自社交媒体平台的签到数据提供了一种新的方法来衡量人们的感受、喜好和使用城市场所的情况。新的数据环境有助于以高效、自动、智能、准确和一致的方式收集有关城市形态和功能的微观信息（Batty，2013）。同时，在城市设计中使用 GIS 还可以与新的形态学工具相结合，例如 Space Syntax 和 Spacematrix，有助于量化街区的可访问性、密度和类型等设计概念。新数据集和工具的集成为大规模、深入的形态学研究提供了坚实的基础，进而为城市活力的测度提供便利。此外，将新的定量思维引入城市形态和城市设计研究的学术兴趣日益浓厚。这在最近的一系列研究中得到了反映，这些研究应用了地理参考的大数据来验证经典的城市设计理论。这些新方法面向设计，因此未来可以从设计师的角度分析城市形态，更深入地分析城市活力与城市形态的联系，下面将从城市景观特征、城市建筑环境、城市土地利用、街道物理形态与城市活力的关系逐一综述。

（一）城市活力与景观特征

城市活力取决于城市形态和自然景观的物理实体，尤其是城市形态，它与社会过程有着实质性的联系（Lefebvre 等，1996）。因此，城市活力研究中对于城市景观特征应该实现以下进展：完成对城市景观和形态特征的全面描述；使用适当的代用指标定量定义城市活力；寻找有效分析景观特征影响城市活力的方法。在描绘城市景观特征时，构成建筑环境物理方面的关键城市景观要素，如街道和建筑，被视为捕捉城市形态的基本单位。描述城市形态对分析社会活动（Dempsey 等，2012）、城市功能（Xing 等，2018）、医疗保健（Frank、Engelke，2001）和交通条件（Zhou、Gao，2018）有很大影响。这些可变的应用已经在景观特征和动态城市过程的复杂性和多样性之间建立了深刻的联系（Wentz 等，2018）。因此，城市景观的空间特征被认为是促进城市活力的重要因素。在此基础上，Wu 等（2018）提出了一个城市形态指数，以捕捉有意义的城市景观特征，该研究还集中于说明建筑物如何促进城市活力。Ye 等（2017）认为，建筑物景观的拓扑属性和密度在促进城市活力方面起着重要作用。此外，必须解决建筑物的物理和社会属性方面的问题，如建筑物的大小和年龄，以维持城市的活力。还有学者通过整合多源地理数据，研究了城市增长模式对城市活力的动态过程影响（He 等，2018）。然而，现有的研究只关注单一景观元素的刻画，而忽略了多种元素的相互作用。此外，在这些研究中，没有调查传统指标（如地点密度和土地使用）及多种景观要素特征的整合，从而未能更深入地了解城市形态。

对于城市活力和景观特征之间的关系分析，相关研究一直基于定性或定量的方法。定性方法主要包括实地观察和访谈。Filion 和 Hommand（2003）提出了测量土地利用的实地调查，目的是了解邻里规划的演变。还有一项研究通过一系列深入访谈，调查了对城市活力至关重要的小企业社区的可见度（Raco、Tunney，2010）。为了更精确地评估城市活力，已有许多研究基于定量方法。Yue 等（2017）提出了线性回归模型，以定量建立与兴趣点相关的土地利用混合与城市活力之间的联系。皮尔逊系数和二元空间关联方法也被用于定量评估景观时空特征和城市活力之间的关系（Kim，2018）。虽然这些研究已经获得了令人满意的结果，但这些模型并不是专门设计来全面描述景观特征的。因此，在关系分析中只能对城市景观的整体情况进行建模，而对城市规划者来说很重要的、与景观要素相关的详细特征在本质上无法进行定量测量。

受地理学家康泽恩（M. R. G. Conzen）的影响，城市景观，即城市地区的物理形式，已经通过越来越有效的形态发生方法得到了广泛的探索和阐述（Oliveira、Medeiros，2016）。城市景观单元的识别是这些研究的基本方面，需要三个组成部分，即城市规划、建筑形式和土地利用。必须理解这三个城市景观组成部分之间的关系，以及它们与特定地方发生的活动之间的关系。物质的城市空间本身并不具有活力，而是通过对人的行为和心理产生影响来影响城市活力。学者们从建筑和微观景观设计的角度探索了活力提升的路径（Huang 等，2019）。城市设计师、规划师、批评家甚至社会学家，对于如何基于经验标准和理论研究成果创造空间活力有着独特的见解，增加了形成统一标准的难度，给城市建设和景观设计带来了一定的挑战。自 20 世纪 90 年代后期以来，调查、观察和定量方法被用来分析城市景观元素和城市活力之间的关系、基于案例研究城市科学（Ravenscroft，2000）。然而，在此期间，在大的研究领域进行定量研究和得出普遍结论是困难的。在当今时代，现代技术能够收集大量具有准确空间信息的动态数据，这为准确量化人类活动和描述城市细节提供了基础（Vanderhaegen、Canters，2017；Zhang、Seto，2011）。目前，结合多源大数据的定量方法已经被用于探索城市景观要素如何影响城市活力，定量方法所用的数据不局限于传统的景观要素数据（Lunecke、Mora，2018）。

Zhang 等（2019）在康森理论的基础上建立了新的量化体系，从城市规划、建筑形式、土地利用方式三个方面，用 28 个指标对城市景观进行量化。该系统为城市景观的系统量化研究提供了基础。Meng 和 Xing（2019）提出了一个新的框架来探讨城市活力与景观特征之间的关系：通过提出空间度量方法，全面刻画了城市景观的多层次特征，设计了四个层次的测量，包括地点、土地利用、单一景观元素和多种景观元素；利用一种类型的社交媒体数据，即基于地点的评论，作为一种替代，并进一步提出从个人角度量化城市活力的有效措施，提出了选择能够代表景观特征的有效空间度量的方法，并在此基础上，通过提出四个线性回归模型，探讨了多层次景观特征与城市活力的关系，研究结果有潜力指导城市活力建设中的景观设计。然而，因为没有统一的标准来量化它，该研究框架中有限的定量研究，主要集中在城市景观的不同方面，特别是在不同城市的街区（由建筑物填充的街道封闭区域）这一级别。此外，许多研究对于景观基本要素，如建筑高度、方向、足迹形状、布局、街区坡度和绿化考虑较少。并且，很少有研究考虑到城市活动和充满活力的地方的日夜分布不同，景观对其具有不同时段的差异影响的问题。

（二）城市活力与建筑环境

许多城市学者和专业人士研究了人类和建筑环境如何导致邻里活力的变化。一些学者坚持认为，城市多样性、当地经济现状、零售活动和高居住密度与社区活力正相关（Humphrey 等，2017）。然而，其中一些学术主张是有争议的，因为地方背景和案例可以改变城市形态（如建筑环境）的影响。因此，为了支持这些论点，更复杂的分析方法和确定的数据集是必要的。具体来说，空间计量经济学控制变量之间的空间自相关，因子分析利用空间数据捕捉人类和建筑环境的潜在因素，将是检验人类和建筑环境如何影响邻里活力的更有效的方法。

为了改进这一领域的研究，并产生更多的结论性发现，以前的研究被分为特定的类别。第一类涉及建筑环境的影响。例如，这一类别的研究断言，位于交通流量循环良好的相对较小街区的旧建筑吸引了更多的人类活动（Meng、Huang，2019）。第二类涉及人口密度、就业、高住房和高兴趣点，注意到高就业、高居住和高兴趣点密度的人口稠密地区，如零售和批发商店、酒店、餐馆、娱乐中心以及私人和公共建筑，与社会活动和社区活力的增加有关（Sung、Lee，2015；Yue 等，2017；Zeng 等，2018）。以前的研究发现，较高比例的绿地（如公共公园）与较高的城市活力相关（Lopes、Camanho，2013）。第三类侧重于交通运输，认为道路网络和公共交通服务对于衡量城市活力至关重要，因为它们为人们通勤到工作场所、零售店、其他街区和其他 POI 提供了更大的流动性（Delclòs‑Alió 等，2019；Zhang 等，2019）；道路的可步行性也被认为是主要的活力指标（Jacobs‑Crisioni 等，2014）。关于交通的便捷性，其他研究强调，密集的开发和房地产价值会影响城市活力，因为它们会影响行人流量和步行能力（Pivo、Fisher，2011）。第四类强调城市中心性和进入中央商务区、次中央商务区的重要性。一项中国研究证实，邻近城市中心的旧街区是中国最具活力的街区（Jin 等，2017）。对欧洲和其他亚洲城市进行一项研究支持了城市中心部分具有更大活力的评估（Jacobs‑Crisioni 等，2014）。专门针对邻里的研究发现，中心性同样影响它们的活力（Alonso 等，2018）。特别是，在城市网络研究中广泛使用的中间性和封闭性的中心性指数，解释了为什么土地使用强度的位置、零售位置、经济活动和无障碍街道与社区活力相关联（Wang 等，2014）。

Kang Chang‑Deok（2020）调查了多维的人类和建筑环境及其潜在因素如何影响邻里活力，使用一种新的方法来扩大现有的讨论，并提出了深刻的含义。首先，该研究比较了多重和多维的人类和建筑环境及其潜在因素如何影响邻里活力。在分析模型中，人类和建筑环境变量包括建筑环境、人类活动、邻里可达性和中心性。模型结果提供了对人类和建筑环境对于邻里活力的影响、意义和潜在因素的理解，并支持更强有力的理论认知和实践指导。其次，如先前的研究所示，发现工作日和非工作日之间的区别对于解释和预测邻里活力的变化很重要。因此，这项研究使用一个一致的框架，调查了人类和建筑环境在三个特定时间——早上、工作时间、晚上——对邻里活力的影响。

虽然雅各布斯等人认为城市建筑环境（UBE）在创造和维持城市空间的活力方面起着至关重要的作用，在城市中大量存在的建筑物是城市景观的矩阵和主要元素，作为一种有力的象征，建筑形式可以反映出当地社会经济的活力和城市的活力。但是，关于城市活力与 UBE 元素之间关系的争论一直很激烈。雅各布斯（1961）在她的开创性工作中指出，多样性与社区息息相关，高密度环境与维持城市活力充满辩证关系。当代经济学家，例如 Glaeser（2012）和 Storper（2013）也阐明了空间特征与"城市旺盛的活力"之间的关系。但是，人满为患，正向影响可能会导致居民心理压力提升从而使得活力降低。如有证据表明，高密度开发将缩短出行距离并因此限制能源消耗和车辆排放（Chen 等，2013）。住宅建筑位于紧凑型城市中的城市中心或附近，因此居民可以轻松使用各种城市设施和便利（Ewing、Cervero，2017），出行意愿和频次增加。此外，高层和高密度的生活使开放空间和自然环境在步行距离之内，并极大地改善了居民的生活质量与社区活力（Bardhan 等，2015），尽管有证据表明居民的满意程度与住房密度或高度无关，但与住房环境的其他特征有关（Whittemore、Bendor，2018）。城市紧凑型发展对城市活力另一个正向影响，是经济活动和企业、工作场所和住宅被合理地组合在一起，以提供专门的设施和服务机会（Vallance 等，2005），从而最大程度地减少个人和商品的日常过剩移动，保持一个区域的活力维持。

重要的是，高密度的城市形态可以将城市对农村地区的侵占减少到最低限度，并防止城市蔓延，否则这些蔓延会威胁到城市周边地区的环境和生态系统，因为高密度可能对公民和生物物理环境产生不利影响，因此可能不利于刺激城市活力（Ho 等，2018；Kostas，2018）。城市建筑会极大地影响城市热岛效应，加剧交通噪声，加剧空气和水污染并产生过多的废物（Chun、Guldmann，2014；Liddle，2013）。例如，在高层建筑和狭窄街道中，大量的太阳能被困住并降温缓慢，导致暴露在凉爽的夜空中的机会有限。在高密度的城市中，夏季夜晚的热岛效应显著增强。尽管合理水平的城市压缩可能会带来环境效益，但是当超出一定程度时，可能会导致环境问题，城市环境下降对人们的出行意愿、活动强度都会起到抑制作用。此外，城市景观的垂直增长会影响城市居民的生活习惯和生活方式（Vallance 等，2005）。例如，居民由于高人口密度而遭受狭窄的生活空间和拥挤的交通服务之苦，导致紧张和缺乏隐私。但是，由于拥挤的生活环境对文化的容忍程度不同，这些问题似乎并没有对居民的生活质量产生重大影响，虽然如此，但容易致使社区活力丧失。

Simmel（2002）和 Wirth（1938）的研究对象是西方的工业城市，他们认为高密度的人口聚集可能导致居民的消极态度、敌意和无知。这些想法对于现代规划至关重要，它使正在进行的城市更新、美化和高级化进程合法化。但是，雅各布斯等城市密度的支持者批评了现代规划理论，认为城市社区应保持高度的多样性，从而保持活力。实际上，当前的讨论存在两个局限性。首先，迄今为止，大多数证据是基于北半球的城市，并且大多数想法是在 20 世纪产生的。在 21 世纪初的今天，南半球的一些城市正在迅速发展为城市化中心，建筑环境早已发生演变，需要对这些城市进行新的研究以进一步检验相关论点（Robinson，2016）。各种城市建成环境元素可能会影响城市活力，其中最常讨论的元素包括密度、多样性和设计，即"三个 D"。较短的路段、老化的建筑物和高度连通的道路也被确定为城市活力的主要要素（Gehl，1971；Jacobs，1961；Montgomery，1998）。Huang 等（2019）选择了密度、强度、多样性、质量、步行性和老化建筑物作为城市建成环境的六个主要方面，以测试它们各自与城市活力的关系。与西方城市相比，中国城市的城市形式的特点是垂直空间的使用大大增加，因此学者通过区分密度和强度来研究它们各自的贡献。密度衡量水平空间的使用，而强度衡量垂直空间的使用，细化建筑环境细节特征对城市活力的影响。

（三）城市活力与土地利用

在研究城市活力的基本影响因素时，隶属于城市形态的土地利用受到了较大的关注，这源于雅各布斯提倡的混合、多样的土地利用。土地利用对活力的影响并不是一个新的研究领域。关于这一主题的最早探索可以追溯到 Howard（1898）和 Geddes（1915），他们通过优化土地利用分布研究了生活条件的改善。以前，大多数研究依靠理论方法，而很少采用定量方法。Sharkova 和 Sanchez（1999）应用普通最小二乘法来衡量社区类型、土地利用、社会经济特征和城市可达性对活力的影响。Chhetri 等（2006）从美学、舒适性和社会互动的角度总结了邻里吸引力的三个因素。Mehta（2007）使用多元变量和因子分析来探索 11 条街道特征对生活指数的影响。这些学者得出的结论是，密度和土地利用变量是衡量邻里和居住质量的重要指标。此外，许多房地产研究表明，土地利用会显著影响房价，这可能表明充满活力可以吸引人们定居（Dai 等，2016；Wen、Tao，2015）。因此，土地利用和设施布局可能会有效影响城市活力。

在城市活力研究成果中，地理学领域有大量的文献致力于混合土地利用的测量，这是源于雅各布斯对于活力城市必须具有土地利用多样性的论断（Zhang，2004），越来越多地使用熵或广义熵函数（Page，2010）作为统计指标。谭永忠和吴次芳（2003）在土地利用结构调整中采用了信息熵的概念。以前关于混合土地利用的研究严重依赖于地块级土地利用图（Wang 等，2012）。此外，最近的研究表明了使用 POIs 的可行性（Jiang 等，2015）。作为土地利用数据的替代数据（Wang 等，2012），POIs 可以代表更精细的建筑层面的土地利用情况（Kunze、Hecht，2015）。混合用地和多功能用地已被认为能够促进城市活力并产生社会经济效益（Koster、Rouwendal，2012），因此，混合用地已成为新城市主义和精明增长中促进城市活力和可持续性的关键战略（Van Eck、Koomen，2008）。在物理上和功能上整合土地混合利用，有助于城市活力设计，如重新分配不同类型土地利用的组合特征（Berghauser Pont、Haupt，2010）。

通常来说，土地混合利用指住宅、商业、文化、机构或工业用途的组合，并被概括为三个概念层面：增加土地使用的强度、增加用途的多样性以及整合隔离的用途。然而，许多研究缺乏对其进行定义（Grant，2002）。因此，一些考虑到"混合利用"的街区设计仍然缺乏活力，而其他一些地方可能看起来更混乱，但它们充满活力和吸引力。什么是混合使用，如何混合其各种影响因素，或者混合利用能在多大程度上促进邻里活力的问题值得进一步研究。此外，虽然香农熵是最广泛使用的衡量标准，其中高值表示更多的混合使用，低值则表示相反。然而，Jost（2006）已经认识到熵测量的是不确定性而不是多样性。因此，该指数不能全面描述混合使用，混合使用的概念和测量仍然难以捉摸（Manaugh、Kreider，2013）。由于缺乏有效的手段，在界定和衡量邻里活力方面也存在困难。因此，关于混合使用能在多大程度上促进社区活力的问题仍然无法明确回答。

传感器和定位技术的最新进展使从新兴数据角度测量邻域活力成为可能，尤其是在研究土地利用与城市活力的时候。有学者试图量化和评估土地混合利用导航数据库中的个人信息和手机数据中的邻域活力之间的关系。与传统的土地利用数据相比，导航数据库中的土地利用指数代表了建筑层面上更精细的土地利用情况，不仅是混合土地利用的良好代表，也是多种土地利用的良好代表（Louw、Bruinsma，2006）。至于邻里活力，雅各布斯（1961）将其描述为人口的密集聚集，因为组织良好的密集功能空间可以产生足够的互动和活动来创造活力。因此，该研究使用手机信号塔记录的一个社区的总人数作为社区活力的代表，其重点是如何使用兴趣点测量混合使用，以及兴趣点测量的混合使用和蜂窝塔测量的邻域活力之间的关联程度。有大量的文献致力于土地混合使用的测量。不同的混合使用指数，如熵、工作比率、可及性、密度、中心性和网络连接性已得到检验（Christian 等，2011）。此外，许多土地利用研究依赖于官方或自我报告的数据，这些数据的采样率和时空分辨率有限。例如考虑在住宅建筑中开业的小企业，地块级别的土地使用数据就无法捕捉这种多样性。因此，地块级别的土地利用图可能会掩盖区域内的巨大差异（Handy，1996）。土地混合利用也与土地使用强度、平衡、多样性、混合、整合和可及性有关（Kockelman，1997）。在这个意义上，其他术语也被用来研究混合使用的问题，例如建筑环境、新城市主义和城市形态。土地混合利用对旅游需求、公共卫生和城市经济的影响已经在可持续性的框架下进行了广泛的研究（Handy，2008），但是它们与城市活力的关系还需要进一步探究，对以往的土地利用传统指标在城市活力研究时是个很好的补充。

Pei 等（2014）已经表明，移动电话数据不仅是人类活动时空动态的良好代理，也是土地利用国际地理信息科学杂志 3 分类的良好代理。这项研究利用手机定位数据来测量附近的活力。Batty（2010）指出，就在不久前，信息和通信技术（信通技术）提供了访问不断增长的新数据源的机会，使研究人员能够以最佳的比例观察和研究城市。在这种背景下，随着大数据的普及，一些实证研究已将土地利用背景应用到城市活力研究中，得出的结论是土地利用结构显著影响城市活力（Jacobs‐Crisioni 等，2014）。Jacobs‐Crisioni 等（2014）和 Yue 等（2017）基于手机数据测量了混合土地利用及其对活力的影响，但没有解决时空异质性的存在。越来越多的研究利用兴趣点数据来估计土地利用——特别是随着地图应用程序和社交网络签到中兴趣点数据的公开出现。Li 和 Lin（2016）仅使用房屋和与消费有关的兴趣点的数量，而没有考虑其他类型的兴趣点和混合功能来研究时空变化的机制。由于兴趣点类别遵循土地使用编码，研究试图将兴趣点与土地使用分类联系起来。Liu 和 Long（2015）证明了从基于自愿的地理信息系统推断分层次土地利用的可能性。Jiang 等（2015）利用 PO‐

Is 估算就业密度，并得出结论认为，在分类层面使用 POIs 估算土地利用比依赖地块层面的土地利用图更准确。这两项研究都用常规土地利用数据进行了验证，发现一些不匹配是由常规土地利用数据的过时或过于粗糙的空间分辨率造成的。这一结果表明，使用其他数据源作为土地利用数据的替代方法是可行的，两项研究都注意到了使用 POI 的局限性，包括数据的完整性、准确性和分类问题，因此可以借助其他大数据与土地利用结构的关系实现土地利用与城市活力的研究。

在过去的几十年中，城市土地的扩张和城乡之间的迁移导致了全球城市化的快速发展（Alcock 等，2017；Son 等，2015）。由于城市空间的变化和人口的增加，城市面临着巨大的挑战（Heilig，2012）。将实用的设计和生态知识整合到城市生态系统中，并提高城市可持续性的呼声日益高涨（McPhearson 等，2016；Zhou 等，2017）。自 1990 年代以来，中国的城市面积急剧增加。城市扩张不仅带来了巨大的经济增长和社会进步，而且带来了一系列社会和生态环境问题（Wang，2018）。而快速的城市化和工业化带来的后果，促使学者致力于将土地使用策略从专注于"增量计划"转变为涉及"存货计划"（Hassan、Lee，2015；Xia 等，2019）。但是，这样高密度的土地利用结构可能使得当地的社会经济体系缺乏凝聚力，从而导致无法创建充满活力的城市空间（Jenks、Rod，2000）。因此，需要立即关注城市土地利用强度与城市活力之间的空间关系，以便为未来的城市发展和规划提出决策支持和建议。

除了土地利用多样性因素，城市土地利用强度与城市活力的研究也已经进入讨论之中。它指的是城市土地开发的程度（Chan、Liu，2018）。城市土地利用强度和人口密度可以被视为城市密度的两个主要指标（Xu 等，2019），前者着重于城市的自然特征。土地利用的"高密度"表示在一块土地上聚集了大量建筑物和地面区域。有人认为，可持续发展与城市自然特征之间有很强烈而复杂的联系，例如密度、大小和开放空间的数量（Banister 等，1997；Gehl，1971），高密度也许可以增强一个地区的活力（Shelton 等，2011）。最近，关于土地利用"高密度"及其对城市活力的影响和分析，已成为许多国家的城市管理者和规划者的主要兴趣。

（四）城市活力与街道实体形态

街道形成了错综复杂的网络，而每个街道在整体网络中的地位是不同的，反映了城市空间形态，许多学者探讨了街道实体形态特征与城市活力大小的关系。

道路网络是城市的"骨架"，因为它揭示了城市大多数关键组成部分的位置，并且在从一个地方到另一个地方的行进过程中，人们的活动很大程度上受到限制（Yue 等，2017）。街道中心性是衡量城市空间可达性和区位优势的有效方法（Rui、Ban，2014）。居住或工作在城市中的人们可以轻松地从其他位置流入中心位置。此外，许多研究表明，街道中心性在塑造城市内部活力方面具有重要作用。例如，Cui 等（2016）研究了中国南京地区卡拉 OK 的位置模式，发现街道网络的中心性对卡拉 OK 的分布产生了至关重要的影响。而韩国的首尔街道网络配置对步行量的影响的研究表明，交通可达性高的地点步行量较大。对路易斯安那州巴吞鲁日的街道中心性与人口（居住）密度和就业（商业）密度之间的关联关系进行的实验研究表明，它们在空间中彼此高度关联。许多其他研究也证实了街道中心性在促进城市活力方面的重要作用（Lin 等，2018）。

如何用数学方法表征复杂的街道网络结构是研究街道网络与城市活力之间关系的前提。Porta 等（2006）提出了一个多中心评估（MCA）模型来衡量一个城市的区位优势。MCA 由三个基于网络的集中度指标组成，即紧密度、连通度和中间度，三个指数从不同的角度评估了街道的中心性。紧密度衡量一个位置与街道网络中最短路线上的其他位置的接近程度；连通度表示可通过直线路径到达其他位置的位置范围；中间度评估沿着连接其他位置的最短路径穿越的位置的频率。与街道密度、街道连通性和基于重力的可达性等单指标测量相比，MCA 提供了对街道配置更全面、更深刻的解释。作为一种广泛使用的模型，MCA 的有效性已被先前的研究彻底验证。例如，Rui 和 Ban（2014）证明了 MCA 模型提供的三个街道中心指数可以有效地捕捉城市活动的空间分布特征。因此，MCA 在表征城市结构方面很有用。基于 MCA 模型，Wang 等（2014）分析了中国长春市各种零售商店的密度与街道中心之间的关系，由此产生的强有力的联系证实了 MCA 在揭示城市环境中街道网络与零售商店之间的相互关系方面的有效性。在中国广州的另一项研究也证明了街道中心性在影响零售商店空间分布方面的重要作用，且不同类型的商店具有不同的集中度定位，通过"可见性"和"整合性"概念，街道中心性是空间句法理论的核心（Hillier，1996）。

另外，MCA 模型与空间句法基本值共享相同的含义，这些基本值指的是城市空间的结构性解释，同时提供了一种新的、可替代的技术观点（Porta 等，2009），即城市活动结构可以表征城市活力。因此，可通过研究街道物理特性与城市活动强度的分布结构来分析活力分布，街道物理形态的解译正是一项新的技术手段。

许多研究探索了城市活力与街道中心性之间的联系。但是，这些研究工作仍存在一些局限性。首先，城市活力通常由零售和食品商店之类的兴趣点（POI）数据来代替，商店之间的吸引力差异被忽略，因为每个点特征都具有同等重要性。其次，大多数研究使用双变量线性相关分析方法（例如 Pearson 相关系数）来检验街道中心性与城市活力之间的关系，忽略了城市活力的许多其他重要影响，因此无法一一列举出街道中心化的影响。第三，人们在不同的出行方式（例如步行和驾车）中对街道的布局可能会有不同的认识，因此仅采用若干街道物理中心性指标可能不够充分。但是，到目前为止，大多数研究在不区分出行方式的情况下测量了街道的中心位置，这是未来街道物理形态与城市活力需要突破的一项内容。

四　城市活力与其他城市要素

除了上面分析的主流影响因素外，有学者关注到了城市网络、社会基础设施、小型餐饮设施对城市活力的影响。

（一）城市活力与城市网络

城市由相当多的网络连接在一起，这些网络在类型、规模和结构上各不相同，但它们都在城市空间中相互连接。在城市间这一级别，许多国家对高速公路、高速铁路（HSR）和航空网络进行了大量投资，以连接其城市和整个世界（Chen、Haynes，2015；Vickerman，1997）。在城市内部这一级别，市政府正在建设或扩大其道路和地铁网络，以缓解交通压力，满足公民的出行需求（Zheng 等，2019；Sun 等，2015）。除了物理连接之外，移动通信技术的快速发展通过信息和社交网络连接拉近了人们的距离，导致城市在虚拟空间中的联系更加紧密（Li 等，2015）。连接密集城区的物理和虚拟网络极大地促进了旅行和信息传输的速度。从这个意义上说，消费和生产集聚经济的边界以及由此产生的城市活力增强效应是内生的，并取决于这种网络的配置（Dong 等，2020）。例如，通过更好、更快的交通网络和社交网络，企业可以获得更大的人才库；而消费市场的扩大，也将引发网络节点周边新的活跃消费热点和地价增值的涌现。应该指出的是，在某些地区，城市网络的不连通也被认为是造成分裂和分割的原因之一。同时，随着人力资本从外围城市或不相连的地方外流，区域之间的不平等也可能作为城市网络的副作用而出现（Qin，2017）。城市的网络视角揭示了上述城市问题。它已经引起了许多学科的关注，包括经济学、城市规划、社会学、管理学、地理学、物理学、计算机科学等（Glaeser，2016；Batty，2013；Barthelemy，2016）。从广义上说，分析的范围从邻域层面的社会网络形成到城市、地区层面的流动性，从运输网络到全球层面的航空公司、贸易联系，以及通过出版物和专利的知识联系。这种类型的复杂性可以通过基于复杂性理论的城市网络模型得到更好的解释，并得到越来越多的空间和时间维度的大数据的支持。这种网络的多样性创造了城市空间之间的相互依存性，加强了全球和区域一体化，并促进了生产和消费方面的城市活力。Zheng 等（2020）认为城市网络与城市活力之间的关系有助于提升城市生活质量，是一种很有洞察力的做法，理应深度开展相关主题研究。

（二）城市活力与社会基础设施

社会基础设施的公共产品属性对于维护城市公平正义，促进城市多元化发展具有重要意义。可以从基础教育、医疗保健、文化娱乐和社会保障等方面来理解社会基础设施对城市活力的影响。在教育资源方面，人力资本的培养和积累促进了城市的创新和进步（Dash、Sahoo，2010），通过使用先进的技术和创新措施帮助城市克服了发展难题，并提供了持续不断的发展动力，从而推动了城市发展。在医疗卫生方面，高水平的医疗卫生服务可以提高居民的身体素质和婴儿生存率，确保城市人口的数量和质量，并为城市提供令人满意的活力。在文化和体育设施方面，设备完善的文化和体育设施可以通过增强人与人之间的互动和促进文化和思想的交流，在城市生活中创造多种多样的色彩，并激发城市的活力（Chion，2009）。在社会保障方面，根据雅各布斯的城市活力理论，社会稳定是城市活力的重要体现，对社会保障的充分投资是缓解收入和财产差距、确保社会公平并通过调整分配来维持社会稳定的关键手段，这直接关系到城市的活力。从上述分析可以推断出社会基础设施与城市活力之间存在正相关关系，为居民提供足够的社会基础设施资源有利于提高城市活力。

值得注意的是，社会基础设施还可以通过吸引劳动力转移来改善城市活力。Tiebout（1956）的脚步投票理论认为，自由流动的居民通过迁移来选择最佳的当地公共物品，这鼓励了地方政府满足居民对公共服务的需求并实现了最大的社会福利。换句话说，高质量的公共产品的供应引起了人口的流入（Zhan，2015），人口的流入进一步促进了地方人口活动的强度，从而激发城市的活力。社会基础设施的公共产品属性可以促进城市活力，但考虑到人口流入因素，复杂性就会增加。适度的人口流入会通过城市规模对城市活力产生积极影响，但人口过多会通过城市拥挤对城市活力产生负面影响。Lan 等（2020）发现人口流入也可能通过其与社会基础设施的相互作用来影响城市的活力，他们证实人口流入能促进教育和金融支出，从而提振了城市活力。

（三）城市活力与小型餐饮设施

有研究表明，食品设施是城市生活的重要组成部分，它可以有效地表明一个地点的吸引力（Zukin，2010）。可以从三个角度解释使用食品设施来体现城市活力的有效性。首先，企业的成功在很大程度上取决于位置（Roig – Tierno 等，2013）。中心场所理论表明，商店往往位于容易吸引人流的地方，这些商店吸引着各种各样的人群，这些人群与餐饮业的生存和发展直接相关（Dawson，2013），适合小型餐饮业发展的地区也促进步行、休息和其他休闲活动（Philipsen，2015）。因此，食品设施的空间组织可以在很大程度上反映人类活动的变化。其次，大型建筑物如超市和娱乐中心的位置通常是根据市场和象征性原因来选择的，这使其不适用于测量城市活力；与成为吸引力的高级餐厅和百货公司不同，小型餐饮企业通常规模很小，无法（重新）塑造其周围的建筑环境，因此无法反映出现有的城市活力。相比之下，大型餐饮企业的位置选择通常受市场和象征性因素的影响，使其不适合用作城市活力的指标。同时，城市食品设施的建筑规模通常不足以（重新）塑造邻近的建筑构型。因此，小型餐饮设施可以更好地反映现有的城市活力。

小型餐饮设施适合作为热闹的市区的"指示性企业"，正如可以根据"指标种类"评估栖息地的生命力一样，可以通过"指标业务"（即小型餐饮设施）来评估城市场所的活力，尽管它们本身并不能反映城市活力的所有方面。Zukin（2010）在有关当地街道和城市主义的工作中强调小型餐饮企业的角色是"地道"的城市生活的重要组成部分，并标志着一个地方的吸引力。此外，小型餐饮服务的周转率通常高于大型餐饮服务的周转率。因此，小型餐饮业的分布可以看作是城市活力的最新反映。换句话说，小型餐饮企业的分布对于理解城市形态的社会绩效可能具有宝贵的价值，因为这种模式是通过人们（即企业主和公众）的自发行动而形成的。根据经验，一些研究比较了城市活力和小型餐饮业的分布，表明后者可以表征前者（Joosten、Van Nes，2005）。但是，这些研究通常以定性、手动的方式进行。仍然缺乏大规模的和系统的研究来定量揭示城市活力与物理建筑环境方面之间的关系。

五　城市街道活力与城市要素

城市公共空间是居民在城市公共生活中的关键区域，与城市可持续发展高度相关（Yang 等，2019）。富有活力的城市公共空间是指更安全、更理想、更有吸引力的空间，它能够为社会活动提供更多选择，并成为文化交流的场所。这种空间是人们进行场所营造过程的成功结果（Jalaladdini、Oktay，2012）。要使城市空间富有活力，关键的标准是让人们在空间中自愿地停下来，而不是因为强迫（Molavi、Jalili，2016）。作为最大的城市公共空间之一，街道具有深厚的社会和人文内涵。街道活力是研究城市公共空间和提供可持续的以人为本的公共环境的关键问题。在城市地理和城市规划的背景下，街道活力大致可分为城市街道的持续发展力（Lynch，1960）、城市生活的多样性（Jacobs，1961）和街道上人们的活动（Gao等，2019）。在经历了 30 年的快速城市化之后，中国的城市建设开始注重"以人为本"和"人的城市化"，并注重城市空间的质量。Whyte（1980）认为应该将城市视为人的住所，而不是经济机器、交通枢纽或大型建筑展览平台。Alexander（1965）认为研究人员应该研究城市形态特征的内在特性，以展现城市街道的活力。雅各布斯（1961）还试图找到理想的街道形式，为此类城市活力空间的设计提供参考。

以往研究广泛探测了交通、道路类型、停车场、行人环境和街道活力之间的相关性。通过创建安全舒适的环境来设计合适的街道至关重要（Fitch 等，2019）。Ikioda（2016）探索了道路建设对城市环境中的市场和街道、商人的影响。Galanis 等（2017）在考虑城市道路类型和交通的同时，分析了街道上人们的道路安全。Ajeng 和 Gim（2018）研究了路边停车问题，并分析了印度尼西亚的日惹市的停车时间和街道需求之间的差异。Park Kim 等（2016）根据韩国的绿色停车项目，分析了路旁停车对行人街道热环境的影响。对于行人环境，Kang C-D（2018）还应用了多层回归模型，来确定街道设施（如商店、文化问题、当地街道网络对步行量等）的积极影响。

建筑环境对街道活力也很重要（Jung 等，2017）。Park Kim 等（2016）根据建筑环境为街道行人应用了多层平均辐射温度模型。Wojnicki（2018）以波兰克拉科夫为例，研究了交通强度检测器的参数如何影响动态路灯的能源使用。Wang 等（2018）研究了大林街道上不同年龄树木的街道生态系统，以建议最大程度地维持街道建筑环境。Shirvani（2007）探索了城市空间组织及其相互关系的八个主要组成部分。Xu 和 Wang（2008）提出了评估指标，例如物理空间形态和行为活动，以监测影响公共空间活力的因素。Katz（1994）研究了紧凑性、步行规模、功能混合以及建筑密度对街道活力的影响。对街道建筑环境的深入研究最终可以为提高街道生活性、活力值而做出基础性贡献。

Mahmoudi 等（2015）回顾了影响因素，包括空间比例、建筑风格、可达性等，并总结了物理问题对吉隆坡街道质量的影响。Ewing 和 Clemente（2013）发现有必要研究城市形态的度量和性能。Long 和 Zhou（2016）提议应用人文尺度的城市街道形态来研究城市活力。Harvey 等（2015）提出了一种基于骨架街景的测量街道景观几何形式的方法。Hou 等（2017）量化了传统城市街道和小巷的更新和活力建设所需的最佳高宽比。Zarin 等（2015）通过问卷调查和标准多元回归分析，调查了德黑兰两条街道的活力水平。Sung 和 Lee（2015）构建了以步行为因变量的多层次回归模型，以分析和观察城市街道活力的六个条件。

通常，历史悠久的街道和旧城区的破旧设施很繁华，一些新城区的新近建成街道却相对空旷（Keeton，2011）。一些研究人员认为，随着时间的流逝，城市活力是在保持较高水平的街道可达性的同时，积累合适的建筑密度和形式的过程（Yu、Zhuang，2018）。从静态的角度来看，当前的研究集中在相对较少的影响城市活力的因素上。而通过综合考虑街道形式、街道类型和街道可达性来评估城市街道活力，并结合不同时间段的影响，这些方面很少受到学者关注。

在理解城市公共空间和可持续公共环境与城市街道活力的关系时，可以使用几种基于经验的预定义空间实体概念（例如凯文林奇描述的路径、边缘、区域、节点和地标），通过分析人类的感知（也称为城市形象）来完成街道活力的研究，人的使用感知对于街道后续提升活力的规划具有指导意义。经过 40 年的快速城市化，中国的城市建设已开始以更加人性化的方式关注城市空间的质量。视觉被许多人视为人们的主导感（Hutmacher，2019），视觉对于感知空间至关重要，并在城市空间的活动中发挥关键作用（Cafuta，2015）。但是，大多数关于街道活力的研究是基于空间因素评估，例如交通条件（Fitch 等，2019；Ikioda，2016），以及建筑环境的其他物理因素（Peiravian 等，2014）。相反，可能由于技术限制和实际操作问题，关于街道活力的视觉特征的研究仍然较少。

机器学习的最新发展为此类研究提供了解决视觉问题的强大工具。卷积神经网络（CNN 或 ConvNet）可用于图像数据以识别其模式和特征（Yu 等，2018），并对图像进行分类或回归操作（Krizhevsky 等，2012）。自 2015 年底以来，最新进展表明，新开发的网络在一般图像分类工作上的表现超乎寻常（He 等，2015）。有学者使用 CNN 对各种类型的图像进行了大量的模式识别研究，结果令人鼓舞（Alom 等，2018）。为了从街景视图中直接识别出城市街道活力的视觉特征，Qi 等（2020）的街道活力研究使用了 CNN 模型来模仿城市场景的人类感知。该研究假设 CNN 模型能够学会给人类评估提供相似的分数，它将以与人类相同的方式感知城市街道的活力。因此，通过分析 CNN 模型本身（实际上是确定性的数学函数），人们可以更好地了解人类的感受，尤其是视觉特征。总的来说，机器学习算法可以为街道这类小尺度的微观活力研究提供高效的处理效率，可以更好地理解活力在街道尺度高低分布的原因。

第三节　城市文化活力

城市的文化活力凸显出一个城市的精神文化内涵和历史文化底蕴，展现着一个城市的文化生命力、竞争力和软实力。每座城市都有其自身的文化属性。城市需要有人气，文化活力对"人气"的塑造显得尤为重要，一个地区如果在文化层面缺乏内涵和特色，就会失去成为一个独特个体的必要条件。文化活力是一个城市品质格调的展现，是在经济活力、社会活力基础上，作为人的精神层面的追求，是城市活力的精神内涵和灵魂支柱。

一　城市文化活力概述

雅各布斯在《美国大城市的死与生》中，认为正是人与人的活动及生活场所相互交织的过程，使城市获得了活力。常东亮（2019）认为城市文化活力是指以人的城市感性实践活动为根基，以城市文化空间为载体，以凸显人的价值为目的，呈现于主体日常中的文化的生命力、创造力与凝聚力的总和。汪海和蒋涤非（2012）认为文化活力是公共空间在感官、经济社会活力基础上，作为人的精神追求层面上的展现，是空间活力的精神内涵，对人气的提升显得尤为重要。

国外学者普遍认为，文化活力是高度集中的文化机构和创意专业人士的反映（Florida，2002；Currid，2008），因此，在全球大都市中通常可以找到创意中心（Currid，2006）。但是，这种相当机械的识别面临的挑战比人们预期的要多。有时，在某些环境条件盛行的情况下，可以在相对边缘的地方找到出色的创造力环境。例如，莱比锡和克鲁日等地缘偏僻的后社会主义城市已经成为一些最具创新力的当代绘画学校的摇篮，将他们的几位艺术家推向了全球艺术界的顶端（Lubow，2006；Turner，2013）。相反，全球主要的艺术城市有时无法产生有趣的创意场景，并且在全球创意话语中没有留下明显的痕迹（Kotkin，2005）。

国内学者认为城市文化活力是基于文化有机体概念形成的一种新的理论建构，它是城市文化生命力、创造力与凝聚力的总称。它以公共空间为载体，是当地传统与现代文化在公共空间中的表达力、生命力和创造力的总和，体现的是满足个体文化需求的能力。具体表现为历史文化通过文字、图像、表演、影像、活动等形式在公共空间中的动态呈现，以及人们对这种呈现及其所承载的精神内涵的感知度与认同度（包亚芳等，2019）。文化活力是一个城市的内涵和品质，在经济活力、社会活力的基础上，作为人的精神层面的追求，是城市活力的精神内涵。

每个城市都生活着不同的群体，不同的群体都有其自身的文化特质，比如不同的意识和不同的生活习惯，并渐渐演化为城市自身的文化属性。城市需要独特的文化内涵，如果一个城市在文化层面缺乏内涵和特色，就会失去成为一个独特个体的必要条件。文化活力的形成需要时间做基础，通常是一个自发积累的过程，而政府主动对地区的活动进行有效安排的介入可以大大提高地区文化建设的速度，同时可以在相当程度上控制其发展方向（严淑华等，2019）。有学者从城市发展的背景、过程、文化需求方面解读文化活力，认为城市文化活力是一座城市的灵魂，它是基于城市社会、经济活力之上，以人为主体的、在精神层面上对文化内涵和生活品质的追求。多元差异性的城市文化环境为每个市民提供了多种选择的可能，而城市文化的这种多元差异性极大地激发了城市的内在活力，增加了不同文化背景的人的吸引力（严淑华等，2020）。地理位置、自然气候等客观现象造就的地域性差异进一步促进了不同城市的文化特色差异发展，同一城市由于生活群体的风俗传统和生活习惯的差异性也形成了不同的文化特质。这便会有不同的城市文化特色，并随着时间逐渐演化成为城市自身的文化底蕴。

总体而言，城市文化活力需要文化以多种形式在公共空间得以展现，并且需要具有一定的创造性。此外，人们对城市文化表现出来的内涵和精神的认知度、认同感也是城市文化活力要素，城市保持自身文化特色是城市文化活力持久发展的重要基础。解读文化活力需要从文化供给和公众认知两个维度进行。

二　城市文化活力研究

（一）研究成果概述

借助 CiteSpace 计量工具进行知识图谱分析，利用 CiteSpace 关键词共现分析、聚类分析等功能对不同时期城市文化活力研究的热点和前沿问题进行探讨。国外文献以 Web of Science 为平台，通过检索 "urban cultural vitality" "urban culture Vibrancy" "urban culture vigor" 和 "urban culture dynamic" 等主题词，按照主题相关性排序，为体现文献的代表性和相关性，选择数据库为 Web of Science 核心合集，最终分别筛选得到 816 篇英文文献。国内文献选择覆盖率最高的 CNKI 数据库为基础数据源，以"城市文化活力"和"文化活力"为检索词，选择期刊为主要数据源，再逐条阅读检索记录，筛除相关度低的文献，得到中文文献 1133 篇，类型以核心期刊论文为主。通过文献管理中心输出格式为 download_ * . txt，检索时间为 2023 年 1 月 27 日。采用定性与定量相结合的方法，利用 CiteSpace V. 6. 1. R6 软件的关键词贡献功能模块和 Excel 的统计分析功能，对国内外城市文化活力研究的相关文献进行分析。其中，用 CiteSpace V. 6. 1. R6 软件对国内外"文化活力"相关文献的关键词和国外文献相关学科进行共现分析，参数选取默认 Top 50per slice，运行时间为 2023 年 1 月 28 日，根据筛选的文献，CNKI 数据库时间跨度定为 1987—2022 年，Web of Science 数据库时间跨度定为 2009—2022 年，时间切片（Slice Length）均为 1，使用剪切（Pruning）联系中的最小生成树（Minimum Spanning Tree）功能，生成关键词共现图谱。

1. 文献数量特征

根据 Web of Science 数据显示（图 1 - 1），文化活力研究文献的国家和地区分类中，发文数量第一位为美国（185 篇），其次为英国（115 篇）、中国（86 篇）、西班牙（54 篇）、澳大利亚（53 篇）、加拿大（45 篇）、

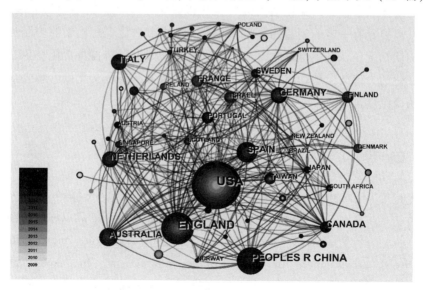

图 1 - 1　国外城市文化活力研究发文数量（Web of Science）

荷兰 (45 篇) 和德国 (45 篇)。其中，美国和英国的发文量均过百篇，已占据关于文化活力研究的重要比例，说明此项研究集中在美、英两国。

近些年来，国内对于文化活力的研究热度也逐渐升高。运用 Excel 软件对国内文献发文量进行统计分析可知 (图 1 - 2)，国内城市文化活力发文量呈上升趋势，尤其是 2008 年之后，发文量快速上升。从发文量来看，可以把国内城市文化活力研究进程划分为三个阶段：2002 年以前城市文化活力的研究处于初始阶段，发文量较少；2002 年至 2013 年城市文化活力处于快速增长阶段，发文量大幅度增长；2013 年至 2016 年城市文化活力发文量下降，2016 年至今，城市文化活力发文量呈现缓慢增长趋势。

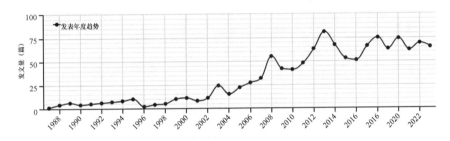

图 1 - 2　国内城市文化活力研究发文数量 (CNKI)

2. 机构特征

通过对文化活力相关期刊文献发文机构分析可知，Web of Science 收录文献中，中国科学院发文量最多，具有较高的中心度，位于机构合作网络的中心位置。其次为伊拉斯姆斯大学、谢菲尔德大学、纽约大学、波士顿大学、阿尔托大学、亚当·米茨凯维奇大学、瓦伦西亚大学、斯坦福大学。这些机构在 CiteSpace 机构合作网络图谱中的字体和节点半径都较大，是国外城市活力研究的代表性机构 (图 1 -3)。

通过对文化活力相关核心期刊文献发文机构分析可知，CNKI 文献收录表明同济大学发文量排名第一，其次是合肥工业大学、辽宁科技大学、天津大学、西南石油大学、南京林业大学、哈尔滨工业大学和浙江师范大学。这些机构在 CiteSpace 机构合作网络图谱中的字体和节点半径都较大，是国内城市活力研究的代表性机构。但相比于国外而言，网络图谱中的连线较少，国内的合作网络机构之间的合作和联系较弱 (图 1 -4)。

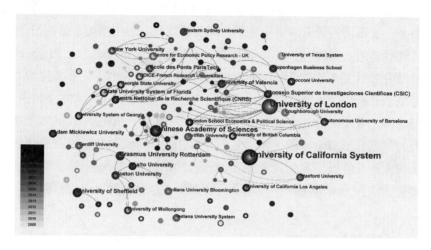

图1-3　国外城市文化活力研究的机构合作网络图谱（Web of Science）

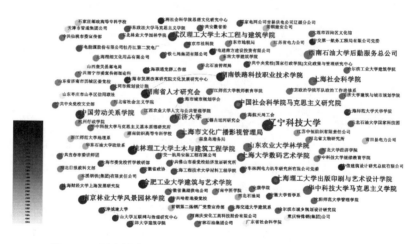

图1-4　国内城市文化活力研究的机构合作网络图谱（CNKI）

3. 研究核心

关键词是文章核心内容的提炼，关键词频次越高表示研究次数越多。国外城市文化活力研究的前 15 个高频关键词有 city（城市）、dynamics（动态）、model（模型）、innovation（创新）、knowledge（知识）、performance（表现）、politics（政治）、impact（影响）、management（管理）、geography（地理）、policy（政策）、diversity（多样性）、strategy（策略）、

growth（增长）和 space（空间）。

　　关键词共现分析是揭示和研究关注点之间网络关系的重要方法之一。论文关键词共现关系图是以关键词为节点，以共现关系为边的网络图。每个节点代表一个关键词，如果两个关键词在同一篇文献中出现，则这两个节点之间就存在一条边（连线），边的权重等于两个关键词共现的次数。从论文关键词共现关系图（图1-5）看，2009—2022年国外城市文化活力研究的知识图谱结构比较紧凑，学者们对城市文化活力研究的关注点较多分布在动态模型、创新与知识、文化管理与政策方面，强调动态、创新、知识、影响与多样性问题，研究范围多集中于城市与空间领域。

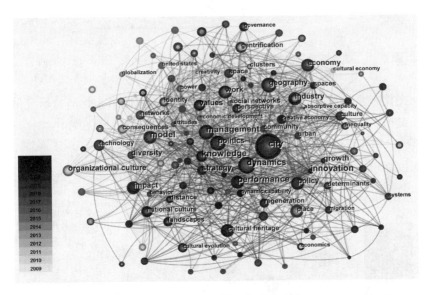

图1-5　国外城市文化活力研究关键词共现关系图（Web of Science）

　　通过分析被引论文的研究方向和知识图谱中的关键词共现关系的聚类分布可知，国外城市文化活力研究的主题并不鲜明，没有形成明显的聚类组团（图1-6）。

　　国内城市文化活力研究前15个高频关键词为企业文化、文化活力、活力、文化、充满活力、城市活力、创造活力、文化产业、建设、乡村振兴、空间活力、活力复兴、公共空间、新活力和历史街区，其中企业文

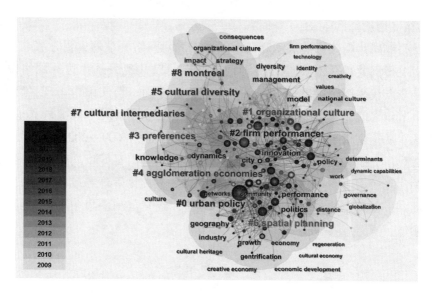

图1-6 国外城市文化活力研究关键词共现关系聚类图（Web of Science）

化、文化产业与建设、乡村振兴、活力复兴是国内城市文化活力研究的核心。城市、公共空间和历史街区是其研究的重要关注地域（图1-7）。

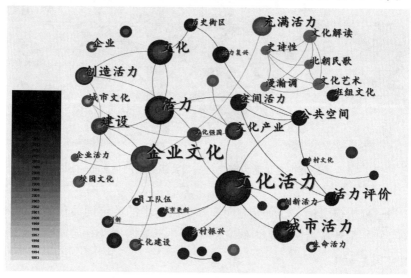

图1-7 国内城市文化活力研究关键词共现关系图（CNKI）

从国内城市文化活力研究的关键词共现关系的聚类分布图（图 1 - 8）可知，国内城市文化活力研究的主题较为鲜明，形成了明显的聚类组团。研究主题主要包括：以企业精神、物质、以人文本、文化自信为主体的文化管理与活力研究及文化创意产业研究，以活力复兴、保护更新、建筑为主题的城市文化规划及历史街区活力研究，以忠诚感、神权思想、改造自然为主体的企业文化及活力研究，以乡村振兴和乡村文化为主的文化活力及评价研究。

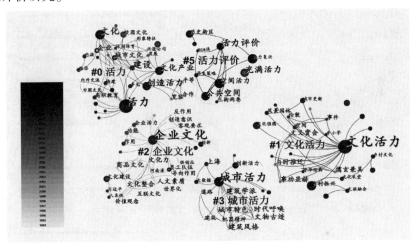

图 1 - 8　国内城市文化活力研究关键词共现关系聚类图（CNKI）

4. 研究热点

运用 CiteSpace 软件 Burst 功能得出突现词（图 1 - 9）。突现词是根据标题、摘要、关键词的词频增长率确定热点词汇，突现词突现度大小反映热点强弱。根据突现词和突现时间节点分析得出，国外城市文化活力研究在 2009—2022 年出现的前 12 位突现词是 organizational culture（组织文化）、cluster（集群）、knowledge（知识）、business（商业）、cultural economy（文化经济）、United States（美国）、cultural diversity（文化多样性）、space（空间）、cultural heritage（文化遗产）、creative economy（创意经济）、impact（影响）和 dynamic capability（动态能力）。其中，cluster（集群）的突现时间最长。organizational culture（组织文化）的突现度为 4.26，说明它是国外学者早期（2009—2012 年）的研究重点。cultural heritage

（文化遗产）和 creative economy（创意经济）的突现度分别高达 4.36 和 3.56，说明它们是国外学者 2020—2022 年致力研究的重点。而从 2009 年到 2022 年，突现时间较长的词较少，表明国外学术界关注的热点是随国家政策、社会民生而实时变化的，具有明显的政策导向性和实用导向性。

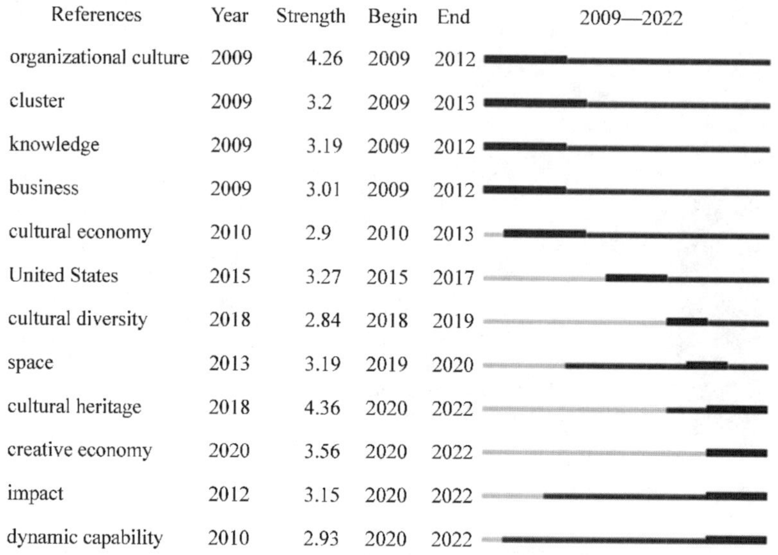

References	Year	Strength	Begin	End	2009—2022
organizational culture	2009	4.26	2009	2012	
cluster	2009	3.2	2009	2013	
knowledge	2009	3.19	2009	2012	
business	2009	3.01	2009	2012	
cultural economy	2010	2.9	2010	2013	
United States	2015	3.27	2015	2017	
cultural diversity	2018	2.84	2018	2019	
space	2013	3.19	2019	2020	
cultural heritage	2018	4.36	2020	2022	
creative economy	2020	3.56	2020	2022	
impact	2012	3.15	2020	2022	
dynamic capability	2010	2.93	2020	2022	

图 1-9　国外城市文化活力研究前 12 位突现关键词（Web of Science）

国内城市文化活力研究的早期研究热点是企业文化和活力，2016 年之后的研究突现关键词是文化活力、乡村振兴、公共空间，这些词的突现时间都比较长。突现度最高的词是文化活力与活力，突现度分别为 8.41 和 6.99。企业文化、乡村振兴、公共空间、城市活力是热点的研究对象和领域（图 1-10）。这与国家近些年文化自信、文化强国相关倡议的提出以及乡村振兴、历史文化街区保护政策的颁布推行相吻合。

（二）评价理论

近些年，国内学者针对文化活力的研究呈现出多尺度化、地域性、系统性的发展趋势，研究内容主要包括地区活力评价分析研究、活力提升策略探讨、活力时空分布特征分析、活力影响因素研究以及活力表征研究等

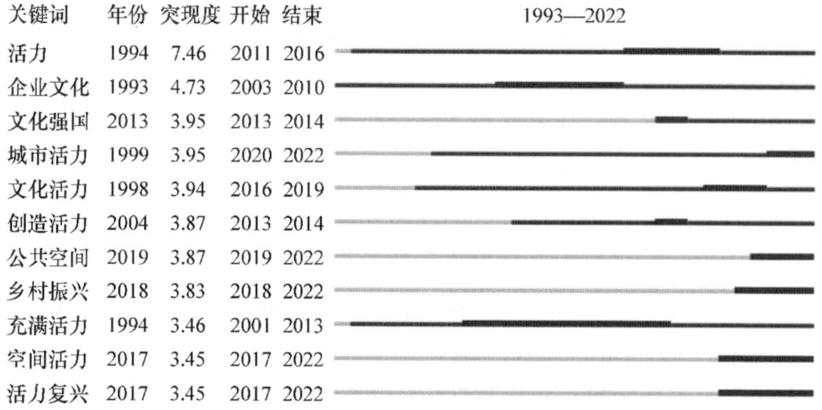

关键词	年份	突现度	开始	结束	1993—2022
活力	1994	7.46	2011	2016	
企业文化	1993	4.73	2003	2010	
文化强国	2013	3.95	2013	2014	
城市活力	1999	3.95	2020	2022	
文化活力	1998	3.94	2016	2019	
创造活力	2004	3.87	2013	2014	
公共空间	2019	3.87	2019	2022	
乡村振兴	2018	3.83	2018	2022	
充满活力	1994	3.46	2001	2013	
空间活力	2017	3.45	2017	2022	
活力复兴	2017	3.45	2017	2022	

图 1-10　国内城市文化活力研究前 8 位突现关键词（CNKI）

方面。由于文化活力的表征难度较大，目前的研究尚处于探索阶段。当前评价文化活力的指标多为文化设施数量、文化活动的次数和可参与性、趣味性、影响力、多样性、文化氛围、历史文化传承与保护、文化产业的发展情况和文化感知（包亚芳等，2019；汪海、蒋涤非，2012；刘黎等，2010；霍晓卫等，2018；塔娜等，2020）。文化活力尚没有形成统一的测度指标体系，但从目前研究来看，与城市活力的测度不同，研究者更加关注城市文化内涵、游客对文化项目活动的感知与地方居民的认同，通过城市文化建设对游客的吸引力，侧面表达城市文化活力的高低。

　　尽管学者们通过大量文化要素对文化活力影响因素进行剖析，但是文化活力是一种非常复杂的社会现象，取决于一系列并发因素（Montalto 等，2019），其特点往往难以用传统叙事来预测（Isserman、Markusen，2012）。忽略这种复杂性可能是文化政策偏见的强大根源（Sacco、Crociata，2013），更普遍的是文化主导的地方发展政策的偏见，因为常识性的推理推动了文化资源和事件集中在大都市核心地区，却以牺牲其他地区为代价（McCann，2007）。另一方面，文化活力并不是文化和创意专业人士以及文化政策制定者感兴趣的唯一方面，因为人们越来越意识到，一个富有文化活力的地区在个人和创新能力、社会福祉、环境可持续性、社会凝聚力等方面也可能表现良好。尽管有大量的初步证据表明，社会传播现象可能是其主要推动力，但仍需在很大程度上理解通过那些细微而经常有力的效果所发挥作用的实际社会机制（Sacco 等，2018）。因此，将文化活力的空间演化特征描述为一种伪流行过程可能会特别令人感兴趣，在这种过程中，有活力的文化活动和设施的动态模式特征，就好像是由各种空间中某个爆发点爆发的结构一样。通过明确解决文化活力的空间扩散维度，有可能表明，即使在文化机构和活动以及文化声誉资产强烈集中在某些城市中心的情况下，例如在威尼斯作为首府的威尼托地区，文化活力的实际地理演变可能遵循完全不同的逻辑，并集中在相对边缘的地区，机构和活动的模式不那么紧密，全球知名度也要少得多，但与此同时，这里拥有更重要和富有创新性的文化（Gustafsson，2011）。

Buscema 等（2020）首次在文化活力领域应用伪流行病学过程分析方法（拓扑加权质心方法）进行评价，研究了文化活力的复杂动态，并讨论了如何将其作为新一代文化政策设计实践的基础，以及对文化活力结构上的相互依赖关系有更深入的了解。在文化领域和其他社会经济领域之间借助补充分析工具——人工神经网络（ANN）自动收缩图（AutoCM）体系结构（Buscema 等，2018），对文化活力空间结构深度解析。最后发现，文化活力的空间结构和演化反映出的信息与政策设计显著相关。

（三）评价方法

城市文化活力的评价体系相关成果较少，但是城市活力的评价方法多种多样，而城市活力、文化活力评价体系的差别体现在所选指标之上，因而介绍城市活力的评价值计算方法，包括空间 TOPSIS 法、指标乘积、层次分析法、模糊综合评价法和因子分析法（Lan 等，2019；汪胜兰等，2013）。比较分析发现，空间 TOPSIS 综合评价方法是对现有对象的相对优劣的评价，选择最佳比较对象时很难避免人为主观因素的影响。同样，层次分析法需要人工加权，主观因素影响较大。因子分析基于所有指标选择几个影响较大的主因子，但无法评估每个指标的权重。此外，在尝试解释城市活力评估值背后的真实含义时，很难使用每个指标的乘积来表示城市活力。熵值法是基于系统中指标项的变化程度，使用信息熵工具计算各指标的权重，最终获得各城市的文化活力评价值。熵值法确定的权重是从数据中获得的，可以避免有效地确定权重时发生的主观性，并已广泛用于各个领域的系统评价中（Zhou、Luo，2017）。

一部分学者尝试构建活力评价体系，通过定量评价指标分析地区活力。这部分研究主要是从人的角度出发，基于公共空间使用者的空间感知，遴选影响城市公共空间活力的因子，建立城市公共空间活力评价体系（汪海、蒋涤非，2012）。值得注意的是，还有从街区和街道这一微观尺度对城市活力的空间结构进行分析，建立计量模型分析城市建成环境对城市活力的影响。一部分学者多采用实证研究，对具体地方的城市活力进行评价分析（塔娜等，2020）。如荣玥芳和闫蕊（2020）以西琉璃厂街区为例，探究历史文化街区活力评价指标体系，采用了序关系分析法确定指标权重，并构建历史文化街区活力评价模型和计算街区活力值。有学者同样也基于地图 POI 数据，对街道两侧 55 米内与城市活力相关的 POI 点进行了统计分析与可视化，从外在表征（街道活动人数、实时人口密度等）、构成要素（街道尺度、等级、绿化、区位等）两方面展开对街道活力的剖析（廖辉等，2017）。同时，有部分研究采用实地调研的方法确定活力影响因子，将活力因子划分为自然活力因子、区位活力因子、空间活力因子、设施活力因子和文化活力因子五类，并进行进一步的深入研究（陈菲等，2017）。

（四）研究述评

通过回溯城市文化活力的研究历程可知，文化活力概念强调地域文化的表达能力，特别是创新性，包含内容和表达技术的创新；文化体验者的主观感知也是包含在文化活力之中，并且当前非常重视人们对地方文化的评价。此后，归纳了城市文化活力研究视角的转变，总结了近年来国内外城市文化活力研究的主要内容和关注焦点，在此基础上进一步评析了当前城市文化活力的主要研究方法。通过分析文章研究视角可知，从城市设计视角出发的研究最多，少部分文章是从城市规划视角、遗产保护视角、社会学和经济地理学视角展开相关研究。目前，城市文化活力的研究已在街道、街区、市域、城市等多种尺度展开。在研究方法方面，早期的城市文化活力的研究主要是质性研究，而近些年随着科学技术的发展，定量研究逐渐增多。对于城市文化活力的研究内容主要是从两方面入手，一是构建文化活力评价指标体系，二是对具体地域的文化活力进行实证研究，并给出提升空间文化活力的策略。

在文化活力评价指标选择方面，有学者采用文化设施 POI 密度数据作为测度城市文化活力的定量指标，分析城市内部文化活力的空间结构。运用实时人群分布和人口密度评价该区域的活力，也是目前比较新颖的评价方法，这类研究从街道的各种构成要素角度分析活力。有学者基于区域吸引力、功能多样性、道路交叉点密度视角，从各种文化设施的分布与人群聚集程度，分析文化活力在空间上的形态结构。但是，目前学者对活力的测度数据主要来源于统计数据、问卷数据、微博数据以及各种大数据，具有一定的局限性。因此，在研究中可通过进一步完善数据来源并增加时间维度上的数据对比等方法来丰富研究内容。有学者在大量问卷数据的基础上，运用了统计学分析方法，建立了评价城市公共空间活力的数学模型。这对于定量分析城市文化活力影响因子权重有很大帮助，简化了城市活力评价的计算流程。

城市的文化活力是基于活力视角对城市的各种文化展开探讨与思考，研究文化活力是城市的文化可持续发展路径的探索。一个城市的文化是否具有活力，决定了该城市的文化在时间纵向上是否能够传承发扬，在空间横向上能否辐射发展。城市文化活力不仅仅体现在城市公共文化设施建设使用上，还体现在城市居民日常文化生活活动上。一个充满文化活力的城市应当带给城市居民文化归属感和自豪感，从而正向激发城市的文化活力。

接下来的研究将基于兴趣点（POI）等位置服务（LBS）数据，分析北京区域城市文化活力的时空特征，并尝试探索城市文化活力定量评价方法。聚焦北京这一文化古都的城市文化活力空间，旨在对城市文化活力与可能的物质空间层面的影响因素做出量化评价，分析其相关性。研究内容主要包括城市文化活力评价指标筛选、评价指标权重分配、构建文化活力评价体系和北京城市文化活力评价。采取多源大数据对北京城市文化活力分布特征进行解析，并且从北京文化供给和大众评价两方面综合考量，呼应前述的文化活力概念。在评价方法选取上，采用熵权＋TOPSIS法，避免主观判断各因子的权重大小而造成的结果偏差，对北京文化活力分布给予客观的评价，研究结果有助于推进北京地区文化建设，并探索文化活力营造与复兴的途径。

第二章 北京城市文化发展 格局与现状

文化是北京的魅力之源，北京作为全国文化中心的地位与价值正越来越凸显，其文化的性质、内涵、结构和功能是丰富而多维的。北京作为首善之区，其文化建设在国家文化建设中具有指向性、引领性和不可替代的重要作用。北京文化建设理应坚持中国特色社会主义先进文化之都方向，坚持"首善"的"首都领跑"；理应站在中外文化的交汇点上，以开放的胸襟，熔铸多元并存、丰富多彩的文化格局（桑爱叶，2018）。

第一节 北京城市文化解读

一 城市文化内涵

城市作为人类生产与生活的聚集地，是人类生存的物质基础，也是人类文化与文明的摇篮和精神港湾。城市文化是城市的灵魂支柱和发展动力，也是城市保持生机的基础。城市文化是人类在城市发展过程中所创造的以及从外界吸收的思想、准则、艺术等价值观念及其表现形式（吕拉昌、黄茹编，2014）。广义的城市文化是城市各种要素相互作用的总和，狭义的城市文化指城市居民在日常生产与生活中的精神意识形态。城市文化可分为物质文化、制度文化和精神文化。一个城市的文化是在各种城市外在表象之下筑成其价值结构的内在精神支柱，如果城市没有文化底蕴和历史文脉，那这座城市的整体空间结构、街道布局以及城市形象便会呈现出混乱状态，没有丝毫的城市发展活力。城市是人类生产生活的场所，因此，城市文化的本质内涵是城市居民对美好生活的追求，城市在形成、发育和发展的过程中，城市居民为了更好的生活环境、生活方式以及生活状态不断努力，这些努力最终汇总成整个城市的前进发展。城市文化在其中发挥着极其重要的作用，它是城市前进的精神动力，没有城市文化，城市的发展便会缺乏内涵、毫无方向，城市将会面临停滞不前甚至衰退的境况。城市文化为外部空间注入了活力，是赋予外部空间以内涵和价值的重要元素，当下城市外部空间所具有的艺术品质和精神内涵，使其呈现出鲜明的多元性、生态性和融合性等文化特点（宋爽，2017）。

北京是一座拥有悠久历史的文化古都，既保留着丰富的历史文化遗产与浓厚的历史传统，同时又展现着生机盎然的现代创新文化。北京文化的不断发展，是中华民族文化风貌的反映，也是历史传统文化积淀与现代创新文化交汇融合的体现。北京因其得天独厚的优越区位、自然地理环境和悠久历史，形成了独特的城市文化，北京城市文化性格具有厚德载物的包容性、修齐治平的地域性、自强不息的时尚性三大特点（程静，2009）。北京作为全国文化中心，其城市文化建设不仅要对其他经济、社会领域有影响力，还需要对周边城市有文化辐射影响力。北京建设文化城市应以科技创新和文化创新为导向，实现传统历史文化和现代创新文化的有机结合。北京的城市文化内涵包括北京发展的传承记忆、思想智慧、个性展示三个方面（刘洋，2015）。北京文化是北京经过长时间历史社会发展进程后形成的精神、智慧以及传承积淀，具体表现在各种自然遗产、文化遗产等物质遗产，以及各种仅存于传统手艺、工艺和记忆中的非物质文化遗产。这些具象或非实体的文化遗产记录着北京这座城市发展进程中的创造性、改革性的智慧成果，是客观存在的北京城市内涵表达。其次，北京城市文化内涵还包括城市内生活的人在城市形成和发展过程中展现的聪明才智，如四合院便是展现北京人追求"和"的思想内涵，是在不断的创造实践中总结的经验。北京城市文化内涵同时也是北京城市精神和城市性格的展现，文化能够反映城市独有的地域性特点。北京因自然地理、历史沿革、社会体制、民族传统、地方风俗等的不同，其城市发展模式、风格、形象、面貌等是不尽相同的，表现出北京发展的时代性、区域性和多样性特征，同时北京文化具有多民族融合的特性。

北京城市文化内涵包含爱国、包容、创新、厚德这4个方面。爱国是北京城市文化内涵的核心，是民族文化认同感、归属感和自豪感的统一。

包容是北京作为首都的海纳百川、有容乃大的体现。包容既是北京市民海纳百川、雍容大度的胸襟和气度，也是市政建设博采众长、兼容并包的思维方式，更是北京作为首都尊重差异、和谐共生的文化特质和独特品格（刘洋，2015）。同时，包容也是北京在历史长河中打磨形成的城市文化品质，是展现首都兼容并包风采的精神体现，是城市居民整体性格的集中体现。北京城市文化内涵的另一表现是创新，北京不仅是全国文化中心，还是科技创新中心。创新是一个城市乃至一个国家不断发展前进的动力源泉，北京的创新文化内涵是在积极进取、追求城市快速发展中形成的，它展现的是北京打破框架束缚、创造新的发展路径的开拓精神，是科技创新、文化创新和社会创新的精神凝练。创新是北京这座历史古都始终保持不竭动力的关键所在，是北京始终展现活力盎然的精神状态和保持发展潜力的重要源泉。厚德是蕴含在北京传统文化中的浓墨重彩的一笔，是北京城市德泽育人、厚德载物的精神品质内涵。北京城市文化内涵并不是一成不变的，而是随着时间推移，与社会经济、科学技术的发展一起有所变化。北京文化内涵的演变不仅体现在城市建筑物、街巷格局这类实体物质基础的变化更替中，还体现在民间风俗习惯的演变中。

二　城市文化分类

北京城市文化有多种划分方式。首先，根据产生时间来划分，将北京城市文化划分为传统历史文化和现代创新文化。北京的传统历史文化和现代创新文化共同筑成了这座包容大气的城市，两种文化相互关联构成了北京城市文化。传统历史文化是在历史长河中不断积淀而形成的，具有独具特色的地域文化底蕴。现代创新文化是在历史传统文化的基础上发展起来的，是借助于城市社会经济发展而形成的现代科技文化。传统历史文化和现代创新文化融会贯通，这座城市的现代化都市文化风采与其古老都城历史文化风貌的相互融合、相互渗透，共同形成了当代北京城市文化。城市文化作为一个城市建设的灵魂，是深藏内在的精神文明和城市文化品质、品位和品牌的象征。一座城市所独有的极具地域特色的历史文化底蕴和城市文化风格，主导着城市方方面面建设的总体走向，渗入城市建设的各个方面和各个环节，为城市的社会经济发展提供源源不竭的动力和活力。北京城市文化是多元文化构成的，促使传统历史文化与现代创新文化和谐共生，是文化生态发展理念的要求，同时也是实现文化的健康可持续发展的必经之路。传统历史文化和现代创新文化的同行在本质上是不矛盾的，因为时间是不断流逝的，现在的创新文化也终将成为历史文化。北京的城市传统文化具有博大精深的内涵和有容乃大的底蕴，其与现代创新文化之间的平衡是城市文化发展的新议题。北京城市传统历史文化还可以依据文化内涵划分为宫廷文化、士大夫文化、宗教文化、民俗文化等，这些文化在历史发展进程中逐渐呈现"多元一体，和而不同"的多层次共生体系。北京现代创新文化在城市居民的休闲、娱乐、居住、消费等日常生活的方方面面中都有体现，城市文化发展与国际多元文化接轨，不断交汇、去粗取精，融合成崭新的文化潮流。

其次，从文化存在的形式方面划分，可以将北京城市文化划分为精神文化和物质文化两大类。精神文化涵盖文学、艺术、思想、道德、行为准则等非物质文化实体；物质文化包括建筑、人造景观、公共设施、雕塑小品等物质文化实体。北京城市文化还包括思想文化、山水（自然）文化、布局（形态）文化、历史文化、园林文化、景观文化、社区文化、地名文化、特色文化、标志性文化、象征文化、非物质文化遗产、科学技术与艺术等。其中，思想文化或文化思想是城市文化的核心和主线，山水文化是城市文化的本源和基础，历史文化遗产保护和利用是城市文化的根和脉，布局文化、建筑文化、园林文化、社区文化、景观文化等是城市文化的物质性表达，地名文化则是城市文化的抽象性表达，城市特色、形象、风貌和标志性文化等是城市个性的表达，突出反映该城市不同于其他城市的自然和人文的个性魅力特征。

从文化依托媒介来划分，北京城市文化还涵盖建筑文化、胡同文化、庙会文化、老字号文化、餐饮文化等。北京拥有深厚的建筑文化，北京的古建筑和现代建筑拥有五大特色，包括结构美、造型美、色彩美、韵律美、自然和谐美。胡同文化，顾名思义是在胡同中孕育而生的文化。北京的胡同与四合院共同构筑成北京老城的街巷格局，是北京居民起居生活和休闲娱乐的主要场所。北京的胡同文化展现了北京数百年的居民生活历史，是北京居民生活的文化形态。北京的庙会文化依托于各种传统节日庆祝活动，体现了一种集宗教祭祀、游乐消费、参观游览于一体的综合性文化民俗活动。北京的老字号文化是商贾文化的一种形式，它是北京拥有百年历史的店铺名声与品质的体现。北京作为全国的政治中心和一个五方杂处的大都市，来自全国各地和各民族的人士聚居，他们将各自的饮食文化带入北京。近代以来，西洋饮食文化也在北京传播和发展。这些不同地域、不同流派的饮食文化在北京经过长时间的发展演化，最终形成了别具特色的京味饮食文化。

北京市推进全国文化中心建设，一次重点任务就是繁荣兴盛首都文化，着力做好首都文化这篇大文章。首都文化至少包含源远流长的古都文化、丰富厚重的红色文化、特色鲜明的京味文化、蓬勃兴起的创新文化，"四个文化"是中华优秀传统文化、革命文化、社会主义先进文化在首都的具体体现和生动实践。古都文化是北京这座历史文化名城经过凝聚融汇、传承积淀后保留下来的文化宝藏，是中华文明源远流长的伟大见证，彰显在纵横交错的老城空间格局和历史文化风貌中。北京红色文化波澜壮阔、丰富厚重、地位独特。京味文化是北京地区人们在长期生产与生活中形成的有利于社会进步的风俗习惯、礼仪礼节、道德规范，承载着市民群众的乡愁。北京创新文化表现在其涵养了敢于开拓、奋勇争先的创新基因，孕育着人人出彩的创新机会，塑造出勇于创造、锐意进取的创新精神。

第二节　北京文化遗产资源

一　文化遗产资源概况

文化遗产是先人生命的密码、创造的结晶、文明的积淀，作为人类历史文化的载体，展示了人类活动的历史进程，是人类文明的信息资料库。1972 年联合国教科文组织《保护世界文化和自然遗产公约》把世界遗产分为自然遗产和文化遗产两大类，文化遗产包括物质文化遗产和非物质文化遗产。物质文化遗产又称"有形文化遗产"，是指那些"从历史、艺术、科学或审美、人种学、人类学角度看，具有突出的普遍价值的"各类历史文物、历史建筑（群）、人类文化遗址（United Nations Educational，1972）。民族文化遗产蕴涵着一个民族特有的文化意识、思维方式、精神价值，浓缩了一个城市、一个地区以及一个国家的历史文化精髓，是一个国家和民族的胎记（A. S. Horby，2005）。近年来，文化遗产保护和利用研究方兴未艾，国外代表性的成果集中在文化遗产景观与旅游、文化遗产多维经济分析和评估框架、文化遗产保护制度等方面（Richards，2002；Mazzanti，2002；Perles A 等，2018），在时间上更重视从考古和历史文化视角对文化遗产的研究，在空间上重视不同地域、不同民族对文化遗产保护的看法，并通过现代化信息手段研究文化遗产价值传承和文化遗产保护。国内较为关注文化遗址演化格局、文化遗产空间分布及成因、文化遗产保护与利用、文化遗产保护的制度建设等（范今朝、范文君，2008；王昕等，2010；佟玉权等，2010；潘运伟等，2014；康璟瑶等，2016），不仅从考古学、历史地理学和公共管理学等角度研究文化遗产及其保护，还注重研究文化遗产的经济价值、文化遗产开发利用对经济发展的推动作用、文化遗产价值传承和文化遗产价值在国内与国外传播的方法。

文化遗产是记录一座城市历史文化的化石，文化遗产的丰富不仅体现了城市文化的深厚底蕴，也体现了城市独特的思维方式和文化价值，是城市的发展和演变中不可或缺的一部分，是形成一个城市记忆的有力物证（单霁翔，2007）。1972 年，联合国教科文组织在《保护世界自然和文化遗产公约》中正式提出文化遗产的概念，以保存对全世界人类都具有杰出普遍性价值的自然或文化处所为目的，包括文物、建筑群和遗址，之后不断发展，又引入文化景观、口述及非物质遗产与之并立（杨丽霞、喻学才，2004）。中国自 1985 年加入其缔约国行列，截至 2022 年，中国世界遗产总数达到 56 处。

北京作为历史名城，从周武王封蓟算起，已有 3000 多年建城史，历经辽、金、元、明、清，至今已有 870 年建都史，悠久的历史孕育了底蕴深厚的文化遗产，是世界上拥有世界文化遗产数量最多的城市。北京故宫是世界现存最大、最完整的古建筑群；颐和园是我国现存规模最大、保存最完整、享誉世界的皇家园林；房山区周口店镇龙骨山的北京人遗址是一座古人类的遗址；天坛是保存完好的皇家坛庙建筑群；明十三陵是中国乃至世界现存规模最大的帝后陵寝建筑群；京杭大运河是世界上开凿最早、规模最大、最长的运河，是中国古代劳动人民创造的一项伟大的水利建筑；堪称世界伟大奇观的长城蜿蜒曲折地盘旋在居庸关、八达岭、慕田峪。

2011 年 6 月，北京市文物局宣布，北京中轴线申遗文物工程正式启动，包含故宫、天坛、永定门一线的古建筑群和道路、桥梁，于 2012 年列入我国申遗预备名单，2024 年将参加世界遗产申报，有望以"轴线"的形式整体收入世界文化遗产名录。

北京市历史悠久，市域范围内拥有众多文化遗产和文物保护单位，其中天安门、故宫、长城、圆明园、天坛等景区远近闻名，是北京的城市文化名片。在文化自信的大背景下，北京文化底蕴浓厚，无论是古都文化、老城文化、胡同文化还是红色文化的深厚资源，都为北京文化发展提供了不竭的动力。吴宝新等（2019）对北京文化资源进行了空间分析。从北京市文物局官网搜集北京地区世界文化遗产、北京市全国重点文物保护单位和北京市级文物保护单位三个级别的物质文化遗产信息，北京地区世界文化遗产 7 项，北京市全国重点文物保护单位 135 项，北京市级文物保护单位公布数量 408 项，至 2023 年 6 月 7 日，北京市级文物保护单位现有数量共 257 处。其中，存在一项不可移动物质文化遗产有处于不同位置的多个遗产点的问题，如八达岭长城在延庆区，慕田峪长城在怀柔区，司马台长城在密云区等。根据不可移动物质文化遗产分类，北京市 257 处市级文物保护单位可分为六大类别，分别是古建筑、古葬墓、古遗址、近现代重要史迹及代表性建筑、石窟寺及石刻、其他，各类文物保护单位数量及占比如表 2 - 1、表 2 - 2 所示。

表 2 - 1　　　　　　北京市级文物保护单位各类型数量及占比

类型	数量（处）	比例（%）
古建筑	141	54.86
古葬墓	9	3.50
古遗址	16	6.23
近现代重要史迹及代表性建筑	80	31.13
石窟寺及石刻	9	3.50
其他	2	0.78
总计	257	100

注：数据来源为北京市文物局官方网站（2023 年 6 月）。

表 2 - 2 北京市级文物保护单位数量统计 （处）

序号	公布批次	公布数量	现有数量
1	北京市人民委员会关于北京市第一批古建文物保护单位和保护办法的通知（3 处），〔57〕市文字第 3 号，1957 年 10 月 28 日	39	3
2	北京市革命委员会关于公布北京市第二批重点文物保护单位的通知（4 处），京革发〔1979〕506 号，1979 年 8 月 21 日	33	4
3	北京市人民政府关于公布本市第三批文物保护单位的通知（71 处），京政发〔1984〕72 号，1984 年 5 月 24 日	111	71
4	北京市人民政府关于公布本市第四批文物保护单位和第三批划定七项文物保护单位保护范围及建设控制地带的通知（10 处），京政发〔1990〕11 号，1990 年 2 月 23 日	20	10
5	北京市人民政府关于公布本市第五批文物保护单位的通知（29 处），京政发〔1995〕37 号，1995 年 10 月 20 日	56	29
6	北京市人民政府关于公布本市第六批文物保护单位和对已公布的市级文物保护单位勘误的通知（32 处），京政发〔2001〕22 号，2001 年 7 月 12 日	40	32
7	北京市人民政府关于公布北京市第七批文物保护单位的通知（29 处），京政发〔2003〕29 号，2003 年 12 月 11 日	30	29
8	北京市人民政府关于公布北京市第八批文物保护单位名单的通知（31 处），京政发〔2011〕31 号，2011 年 6 月 13 日	31	31
9	北京市人民政府关于公布第九批北京市文物保护单位名单的通知，（46 处），京政发〔2021〕23 号，2021 年 8 月 19 日（补充：北京市人民政府关于公布第九批北京市文物保护单位增补名单的通知，（2 处），京政发〔2023〕5 号，2023 年 1 月 31 日）	48	48
	总计	408	257

综合分析表 2 - 1 所示，北京市不可移动物质文化遗产，其中主要是古建筑，占总数量的 54.86%，这与北京是世界著名古都、我国第一批历史文化名城有关。在建筑、遗址、墓葬等类型的文化遗产中，有多项/处属于红色文化遗产，这与近现代北京地区曾是中国革命活动的中心分不开。

北大红楼作为新文化运动的大本营、五四运动的发源地，李大钊在此发起组织马克思学说研究会，成为中国共产党早期的重要活动地。还有，大众广为熟悉的卢沟桥事变、宛平城、焦庄户地道战遗址、毛泽东主席和党中央指挥解放全中国与筹建新中国的香山革命纪念地等。传统村落和工业文化遗产与北京地区长期以来的城市建设发展直接相关，但随着城市化的进展，高楼取代村庄、工业取代农业以及多年来的退耕还林，使得传统村落、遗址、墓葬等文化遗产也在慢慢变少。

根据文化遗产的点坐标，在ArcGIS中得出北京市文化遗产点空间分布图（图2-1）和北京城六区文化遗产点空间分布图（图2-2），从整体上可以直观看出，东西城所在的老城区文化遗产分布较为集中；从类型和等级来看，北京市文化遗产的级别越高则数量越少，级别与数量符合金字塔

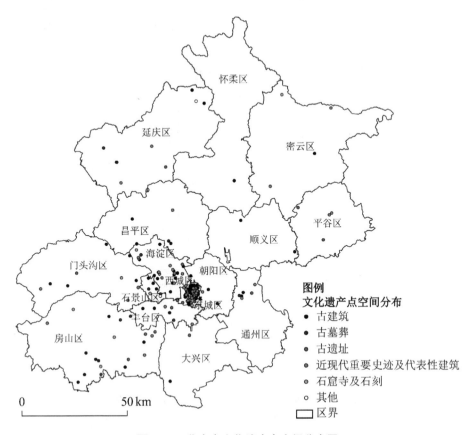

图2-1　北京市文化遗产点空间分布图

的形状，类型以古建筑占比最高；从区域文化遗产的分布特征来看，各区文化遗产数量不均，东城和西城的文化遗产分布量最多，分布密度大；北京市文化遗产分布特点与历史文化、河流、地形地貌、城市扩张及其土地利用等关系密切，文化遗产的聚集分布具有文化、河流、平原、人口、城市化等指向性。

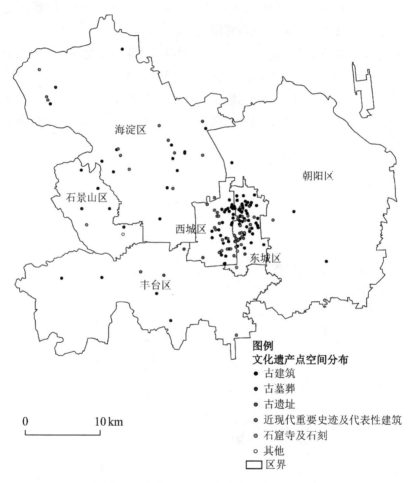

图 2 - 2　北京城六区文化遗产点空间分布图

非物质文化遗产，简称"非遗"，与"物质文化遗产"相对，是指各族人民世代相传，并视为其文化遗产组成部分的各种传统文化表现形式，以及与传统文化表现形式相关的实物和场所。2006 年 5 月，国务院公布了第一批国家级非物质文化遗产名录，分为民间文学、民间音乐、民间舞蹈、传统戏剧、曲艺、杂技与竞技、民间美术、传统手工技艺、传统医药、民俗十大门类；2008年6月，国务院公布了第二批国家级非物质文化遗产名录和第一批国家级非物质文化遗产扩展项目名录，将十大门类调整为：民间文学，传统音乐，传统舞蹈，传统戏剧，曲艺，传统体育、游艺与杂技，传统美术，传统技艺，传统医药和民俗。此后，国务院公布的各批国家级非物质文化遗产名录均沿用调整后的类别名称。

非物质文化遗产是北京文化资源的重要组成部分，对凸显首都文化价值，彰显首都风范、古都风韵、时代风貌的城市特色具有重要文化意义。从中国民族文化资源库、北京市人民政府官网收集北京市内国家级、省级两个级别的非物质文化遗产，其中国家级非物质文化遗产125项、市级非物质文化遗产298项（表2-3和表2-4）。

表2-3　　　　　　北京市国家级非物质文化遗产数量（项）

	第一批	第二批	第三批	第四批	第五批	总计
民间文学	0	4	2	1	1	8
民间音乐/传统音乐	2	0	0	1	1	4
民间舞蹈/传统舞蹈	3	1	1	2	1	8
传统戏剧	5	0	0	0	0	5
曲艺	0	4	0	1	1	6
杂技与竞技/传统体育、游艺与杂技	2	3	2	3	2	12
民间美术/传统美术	3	5	2	4	4	18
传统手工技艺/传统技艺	8	17	5	3	6	39
传统医药	8	1	1	2	2	14
民俗	7	2	0	1	1	11
总计	38	37	13	18	19	125

表2-4　　　　　　北京市级非物质文化遗产数量（项）

	第一批	第二批	第三批	第四批	第五批	总计
民间文学	空缺	12	5	2	1	20
民间音乐/传统音乐	5	3	1	1	2	12
民间舞蹈/传统舞蹈	11	8	7	2	2	30

	第一批	第二批	第三批	第四批	第五批	总计
传统戏剧	5	5	0	0	1	11
曲艺	6	3	3	1	2	15
杂技与竞技/传统体育、游艺与杂技	5	8	10	6	3	32
民间美术/传统美术	3	10	11	5	3	32
传统手工技艺/传统技艺	7	43	15	13	27	105
传统医药	1	6	4	3	9	23
民俗	5	7	3	1	2	18
总计	48	105	59	34	52	298

二　文化遗产资源保护策略

（一）保护特色文化资源，传承历史文脉

深入挖掘北京特色文化资源，开展重点文物保护课题研究，提炼地方特色文化遗产内涵，重点保护好彰显城市和村镇文化特色的各类文化遗产。一是开展特色文物资源研究挖掘，组织文化文物、社科研究机构和高等院校开展以地方特色文化为重点内容的文物课题研究，深入挖掘特色文化资源（如北京大学等高校以及清华附中等中学积极对接天坛、颐和园、香山等文物保护单位，带领学生参与文物保护研究的课题与实践，如学习或参与故宫文物修复实践）。二是保护好历史文化名城、街区、名镇、名村，注重保护历史上形成的古城、古镇、古村肌理和传统风貌，对古街、古巷、古水系要实施整体保护，如北京近年来恢复了多条古河道，使得历史风貌得到再现，并且提高了局部文化活力。三是确定或提升文物建筑和历史建筑级别，在开展文物建筑和历史建筑调查的基础上，要将具有较高价值的文物建筑及时公布为文物保护单位；具有历史、艺术和科学价值的历史建筑及时登记为文物，如北京定期公布新增的历史建筑或遗迹，增加大众对北京文化的感知，也是对文化资源保护的重视（何经平、卢晶，2021）。

（二）加强源头保护，坚持规划先行

在北京整体、各区的城乡规划编制中都体现了文化遗产保护内容，坚持文物保护优先、文物安全放在首位、文物修旧如旧的原则。城市规划建

设中还特别注重彰显城市文化特色，保护城市历史格局，保护好老城区、街巷、建筑和老字号等物质文化遗产和非物质文化遗产，如《北京城市总体规划（2016年—2035年）》规定了保护老城的天际线、街道肌理等。乡村建设也注重传承传统文化，保护好传统村落及其依存的山水格局、田园风光，保护好乡土建筑及其营造技艺，保护好传统的生产和生活方式。

现阶段已经做的重点工作有四大类，一是完善文物保护基础工作，实现保护范围明确、标识标志清晰、记录档案完善、保护机构健全。二是结合乡村振兴战略，科学划定乡村建设的历史文化保护线。开展不可移动文物定线落图，由区人民政府组织文化文物和城乡规划部门将保护范围、建设控制地带四至边界落到地图上，形成不可移动文物保护范围、建设控制地带图，为未来的城市发展边界做了约束。三是推动文物保护纳入"多规合一"，将不可移动文物保护范围、建设控制地带和保护控制要求纳入城乡规划信息化管理平台，结合"多规合一"工作纳入"一张图"，实施统一管理（如北京的诸多古树都已经做好了定位，纳入了不可移动文物信息系统之中，加上了智能化、信息化的管理方式）。四是建立文物部门提前介入、及时跟踪机制，对于列入计划的城乡建设开发区域，及时组织开展不可移动文物与历史建筑专题调查，充分摸清开发区域内的各类文化遗产资源，并制定保护计划、落实保护措施。道路交通、水利设施、公用设施等大型基本建设项目实施前对不可移动文物提前提出保护策略，文物部门提前介入开展文物调查与考古勘探工作，确认项目建设范围内不可移动文物的位置和保护范围，并出具文物保护审查意见。北京已经提出相关条例对文化遗产、文物古迹等作出严格保护，从城市发展规划层面做出保护措施（何经平、卢晶，2021）。

（三）遵循文物保护规律，坚持科学保护

北京已经采取切实可行的措施，实施文物本体保护修缮工程，改善文物的人文环境和生态环境，坚持文物本体和历史环境整体保护，如为了与周边历史风貌保持一致，许多老的建筑、牌坊在修缮过程中保持了原有的风格，与周边环境融为一体。此外，通过努力有效扭转文物保护明显滞后于城乡建设的状况，没有让不可移动文物集中成片区域成为"脏乱差"的代名词，禁止以文物保存状况差为由擅自迁移或拆除不可移动文物。

强化文物及其环境风貌保护措施，城乡建设中不得拆除、破坏各级文物保护单位、登记在册的不可移动文物和已确定为历史建筑的老房子、近现代建筑和工业遗产；不在文物保护单位保护范围规划新的建设项目；不在文物保护单位建设控制地带和历史建筑集中成片地区建高层建筑，新建建筑高度、体量、风格、色彩应与文物建筑、历史建筑及其历史环境相协调，严格按照保护规划要求控制建筑高度。

实施文物保护工程，涉及建设项目范围内的不可移动文物，制定保护修缮计划，及时组织实施文物保护工程，确保文物的真实性和完整性，避免出现"保护性破坏"。

落实文物安全责任，城乡建设中要明确文物安全责任主体，健全文物安全制度，完善文物安全设施；强化文物保护日常巡查和监督机制，加大城乡建设中破坏文物案件的查处力度，如文物保护单位严禁烟火，有安检的流程。只有保护好这些历史遗存，才能留住京味文化与乡土记忆，提升人们的文化感知（何经平、卢晶，2021）。

（四）创新文物利用方式，坚持合理利用

在文物保护第一的基础上，北京也在创新利用方式，拓展利用模式，做好文物活化利用，大力发展文博创意产业。一是探索文物建筑活化利用新思路，通过深入挖掘不可移动文物建筑所蕴含的历史记忆、原有使用功能等元素，积极探索以服务公众为目的的文物建筑活用新思路。鼓励文化企业、高等院校采用新技术、新理念科学阐释和展示文物价值，提升城市和镇村的文化底蕴表现，如通过虚拟现实（VR）技术对三山五园历史区进行历史还原并播放历史影像记录，增加了文化传播的魅力，使得文化更加吸引人。二是鼓励利用文物资源开展文化旅游、乡村旅游；引入企业积极挖掘村落历史文脉，文化资源与文化旅游相结合，文旅融合发展。三是探索社会力量参与文物保护和合理利用模式。北京市鼓励、吸引社会力量通过文物修缮、展示利用、文化创意、志愿服务等多种形式参与文物保护和合理利用。鼓励文物所有人或使用人主动挖掘文物的文化内涵，做好文物保养维护，利用文物进行展示宣传，充当好文物守护者和宣讲员，这是活化文化资源的方式，如北京的高校学生定期参与文博宣讲，在担当志愿者的同时，不但丰富了自己的历史文化知识，还将文化资源以生动的方式加以传播，提升了文化感知活力（何经平、卢晶，2021）。

第三节 北京文化产业

一 文化产业发展现状

城市的文化产业是城市发展中颇具潜力的产业之一，对文化资源进行合理利用能够为城市居民营造良好的文化环境，同时还能通过融合发展文化旅游获取良好的经济效益。借助文化产业发展、树立城市文化品牌和文化符号，将进一步促进城市经济良性和可持续发展。

北京是一座历史悠久的文化古都，有着3000多年的建城史和870年的建都史。1978年后这座古城的文化事业发展迎来了生机，也给北京市文化产业的发展奠定了坚实的基础。特别是进入21世纪以来，北京市着眼于转变发展观念、创新发展模式、提高发展质量，大力推进产业结构优化升级，相关部门陆续出台了一系列文化产业发展促进政策，首都文化产业呈现蓬勃发展的态势，总量规模稳步扩大，支柱性产业地位不断巩固。近些年，北京市充分发挥首都文化和科技资源禀赋优势，积极对接"互联网+"战略，促进文化科技深度融合，改造提升传统产业，加快发展移动多媒体、网络视听、数字出版、动漫游戏等新兴产业，产业内生发展动力不断增强。北京立足全国文化中心以及国际一流的和谐宜居之都建设目标，坚持政府主导，不断加强现代公共文化服务体系建设，将公共文化产品、公益性文化活动纳入公共财政经常性支出预算，公共文化财政支出与一般公共预算支出保持同步增长，着力补齐文化民生短板，首都基本公共文化设施逐步完善，公共文化服务体系不断健全，有力地提升了首都公共文化服务水平。北京市文化产业在快速发展日渐成为首都经济发展的支柱产业的同时，也给居民提供了日益丰富的文化消费产品，居民文化消费的品质也在不断提升。北京作为全国文化中心，应进一步发挥其在文化发展和科技创新方面的引领作用，不断激发文化创造、创新和创意活力，不断增强文化创意力和文化创意竞争力，持续推动文化"走出去"战略。

（一）文化产业发展概况

文化企业是文化产业主要的市场主体。文化产业的发展是通过具体的文化企业来实现的。北京文化产业的发展整体呈现持续增长的趋势，产业结构也在不断优化，产业集聚水平逐渐提升。文化产业对于推动全国文化中心建设起到了重要作用，是北京文化发展的主要动力。根据 2022 年 7 月北京市国有文化资产管理中心、中国传媒大学文化产业管理学院共同发布的《北京文化产业发展白皮书（2022）》可知，2021 年，瞄准建设全国文化中心，北京开启了"十四五"高质量发展新局。

1. 文化产业顶住疫情影响实现较快增长

2021 年 1—12 月，全市规模以上文化产业法人单位 5539 家；比上年增加 368 家；规模以上文化产业收入合计 17563.8 亿元，同比增长 17.5%，2020 年、2021 年平均增长 8.9%，超过了疫情前水平（2019 年增幅 8.2%）；规模以上文化产业利润总额 1429.4 亿元，同比增长 47.5%。规模以上文化企业人均实现营业收入 299 万元，较上年增加 32.8 万元。2020 年全市文化产业实现增加值 3770.2 亿元，占地区生产总值的比重 10.5%，这也是北京文化产业增加值占经济的比重首次超过 10%，堪为标志性事件。这一比重稳居全国第一，北京在文化产业方面的全国文化中心地位进一步巩固。

2. 文化核心领域成为高质量发展的主动力

2021 年 1—12 月，全市规模以上文化产业中，文化核心领域收入合计 15848.3 亿元，同比增长 17.8%，占规模以上文化产业总收入的 90.2%。

3. 新业态新模式发展水平领先全国

2021 年 1—12 月，全市文化新业态特征较为明显的 16 个行业小类企业实现营业收入 10246.5 亿元，同比增长 22.6%，比全国高 3.7 个百分点；占全国文化新业态企业收入的比重为 25.9%，较上年提高 0.8 个百分点；对全市文化企业收入增长的贡献率为 73.2%。

4. 北京文化产业的科技赋能态势也愈发明显

文化科技型企业实现量质齐升。2021 年 1—11 月，全市规模以上"文化＋科技"4 企业 1105 家，实现营业收入 7760.5 亿元，占规模以上文化企业营业收入的比重为 51.7%，同比增长 18.1%，拉动全市文化企业营业收入增长 9.4 个百分点。新增故宫博物院、完美世界等 6 家单体类国家文化和科技融合示范基地，北京示范基地数量达到 11 家，居全国之首。文化产业数字化步伐加快。全市规模以上核心数字文化企业 1708 家，实现营业收入 11409.8 亿元，同比增长 23.5%，拉动全市文化企业营业收入增长

14.9 个百分点，其中"互联网＋文化"领域营业收入占比 87.8%。

5. 园区成为文化产业高质量发展的主要承载地

以城市更新行动为契机，推动文化资源要素集聚，构筑城市文化新空间。首钢文化园、798 艺术区、751 时尚设计广场、郎园、星光影视园等一批特色鲜明的文化产业园区，正成为社会主义先进文化的传播地、城市更新的承载地、文化科技融合的创新地、优质文化企业的集聚地、市民文化消费的打卡地。

6. 北京文化产业重点企业的引领作用已彰显

2021 年全市收入排名前 100 强的文化企业实现营业收入 11784.6 亿元，占全市比重近七成，较上年提高 3.7 个百分点。文化独角兽企业 42 家，实现营业收入占全市比重 28.2%。国有文化企业改革深入推进，在服务保障国家重大活动中体现使命担当。

7. 文化消费持续回暖

顺应消费升级趋势，北京推出了《觉醒年代》等一批叫好又叫座的主旋律精品，"大戏看北京"成为首都文化新名片，实体书店数量位列全国第一。北京也持续举办惠民文化消费季等品牌活动，线上线下消费活动相互促进，有效提振市场信心。2021 年，全市居民人均文化娱乐消费支出 1367 元，同比增长 12.2%。

8. 文化贸易与交流不断深入发展

2021 年，全市文化产品进出口总额达到 61.3 亿美元，较上年增长 65.7%，其中文化产品出口额 19.4 亿美元，同比增长 151.9%。全市个人、文化和娱乐服务进出口 25 亿美元，同比增长 5.4%，其中出口 8.6 亿美元，同比增长 26.2%。

根据 2022 年 3 月 1 日北京市统计局、国家统计局北京调查总队共同发布的《北京市 2021 年国民经济和社会发展统计公报》可知，北京市第三产业增加值 32889.6 亿元，比上年增长 5.7%。其中文化业、体育业和娱乐业生产总值为 736.8 亿元，比重为 1.8%，比上年增长 8.4%。2021 年末共有公共图书馆 24 个，总藏量图书 7308 万册；档案馆 18 个，馆藏案卷 1007.9 万卷件；博物馆 204 个，其中免费开放 94 个；群众艺术馆、文化馆 19 个。北京地区登记在册的报刊总量 3403 种，出版社 525 家，出版物发行单位 10393 家；全年引进出版物版权 7633 件，版权（著作权）登记

102.6 万件。年末有线电视实际用户 612.5 万户，其中高清电视实际用户 373.5 万户，超高清（4K）实际用户 201.5 万户。全年制作电视剧 41 部 1580 集，电视动画片 22 部 5184 分钟，网络剧 66 部，网络动画片 27 部，网络电影 158 部。全年生产电影 186 部，共有 30 条院线 281 家影院，共放映电影 335.4 万场，观众 4224.4 万人次，票房收入 22.3 亿元。

通过分析近几年北京市规模以上文化产业经营情况可知，北京市文化产业占地区生产总值的比重呈现波动上升的增长态势，2020 年占地区生产总值的 10.5%，文化产业增加值达 3770.2 亿元。规模以上文化产业呈现良好发展态势（图 2-3）。

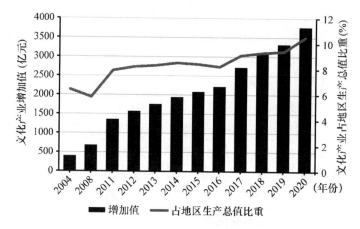

图 2-3　北京市主要年份文化产业生产增加值情况（2004—2020 年）
数据来源：《2022 年北京统计年鉴》主要年份文化产业生产增加值情况。

文化产业企业单位数由 2013 年的 3981 个增加到 2021 年的 5309 个，2018 年平均用工人数有小幅度下降，这说明北京市规模以上文化产业企业数量和就业岗位比较有限。北京市文化产业企业就业人数整体上的趋势是比较平稳的，但这也侧面反映了如今文化产业的就业市场基本上已经饱和，对求职人员的吸引力也比较弱。截至 2021 年，北京市规模以上文化产业企业资产计 28067.4 亿元，营业收入也在 2018 年突破 10000 亿元。北京市文化产业总体发展情况较好，但其文化产业结构有一定的偏差，文化产业下的各种产业（如文化艺术业、广播影视新闻出版业、文体休闲业等），在文化产业总产值中的占比差异较大（表 2-5）。

表 2-5　　　　北京市规模以上文化产业企业经营情况（2013—2021 年）

年份	企业单位数（个）	平均用工人数（万人）	资产总计（亿元）	营业收入（亿元）	利润总额（亿元）
2013	3981	41.6	5731.0	5155.2	390.2
2014	3820	47.8	7937.9	6876.9	495.6
2015	3418	47.4	9419.6	7548.1	550.8
2016	3539	48.1	10870.2	8195.4	530.5
2017	3994	54.1	13887.9	9586	802.9
2018	3887	53.5	16579.0	10963.0	852.7
2019	4831	54.8	19020.3	12997.3	739.1
2020	5119	54.6	23738.4	14944.0	1324.4
2021	5309	59.9	28067.4	17628.6	1458.0

注：数据来源于《2022 年北京统计年鉴》规模以上文化产业企业经营情况（2013—2021 年）。

　　根据统计数据可知（图 2-4），自 2011 年起，北京市电视综合覆盖率和广播综合覆盖率均已达到 100%，公共电视节目套数近些年稳定为 26套，平均每日电视节目播出时间一直比较平稳，2021 年平均每日播出时间为 446.4 小时。平均每日广播节目播出时间于 2012 年有一个较大的攀升，之后呈现平稳上升的态势，2014 年开始，呈现上下波动趋势，2021 年大幅

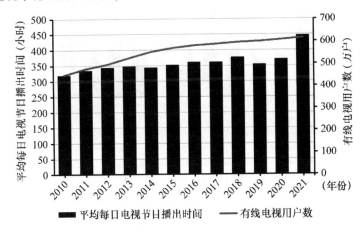

图 2-4　北京市平均每日电视节目播出时间、有线电视用户数
（2010—2021 年）

数据来源：《2022 年北京统计年鉴》电影、电视、广播电台情况（1978—2021 年）。

下降，平均每日播出时间为 339 小时。北京市有线电视用户数逐渐升高，截至 2021 年全市有线电视使用户数共计 614.67 万户。2021 年年末有线电视实际用户为 612.5 万户，其中高清实际用户 373.5 万户，超高清（4K）实际用户 201.5 万户。全年制作电视剧 41 部 1580 集，电视动画片 22 部 5184 分钟，网络剧 66 部，网络动画片 27 部，网络电影 158 部（数据来源：《2022 年北京统计年鉴》《北京市 2021 年国民经济和社会发展统计公报》）。

图 2-5 为北京市各类电视节目播放情况，北京市广播电视行业发展较为平稳。中央新闻资讯类节目、综艺益智类节目播出时间比较平稳，近些年变化不大；专题服务类节目的播出时间呈现上下波动情况，但变化幅度不大；影视剧类节目、广告类节目在 2010 年至 2015 年间经历了一个上升阶段，但 2016 年这两类节目播出时间有一个较大的下滑，这可能与原国家新闻出版广电总局于 2016 年 4 月发布的《国家新闻出版广电总局办公厅关于进一步规范电视剧及相关广告播出管理的通知》有关，当时提出"坚持播前审查，回放重审"，"剧中不得插播广告及节目，片尾播出演职人员表时不得插播广告"等规定。

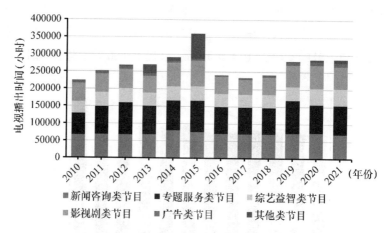

图 2-5　北京市电视节目播出情况（中央）（2010—2021 年）

数据来源：《2022 年北京统计年鉴》广播电视台情况。

根据统计数据可知（图 2-6），北京市报纸出版种数由 2009 年的 260 种下降到 2020 年的 241 种，北京市自 2009 年以来报纸出版平均期印数和报纸总印数经历了一个先上升再下降的过程，在 2013 年达到一个高峰后逐

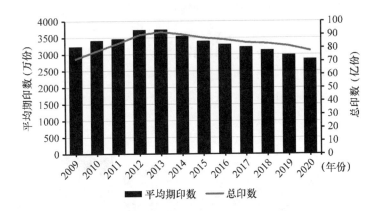

图 2 - 6 北京市报纸平均期印数、总印数（2009—2020 年）

数据来源：《2022 年北京统计年鉴》报纸、期刊、图书出版情况（1978—2020 年）。

年下降。

北京市期刊出版情况与报纸出版情况大致相同，2020 年期刊出版种数为 3279 种，平均期印数自 2013 年以来由 6094 万册下降到 5143 万册，总印数自 2013 年以来也是逐年下降（图 2 - 7）。这直接反映了现在报纸、期刊、图书出版业面临的纸媒与电子媒体的市场竞争现状，纸媒出版数量的逐年下降是电子网络日益被人们所接纳的趋势所致。随着科学技术的快速发展，处于快节奏生活中的人们逐渐更加偏向于实时便捷的电子媒体，这

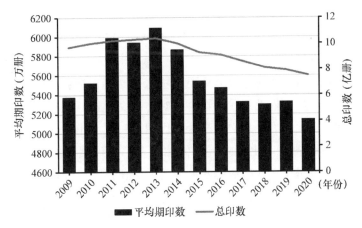

图 2 - 7 北京市期刊平均期印数、总印数（2009—2020 年）

数据来源：《2022 年北京统计年鉴》报纸、期刊图书出版情况（1978—2020 年）。

对本就注重时效性的新闻媒体信息的传播有了极大的助推作用，纸媒必然
会受到影响。

值得注意的是，与此同时，图书呈现稳步上升的发展态势，在 2020 年出
现小幅下跌。由此可见，虽然纸质出版物在一定程度上会受到电子刊物的影
响，但能够带来更佳阅读享受的纸质图书仍然受到大众的喜爱（图 2-8）。

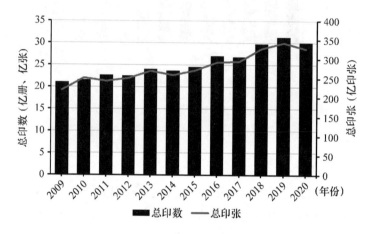

图 2-8　北京市图书总印数、总印张（2009—2020 年）

数据来源：《2022 年北京统计年鉴》报纸、期刊、图书出版情况（1978—2020 年）。

截至 2021 年，北京地区登记在册的报刊总量 3403 种；出版社 525 家；
出版物发行单位 10393 家；全年引进出版物版权 7633 件，版权（著作权）
登记 102.6 万件（数据来源：《2022 年北京统计年鉴》《北京市 2021 年国
民经济和社会发展统计公报》）。

文化产业是城市文化建设的重要支柱之一，其在社会经济发展中的重
要地位也日益凸显。借助现代创新科技对传统文化进行改良，使传统文化
资源重新焕发文化活力，是文化产业的作用之一。城市文化产业通过文化
艺术业、广播影视新闻出版业、文体休闲业、会议展览业、体育文化业
等，渗透到城市居民日常生活的各种角落，文化产业已经成为满足人们美
好精神追求的不可缺少的物质基础和文化活动载体。北京文化产业发展迅
猛，其发展政策环境和发展模式也在不断优化。北京的文化产业根植于北
京深厚的历史文化积淀，借力于社会创新技术发展，呈现出蓬勃的城市文
化活力。城市文化产业融合了社会经济、文化和科技，具有较强的向下渗

透力和向外辐射力，其在带动城市其他相关产业发展的同时，还能辐射引领其他周边城市的创新文化产业发展，推动区域文化协同发展。

（二）各类文化企业分布格局

从天眼查企业数据库获取了北京 2019 年共 14.9003 万条文化企业数据，并将它们分为了文化艺术类，新闻和出版类，广播、影视录音制作类，娱乐类和体育类共 5 大类，研究了不同类型文化企业的核密度空间分布特征。核密度分析工具用于计算要素在其周围邻域中的密度。此工具既可计算点要素的密度，也可计算线要素的密度。本书使用 ArcGIS Pro 2.5.0 软件中的"核密度分析"功能进行计算。

1. 文化艺术类

北京文化艺术类企业主要由文化传媒企业组成，此种类型公司主要经营设计、制作、代理、管理、咨询等服务，涉及文化内容广泛、与人民生活关系密切，因而数量较多且分布广泛。从北京市文化艺术类企业核密度空间分布图（图 2－9）中可观察到，文化艺术类企业分布核密度值较高的

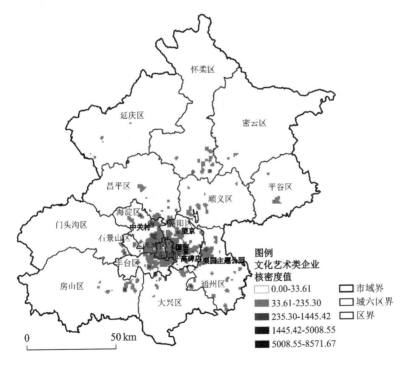

图 2－9　北京市文化艺术类企业核密度空间分布

区域集中于中心城区，特别是高碑店、中关村、望京等地区，高值区从国贸沿京通快速路延伸至通州区梨园主题公园。高碑店位于北京市东长安街延长线南侧，东临五环路，区域内有高碑店民俗文化园区，周边形成了民俗文化产业聚集发展的格局，紫檀博物馆、高碑店兴隆公园等也带动周边文化艺术企业的蓬勃发展，企业分布较集中区通常表现为经济产业发达、人口密度大、交通便利。人口密度大意味着对文化艺术类活动有大量需求，因而文化艺术类企业也相对集中。从整体看，中心城区外围的文化艺术类企业核密度值较中心城区低，且分布更为分散。

　　从北京市城六区的文化艺术类企业核密度空间分布特征（图 2 – 10）可观察发现，文化艺术类企业集中在四环以内区域，重点分布在东城区、

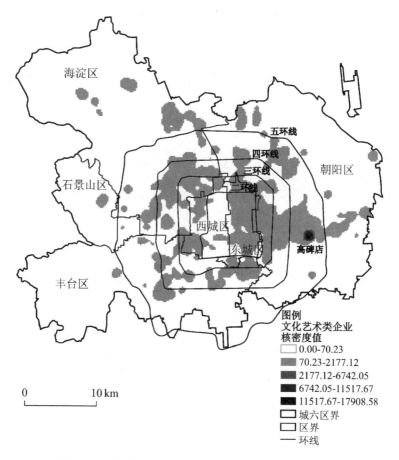

图 2 – 10　北京城六区文化艺术类企业核密度空间分布

东二环到三环之间，向东一直延伸至朝阳区的高碑店，并继续往东延伸，在朝阳区的高碑店附近地区呈现核密度的最大值，在图中为显示黑色的地区。西城区核密度值偏低，文化艺术类企业分布较少，主要是因为西城区是皇家文化和士子文化的融合区，分布有各类著名风景名胜、旅游景点。

2. 新闻和出版类

北京新闻和出版类企业主要由新闻类传媒、报刊出版企业组成，此种类型的公司主要经营新闻采集、传播，报纸、刊物、书籍编辑出版等服务，涉及文化内容较广泛，与人民生活关系不如文化艺术类企业密切。因而，虽然分布比较广泛，但数量远不及文化艺术类企业多。从北京市新闻和出版类企业核密度空间分布图中（图 2 - 11）可观察到，核密度值较高的区域集中于中心城区的东城区、西城区和海淀区的东南部，特别是甘家口和东四地区，甘家口地区的中央电视塔及相关企业带动了周边新闻和出版类企业的繁荣发展。从街道乡镇来看，海淀区的紫竹院街道、万寿路街

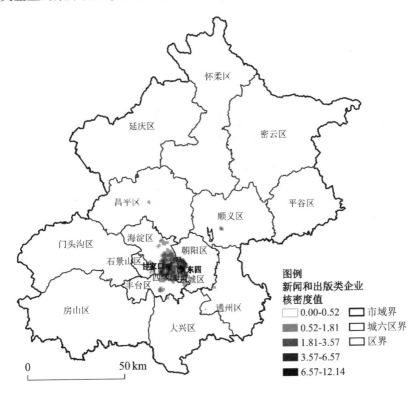

图 2 - 11　北京市新闻和出版类企业核密度空间分布

道，东城区的景山街道、交道口街道、朝阳门街道，西城区的展览路街道
等地区，分布相对较密集。

　　对北京市中心城六区的北京新闻和出版类企业分布特征进行重点分析，
观察发现，该类企业重点分布在东二环到西四环之间的区域，高值区分布在
甘家口和东四区域，集中在海淀区的甘家口街道，东城区的景山街道，西城
区的展览路街道等。从整体看，北京新闻和出版类企业在四环内分布数量较
集中。四环外也有部分新闻和出版类企业较集中的地区，如丰台区的上地街
道，这些为近几年正在发展的地区，人口密度相对较大，对新闻传媒的需
求度较高、地方租金便宜等原因可能使该类企业较集中（图2－12）。

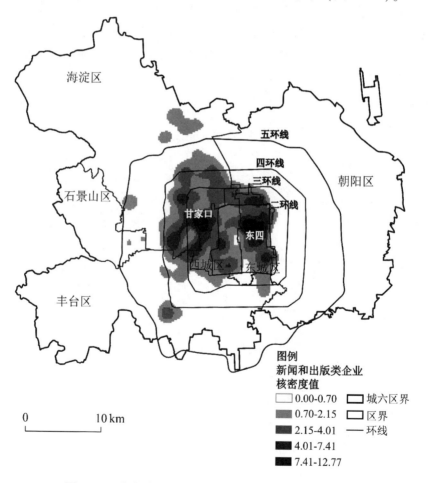

图2－12　北京城六区新闻和出版类企业核密度空间分布

3. 广播、影视录音制作类

北京广播、影视录音制作类企业主要由广播、电视、电影制作类企业组成，此种类型公司主要经营公众广播电台、公众电视节目频道、电影录制及制作等服务，涉及文化传播方面的内容。从广播、影视录音制作类企业核密度空间分布图中可观察到，广播、影视录音制作类企业分布核密度值较高的区域集中于中心城区和其周边地区。朝阳区的高碑店、怀柔区的杨宋镇的广播、影视录音制作类企业分布较多，高碑店建有影视文化中心，加上租金优势，吸引诸多影视公司的驻扎，杨宋镇建有中国电影旅游拍摄基地，吸引相关影视制作企业落脚。总体来看，广播、影视录音制作类企业在北京城区和郊区均有分布，远郊地区娱乐方式有限，文化传播方式以广播、电视等方式更为常见（图 2 - 13）。

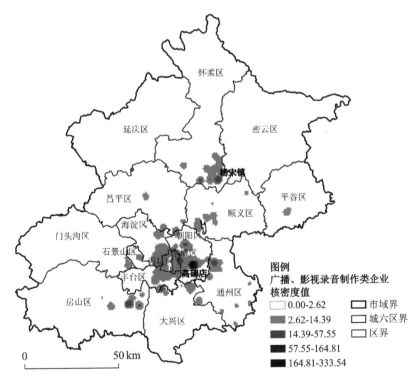

图 2 - 13　北京市广播、影视录音制作类企业核密度空间分布

对北京市中心城六区的广播、影视录音制作类企业分布特征进行重点

分析。观察中心城区该类企业核密度空间分布图可发现，大部分企业分布在朝阳区和东城区，各区市政府附近也有企业聚集。从核密度值来看，主要以朝阳区的朝阳门外街道、高碑店地区、望京街道等为重点聚集区域。其次为海淀区的中关村街道。在高碑店和望京形成核密度高值聚集点，带动周边广播、影视录音制作类企业的发展（图 2 – 14）。

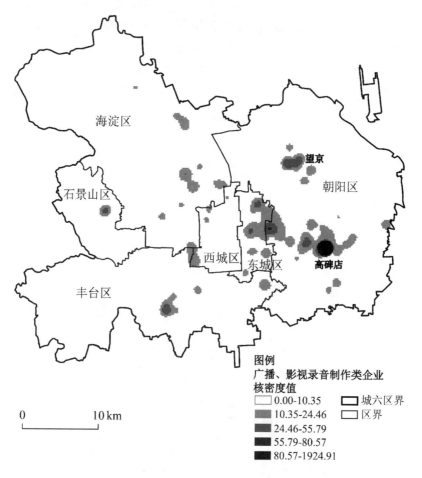

图 2 – 14　北京城六区广播、影视录音制作类企业核密度空间分布

4. 娱乐类

北京娱乐类企业主要由提供娱乐活动服务的企业组成，包括经营歌厅、舞厅、音乐厅等娱乐场所以及娱乐场所为顾客进行的娱乐活动。从北

京市娱乐类企业核密度空间分布图可观察到，娱乐类企业核密度值较高的区域集中于西城区和东城区，并延伸至周边地区。形成以上地、西直门、木樨园、花乡、通州北苑为中心聚集的多核心分布，并形成在郊区出现多个次核心的零散分布格局。丰台区的卢沟桥街道与大红门街道、海淀区的中关村街道、西城区的什刹海街道、昌平区的城北街道、延庆区的延庆镇分布较密集。其分布特征主要受交通和经济方面的影响，和其他种类企业分布特征大致相同（图2-15）。

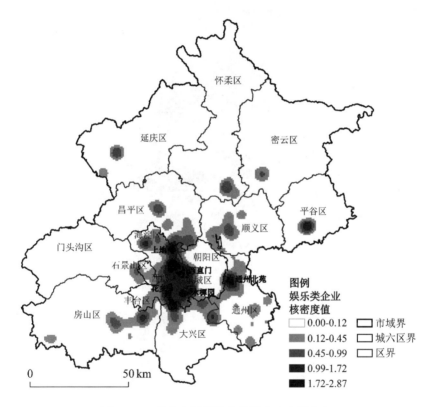

图2-15　北京市娱乐类企业核密度空间分布

　　重点对北京市中心城六区的娱乐类企业分布特征进行分析，观察中心城区娱乐类企业核密度空间分布图发现，娱乐类企业分布特征呈现多中心扩散分布，以海淀区的温泉镇、上地、中关村，西城区的新街口，丰台区的七里庄、刘家窑为主要聚集点，向外扩散。朝阳区娱乐类企业分布极少，主要原因是朝阳区集中分布公司企业，是国家新型工业化产业示范基地（图2-16）。

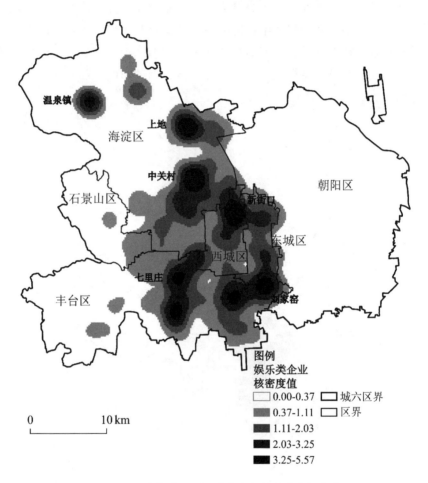

图2-16　北京城六区娱乐类企业核密度空间分布

5. 体育类

北京体育类企业主要由为社会提供体育产品、体育设施、体育服务的企业组成。提供包括市区健身设施、室内运动场等设施场所、健身器材的完善和体育活动指导。从北京市体育类企业核密度空间分布图可观察到，体育类企业核密度值较高的区域集中于东城区、西城区、海淀区、丰台区和昌平区。昌平、回龙观、西红门、天坛呈现核密度高值，东城区的天坛一带建有国家体育总局，很多体育企业在附近建设，回龙观的北京少林武术学校带动了周边体育企业的发展。从街道乡镇来看，东城区的体育馆路街道、西城区的海淀街道、通州区的新村街道、延庆区的延庆镇等分布较为密集。其分布特征主要受人口密度和体育设施、体育场馆分布的影响（图2-17）。

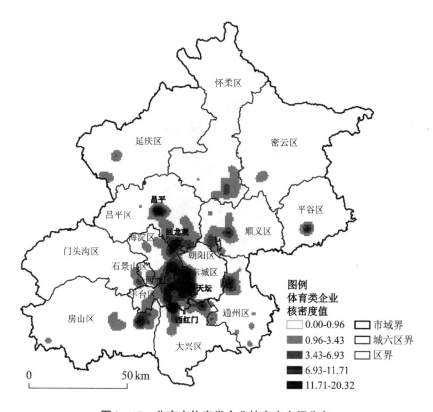

图2-17　北京市体育类企业核密度空间分布

这里重点对北京市中心城六区的体育类企业分布特征进行分析，观察中心城区体育类企业核密度空间分布图发现，体育类企业集中分布在东城区、西城区以及海淀区的东南部和丰台区的东北部。有部分地区企业相对较聚集，例如海淀的上地街道、海淀街道，东城区的体育馆路街道、丰台区的卢沟桥地区。天坛附近受国家体育总局的影响，其周边体育类企业分布密集。朝阳区体育类企业分布极少，主要原因是朝阳区分布大量公司企业，是国家产业示范基地。总的来说，体育类企业主要分布特征以人口密度较大、经济发展较好的地区数量较多（图2-18）。

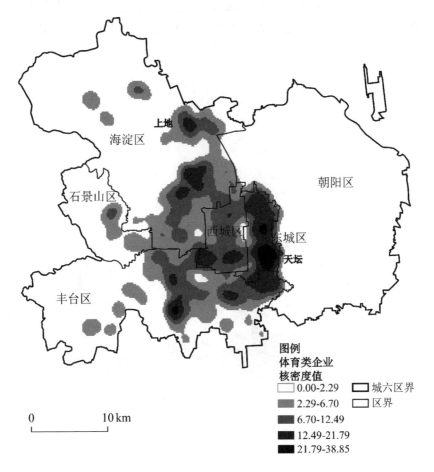

图2-18　北京城六区体育类企业核密度空间分布

二　文化产业发展前景

进入新时期，随着世界格局风云变幻和国内经济社会的深刻变革，北京文化产业发展面临着新形势与新要求。从国际来看，国家之间的文化交流、交锋与碰撞日趋频繁和激烈，坚定文化自信，加强文化传播，扩大中华文化的全球影响与价值认同更显迫切。从城市来看，北京扎实推进减量发展、创新发展、绿色发展、高质量发展、以人民为中心的发展，开启了首都全面建设社会主义现代化新航程，文化产业作为战略性支柱，发挥好支撑新时代首都发展的作用更显迫切。从当前全市文化产业发展情况来看，虽然取得了显著成绩和长足进步，但仍然有较大的提升与发展空间。

未来一段时期是北京深入落实首都城市战略定位、建设国际一流的和谐宜居之都的关键期，也是建设全国文化中心和文化产业引领区的攻坚期。北京将把文化建设放在全局工作的突出位置，以新时代首都发展为统领，以推进高质量发展为主题，以满足人民日益增长的美好生活需要为根本目的，大力推进"科技赋能文化、文化赋能城市"，实现文化传承更加注重创新性、文化业态更加注重数字化、文化供给更加注重多元化、文化消费更加注重场景化、文化传播更加注重国际化，切实做好首都文化这篇大文章，在建设社会主义文化强国进程中充分发挥示范带动作用。

（一）坚持全球视野，服务首都发展

首都北京是"四方之腹心，国家之根本"，是引领民族复兴的文化枢纽，是展示国家形象的首要窗口。首都文化产业发展，要深刻把握首都发展的全部要义，坚持全球视野、首善标准和首都优势，始终将服务国家战略作为发展的重心，用好建党百年庆祝活动和北京冬奥会留下的宝贵精神财富，紧紧围绕全国文化中心建设的"四个文化"基本格局和"一核一城三带两区"总体框架，正确处理好发展与安全、政府与市场、供给与需求、国内与国际等重要关系，不断提升优秀文化传承厚度、文化资源转化效度、文化供给品质高度、文化改革创新亮度、文化价值国际认同程度，繁荣兴盛新时代首都文化，实现在文艺精品创作、文化业态培育、文化消费市场繁荣等方面走在全国前列的目标，文化领域"四个服务"水平显著提升，全国文化中心地位更加彰显，将伟大首都打造为彰显文化自信与多元包容魅力的世界文化名城。

（二）突出改革创新，强化示范引领

作为全国文化中心和文化产业发展引领区，北京将充分利用北京朝阳国家文化产业创新实验区、国家文化与金融合作示范区和国家级文化产业示范园区（创建中）等国家级创新载体优势，针对文化管理体制、现代市场体系、产业主体培育、新兴业态发展、文化金融融合、文化科技融合、优惠政策制定和知识产权管理等重点问题，特别是在支持和引导民营中小企业"专精特新"发展等方面进行创新探索，以创新激发动力、增强活力、释放潜力，逐步形成可以推广、可以复制的创新模式与经验，发挥好示范作用，引领我国文化产业结构升级、链条优化，提高产业发展质量效益和核心竞争力。强化载体支撑，推进实施《北京市推进文化产业园区高质量发展的若干措施》，规范园区认定管理，强化资源导入对接，发挥重点园区的示范作用，以园区建设为抓手，推动文化产业高质量发展。

（三）推动"两个赋能"，加速价值扩展

紧紧围绕"科技赋能文化，文化赋能城市"的发展理念与战略，不断扩展文化科技含量与经济社会价值，推动文化产业在更广范围、更深程度、更高水平上融入城市经济社会发展中。聚焦建设全球数字经济标杆城市目标，推动"文化＋"数字网络科技，创新应用5G、大数据、云计算、人工智能、虚拟现实等技术，推动核心产业转型升级，培育壮大数字艺术、数字科幻、元宇宙产业等新型文化业态，深度落实文化产业数字化战略，不断增强产业发展的韧性、活力与综合效益。推动"文化＋"旅游，深入挖掘首都文化内涵，设计提升一批传承古都文化、发扬红色文化、体验京味文化、感知创新文化的精品旅游路线和旅游产品，加速打造一批富有文化底蕴的世界级旅游景区。推动"文化＋"体育，发挥"双奥之城"的独特优势，围绕冬奥会遗产创新开发更具体验性、更加多样化的体育文游产品，发展冰雪文旅经济，共建京张文化体育旅游带。推进"文化＋"金融，创新建设国家文化与金融合作示范区，针对风投、信贷、保险、债券、上市等融资渠道发力，探索金融支持文化产业发展的创新模式。进一步促进文化产业与城市精神风尚融合发展，推动"文化＋时尚商业""文化＋城市新场景""文化＋老旧厂房改造""文化＋乡村振兴"等融合领域发展，将文化元素嵌入和渗透到北京城市发展的各个方面，不断提升城市的人文魅力与文化软实力。

（四）强化供需互促，提质人民美好生活

借助建设国际消费中心城市的契机，大力推动文化供给侧结构性改革，实现需求与供给高水平动态平衡。深化市属文艺院团改革，实施文化精品工程，优化内容创作机构的生产环境，大力培育出一批具有国际知名度和影响力的文艺精品。顺应文化消费升级趋势，强化"线上虚拟＋线下体验"融合互动。充分利用大数据、移动互联、虚拟现实等现代科技，推出数字消费新场景、新模式，拓展与提升文化消费规模和质量。大力发展文化首店经济、夜间经济、主题商业等消费业态，鼓励文化消费相关的书店、动漫体验馆等首店（含旗舰店）落户北京。大力推进国家文化和旅游消费试点城市建设，培育高品质文艺展演场所，打造"大戏看北京"城市文化名片。依托故宫—王府井—隆福寺"文化金三角"，以及CBD、三里屯、前门（北京坊）等著名商圈，加快建设彰显文化时尚魅力的消费地标。高标准运营北京环球主题公园，放大公园溢出效应，谋划好北京副中心文旅区发展。深入挖掘北京世界文化遗产、非物质文化遗产、中轴线文化遗产等优势资源，开展"非遗＋旅游""非遗＋互联网""非遗＋文创"项目，利用市场化手段和现代科技促进非遗文化消费。持续办好文化消费季活动，打响"北京文化消费季"品牌，发挥平台引领作用，推动商旅文体联动，不断增强人们的文化获得感和幸福感。

（五）突出环境营建，优化产业生态

发挥"有为政府"和"有效市场"的共同作用，探索基于科技逻辑和制度逻辑的新时期文化治理体系，加快构建首都文化产业发展的动力机制，涵育健康有序的产业发展生态。按照北京建设国际一流营商环境高地的总体要求，坚持问题导向，对标国际一流和前沿标准，加快推动文化市场环境、政策法治环境、投资贸易环境、人才流动环境、政务服务环境、城市人文环境等方面建设与优化。开展疫情防控常态化背景下的政策创新，优化"投贷奖""房租通"服务，完善风险补偿基金机制，合理减免房产税、城镇土地使用税，助力企业渡难关、增活力。借助北京证券交易所在京设立的地缘优势，鼓励企业上市融资，加速做大做强。推动知识产权保护与交易，提升源头追溯、实时监测、在线识别、网络存证、跟踪预警等知识产权保护能力，拓展知识产权质押融资、资产证券化等服务创新。大力弘扬北京文化产业发展中的企业家精神，鼓励文化企业创新发展。

（六）强化开放合作，促进交流互鉴

立足将北京建设成为中国与世界文明交流互鉴首要窗口的战略目标，抢抓建设中国（北京）自由贸易试验区和国家服务业扩大开放综合示范区的机遇，大力推动国家文化出口基地建设，立足"保税、免税、免证"优势，支持基地加强制度和政策创新，优化营商环境，聚焦动漫、影视、演艺、出版等重点领域，加快创新文化出口促进机制，以首善标准打造高水平开放新高地。聚焦国家文化出口重点企业，鼓励在京文化企业深入研究中华优秀传统文化价值品质，充分吸收全世界优秀文化精髓，与全球优秀文化企业合作，打造由国内企业引导、全球共享的具有中华文化特色元素的精品力作，培育一批具有国际竞争力的文化旗舰企业。高起点筹办北京文化论坛，持续提升北京国际电影节、北京国际音乐节、北京国际设计周、"电竞北京"、中国（北京）国际视听大会等活动的品牌影响力。依托"双奥"场馆场地资源，继续推动"国际冬季运动（北京）博览会"等大型节庆会展活动，并积极策划或承办世界级体育赛事，以体育为媒，打造凝练共同价值、促进世界团结的战略交流平台，逐步形成全方位、多层次、多元化的文化开放合作新格局［《北京文化产业发展白皮书（2022）》］。

第四节　北京文化活动

一　文化活动现状

城市是人们生产、生活的物质载体，而人的各种活动是创造城市活力的源泉，一个地区的文化与城市居民生活的密切关系最终决定了这座城市是否具有文化活力。激发城市文化活力需要基于一定数量和密度的人口，居民的各种文化活动开展便利与否以及与所在地区地域文化之间的协调程度，都是影响该地区文化活力的关键所在。完备的文化组织体系、丰富便民的基层文化场所、开放的文化交流线上平台、多样化的文化活动，对于城市文化活力的塑造不可或缺。城市中的各种文化生活的总量和频次是评价该城市社会文明和居民生活水平的重要指标，是快节奏社会中居民生活的重要组成部分。面对现阶段差异化、多元化的城市文化娱乐生活的发展趋势，应该去粗取精，才能凸显城市文化生活健康发展导向，这种城市文化生活的筛选体现在不同形态的文化在价值取向上的迥异。

（一）文化活动发展概况

城市内的各种文化活动如演唱会、博览会等，可以使城市居民参与到丰富有趣的社交活动中，感受城市的文化氛围。而城市内举办的各种运动会、骑行竞速赛等竞技比赛，更能使居民感受到城市生机盎然的文化活力。周期性的节日庆典、庙会、游行等有组织性的大型文娱活动，能充分展示城市的文化娱乐性。

2021 年 2 月 7 日在北京举行的北京市"回顾'十三五'展望'十四五'"系列第十二场新闻发布会——全国文化中心建设专场中，北京市文化和旅游局公布如下数据："十三五"期间，北京市提供文化活动 34 万场，下基层演出达到 4.7 万场，培训 6500 名基层文化组织员。创办首都市民音乐厅，演出 240 场［北京举行"回顾十三五、展望十四五"系列新闻发布会——全国文化中心建设专场（www. scio. gov. cn／xwfbh／gssxwfbh／xwf-bh／beijing／Document／1698677／1698677. htm，国务院新闻办公室网站 www. scio. gov. cn，来源：首都之窗）］。

北京市"十四五"时期文化和旅游发展规划显示，首都市民系列文化活动年均 2 万场，贯穿全年、覆盖全市。创新发展非遗老字号店铺，恢复文化生机活力，将各类文化活动引入街道居民日常生活和大中小校园中。同时，北京市还举办了各类国内外大型文化活动，如北京国际电影节、中国戏曲文化周、北京国际音乐节等文化品牌活动，这些文化活动大大提升了全国文化中心的全球影响力。

除了各类线下文化活动，北京市还推出了各类线上文化活动。根据北京市文化和旅游局资料显示，截至 2023 年 1 月 2 日 11 时，近三年国家大剧院线上演出已播出 163 场，全网总点击量累计超 44.39 亿次，其中 2022 年度已播出 60 场，累计点击量超 14.58 亿次。北京文化艺术活动中心打造的北京数字文化馆平台截至 2021 年 2 月 1 日，两年来已经持续推出包括京剧、交响乐、昆曲、北京曲剧等共 5 套 145 集近 1000 分钟的全民艺术普及专题内容，并通过新媒体矩阵在学习强国、微博、微信、快手、抖音等平台陆续发布，总观看量已超过 3750 万次。还重点围绕首都市民系列文化活动之歌唱北京、舞动北京、戏聚北京、艺韵北京和影像北京推出五大专题板块，提供教学视频、赏析、作品及活动展示等数字资源内容。

疫情防控期间，北京文化艺术活动中心率先发布《众志成城，共克时艰，致全市群众文化工作者倡议书》，通过"北京数字文化馆"线上征集、发布原创抗疫文艺作品 531 个，通过各新媒体平台发布宣传推广文章 672 篇次，总阅读超过 8000 万人次。开展"首都市民系列文化活动"和省际交流直录播 107 场次，全网观看量超 3300 余万人次。此外，还开展了"文化中国"微视频征集评选、"诗意的爱给远方"摄影和微视频大赛、"小康影像"第八届首都市民网络摄影大赛、"云上好声音"京津冀歌手大赛等群众喜闻乐见的线上群众文化活动，深受广大市民喜爱。在全市遴选出174个区级文化馆和乡镇（街道）文化中心作为全民艺术普及示范点，充分发挥带动效应。2021年全民艺术普及月期间，全市举办公益文化活动1691项，7903场，总服务人次近2000万，其中线上活动487项，1623场，参与人数1926万人次；线下活动1204项，6280场，参与人数超过73万人次。通过北京数字文化馆平台及新媒体平台参与"全民艺术普及"话题阅读及视频播放累计近653万，微博全民艺术普及话题阅读量累计超过1.1亿，观看网络直播509万人次。2022年11月10日，由北京市文化馆（北京文化艺术活动中心）主办的第四届全民艺术普及月活动线上启动。全民艺术普及月开展各类公益性文化活动5000余场，并加大线上资源供给。在北京数字文化馆平台上推出的全民艺术普及系列课程，包括舞蹈、音乐、书法、绘画、摄影、博物馆带看等多种资源，累计达638.9小时。通过采取线上线下联动、聚焦服务下沉、组建专家队伍、创意带动品牌、宣传营造氛围等措施，扩大了公共文化服务供给，全方位满足了百姓多样性文化需求，"线上可学，线下可习"的立体的全民艺术普及平台初步形成，极大增强了百姓获得感。

（二）各类文化活动分布格局

从豆瓣同城网站（豆瓣同城_北京，www.beijing.douban.com）和文化和旅游部官网上收集2019年北京市文化活动数据共3145条，按网站的文化活动类别，采集了电影、讲座、聚会、赛事、戏剧、演出、音乐、运动、展览共9大类文化活动，分析各类文化活动的核密度空间分布特征。

1. 电影类

对电影类活动在北京市的分布特征进行分析，通过北京市电影类活动核密度空间分布可视化图可以发现，北京市的电影活动主要分布于市中心区域，并集中于东城区和朝阳区，其中南锣鼓巷、建国门周边核密度值较高。朝外街道、建外街道、交道口街道、景山街道和安定门街道分布较为密集，然后呈零散状向其他的中心城区扩散。电影类活动的举办目的主要是为了评选出专业、优秀、受人民群众喜爱的中国电影，并且鼓励电影人创造出更多好的电影作品，可以让中国电影被更多人关注和喜爱。而电影活动的开展受活动场所、活动经费和人流量等因素限制，所以致使其活动开展数量分布较集中于城市中心，而郊区和远郊区则几乎没有举办电影类活动的数量分布（图2-19）。

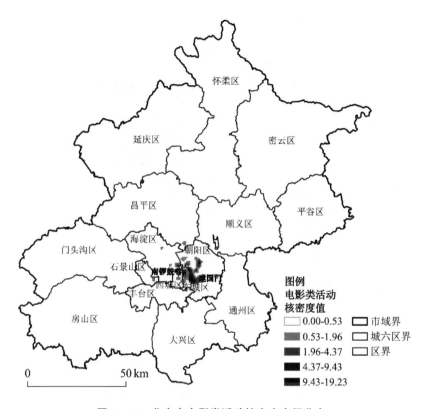

图2-19 北京市电影类活动核密度空间分布

研究分析北京市中心城区电影类活动的分布特征，通过中心城区电影类活动核密度分布图得到，电影类活动数量一般，结合整体中心城区来看，电影类活动的分布不均匀，其多分布于往东方向的四环范围内的东城区和朝阳区。其中，安定门街道、建外街道、双井街道、朝外街道的电影活动分布相对较多。往西方向的城区电影活动较少，分布较为稀疏。电影类活动的分布主要与人口密度、交通便利、区域经济结构等影响因素有关（图2-20）。

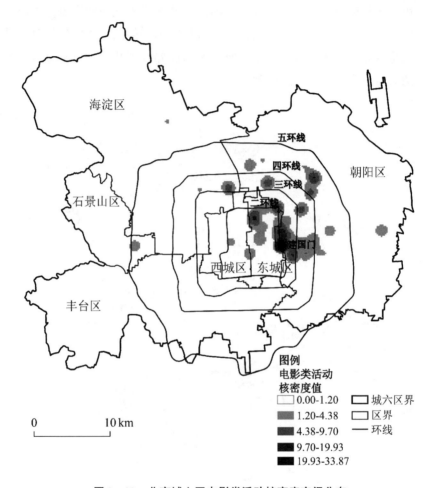

图 2 - 20　北京城六区电影类活动核密度空间分布

2. 讲座类

讲座类活动有助于培养听众的学术素养，可以帮助人们去陶冶情操，提高学习的兴趣，是极为宝贵的学习教育资源。从北京市讲座类活动核密度分布图可以看到，当前北京市的讲座类活动数量分布较为集中，主要分布于中心城区。其中，上地街道、朝外街道、建外街道、交道口街道和景山街道的讲座活动分布较多，西二旗和国贸 CBD 周边地区核密度值较大。主要是由于讲座属于学习类活动，其需要在市区人口密度较高的地区开展，以方便和吸引听众。城六区以外的地区的数量分布较少，在顺义区的空港经济区核密度分布也较高，主要因为空港经济区在政府主导推动下会开展各种讲座吸引各方经济活力（图2－21）。

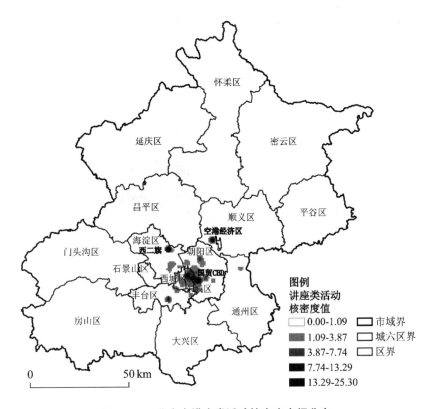

图2－21　北京市讲座类活动核密度空间分布

　　通过中心城区讲座类活动核密度分布图可以分析得出，北京市讲座类活动数量并不多，且整体分布不均匀，主要分布在东城区和朝阳区。西二旗和国贸CBD周边区域核密度值较大，西二旗附近的中关村软件园、北京鸿志创业园会开展区域产业相关讲座。上地街道为主要分布区域，然后是建外街道、朝外街道、呼家楼街道、八里庄街道、景山街道和交道口街道，活动主要聚集地分散在不同城区，其分布较为分散，其他的区域虽然有讲座活动的分布，但是整体分布较少（图2－22）。

　　3. 聚会类

　　当今社会的人文情怀在逐渐提高，聚会也骤然增多。聚会是当今社会

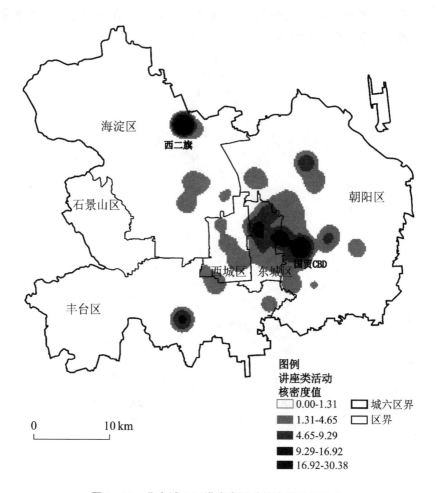

图 2 – 22　北京城六区讲座类活动核密度空间分布

最为时尚的名词，而且深受推崇，已经成为人们社会交际活动的首选之一，例如同学聚会、战友聚会、同事聚会、亲朋好友聚会等，聚会可以帮助人们在忙碌的生活中寻找愉悦的心情，也有助于陶冶情操。所以为了进一步了解当前北京市的聚会类活动情况，拟通过北京市聚会类活动核密度分布图来分析。由图 2 – 23 可以看出，北京市的聚会类活动整体分布不均匀，中关村、北京工人体育场周边地区核密度值高，中心城区的东四街道、朝阳门街道、朝外街道、建外街道、呼家楼街道及建国门街道区域的核密度分布比较集中，然后由内向外整体密度逐渐减少。聚会类活动的开展主要与人口密度、交通便利度和聚会场所有关，所以市中心的聚会类活动数量较多。

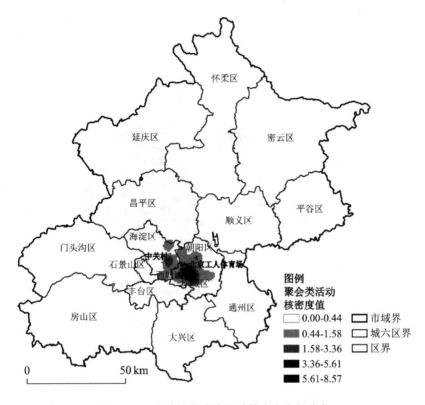

图2-23 北京市聚会类活动核密度空间分布

重点对聚会类活动在中心城区的分布特征进行分析，北京市中心城区的聚会类活动核密度主要集中分布于东城区和朝阳区，位于朝阳区的东二环至三环中间区域的核密度值最高。朝外街道、建外街道区域的聚会类活动分布最密集，其次是双井街道、呼家楼街道、朝阳门街道、东华门街道、东四街道、景山街道等，分布范围以东城区、朝阳区的东二环至三环中间区域为中心向外扩散，在扩散中分布范围逐渐发散，且分布也随之稀疏，形成了周边一些次级核心区域。丰台区聚会类活动的分布极少，分布范围也极小（图2-24）。

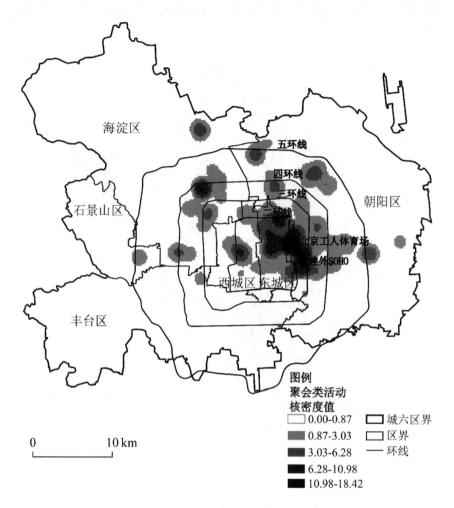

图 2 – 24　北京城六区聚会类活动核密度空间分布

4. 赛事类

　　比赛是人类共同创造的一种特殊的社会文化活动，具有独立体系的文化形态。举办赛事类活动对人们的生活有着积极向上的引导作用，它在促进人们锻炼健康身体的同时，也可以在一定程度上提升人们的奋斗精神，对现今人们的生活方式起着越来越重要且不可替代的独特作用。通过北京市赛事类活动核密度分布图分析得出，北京市的赛事类活动数量整体不多，考虑到场地和人流量原因，其大多分布在中心城六区，但并不大量集中于市中心区域，主要分布于东城区和朝阳区，朝外地区核密度值较高，小关街道、建外街道、呼家楼街道附近分布较密集，整体分布比较分散。核密度高值区在朝阳区西部从北（奥体中心）往南（中央电视台）呈现带状分布，从中央电视台往东延伸并呈现带状分布格局（图2－25）。

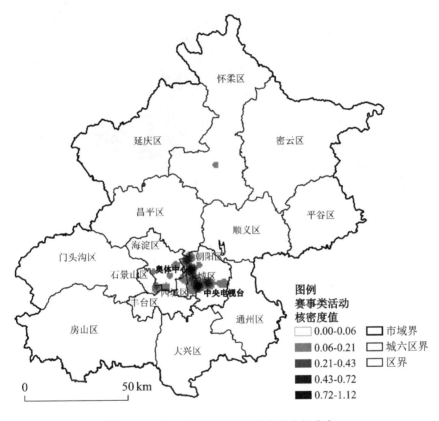

图2－25　北京市赛事类活动核密度空间分布

通过中心城区赛事类活动核密度分布，可分析北京市中心城区赛事类活动的分布情况。由图2－26可知，中心城区的赛事类活动数量整体较少，分布范围也较小且发散，主要集中于东城区和朝阳区内，特别是建外街道、朝外街道、小关街道、亚运村街道。在朝阳区，核密度高值区以中央电视台为拐点呈现"v"字形分布，形成了以奥体中心和中央电视台为主的串珠状核心集聚区域。

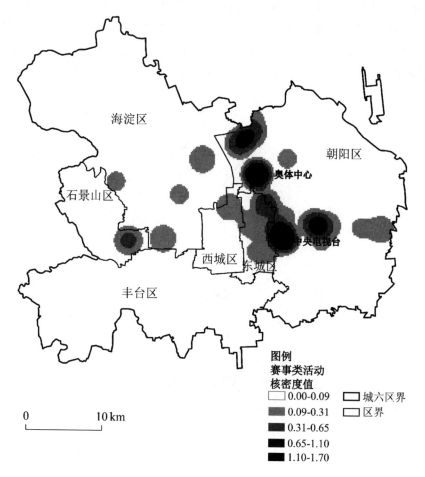

图 2-26　北京城六区赛事类活动核密度空间分布

　　丰台区赛事类活动的分布极少，西城区、海淀区、石景山区均有小部分分布。建议北京市在中心城市区域内多开展赛事类活动，健全赛事活动体制，让该类活动在中心城区得到充分发展，提高人民对赛事类活动的参与积极性。

　　5. 戏剧类

　　戏剧，指以语言、动作、舞蹈、音乐、木偶等形式达到叙事目的的舞台表演艺术的总称。戏剧是一门古老的艺术，是人类文化的一部分，它在不同的国家、民族有着自己独特的文化传统。戏剧是最善于表达思想的舞台艺术之一，这种形式很容易被人们理解和接受。所以作为人类的一种精神文化产品，戏剧始终具有无穷的生命力。由北京市戏剧类活动核密度空间分布图（图2-27）分析得出，北京市戏剧类活动的举办数量整体较少，且多集中于北京市中心城区，主要集中在新街口、张自忠路周边，新街口街道、什刹海街道、东四街道、交道口街道、景山街道附近核密度值较高，这与其历史文化的保留程度和政策制度有一定关联。

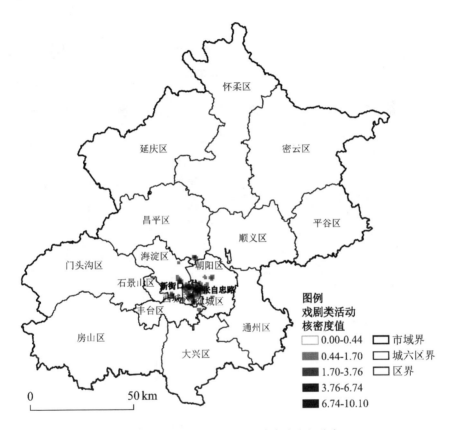

图2-27 北京市戏剧类活动核密度空间分布

这里重点对北京市城六区戏剧类活动的分布情况进行分析。戏剧类活动主要分布于二环内区域，主要聚集在新街口、东四十条一带，什刹海街道、交道口街道、北新桥街道、东四街道、天坛街道和天桥街道分布较多。二环以外的中心城区分布较少，海淀街道、中关村街道、酒仙楼街道和万寿路街道的戏剧类活动相对多一点。建议北京市中心城区可以适当增加戏剧类活动的数量和调整分布格局，让资源可以更加充分地被利用，公共福利可以扩及更广的范围（图2-28）。

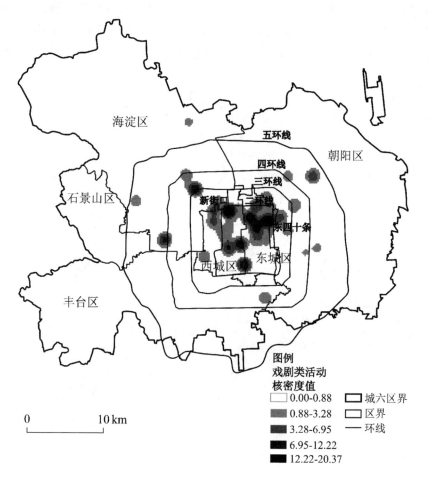

图2-28　北京城六区戏剧类活动核密度空间分布

6. 演出类

通过北京市演出类活动分布图，研究分析演出类活动在北京市的举办情况与分布特征。由图2-29可知，北京市的演出类活动很少，整体分布相对集中，主要分布在市中心区域，特别是在车公庄和王府井附近，展览路街道、新街口街道和东华门街道核密度值较大，周边城区和郊区几乎没有分布。演出分布较集中的区域多为经济产业发达、人口密度大、交通便利，有较多大型公共场所和商业公司的经济高度发达区域。人口密度大、经济产业发达意味着对演出类活动有大量需求，因而演出类活动相对集中分布。

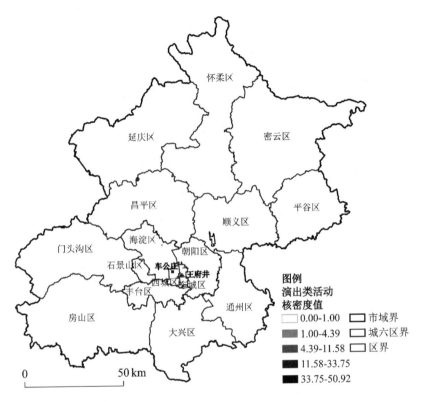

图 2 – 29　北京市演出类活动核密度空间分布

分析演出类活动在北京市中心城区的分布情况，发现中心城区的演出类活动不多，且分布范围很窄，主要集中在二环以内区域，分布在西城区和东城区，极大部分演出类活动集中于东华门街道、展览路街道和新街口街道，二环以外大部分城区演出类活动极少。演出类活动甚是缺乏，这在一定程度上影响人们对于演出类活动的参与积极性，所以建议应该多加强中心城区的相关演出类活动的筹划和举办，多在各个城区开展演出类活动（图 2 – 30）。

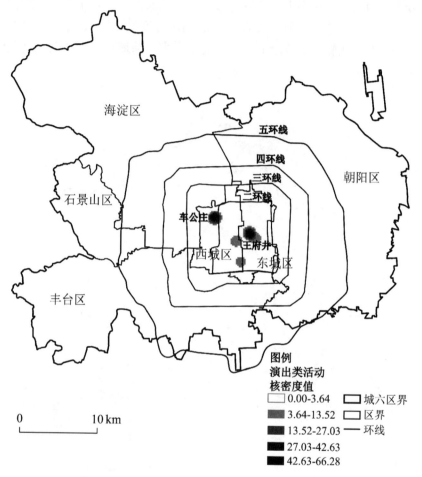

图2-30　北京城六区演出类活动核密度空间分布

7. 音乐类

音乐在生活中有着很大的作用，就好像人们需要用语言来与人沟通一样。音乐已经在人们的日常生活中占据重要的位置，它既可以调节紧张、单调的生活，使人们的神经得到放松，有益于身体健康，又可以给人以听觉愉悦感，使人们的精神得到高度的享受。通过北京市音乐类活动核密度分布图（图2-31），来分析当前北京市音乐类活动的举办情况与分布特征。北京市音乐类活动举办整体不多，且较为集中于中心城区，边缘城区仅有少量分布，国家大剧院、北新桥周边区域核密度较大，中心城区以安

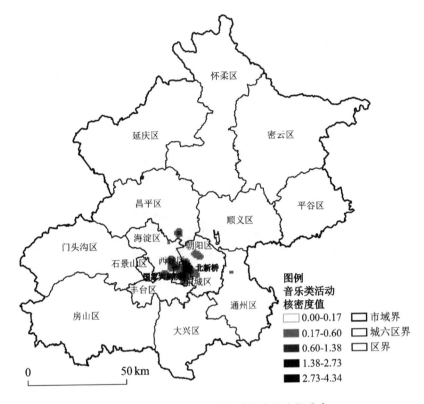

图2-31　北京市音乐类活动核密度空间分布

定门街道、交道口街道、北新桥街道、西长安街街道、东华门街道为主要集中区域。

　　重点对中心城六区音乐类活动的核密度分布进行了分析。通过观察发现，音乐类活动多分布在二环以内的城区，核密度高值区以国家大剧院和北新桥为核心。二环至四环之间有一些核心小组团零星分布，四环外分布很少。其中，该类活动主要集中于交道口街道、安定门街道，其次是西长安街街道、东华门街道。整体的数量不多，其各区的分布格局是东城区以交道口街道为中心，西城区以西长安街街道为中心，海淀区以海淀街道为中心而发散分布，整体分布范围不广（图2-32）。

　　8. 运动类

　　体育运动不仅是强身健体的工具，更对培养强健活跃的头脑至关重

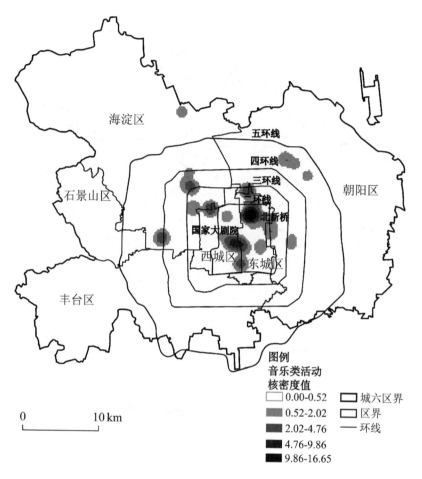

图 2 - 32　北京城六区音乐类活动核密度空间分布

要。体育锻炼和体育运动是促进青少年全面发展的重要方式，参加体育运动有利于发展自我意识，学会管理情绪和他人交往，从而塑造健全的人格。同时，规律性的体育锻炼和体育运动在健康长寿和疾病治疗中有重要作用。所以，党和国家大力提倡人民运动并支持运动类活动的举办。由北京市运动类活动核密度分布图，分析北京市关于运动类活动的举办情况，通过图 2 - 33 可以看出，运动类活动主要分布于中心城区，以奥林匹克公园为中心向外扩散，特别是亚运村街道、奥运村街道、小关街道、安贞街道、和平街街道及和平里街道附近。因为运动类活动的举办需要很大开阔

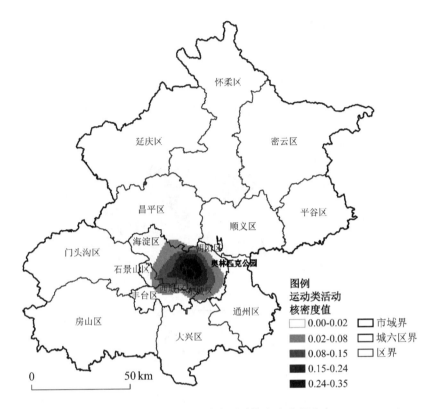

图 2 - 33 北京市运动类活动核密度空间分布

的空间，且要保证交通便利和一定的人口密度，这样才能使更多的人参与
到运动类活动中。

通过观察中心城六区运动类活动核密度分布图可以分析得出，北京
市中心城区的运动类活动整体分布较分散，多分布在东城区、朝阳区西
部和海淀区东部，主要集中在东三环至五环、北三环至五环之间的区域，
奥林匹克公园、五棵松周边是较为密集的分布区域。整体运动类活动不
多，其主要集中分布于亚运村街道、小关街道、和平街街道和万寿路街
道（图 2 - 34）。

9. 展览类

展览会是指公开陈列美术作品、摄影作品的原件或者复制件的活动。
展览会既是信息、通信和娱乐的综合，也是唯一能在面对面沟通中充分

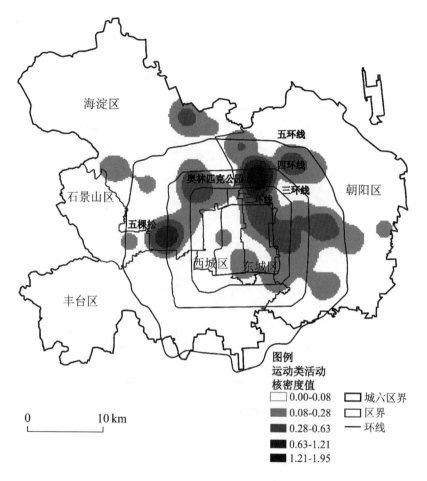

图 2 - 34　北京城六区运动类活动核密度空间分布

挖掘五官感觉的营销媒介。尽管 20 世纪出现高速的电子通信方式，但展览会作为临时的市场，仍然是最专业、有效的销售工具。通过北京市展览活动类核密度分布图可以看到，北京市的展览类活动主要分布于市中心区域，故宫周边区域的核密度值高，景山街道、东华门街道、什刹海街道分布最为密集。展览会的主要开展区域大多为人口密度大、经济产业充实、文化气息浓厚、交通便利的地方，目的是保证展览类活动的质量与效果（图 2 - 35）。

重点分析北京市中心城六区展览类活动的分布情况，通过观察中心城

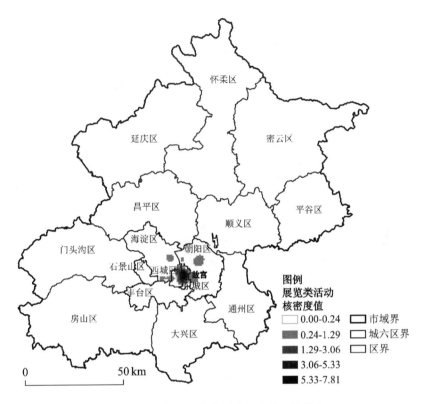

图 2 - 35 北京市展览类活动核密度空间分布

区展览类活动核密度分布图可以知道，展览类活动整体数量不多，大多分布在东城区，故宫和人民大会堂周边区域的核密度值较高。主要集中分布于景山街道、东华门街道，其次是什刹海街道。分布格局较分散，仅有东城区内的小范围分布相对密集，其他均无密集的分布区域（图 2 - 36）。

二 文化活动发展策略

北京的文化活动在居民生活中占的比重越来越大，这是因为居民的日常精神文化需求随着生活水平的提高也在逐渐高涨。因此，北京的文化活动在未来必然会经常推陈出新，提升文化内涵的表征，加强与科技的融合，实现文化继承与创新，迎合新兴时代的潮流文化，但同时也需要融合北京地域传统文化，以免失去人文底蕴。

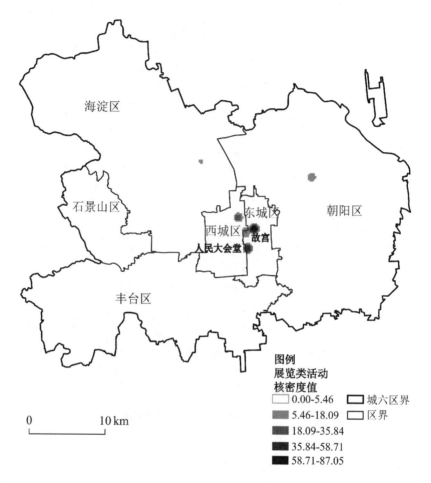

图 2－36　北京城六区展览类活动核密度空间分布

首先，是要从多样性的角度分析文化活动的发展策略。文化活动是文化活力最直接的体现，因为它可以反映参与人数的多少、参与人的投入程度、情绪高低以及主观感知评价，因而打造创新的文化活动是对文化活力提升最显性的表征。一是应该丰富文化活动举办场地的多样性，正如雅各布斯在其经典著作中提到的那样，城市活力的关键之一是要具有多样的城市功能。因此，引渡到城市文化活力，可以认为丰富的文化活动是实现文化活力提升的重要路径，如在某一个区域中，文化活动可以以多种形式展现，包括在社区里的地下空间、小广场、小花园和社区间的广场、公园等开敞空间；大型商业综合体、商圈、餐饮一条街等都可以嵌入文化活动，如北京望京商圈、双井商圈、中关村商圈经常开设多样的文化活动。二是应该丰富文化活动类型的多样性。在同一个场合或空间中，可以增设多样的文化活动，如北京目前很多社区中，都是以中老年群体为主的唱歌、跳舞、绘画、书法等文化、体育和娱乐活动，年龄群体覆盖有限导致文化活动种类长期匮乏，应该将社区中的中青年人鼓动起来，在某一个空间定期开展如读书交流活动、观影活动以及其他带有一定娱乐性质的文化活动，增强对年轻群体的吸引力，让更多人在社区就能享受适合自己的文化活动，如此便可丰富文化活动类型的多样性，提高文化活力的丰富度，让整个社区充满文化气息。

其次，是从技术创新的角度分析文化活动的发展策略。在如今5G等通信手段不断提高的背景下，应抓住这一契机大量开展线上文化活动，创新文化活动形式，每一次吸引人的文化活动供给都会对文化活力有促进作用，如开展远程文化课堂、让大家足不出户就能在线上参与文化活动，不再受到地域、时间的严格限制，让每个居民在家中就能充分享受文化活动。尤其是对于老年人和残疾人来说，可以更加方便地参与到文化活动中，进一步提升文化的传播、影响力以及活力。然而，在文化活动创新之时，要保持传统文化不能丢，文化活动推陈出新是指表达形式、成果的创新，而在内容方面，不能因为新兴潮流文化吸引了足够多的群体就忽略传统文化的嵌入。目前的文化活动大多是新技术与传统文化的融合，未来需要传统与新兴文化进行内容上的融合，如开展书法活动，可以将传统的语句、诗词与如今人们的口头禅、流行语有机融合，鼓励人们在书法活动中将传统与现代文化要素整合。应该说，北京的文化活动虽然十分丰富，但是在社区文化活动、文化活动新老内容融合方面还有待提高。

第五节　北京文化设施

一　文化设施现状

文化设施是指举办各种文化活动的建筑场所，承担着满足社会文化需求、服务经济发展、推动区域建设的重要职责。

（一）文化设施发展概况

1. 博物馆

通过查询北京市文物局相关数据资料可知，北京的博物馆数量呈现稳步上升趋势，2008 年至 2021 年由 148 个增加到 204 个，北京市的博物馆文物藏品总数达 1929 万件，博物馆整体的发展态势良好（图 2 - 37）。截至 2022 年底，在北京市文物局履行备案手续的博物馆增至 215 家。2008 年北京市人均博物馆拥有量为每 11.4 万人就拥有一座博物馆，而 2019 年这个数字为 11.8 万，这是由于常住人口的数量上涨相较于博物馆数量增加更快，人均博物馆拥有量才有所下降。根据 AECOM 联合主题娱乐协会 TEA 共同发布的《2020 全球主题公园和博物馆报告》显示，北京拥有两个排名全球前 20 的博物馆，即中国国家博物馆和中国科学技术馆，分别排名第 2 和 18 位。北京的博物馆主要分布在以东、西城为主的主城区，海淀作为教育大区，博物馆的数量同样可观，郊区的博物馆数量相对较少。且从空间上看，北京博物馆的数量北多南少；在北京文物局网站系统内，最南端的大兴区没有博物馆。根据国家文物局公布的数据显示，北京市博物馆总参观人次也呈现逐年上涨的趋势，在 2011 年至 2017 年期间略有起伏，2019 年北京市的博物馆全年参观总人数达到了 2530 万人次。2020 年受疫情影响，全年参观总人数仅 562.9 万人次。2021 年情况好转，参观总人数回升至 1019 万人次。截至 2021 年，北京市博物馆有 204 个，其中免费开放的

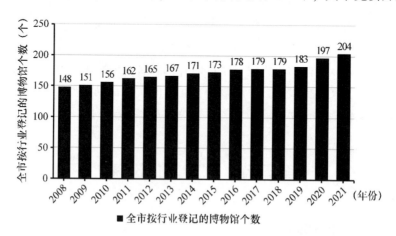

图 2 - 37　北京按行业登记的博物馆个数（2008—2021 年）

数据来源：《2022 年北京统计年鉴》博物馆情况（1982—2021 年）。

有 94 个（数据来源：《2022 年北京统计年鉴》《2020 全球主题公园和博物馆报告》《北京市 2021 年国民经济和社会发展统计公报》）。

2. 图书馆

根据国家图书馆的数据可知，北京近几年公共图书馆的数量保持在 25 个左右，2021 年北京有公共图书馆 21 个，相较于其他城市数量较少。近年来，图书馆藏书数量不断增加，但是书刊文献外借人次波动较大，一直处于上下浮动趋势，2016 年达到 549 万人次，2020 年受疫情影响，书刊文献外借人次仅 88 万人次，2021 年有所回升，至 171 万人次。2021 年的数据显示，北京市自 2009 年以来，公共图书馆总流通人数呈现上升趋势（图 2 - 38），各区的公共图书馆流通人次（图 2 - 39）差距大，其中海淀区与朝阳区流通人次最多，主要集中在城区，与各区人口密度成正比。根据《2022 年北京统计年鉴》数据可知，北京 2021 年图书馆总藏书量达 7548 万册，总建筑面积为 62.1 万平方米。北京市公共图书馆资源存在空间分布不均、部分市辖区的图书馆藏书量少、环境条件较差的问题。由《北京市 2021 年国民经济和社会发展统计公报》可知，2021 年末北京市域内共有公共图书馆 24 个，总藏量 7308 万册；档案馆 18 个，馆藏案卷 1007.9 万卷件（数据来源：《2022 年北京统计年鉴》《北京市 2021 年国民经济和社会发展统计公报》）。

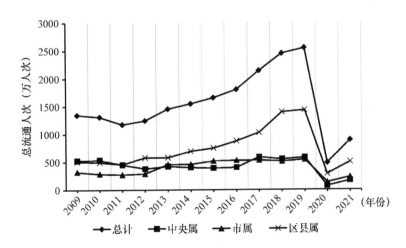

图 2 - 38　北京公共图书馆总流通人次（2009—2021 年）

数据来源：《2010—2022 年北京统计年鉴》公共图书馆情况。

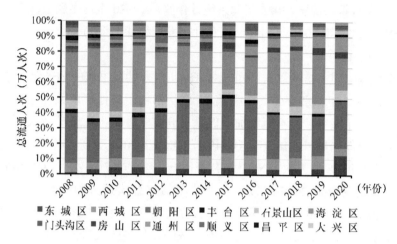

图 2 - 39　　北京市各区县公共图书馆流通人次占比情况（2008—2020 年）

数据来源：《2009—2022 年北京区域统计年鉴》公共图书馆情况。

3. 群众艺术馆、文化馆和文化站

2021 年，北京的群众艺术馆、文化馆、文化站个数为 356 个，从业人员自 2010 年以来一直呈现上升态势，至 2021 年从业人数已达 4233 人。2019 年，这些文化设施共举办展览 1826 个，组织文艺活动共计 47132 次。2020 年受疫情影响，举办组织的展览数和文艺活动数有所下降。2021 年共举办展览 1456 个，组织文艺活动共计 26925 次。截至 2021 年，北京市全域范围内群众艺术馆、文化馆共计 19 个。由表 2 - 6 可见，北京市文化场馆设施举办和组织的文化娱乐活动和文艺活动数量逐年增加，这在一定程度上丰富了北京居民的休闲娱乐文化生活（数据来源：《2022 年北京统计年鉴》《北京市 2021 年国民经济和社会发展统计公报》）。

表 2 - 6　　　　　　　　北京市群众艺术馆、文化馆和文化站情况

年份	2010	2011	2012	2013	2014	2015	2016	2017	2018	2019	2020	2021
个数（个）	337	340	343	346	346	349	352	350	350	354	356	356
从业人员（人）	2359	2440	2321	2549	2500	2602	2748	2763	3134	3437	3692	4233

续表

年份	2010	2011	2012	2013	2014	2015	2016	2017	2018	2019	2020	2021
举办展览个数（个）	2135	1692	2144	2200	1804	1992	2017	1955	1875	1826	1350	1456
组织文艺活动（次）	24237	23972	29076	29787	26297	27175	30725	33083	44864	47132	27418	26925

资料来源：《2011—2022 年北京统计年鉴》群众艺术馆、文化馆和文化站情况。

4. 档案馆

截至 2021 年，北京市的档案馆个数为 18 个，总建筑面积为 210076 平方米，馆内档案数共计 1049.5 万卷件，利用档案资料人数达 13.83 万人次。档案馆馆藏档案类型主要包括：录音、录像、影片档案、照片档案、电子档案、磁盘、光盘、缩微胶片、平片、开窗卡、卷片。根据统计数据显示（图 2 - 40），北京市年利用档案人次有所下降，档案馆网站来访 IP 次数近年有所增加，2018 年访问 IP 数达 155.4 万次（数据来源：《2022 年北京统计年鉴》）。

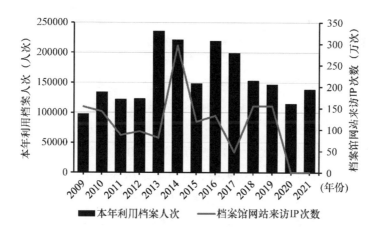

图 2 - 40　北京市本年利用档案人次与档案馆网站来访 IP 次数
（2009—2021 年）

数据来源：《2010—2022 年北京统计年鉴》档案事业基本情况；北京市档案信息网 2009—2014 年度北京市各级各类国家档案馆基本情况。

5. 电影院

电影产业属于科技含量高、附加值高、资源消耗少、环境污染小的文化产业，发展电影业对于满足人民群众的精神文化需求、经济社会协调发展、扩大中华文化国际竞争力和影响力有着重要影响，同时对增强国家文化软实力有重要意义。一个城市电影产业的发展与其文化和经济的发展有着密不可分的联系，通过查询《2022 年北京统计年鉴》与北京市电影局相关统计资料可知，北京市电影产业发展态势良好。根据表 2 - 7 可知，截至2021 年底，北京市一共拥有 281 家影院，2052 块荧幕。从 2010 年至 2021年，北京市电影院数量和银幕数均增长了 2 倍到 3 倍，电影院规模的扩大为北京市民提供了良好的观影条件，同时也促进了北京市电影产业的发展（数据来源：《2022 年北京统计年鉴》）。

表 2 - 7　　　　　　　　　　北京市影院数量与屏幕块数

年份	2010	2011	2012	2013	2014	2015	2016	2017	2018	2019	2020	2021
影院（个）	102	118	135	150	169	182	207	209	238	256	266	281
银幕数（块）	—	617	726	820	963	1050	1273	1420	1675	1836	1916	2052

资料来源：《2011—2022 年北京统计年鉴》电影放映单位情况。

由图 2 - 41 可知，虽然近些年电影的放映场次逐年递增，但是观影人次略有下降，总体呈上升趋势，2019 年全年观影人次达到 7634.1 万人次，人均观影次数为 3.54 次。2020 年受疫情影响，电影观影人次和放映场次大幅下降，全年观影人次仅 2117.5 万人次。2021 年逐步恢复，全年观影人次达到 4224.3 万人次。2019 年北京电影票房收入达 36.1 亿元人民币，相较于 2009 年的 8.2 亿元，增加了 4.4 倍。2020 年票房收入仅 10.3 亿元，2021 年回升至 22.3 亿元，电影市场正在逐步恢复之前的景象。2020 年全年生产电影 185 部，北京地区 29 条院线 266 家影院，共放映电影 146 万场，观众 2117.1 万人次，票房收入 10.3 亿元。2021 年全年生产电影 186部，北京地区 30 条院线 281 家影院，共放映电影 335.4 万场，观众 4224.4万人次，票房收入 22.3 亿元（图 2 - 42）。近年来，中国电影高速发展主要表现在影院与银幕数量、票房与观影人次增长相较平缓。由此可见，北

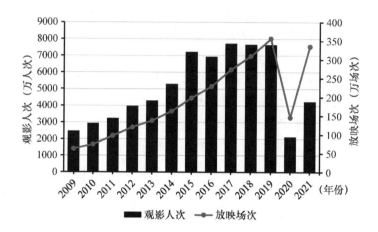

图 2－41　北京市电影放映场次与观影人次（2009—2021 年）

数据来源：《2022 年北京统计年鉴》电影、电视、广播电台情况（1978—2021 年）。

京市电影行业需求增长缓慢，尽管电影院逐年增加，但电影的受众群体并未有大幅度的增长，对于电影的需求量趋于平稳（数据来源：《2022 年北京统计年鉴》《北京市 2021 年国民经济和社会发展统计公报》）。

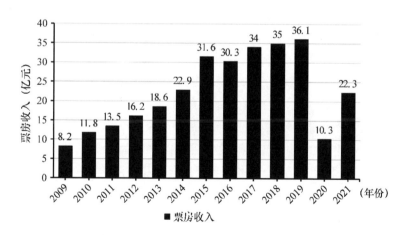

图 2－42　北京市电影票房收入（2009—2021 年）

数据来源：《2022 年北京统计年鉴》电影、电视、广播电台情况（1978—2021 年）。

6. 文化娱乐设施

文化设施是产生文化活力的重要场所，顾客需要前来现场体验、参与，领略文化的底蕴、体验文化活动。正是有了人，文化设施才具有了灵气，才对邻近区域的生机活力做出贡献，特别是文化层面的活力。文化娱乐设施具有较高的消费层次要求，它往往紧跟新兴文化潮流，能够吸引大量的青年群体享受文化，创造更多的文化活力。接下来从文化娱乐设施的空间分布探究北京文化设施的建设进展。

文化娱乐设施兼具文化和娱乐功能，是城市休闲生活的重要场所，对于城市活力具有促进作用，而文化特别是新潮文化占很大比重，在如今文化娱乐种类日益丰富、产业日益发达的背景下，其所创造出的文化娱乐活力越发值得重视，研究文化娱乐设施的现状分布及其影响因素有助于文化娱乐活力发展。随着文化娱乐业迅速发展，文化娱乐消费成为居民生活消费的重要内容，文化娱乐设施布局和空间聚集水平成为衡量居民生活质量和社会经济发展水平的重要标志（张波、王兴中，2007；McCarthy，2002）。由于生活、工作压力逐步增大，人们迫切需要进行文化娱乐活动，以满足精神文化的享受需求，美国每年在文化娱乐方面的花费达到 2800 亿美元，全球的文化娱乐消费超过万亿美元，而生产和财富的增长进一步"解放"出人们对"娱乐"的社会需求和向往（Eugene，1995；Jean，1998）。文化娱乐消费不仅受制于社会经济的发展，而且与社会氛围相互影响（Kooijman，2002；Teschke 等，2005）。作为城市的一项重要职能和城市空间结构的重要组成部分，文化娱乐设施的空间布局，不仅关系到城市的空间结构，甚至影响到城市功能的实现乃至复苏（Gratz、Mintz，1996）。因此，文化娱乐设施如何合理布局，已经成为地理学者、城市规划学者和政府部门都比较关心的社会问题。

文化娱乐业自 20 世纪 90 年代中后期以来成为学界的热门研究领域（浩飞龙、王士君，2016）。许多学者从社会学和经济学视角关注文化娱乐产业的概念（Scott，2004）、发展及治理（Pratt，2010）等内容，地理学领域倾向于从文化娱乐产业在城市的空间分布特征及其演化规律、空间分布（区位布局选址）的影响因素两大方面对文化娱乐产业进行微观层面上的剖析（何丹等，2017；赵诗童、张文新，2020；翟秀娟等，2017；Ryder，2004；周尚意等，2006；薛东前等，2011；薛东前等，2014），研究尺度通常局限于一个地市或者城市的主城区，研究结论对城市文化娱乐产业的详细规划、微区位选址、城市功能开发提供了参考价值。在分析文化娱乐产业的空间分布及其演变特征时，基于 GIS 的多种空间分析及可视化工具应用较广，为直观体现相关结论提供了便利。黄丽和周佳（2019）发现上海的咖啡馆形成了一主多副的空间结构，在其主城区聚集效应最为显著，且不同类型的咖啡馆其空间集聚特征有所不同。贾晓婷等（2019）发现乌鲁木齐的文化设施多分布于科教文化基地或多民族混居区，成为文化交流的重要热点地区。杨晓俊等（2018）发现西安市的电影院从 2011 年到 2016 年集聚特征发生了显著的变化，从老城区逐渐向郊区的新城扩张，最终在新城形成了新的热点集聚区。在分析文化娱乐产业空间分布的影响因素方面，除了考虑传统的交通区位、土地租赁价格外，城市社会文化环境以及居民对文化享受的需求受到更多关注。赵宏波等（2018）发现居民的文化消费习惯、文化水平、所住地区文化生活氛围等对不同类型的文化设施分布产生了重要影响。此外，城市社会空间以及融合了文化的商业综合体的空间演变都对电影院的分布格局产生影响（杨晓俊等，2018）。薛东前等（2014）发现了传统的文化旅游区、历史文化资源富集地所形成的文化底蕴浓厚的区域，往往有更密集的文化娱乐设施。有学者通过其他要素的空间分布与文化娱乐设施的空间分布叠合，进而解析后者空间分布所受的影响（翟秀娟等，2017）。还有学者构建模型，纳入多个社会经济、交通区位、文化氛围等因素，全面地分析某类文化娱乐设施的空间分布，如黄丽和周佳（2019）发现就业人口和路网密度对咖啡馆的分布有正向促进作用，高等院校对独立咖啡馆的集聚分布具有更显著的影响。但是，对于整体文化娱乐设施的空间布局所受的影响，还缺乏多指标定量分析。

北京作为全国文化中心，文化娱乐产业的布局规划对于其创建全国文化中心具有重要意义。因此，需要分析北京市文化娱乐设施的空间异质性分布，并且结合多个社会经济等影响因素剖析其产生异质性分布格局的原因，为文化娱乐设施更加合理地布局规划、激发区域文化活力、高效开发利用北京地方文化资源、优化城市文化空间品质、提升城市文化活力特别是激发文化创新创造活力提供参考。本部分将利用文化娱乐设施的 POI 数据，构建从空间分布特征到其形成原因的研究框架：基于精细的格网尺度，对不同类型的北京文化娱乐设施的集聚程度、热点区和集聚分布区等特征进行空间分析；引入空间回归模型，选取区域建成环境、社会经济、文化及教育发展等指标，探析影响北京市文化娱乐设施空间分布的主要因素。

（1）北京文化娱乐设施的分类

依据国家统计局颁布的《文化及相关产业分类》（2018 年）和薛东前（2014）等学者的研究以及北京设施分布实际情况，将文化娱乐业划分为 8 类：电影院歌剧院、歌舞厅、酒吧、咖啡馆、茶吧、网吧、休闲健身场所、公园游乐园。文化娱乐设施采用 2018 年百度 POI 数据，从功能、管理和空间属性对数据分类筛选，最后得到市域有效 POI 共 15198 个。城六区合计 10904 个，占市域总数的 71.75%。其中，休闲健身场所数量最多，其次是咖啡馆（表 2 - 8）。

表 2 - 8　　　　　　　　2018 年北京市文化娱乐设施数量与结构

设施类型	城六区数量（个）	城六区比例（%）	市域数量（个）	市域比例（%）
电影院剧院	296	2.71	360	2.37
歌舞厅	337	3.09	524	3.45
酒吧	690	6.33	784	5.16
咖啡馆	2156	19.77	2479	16.31
茶吧	973	8.92	1250	8.22
网吧	518	4.75	838	5.51
休闲健身场所	5229	47.95	7711	50.74
公园游乐园	705	6.47	1252	8.24
总计	10904	99.99	15198	100

注：第一列比例总计为 99.99%，因对该列数值进行了四舍五入，保留两位小数，此为统计正常现象。

各行政区文化娱乐设施 POI 分布情况如表 2 - 9 所示。朝阳区设施数量（4348 个，占比为 28.61%）最多，其次是海淀（2679 个，占比为 17.63%），再其次是东城（1294 个，占比为 8.51%）、西城（1158 个，占比为 7.62%）、丰台（1085 个，占比为 7.14%）和昌平（988 个，占比为 6.50%）。

表 2－9　　　　　2018 年北京市各行政区文化娱乐设施的数量与结构

行政区	电影院剧院	歌舞厅	酒吧	咖啡馆	茶吧	网吧	休闲健身场所	公园游乐园	合计（个）	比例（%）
东城	50	34	139	328	120	40	543	40	1294	8.51
西城	61	42	100	235	176	48	441	55	1158	7.62
朝阳	98	127	331	987	277	166	2040	322	4348	28.61
丰台	28	47	20	93	98	89	604	106	1085	7.14
石景山	8	13	5	24	30	28	189	43	340	2.24
海淀	51	74	95	489	272	147	1412	139	2679	17.63
城六区	296	337	690	2156	973	518	5229	705	10904	71.75
房山	7	17	11	18	29	27	217	66	392	2.58
通州	12	17	10	59	45	71	404	66	684	4.50
顺义	3	22	17	43	29	25	300	47	486	3.20
昌平	11	37	27	81	53	70	640	69	988	6.50
大兴	11	25	8	55	41	73	346	87	646	4.25
门头沟	6	16	2	2	8	6	53	27	120	0.79
怀柔	3	15	9	23	25	12	217	50	354	2.33
平谷	2	22	1	10	17	13	80	39	184	1.21
密云	5	12	7	19	20	9	144	60	276	1.82
延庆	4	4	2	13	10	14	81	36	164	1.08
市域	360	524	784	2479	1250	838	7711	1252	15198	100

（2）研究方法

以北京市域和城六区范围分别创建 1000m × 1000m 和 500m × 500m 格网，将八类 POI 分别与格网进行空间连接，得到单个格网 POI 数。对八类 POI 采用格网叠加，综合运用核密度、辛普森指数、空间点模式分析、最近邻层次聚类分析等方法研究北京文化娱乐设施的空间分布、热点识别及影响因素。

①核密度分析

核密度估计常用于估算地理要素空间密度分布（严朝霞等，2017），本部分用来分析北京文化娱乐设施空间分布。假设 x_1，x_2，$\cdots$，x_n 是从空间地理要素总体 X 中抽出的独立同分布样本，X 的密度函数 P_n 的核密度估

计公式为:

$$p_n(x_i) = \frac{1}{nh_n} \sum_{j=1}^{n} K\left(\frac{x_i - x_j}{h_n}\right) \qquad (式3-1)$$

式3-1中, n 表示样本个数, $K\left(\dfrac{x_i - x_j}{h_n}\right)$ 为核函数, h_n 代表平滑参数。

②辛普森指数

本部分用生物学领域中的辛普森指数来研究城市文化娱乐消费的多样性。辛普森指数在生物学领域常用于判断群落物种多样性,是指随机取样的两个个体属于不同种的概率(马淑琴等,2017)。假设消费类型总数为 n,一个地理区域中所有类型总数为 N,文化娱乐消费多样性 D 的计算公式为:

$$D = 1 - \sum_{i=0}^{n} (N_i/N)^2 \qquad (式3-2)$$

式3-2中, N_i 表示一个地理区域中第 i 种文化娱乐消费类型数量, D 取值范围为0-1。 D 值越大,代表文化娱乐消费多样性越高;反之越低。

③空间点模式分析

空间点模式分析方法分为两类,一类是以聚集性为基础的基于密度的方法,主要有样方计数法和核函数方法;一类是以分散性为基础的基于距离的技术,主要有最近邻指数法、G 函数、F 函数、K 函数和 L 函数。

最近邻指数法通过计算每个要素与其近邻要素的平均距离,如果其小于假设随机分布平均距离,则样本在全局上表现为集聚;反之则为分散;等于则为随机状态(赖长强、巫细波,2019)。最近邻比率用 R 表示,R = 1、R <1 和 R >1 时分别表示设施点随机、集聚和分散分布;R = 2.1491 时表示均匀分布(黄丽、周佳,2019)。

点状地物分布模式会随着空间尺度而发生变化,Ripley's K 函数可分析任意尺度上点要素空间分布,在 K 函数基础上构造 L 函数,相当于 K 函数减去期望的结果,更易比较与完全随机模式的差异。

$$L(r) = \sqrt{\frac{K(r)}{\pi}} - r \qquad (式3-3)$$

式3-3中,在完全随机模式里 $L(r) = 0$ 即 $L(csr)$ 函数,表示随机分布; $L(r) > 0$ 和 $L(r) < 0$ 时分别说明点为聚集和均匀分布。采用不同水平 Monte-Carlo 方法求得 $L(r)$ 的置信区间(苏世亮等,2019)。

最近邻层次聚类方法可探测点要素在空间上不同等级热点聚类区，使聚类区可更微观地表达。首先定义一个聚集单元极限距离或阈值，当某一点与其他点距离小于该极限距离时，该点被归入聚集单元，据此将原始点聚类为若干区域，称为一阶热点区；依此类推可得到二阶和更高阶热点区（贾晓婷等，2019）。

（3）城市文化娱乐设施空间格局

①文化娱乐多样性格局

《北京市推进全国文化中心建设中长期规划（2019年—2035年）》提出，要突出中轴线和长安街两轴的骨架作用，以凸显北京历史文化整体价值，塑造城市特色风貌。中轴线北延线着重强化奥林匹克中心区国际交往、国家体育文化功能，提升国际影响力。中轴线南延线以中轴——南苑、大红门区域为核心，将南五环区域打造成国家文化、国际交往功能区，建设城市南部国际交往新门户。在长安街主轴线，以天安门广场、中南海地区为重点，优化中央政务环境，高水平保障中央党政军领导机关工作和重大国事外交活动举办；以北京商务中心区、使馆区为重点，提升文化、国际交往功能；建设延伸至北京城市副中心的景观大道，提升城市东部地区综合功能和环境品质。

在市域和城六区格网基础上，利用辛普森指数计算文化娱乐POI多样性并制图。图2-43显现出市域整体文化娱乐多样性在城区最丰富，由中心向四周随与市区距离增大而减小。而远郊多样性较高区均为该区的区政府所在地，如大兴黄村。

而从图2-44可知，四环内及长安街沿线（地铁1号线）和中轴线附近多样性较高，表明交通通达性和城市历史文化轴线有利于文化娱乐多样性增加。需要指出的是，城市中心故宫附近文化娱乐多样性较低，这是保护名胜古迹及传统文化建筑的特殊需要。目前看来，奥林匹克中心区、长安街延伸至北京城市副中心的沿线地区的文化娱乐多样性较高，符合规划的发展方向；而中轴线南延线以中轴——南苑、大红门区域为核心的南五环区域，文化娱乐多样性较低，文化建设进程缓慢，这也凸显出北京文化娱乐多样性在南、北城差异较大的特征。

②单类文化娱乐设施核密度分布

对八类设施POI采用格网叠加进行单类型功能分析，分别得出各类设

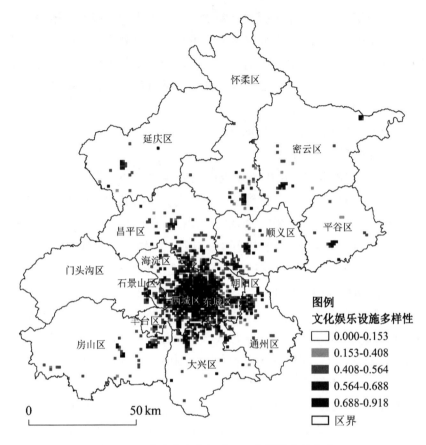

图 2 -43　北京市文化娱乐 POI 多样性空间分布

　　施在北京市域和城六区的数量分布图。在市域尺度上，八类设施总体集聚
分布在中心城区尤其是核心区，从中心向外围递减。核心区是全国政治、
文化和国际交往中心的核心承载区，是历史文化名城保护的重点地区，是
展示国家首都形象的重要窗口地区。休闲健身场所的数量超过市域总设施
的一半，且分布最广；其次，数量较多的是咖啡馆，聚集度高的区域最为
集中；茶吧与公园游乐园的数量相当，但茶吧聚集度却远高于公园游乐园
（图 2 -45）。因休闲健身场所、公园游乐园是公益性质的场所，更多地是
由政府规划布局，为满足周边居民日常休闲需求而配置，更多考虑的是均
衡原则。而咖啡馆、茶吧等是营利性质的场所，主要由市场需求行为而布
局，大多聚集于人口密集、交通便利、商业发达、社会经济活跃的区域。

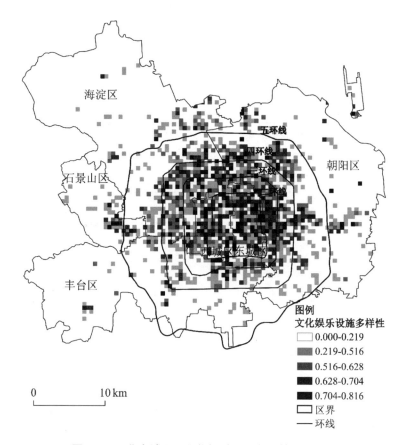

图 2-44 北京城六区文化娱乐 POI 多样性空间分布

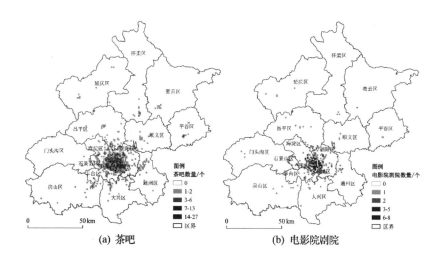

(a) 茶吧　　　　　　　　　　　(b) 电影院剧院

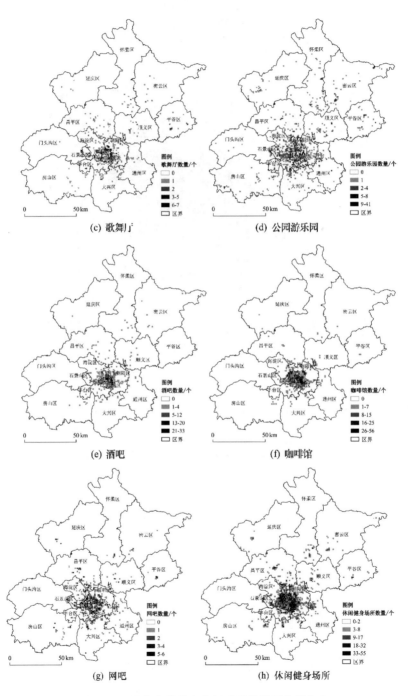

图 2—45　北京市单类文化娱乐设施数量空间分布

　　在城六区尺度上，设施分布凸显出聚集密度高值区集中在四环内（下称为密集区），但各类设施密度较大值出现区位不同。歌舞厅、网吧在密集区分布较均匀且分散，歌舞厅在密集区东北聚集密度较高，而网吧聚集密度较高的点零散分布；电影院剧院密集区集中在东城区和西城区，公园游乐园密集区不明显；酒吧聚集密度较高区和咖啡馆重叠，均在密集区中心及东部，但咖啡馆还包括西北部；健身场所聚集密度较高区在密集区西北部和东部，与中关村和北京商务中心区（CBD）商圈相吻合（图 2-46）。

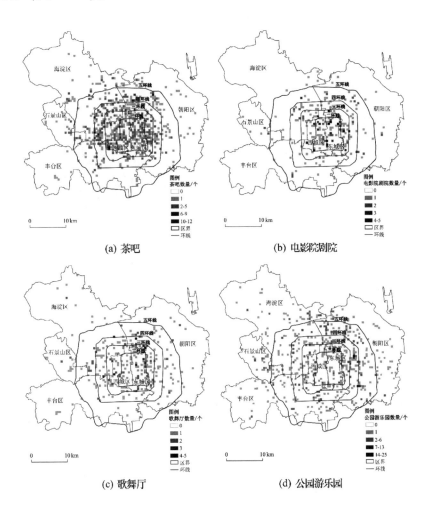

(a) 茶吧　　　　　　　　　　　　(b) 电影院剧院

(c) 歌舞厅　　　　　　　　　　　(d) 公园游乐园

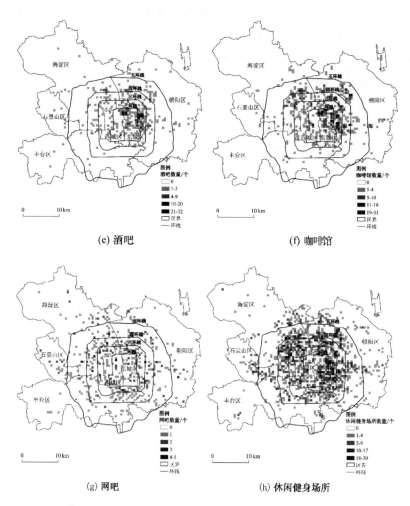

(e) 酒吧　　　　　　　　(f) 咖啡馆

(g) 网吧　　　　　　　　(h) 休闲健身场所

图2-46　北京城六区单类文化娱乐设施数量空间分布

（4）文化娱乐设施空间热点格局

①热点在四环外沿主要交通线分布

北京市"十三五"时期加强全国文化中心建设规划提出，形成"两轴、两核、三带、多点"的历史文化名城保护格局。"两轴"指进一步提升北京城市传统中轴线（南北轴线）和长安街沿线（东西轴线）在统领城市空间发展格局上的重要地位；"两核"指进一步强化以老城、三山五园两大历史文化资源富集区为核心的文化名城建设；"三带"指加强对北部长城文化带、东部运河文化带、西部永定河—西山—大房山文化带等跨区域历史文化资源的系统梳理和有机整合；"多点"指发掘和弘扬其他具有北京地域文化特色的优秀历史文化遗产的价值，包括古城、古镇和传统村落、考古遗址公园及其他重要文化景观、国家级代表性非物质文化遗产项目等。

2017 年，经中共中央、国务院批复后发布的《北京城市总体规划(2016 年—2035 年)》提出"构建全覆盖、更完善的历史文化名城保护体系"，以更开阔的视角不断挖掘历史文化内涵，扩大保护对象，构建四个层次、两大重点区域、三条文化带、九个方面的历史文化名城保护体系。做到在保护中发展，在发展中保护，让历史文化名城保护成果惠及更多民众。具体是指加强老城、中心城区、市域和京津冀四个空间层次的历史文化名城保护、加强老城和三山五园地区两大重点区域的整体保护，推进大运河文化带、长城文化带、西山永定河文化带的保护利用，加强世界遗产和文物、历史建筑和工业遗产、历史文化街区和特色地区、名镇名村和传统村落、风景名胜区、历史河湖水系和水文化遗产、山水格局和城址遗存、古树名木、非物质文化遗产九个方面的文化遗产保护传承与合理利用。

北京文化娱乐设施在中心城区高度集中，从市中心呈圈层结构向外递减，在五环外的各方向均递减，但沿主要交通线呈线状热点分布。设施数量从市中心向周边减弱，但在四环外存在部分区域的值比周围区域高，这些区域均具有产业、人流量密集等特点，如什刹海、国贸 CBD、五道口、望京等（图 2 -47）。从文化娱乐设施分布来看，两轴、两核、三带区域的设施数量较密集，多点的格局也正在形成。

从中心城区来看，文化娱乐设施数量高值集聚区位于朝阳区的东部、东城区和海淀区的东南部。什刹海、国贸 CBD 地区的设施分布尤为密集。整体来看，设施集中分布在四环线以内及北五环区域，五环以外的分布数量明显减少（图 2 -48）。

②热点在城东和郊区政府所在地较多

北京市"十三五"时期加强全国文化中心建设规划提出，促进文化资源合理流动和配置，重点支持远郊区和大型新建社区的公共文化基础设施建设，推动文化建设均衡发展，使公共文化服务均等化、标准化水平始终

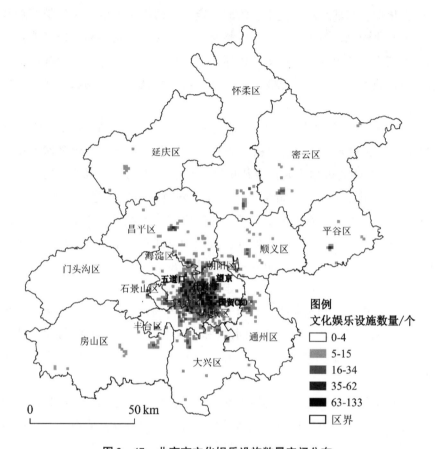

图 2 – 47　北京市文化娱乐设施数量空间分布

居于全国领先地位。"十三五"期间北京市文化创意产业重大项目规划建设国家文化产业创新实验区，建设内容是以"北京商务中心区（CBD）——定福庄"一带 78 平方千米为核心承载空间，以文化产业改革探索区、文化经济政策先行区和产业融合发展示范区为建设目标，力争成为我国文化创新与文化产业政策先行先试的桥头堡和试验田。

从图 2 – 49 可知，文化娱乐设施热点主要分布在中心城区，朝阳区的国贸 CBD 地区核密度值最高。而郊区仅在区政府所在地较多，城市副中心所在的通州也有热点分布。

从图 2 – 50 可知，设施在城区主要分布在五环内，东二环和东三环之间的 CBD 区域数量最多，核密度值最高。其次是什刹海、王府井，然后是

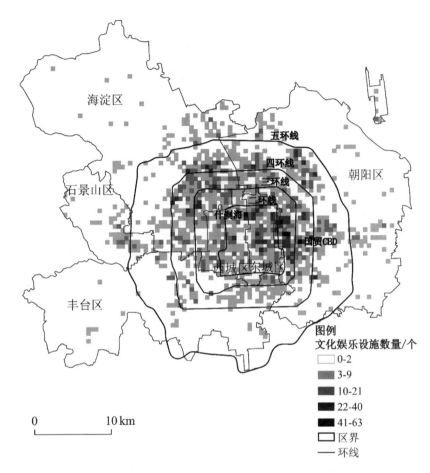

图2-48　北京城六区文化娱乐设施数量空间分布

中关村、亚奥和望京地区。目前来看，文化娱乐设施热点现状分布基本与规划的重点区域相符合。

（5）城六区设施整体集聚特征

通过最近邻指数分析，据最近邻比率值都小于1判断，各类设施均属于集聚分布，同时P值均为0，通过显著性检验。将该值分为四类：非常强烈集聚（0，0.25）；强烈集聚（0.25，0.5）；比较强烈集聚（0.5，0.75）；普通集聚（0.75，1），即各类设施集聚特征都在强烈和比较强烈的集聚范围内。从城六区所有设施看，整体上属于强烈的集聚分布特征。

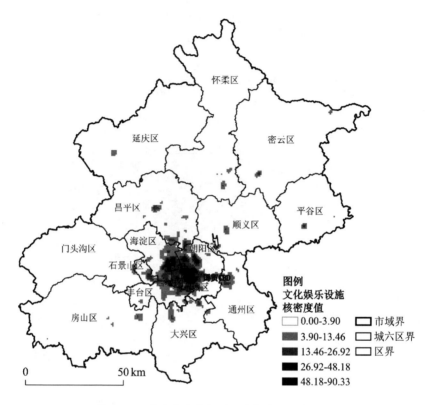

图 2 - 49　北京市文化娱乐设施核密度空间分布

从最近邻比率值可知，休闲健身场所和咖啡馆数值较小，偏爱组团分布，共同利用同一地段的客流，而网吧、电影院剧院和歌舞厅数值较大，在较小尺度上较为分散，即一个设施占据了某一市场，其他设施很难再进入（表 2 - 10）。

表 2 - 10　　　　　　　　　平均最近邻结果汇总

设施类型	设施数量（城六区）	设施占比（%）	平均最近邻距离（米）	最近邻比率	P 值	分布特征
城六区汇总	10904	99.99	80.3636	0.399484	0.0000	强烈集聚
休闲健身场所	5229	47.95	118.5785	0.421257	0.0000	强烈集聚
网吧	518	4.75	558.9093	0.667305	0.0000	比较强烈集聚
歌舞厅	337	3.09	706.0669	0.651469	0.0000	比较强烈集聚

续表

设施类型	设施数量（城六区）	设施占比（％）	平均最近邻距离（米）	最近邻比率	P 值	分布特征
咖啡馆	2156	19.77	169.5325	0.418902	0.0000	强烈集聚
酒吧	690	6.33	297.2297	0.451582	0.0000	强烈集聚
茶吧	973	8.92	320.5672	0.540588	0.0000	比较强烈集聚
公园游乐园	705	6.47	466.1604	0.630203	0.0000	比较强烈集聚
电影院剧院	296	2.71	625.0488	0.653577	0.0000	比较强烈集聚

注：第一列比例总计为99.99％，因对该列数值进行了四舍五入，保留两位小数，故此为统计正常现象。

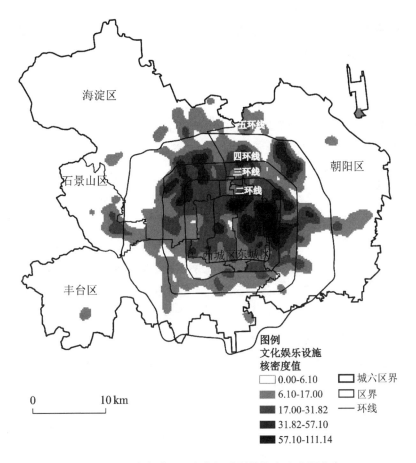

图 2-50　北京城六区文化娱乐设施核密度空间分布

（6）城六区设施在不同尺度的集聚特征

利用多距离空间聚类分析方法，探析文化娱乐设施在不同空间距离尺度上的集聚程度。利用 CrimeStat - 3.3 软件进行 L 函数分析，然后基于输出的结果表在 excel 中制成灰度图。由 L（r）函数最大值可知，城六区设施平均来说，在 r = 10 千米左右集聚最显著，酒吧在 7.22 千米处集聚最突出，说明酒吧偏爱在较小尺度下集聚布局，共同竞争某些人流量大的地方。根据 L 函数分析结果可知，就 L（r）函数最大值而言，酒吧以 7.054 在所有设施中位列第一，表明集聚程度最强，如什刹海、三里屯酒吧街等。公园游乐园的 L（r）函数最大值 2.547 是八类设施中最小的，说明其集聚程度最弱，这与城六区的历史公园较分散有关，还表明市政公园、游乐园建设并不集中，以方便居民生活、完善基础设施建设为主，集聚现象并不强烈（图 2 - 51）。

（7）城六区文化娱乐设施空间异质性

依据《北京市推进全国文化中心建设中长期规划（2019 年—2035 年)》，核心区重点推动优秀传统文化传承与创新，提升天桥演艺区、琉璃厂、南锣鼓巷等区域发展品质，展现大国首都形象和中华文化魅力。中心城区重点发展文化科技融合的现代文化产业，打造高精尖文化产业集群，加快推进中央商务区、中关村地区、新首钢地区、首都商务新区等建设。《北京城市总体规划（2016 年—2035 年)》提出，要重点打造十片重点景观区域，即老城文化景观区域（老城）、三山五园文化景观区域（三山五园地区）、长城文化景观区域（长城北京段）、大运河文化景观区域（中国大运河北京段）、京西文化景观区域（京西古道）、燕山文化景观区域（明十三陵、银山塔林、汤泉行宫等）、房山文化景观区域（房山文化线路）、南苑文化景观区域（南苑及南中轴森林公园地区）、国际文化景观区域（北京商务中心区及三里屯地区）、创意文化景观区域（望京、酒仙桥及定福庄地区），传承历史文脉，体现时代特征，集中展示国家形象、民族气魄及地域文化多样性，打造城市整体文化景观格局。总体规划还提出，要高水平建设重大功能性文化设施。以两轴为统领，完善重大功能性文化设施布局。深入挖掘核心区文化内涵，扩大金名片的影响力。北部继续完善以奥林匹克中心区为重点的国家体育、文化功能。东部继续发展以北京城

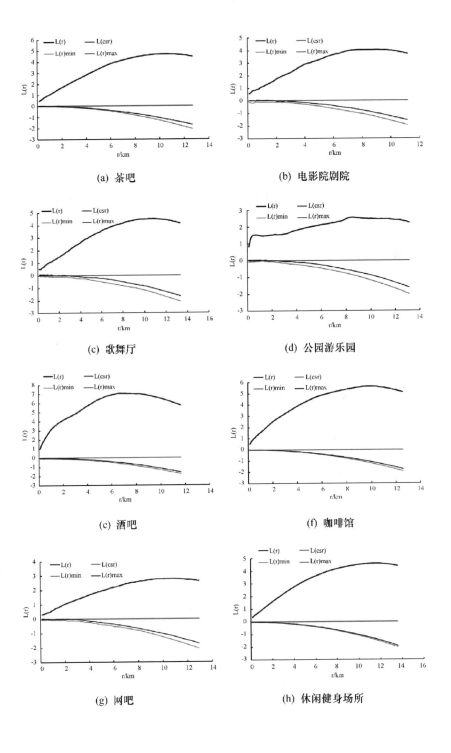

(a) 茶吧

(b) 电影院剧院

(c) 歌舞厅

(d) 公园游乐园

(c) 酒吧

(f) 咖啡馆

(g) 网吧

(h) 休闲健身场所

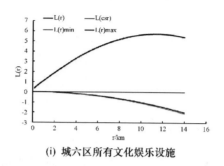

(i) 城六区所有文化娱乐设施

图 2 - 51　北京城六区各类文化娱乐设施在不同空间尺度上的集聚特征

市副中心为载体来传承大运河文化，建设服务全市人民的文化设施集群。西部重点建设首钢近现代工业遗产文化区。南部通过南苑地区改造预留发展用地，塑造首都文化未来新地标。

由图 2 - 52 可知，热点区分布极不均匀，东侧数量更多并呈集聚现象。由二级热点区可知，五道口、中关村、奥林匹克公园、什刹海、南锣鼓巷、望京、王府井、三里屯、CBD、国贸、双井等是设施集聚分布区，同时沿东二环带状分布。从三级热点区可知，北京二环内的东北部至东三环之间、中关村和五道口区域附近、望京和奥林匹克公园附近成为设施集中分布区，北京站、三里屯、东单、双井、国贸等人流密集区也大多分布于此。热点区可分成多种类型。第一类为高校、企业集中导向型（如五道口），拥有极高人流量且大学生及企业职工是主要消费对象，高校学生利用较多的是咖啡厅、网吧等，而上班族休闲时倾向利用公园、影剧院、咖啡厅、茶吧等，所以文化娱乐设施在这种能为两类人群同时提供服务的地区集聚。第二类为商业中心导向型（如奥林匹克公园、什刹海），凭借众多著名景点再加上商圈集聚效应，形成独特的文化旅游与购物结合的复合空间，许多设施在此集聚。第三类为办公空间集中导向型（如 CBD），是金融商贸往来、企业洽谈、写字楼等办公和交往集中的空间，需咖啡厅、茶吧、健身设施、歌舞厅等配套服务设施，形成有较浓文化氛围的生活性服务空间，吸引附近人士享用服务。第四类为交通枢纽站导向型，火车站（如北京站、北京西站）、汽车站等拥有较多人流且附近通常有商业设施集聚，形成商业与交通运输空间互动，文化娱乐设施响应旅客对休闲、餐

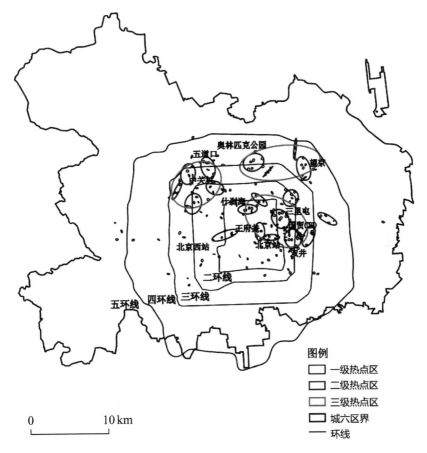

图例
□ 一级热点区
□ 二级热点区
□ 三级热点区
□ 城六区界
— 环线

0　　　　10 km

图2-52　北京城六区文化娱乐设施层次聚类分析结果

饮、图书等服务需求而在站点附近布局。整体来看，中央商务区、中关村地区、老城、三山五园地区、三里屯地区、望京地区、奥林匹克中心区和北京城市副中心地区等已形成不同类型的文化娱乐设施集聚分布区，这与规划预期基本相符。

（8）城六区文化娱乐设施分布影响因素

据前人相关研究（薛东前等，2014；黄晓军、黄馨，2012），本书将街道乡镇内文化娱乐设施点POI密度作为因变量，自变量选取乡镇街道内13个指标（表2-11），可以更为全面细致地表达区域建成环境、社会经济活力、文化及教育发展等方面因素对文化娱乐设施分布的影响。

表 2 – 11 因变量与自变量选取

变量名称	变量代码	说明
POI 密度	POI_ den	文化娱乐设施点密度
常住人口密度	pop_ den	常住人口密度
到最近公交站距离	bus_ sta	各设施到最近公交车站距离平均值
到最近地铁站距离	subway_ sta	各设施到最近地铁站距离平均值
路网密度	luwang_ den	主要道路与次要道路密度
到最近主要道路距离	zhugandao	各设施到最近主要道路距离平均值
到最近次要道路距离	cigandao	各设施到最近次要道路距离平均值
房价	houseprice	房价平均值
到最近风景名胜区距离	fengjingqu	各设施到最近风景名胜区距离平均值
到最近高等院校距离	gaoxiao	各设施到最近高等院校距离平均值
金融保险机构密度	jinrong_ den	金融保险机构密度
证券公司密度	zhengquan_ den	证券公司密度
楼宇大厦密度	louyudasha_ den	楼宇大厦密度
地价	landprice	地价平均值

为判断空间自相关是否对多元线性回归产生影响，先把空间权重矩阵（一阶 Rook 法）放入模型，用 OLS 法检验结果，借助 LM 统计量对结果进行空间自相关诊断，根据其显著与否确定空间回归模型（苏世亮等，2019）。首先，用 Min – max 方法对变量进行数据标准化，然后做多元回归分析后，用 OLS 法检验，得到结果为 LM（lag）是 2.9293，p 为 0.08698；Robust LM（lag）是 5.1722，p 为 0.02295。而 LM（error）是 0.0223，p 为 0.88132；Robust LM（error）是 2.2651，p 为 0.13231。p 值越小越显著，所以比较而言，LM（lag）和 Robust LM（lag）更显著，因此设施分布影响因素分析采用空间滞后模型（表 2 – 12）。

表 2 – 12 多元线性回归（OLS）结果

Test	MI/DF	Value	Probability
Moran's I（error）	0.0080	0.8073	0.41951
Lagrange Multiplier（lag）	1	2.9293	0.08698
Robust LM（lag）	1	5.1722	0.02295

续表

Test	MI/DF	Value	Probability
Lagrange Multiplier（error）	1	0.0223	0.88132
Robust LM（error）	1	2.2651	0.13231
Lagrange Multiplier（SARMA）	2	5.1945	0.07448

从结果可知（表 2－13），回归方程拟合优度确定系数 R^2 值为 0.72，说明拟合优度较好，通过了显著性检验，且相较于多元回归的 R^2 值 0.68 有了提高，同时 AIC（赤池信息量准则）、SC（施瓦兹准则）值均小于 0 且有所下降，两方面都证明本回归模型更有说服力。乡镇街道内的房价均值、各设施到风景区距离均值、金融保险机构和证券公司及楼宇密度的 p 值均小于 0.05，即在 95% 置信区间上通过了检验，而路网密度 p 值 0.08370 可认为通过了 0.1 的显著性检验。从回归系数发现，路网密度、房价、金融保险机构和楼宇大厦密度均与设施密度成正相关，说明路网密度越大、房价越高是文化娱乐设施更青睐的地区，设施已出现跟随高端住宅区布局的特点；金融保险机构与楼宇大厦密度高的地方，高品质就业空间吸引了文化娱乐设施布局，出现了就业空间指向性分布。比较各系数可知，在影响力方面，金融保险机构密度 > 楼宇大厦密度 > 证券公司密度 > 平均房价 > 路网密度 > 到最近风景名胜区距离均值；到最近风景名胜区距离均值和证券公司密度是两个负相关因子，前者说明文化娱乐设施分布有邻近风景名胜区趋向，后者说明文化娱乐设施可能仅在部分乡镇街道随证券公司分布而布局，而在大多数乡镇街道，证券公司密度较大地区反而文化娱乐设施分布较少，可能因为证券公司并没有集中在商务区、产业园等地布局。

表 2－13　　　　　　　　空间滞后模型回归结果

变量	回归系数	标准误差	Z 值	P 值
W_POI_den	0.1676382	0.09549108	1.755538	0.07917
常量	−0.01321007	0.07532219	−0.1753809	0.86078
pop_den	−0.01657176	0.05939448	−0.2790118	0.78024
luwang_den	0.1833901	0.1060294	1.729615	0.08370
zhugandao	−0.05200659	0.06886769	−0.7551669	0.45015

变量	回归系数	标准误差	Z 值	P 值
cigandao	0.08063437	0.09561643	0.8433108	0.39905
houseprice	0.277497	0.07188916	3.860066	0.00011
fengjingqu	−0.1436621	0.0646462	−2.222282	0.02626
gaoxiao	−0.02171038	0.08527103	−0.2546043	0.79903
jinrong_ den	0.4016521	0.1307826	3.071144	0.00213
zhengquan_ den	−0.3478249	0.119482	−2.911108	0.00360
louyudasha_ den	0.3859926	0.1059249	3.64402	0.00027
bus_ sta	0.01430583	0.07990014	0.1790464	0.85790
subway_ sta	0.03495119	0.08984654	0.3890099	0.69727
landprice	−0.06246128	0.1053999	−0.5926126	0.55344

（9）总结

要想比较客观地呈现北京城市文化娱乐设施的空间分布状况，基于位置的兴趣点数据（POI）无疑是重要的一个选择。本书在此基础上进行核密度分析、集聚程度分析、热点区分析，归纳北京文化娱乐设施分布的空间异质性特征，继而选取多种潜在因素，并利用空间滞后回归模型，探究了它们对北京文化娱乐设施空间异质性分布的影响，实现了从空间分布到影响其空间异质性分布的原因的逐步深入的研究，有以下发现：

①北京城市文化娱乐设施的空间分布，特别是文化娱乐设施热点现状分布，与规划引导的重点区域基本相符。

②北京城市文化娱乐设施总体呈现中心性突出、集聚性强和异质性显著的空间分布格局。文化娱乐设施核密度从市中心向周边减弱，但在四环外存在部分区域的值比周围区域高。城六区设施整体上集聚分布且不同类型设施集聚强度不同；10 千米处是设施集聚特征最显著的范围；设施分布空间异质性显著。

③表征社会经济活力、建成环境的因素，对北京城市文化娱乐设施的空间布局具有重要影响，风景名胜区对文化娱乐设施的分布具有特殊的影响。从空间滞后模型的结果分析，发现金融保险机构密度、楼宇密度、证券公司密度、平均房价、路网密度到最近风景名胜区距离因素是影响北京文化娱乐设施分布的主要因素，一定程度上说明区域社会经济活力、建成

环境在设施空间分布指向上有很大影响，同时在风景名胜区附近分布也有利于提升文化活力表达与创造，有利于北京全国文化中心建设。

认识文化娱乐设施的空间分布特征，对于北京市提升文化娱乐产业配套服务、土地供给、激发文化娱乐产业有重要推动作用，掌握目前文化娱乐设施分布的不均衡性，以便在未来土地利用规划中作出调整。因为文化设施是创造文化活力的重要载体，因此在空间上的分布直接影响文化活力的空间分布，对于附近区域居民生活氛围、幸福指数、生活体验都有重要影响，潜在影响了社区生活圈的构造，尤其是社区文化娱乐消遣需求，所以研究、掌握北京文化娱乐设施分布特征，对于区域文化活力发展具有重要意义，为综合评价提供前期基础。

（二）各类文化设施分布格局

在大众点评网站采集 2019 年的各类文化设施总共 15399 个，并将文化设施分为大众场馆设施（1211 个）、大众教育设施（5842 个）、大众旅游设施（2078 个）及大众娱乐设施（6268 个）四大类。

1. 大众场馆设施

北京市大众场馆设施核密度分布图，是根据在大众点评网站采集的文化场馆设施数据绘制，包括图书馆、艺术馆、科技馆、博物馆等文化场馆。文化场馆是文化的聚集场所，收集展览的文化密度大，概括性强，因而在北京市范围内总数相对较少。

从整体来看，以北京市中心城区为中心向外扩散分布，在人口密度较大区域均有文化场馆设施的分布，故宫、798 艺术园区、中关村周边的大众场馆分布较密集。周边城区分布分散，相对没有很多的设施集中地点，在通州区的徐宋路一带的核密度值较高，主要有九至美术馆、百雅轩国际版画艺术产业园、大地艺术中心等多类大众场馆。在海淀区的中关村街道、海淀街道、紫竹院街道，东城区的东华门街道，西城区的长安街街道，朝阳区的酒仙桥街道等地相对较多（图 2 – 53）。

重点对中心城六区的大众场馆设施核密度分布进行分析，可以发现，文化场馆设施主要分布在东城区、西城区、朝阳区和海淀区。根据采集到的数据，朝阳区内聚集点中，美术馆、艺术类博物馆、图书馆占较大比例，以 798 艺术园区为中心向外扩散；东、西城区以历史文物博物馆、文化中心等为主，以故宫为中心形成多层扩散趋势，历史文化展览和与外界

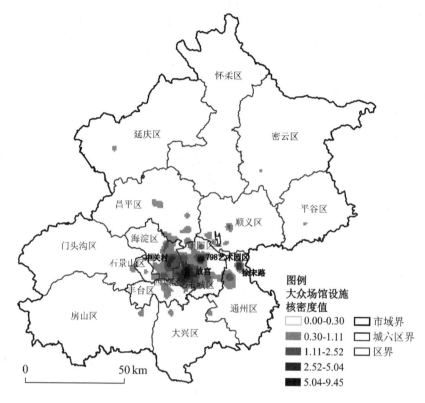

图 2 – 53　北京市大众场馆设施核密度空间分布

交流的文化中心主要聚集在东、西城区；海淀区则以科技馆、科技文化中心为主，以中关村为中心分布大量科技相关的大众场馆，大量科技、现代文化主要聚集在海淀区；其他文化中心主要是为广大群众提供日常文化活动的设施（图 2 – 54）。

　　2. 大众教育设施

　　北京市大众教育设施数量分布图是根据大众点评网站的文化教育设施数据绘制，包括音乐、棋艺、书法、绘画等艺术教育设施。现代家长均重视孩子的兴趣或爱好发展，对艺术文化教育的需求较多，因而在北京市范围内总数相对较多。从整体来看，大部分文化教育设施集中在中心城区。重点聚集在人口密度较大的朝阳区、海淀区、东城区和西城区，望京和双井地区的核密度值高，大众教育设施分布广泛。相对来说，周边城区明显

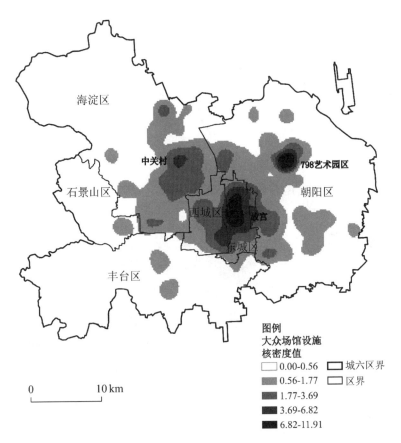

图2-54　北京城六区大众场馆设施核密度空间分布

的设施集中地点较少，通州区的徐宋路一带的核密度值较高，徐宋路一带的美术馆、艺术园区分布较多，相关美术教育设施也分布较多，有立华园书画院等。更远的边缘城区分布更稀疏，分析发现，门头沟区、怀柔区、延庆区、密云区等区域多山地、交通不便，大众教育设施数量相对较少（图2-55）。

　　重点对中心城六区的大众场馆教育设施进行分析，可以发现，文化场馆设施主要分布在北京五环以内。各个区域形成多核心发展趋势，人们对教育关注程度和涉及程度都很高，以望京、双井和朝阳大悦城为重点聚集点，集中在万寿路、学院路、望京、朝外大街等人口密度大、经济发展较

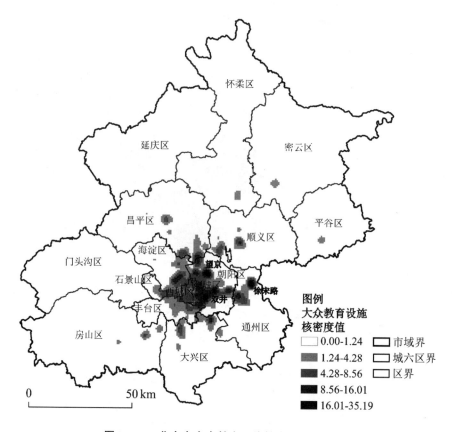

图 2-55   北京市大众教育设施核密度空间分布

好的地区。根据采集到的数据分析可以发现，在中心城区内的聚集点中，美术培训设施、音乐培训设施占较大比例（图 2-56）。

3. 大众旅游设施

北京市大众旅游设施核密度分布图是根据在大众点评网站的旅游景点数据绘制。包括文化旅游景点、著名公园胡同等。从整体来看，文化景点在北京市范围内广泛分布且数量较多，城市中心地区的古建筑、公园、胡同等分布较多，周边地区的自然景观分布较多。山区交通不便也并未影响当地景点数量，山区的自然景色形成了独特的自然景观，进而开发了适合人们出游的大众旅游设施，比如房山区的十渡风景区。人口密度和城市发展情况对公园分布情况有影响，由于东、西城区胡同的发展时间较长且占地小，

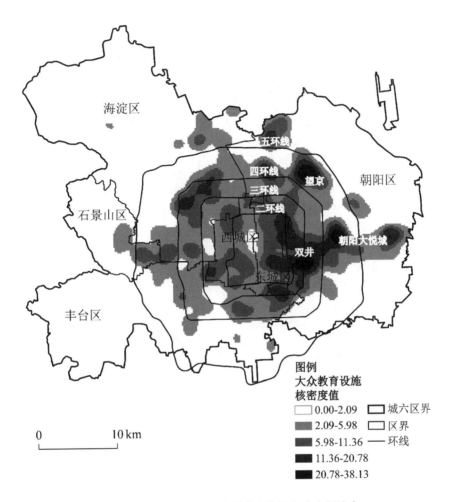

图2-56 北京城六区大众教育设施核密度空间分布

因而表现出一定程度的集中，以故宫为中心密集程度很高（图2-57）。

重点对中心城六区的大众旅游设施核密度分布进行分析，景点在中心城区广泛分布且在山区也有一定数量景点分布，分析数据情况发现，东、西城区旅游设施数量聚集点以故宫和前门为中心向外扩散，主要在什刹海街道、交道口街道、前门街道、景山街道、朝外街道等历史较为悠久的街道、胡同和北京老城遗址景点大量分布。山区等以风景区、寺庙类型为主，城区以庙宇、故居、公园、遗址等类型为主。一般城区均有大量公园

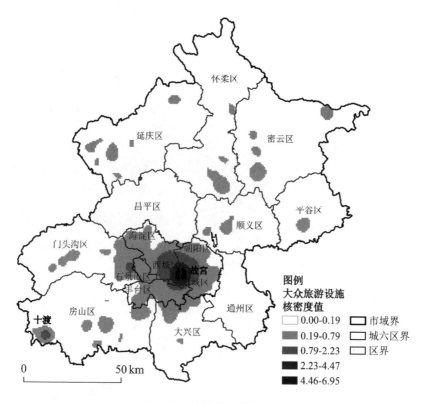

图2－57　北京市大众旅游设施核密度空间分布

分布，设施相对数量较多的行政区有较多历史遗迹（图2－58）。

4. 大众娱乐设施

北京市大众娱乐设施核密度分布是根据在大众点评网站的文化娱乐设施数据，绘制核密度空间分布图。包括歌厅、舞厅、音乐厅等娱乐场所。分析娱乐设施核密度分布，可发现文化娱乐设施分布数量较高的区域集中于中心城区及其周边地区。主要集中点均位于经济发展较好和人口密度高的区域，尤其以三里屯、望京和中关村为主要聚集点，各类娱乐设施分布密集，扩散分布至周边地区。整体观察发现，娱乐场所主要沿道路分布（图2－59）。

重点对中心城六区的大众娱乐设施核密度分布进行分析，三里屯、望京、朝阳大悦城、中关村和五道口附近的核密度值高。观察发现，娱乐场

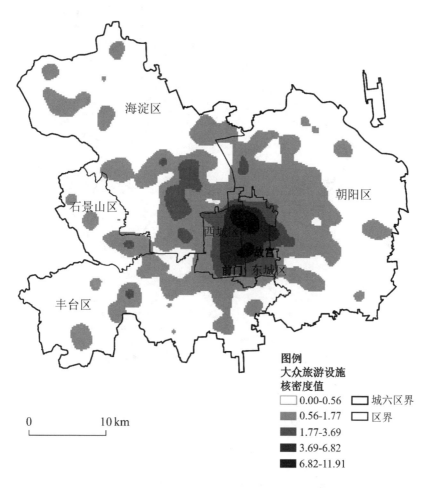

图2-58　北京城六区大众旅游设施核密度空间分布

所在城区主要沿道路分布，主要原因是交通越便利，人们出行更便捷、更迅速。主要聚集点位于学院路街道、交道口街道、三里屯街道、酒仙桥街道、前门街道、永定路街道等交通节点或交通发达的区域。观察海淀区内娱乐设施分布情况，可见由中关村街道、海淀街道、曙光街道等形成的半弧线型聚集点，与北京四环路位置较为吻合，这可能与部分娱乐业更需要在人口密度较大、交通相对更便利的地方发展有关。偏远地区设施分布密度相对中心区域较低，且种类更少（图2-60）。

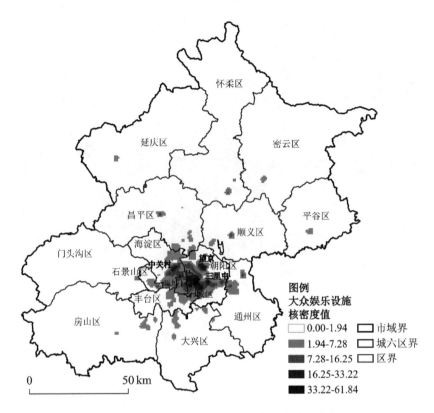

图 2 – 59　北京市大众娱乐设施核密度空间分布

二　文化设施建设

2019 年 7 月 25 日国家统计局网站报道,1949 年以来,我国文化服务设施不断完善。中华人民共和国文化的发展是在 "一穷二白" 基础上进行的,新中国成立初期,公共文化服务设施极其短缺。1949 年,全国公共图书馆仅有 55 个,文化馆站 896 个,博物馆 21 个。经过 70 年的发展,我国公共文化设施建设取得长足进步。到 "十五" 末期,基本实现了县县有图书馆、文化馆的目标。2018 年底,全国共有公共图书馆 3176 个,为 1949 年的 57.7 倍,为 1978 年的 2.6 倍;文化馆站 44464 个,为 1949 年的 49.6 倍,为 1978 年的 9.7 倍;博物馆 4918 个,为 1949 年的 234.2 倍,为 1978 年的 14.1 倍。从 2004 年起,全国各级各类国有博物馆、纪念馆、美术馆、有条件的爱国主义教育基地等逐步实行优惠或者免费开放。从 2008 年起,

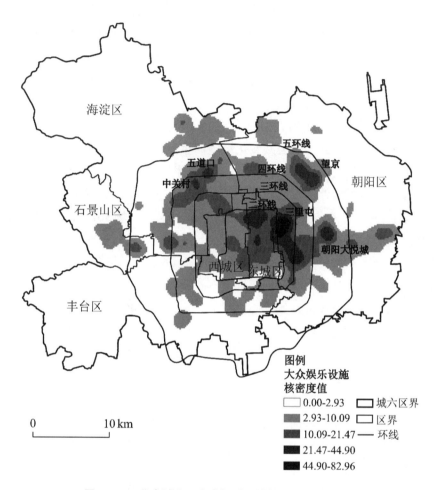

图 2-60 北京城六区大众娱乐设施核密度空间分布

全国文化、文物系统博物馆、纪念馆开始向社会免费开放，为丰富群众文化活动提供了有力支撑。

2019 年 8 月 28 日澎湃新闻报道，1949 年以来，北京充分利用丰富多元的文化资源优势，坚持"百花齐放、百家争鸣"，推动文化事业和文化产业迅猛发展。全市加快建设覆盖城乡的公共文化设施网络。2018 年，市、区、乡镇（街道）和行政村（社区）四级公共文化设施平均覆盖率达到 98% 以上。文化资源供给不断丰富，满足人民精神文化需求。截至 2018 年底，全市共有图书馆 24 个，比 1978 年增加 6 个，馆藏数 6777 万册（万件），是 1978 年的 4.8 倍；博物馆 179 个，文物藏品 463 万件，是 2008 年的 1.4 倍；影院 238 家，全年放映电影达到 309.5 万场次，是 1978 年的 9.7 倍，票房收入突破 35 亿元。文化产业的快速发展为居民提供了丰富多彩的文化服务，城镇居民人均文化娱乐服务支出由 2000 年的不足 400 元增加到 2018 年的 1691 元。

《新京报》于 2022 年 7 月 22 日报道，近年来，北京公共文化建设实现高质量发展。北京致力于公共文化设施向市民身边延伸。截至目前，全市共建有市区两级公共图书馆 24 个，群众艺术馆、文化馆 19 个，备案博物馆 204 个，备案营业性演出场所 197 个。市、区、街乡、社村四级公共文化设施达到 6937 个、图书馆室 6135 个、室外文化广场 5616 个，基本建成"十五分钟公共文化服务圈"。截至 2021 年底，以美后肆时为代表的社会化、专业化运营的公共文化设施在北京共有 266 家。服务管理的专业化水平的快速提升，让公众满意度评价也不断提高。2021 年，位于北京人民艺术中心院内的北京国际戏剧中心正式落成，成为文化新地标。

北京市同样注重线上文化网络平台建设，根据北京市文化和旅游局资料显示，2020 年北京数字文化馆平台"在线学习空间"对五万余册电子书、100 余种电子期刊以及总时长近 3000 小时的 8000 余集视频课程和文化艺术类慕课等专题艺术普及资源，按照初、中、高的不同层次进行了加工整理和索引展示。同时，通过对接共享的方式引入了冬奥知识普及、优秀影视作品等内容，满足群众多样化需求。2022 年 5 月，市文化和旅游局积极统筹全市公共图书馆、文化馆，鼓励引导中文在线、超星阅读、中艺广舞联盟等知名文化企业，联合推出 7077 个涵盖图书、音乐、舞蹈、戏剧、曲艺、书法等种类的数字文化资源，加强线上公共文化数字资源供给，满足群众精神文化需求。2022 年 11 月 10 日，北京数字文化馆平台累计数字资源量达 6.24TB，较去年增加了 2.24TB。

为了解北京市公共文化服务的现状、市民对当前北京公共文化相关政策的评价以及公共文化服务方面存在的问题，更好地贯彻落实北京市公共文化服务政策，两家媒体于 2017 年先后做了相关调查和报道。

《北京晨报》于 2017 年 2 月 9 日新闻报道，近期北京市社情民意调查中心采用拦截访问的调查方式，选取全市 16 区 2129 名常住居民开展了北京市公共文化服务状况调查。从总体评价看，65.1% 的被访者对北京市公共文化服务的整体情况表示满意，32.0%的被访者表示一般，2.7%的被访者表示不满意。城市地区的满意度高于农村，但二者相差不大。65.3%的城市被访者对本市整体的公共文化服务表示满意，农村地区的满意度为63.9%。分功能区看，门头沟、平谷、怀柔、密云、延庆等生态涵养区的满意度最高，为70.8%。调查显示，64.6%的被访者对北京市公共文化场所及设施表示满意，30.0%的被访者表示一般，5.2%[①]的被访者表示不满意。不满意的原因主要体现在："公共文化设施不齐全""文化场所（馆）或设施不够便利""设备陈旧破损，长期无人维护"等方面。61.0%的被访者对北京市公共文化项目及活动表示满意，34.7%的被访者表示一般，3.8%[②]的被访者表示不满意。不满意的原因主要体现在："公共文化活动种类少，不够丰富""公益活动及项目较少，不能满足需求""文化活动趣味性不强，缺乏吸引力"等方面。在北京市针对各类人群提供的公共文化服务中，被访者对老年人群文化活动的满意度最高，为61.7%，对儿童、青少年文化活动的满意度仅为41.9%。《北京日报》于2017年2月11日新闻报道，北京市公共文化服务状况调查结果显示：从市民文化生活的基本现状看，被访者参加的文体娱乐活动以看电视、上网、体育健身为主；拓宽眼界、增长见识和强身健体是其参加文娱活动的主要原因；基层公共文化服务设施覆盖情况相对较好，逾半数被访者对此表示满意。超六成被访者对北京市公共文化服务的整体情况表示满意；逾半数被访者满意于公共文化服务在精神文明建设方面的正向引导作用。调查显示，公共文化服务硬件设施的基层覆盖率较高，近九成的被访者表示所在街道（乡镇）或社区（村）提供了"健身休闲场所及设施"；近八成表示有"公共场所阅报栏"；近七成表示有"老年人活动中心"以及"文化中心、文化活动室"。

第六节　北京文化发展政策

一　文化相关政策梳理

城市文化相关政策对于城市的文化发展起着极其重要的助推作用，能

---

① 数据为原数据。

② 数据为原数据。

有效推动城市文化活力提升。城市文化相关政策主要分为以下三类：第一类，城市文化建设发展意见及措施，这类政策主要是基于省市甚至是国家层面的规划部署，从较大尺度对城市文化发展的方向、定位、体系构建等方面提出意见；第二类，城市文化产业助力措施，这类政策是针对地区文化产业发展，从政府支持文化企业发展举措方面展开；第三类，城市公共文化建设意见及标准，这类政策从公共文化设施建设、公共文化服务规范等方面提出意见和实施标准。

北京市政府提出了一系列文化相关政策，通过对北京市近年来文化相关政策进行梳理，可以分析北京市文化建设重点的演变。2011 年 12 月 26 日正式公布的《中共北京市委关于发挥文化中心作用、加快建设中国特色社会主义先进文化之都的意见》，其中提出北京市须"认真贯彻落实中央精神，打造中国特色社会主义先进文化之都，建设具有世界影响力的文化中心城市"，这是对北京市未来文化建设发展任务的精准方向定位。该意见中还提出发展目标："到 2020 年，把首都建设成为在国内发挥示范带动作用、在国际上具有重大影响力的著名文化中心城市，成为全国文化精品创作中心、文化创意培育中心、文化人才集聚教育中心、文化要素配置中心、文化信息传播中心、文化交流展示中心，发挥好首都文化中心的表率引领作用、辐射带动作用、提升驱动作用、桥梁纽带作用、荟萃集聚作用。"

2012 年 8 月 16 日颁布实施的《北京市文化创新发展专项资金管理办法（试行）》，提出对文化创新发展方面提供专项资金支持。该管理办法所称"北京市文化创新发展专项资金（以下简称'专项资金'）来源为市级财政性资金，专项用于支持首都文化、文物、体育、旅游、广播影视、新闻出版、社科理论、精神文明建设和互联网管理等领域（以下统称'文化领域'）事业、产业发展。从 2012 年至 2015 年每年安排 100 亿元。"北京市对文化创新发展投入资金支持将极大地促进文化建设与文化产业发展。

为贯彻落实中共中央办公厅、国务院办公厅《关于加快构建现代公共文化服务体系的意见》（中办发〔2015〕2 号），北京市政府于 2015 年 5 月 29 日发布《北京市人民政府关于进一步加强基层公共文化建设的意见》，该文件中提出北京市须构建基层公共文化服务标准化体系，充分利用现有公共文化设施资源，合理配置市域内的各种文化资源和文化设施，

"坚持均衡配置、规模适当、功能优先、经济适用的原则，统筹建设集宣传文化、党员教育、精神文明、科技普及、普法教育、体育健身等多功能于一体的基层综合文化中心"。

同年，北京市研究制定了《首都公共文化服务示范区创建方案》《北京市基层公共文化设施建设标准》和《北京市基层公共文化设施服务规范》等"1＋3"公共文化政策文件。"文化设施应提供的基本公共文化服务和文化产品主要包括：听广播，上互联网，看电视、看电影、看书、看报、看政府信息公开，参加文艺辅导培训、演出排练、文艺创作、文化活动、体育健身，接受党员教育、校外教育（含学生自习）、老年大学教育、科学技术和卫生保健，欣赏文艺演出、文艺作品、展览展示等二十大类"。

"各级党委政府和文化服务机构可根据本地区经济社会发展水平和群众实际需求，在保基本的前提下，确定本地区基本公共文化服务内容和产品，增加相关服务项目，提供多样化的基本公共文化服务。""应以步行15分钟为服务半径，统筹设置基层公共文化设施"。"文化设施应选在人口集中、交通便利、方便群众参与、易于疏散的地方独立建设，或与相关公共设施合并建设，新建设施不应与政府机关同址建设。""为实现设施的有效全覆盖，形成合理的布局结构，根据常住人口和服务需求情况，可跨乡镇、街道行政区域，设置区域级综合文化中心。设施面积参照文化、教育、体育等相关标准，共建共享，适度提高设施规模，增强设施综合服务功能，扩大服务辐射范围。"

2020年2月22日发布实施的《关于加强金融支持文化产业健康发展的若干措施》中提出，"通过文化金融政策创新，引导撬动社会资本，加大文化产业投融资规模，推动金融助力文化产业发展，优化文化企业营商环境，更好服务全国文化中心建设，助力首都经济高质量发展"。

2020年4月9日，《北京市推进全国文化中心建设中长期规划（2019年—2035年）》提出，文化是一个国家、一个民族的灵魂。文化自信是更基础、更广泛、更深厚的自信，是更基本、更深沉、更持久的力量。北京是世界著名古都，有着3000多年建城史、870年建都史，丰富的历史文化是一张金名片，是中华文明源远流长的伟大见证。中华人民共和国成立以来，文化中心一直是北京重要的首都功能。党的十八大以来，北京全面贯彻落实习近平的新时代中国特色社会主义思想和习近平总书记对北京重要讲话精神，按照"四个中心"城市战略定位，确定全国文化中心建设"一核一城三带两区"的总体框架，大力传承发展源远流长的古都文化、丰富厚重的红色文化、特色鲜明的京味文化、蓬勃兴起的创新文化，着力做好首都文化这篇大文章，发挥首都全国文化中心示范作用，为建设社会主义文化强国作出了应有贡献。

党的十九大对文化建设作出全面部署，提出要坚持中国特色社会主义文化发展道路，激发全民族文化创新创造活力，建设社会主义文化强国。当前，北京进入从聚集资源求增长到疏解功能谋发展的新阶段，文化建设作为重要引擎和增长极，支撑经济社会高质量发展的需求更加迫切；各种思想文化在首都交流、交融、交锋，维护意识形态安全和文化安全的任务更加艰巨；社会主义现代化国家建设开启新征程，人民群众对美好精神文化生活的需求更加高涨；首都在建设社会主义文化强国中的地位日益凸显，发挥全国文化中心示范作用的任务更加繁重。这些都要求首都以强烈的使命感、责任感更好担负起新的文化使命，进一步坚定文化自信，在更大历史跨度上科学规划推进全国文化中心建设的发展目标和发展路径，推出更加务实有效的新举措，不断开创首都文化建设的新局面。

2020 年 8 月 4 日，全国人大常委会发布的《中华人民共和国公共文化服务保障法》提出，公共文化服务"指由政府主导、社会力量参与，以满足公民基本文化需求为主要目的而提供的公共文化设施、文化产品、文化活动以及其他相关服务"。2020 年北京市财政局研究出台《关于应对新冠肺炎影响促进文化企业健康发展的若干措施》，提出财政补贴、贷款贴息、融资担保、政府采购、税费减免等共计 28 条举措，涵盖内容生产、国产影片放映补贴、实体书店扶持等方面，涉及财政资金投入超 15 亿元，以促进首都文化企业健康发展。文化产业是北京重要的支柱产业，占 GDP 比重始终保持增长态势。2017 年，为缓解文化企业融资难等问题，北京市财政局出台"投贷奖"政策，鼓励文化企业采用市场化融资方式进行融资，对获得债权融资的文化企业，按照 20%—40% 的比例给予贴息、贴租支持；2019 年，出台"房租通"政策，对符合条件的文化企业，给予实际办公用房租金金额不高于 30% 的补贴。2019 年，两项政策财政投入超过 5.3 亿元。北京市还将通过出台"投贷奖"风险补偿政策、发起设立北京市文化发展基金等措施，进一步推动首都文化企业发展。

"十三五"时期，全国文化中心建设的规划体系日臻完善。陆续发布了《北京市推进全国文化中心建设中长期规划（2019 年—2035 年)》和"三带两区"规划 [《北京市大运河文化保护传承利用实施规划》《北京市长城文化带保护中长期规划（2018 年—2035 年)》《北京市西山永定河文化带建设中长期规划（2018 年—2035 年)》《北京市公共文化服务体系示范区建设中长期规划（2019 年—2035 年)》《北京市文化产业发展引领区建设中长期规划（2019 年—2035 年)》]，编制《大运河国家文化公园（北京市）建设保护规划》，正在编制《长城国家文化公园（北京市）建设保护规划》。并且，编制形成《北京市"十四五"时期加强全国文化中心建设规划》，逐步形成了较为完备的全国文化中心建设规划体系。

"十三五"时期，全国文化中心建设的法规政策保障不断完善。出台《北京市非物质文化遗产条例》《北京市文明行为促进条例》《北京历史文化名城保护条例》，推进《北京市志愿服务促进条例》修订、《中轴线申遗保护条例》等多项地方性法规。同时，发布了推动非国有博物馆发展、广播电视公共服务体系建设、公共文化机构法人治理结构改革，加强院团改革、文化产业高质量发展等文化建设政策。

2021 年 3 月 8 日，文化和旅游部、国家发展改革委、财政部关于推动公共文化服务高质量发展的意见中，提出了深入推进公共文化服务标准化建设、完善基层公共文化服务网络、创新拓展城乡公共文化空间、促进公共文化服务提质增效、做大做强全民艺术普及品牌、加快推进公共文化服务数字化、进一步强化社会参与、促进文化志愿服务特色化发展、加强乡村文化治理等意见。

北京市大数据工作推进小组于 2021 年 3 月 23 日印发《北京市"十四五"时期智慧城市发展行动纲要》，提出"丰富人文环境智慧应用。推动数字图书馆、数字文化馆、数字博物馆建设，延伸公共文化服务能力进基层，推进公共文化设施运营管理平台建设，推进文化惠民"。

基本公共服务是保障人民群众生存和发展需要的公共服务，以公益性为主要特征、以公共资源为主要支撑，是各级政府必须承担的责任。2022 年 4 月 11 日，市发展和改革委员会同市委宣传部、市教委、市民政局等 23 个部门联合印发《北京市基本公共服务实施标准（2021 年版)》（以下简称《北京标准》)。《北京标准》指出，文体服务保障领域包括公共文化、公共体育两个方面的共9项服务，即公共文化设施免费开放、送戏曲下乡、收听广播、观看电视、观赏电影、读书看报、少数民族文化服务、公共体育设施开放、全民健身服务。

中共中央办公厅、国务院办公厅于2022年8月印发了《"十四五"文化发展规划》，指出文化是国家和民族之魂，也是国家治理之魂。没有社会主义文化繁荣发展，就没有社会主义现代化。"十三五"时期，在以习近平同志为核心的党中央坚强领导下，《国家"十三五"时期文化发展改革规划纲要》确定的各项任务顺利完成。"十四五"时期是我国在全面建成小康社会基础上开启全面建设社会主义现代化国家新征程的第一个五年，也是推进社会主义文化强国建设、创造光耀时代、光耀世界的中华文化的关键时期。必须强化思想理论武装，加强新时代思想道德建设和群众性精神文明创建，巩固壮大主流舆论，繁荣文化文艺创作生产，传承弘扬中华优秀传统文化和革命文化，提高公共文化服务覆盖面和实效性，推动文化产业高质量发展，推动文化和旅游融合发展，促进城乡区域文化协调发展，扩大中华文化国际影响力，深化文化体制改革，建强人才队伍，加强规划实施保障。

北京高度重视中轴线保护和申遗工作，要求把传承北京城市历史文脉的中轴线保护好，以中轴线申遗为重要抓手，统筹保护北京丰富的历史文化遗产、进一步提升全国文化中心建设水平。2011年，北京市启动中轴线申遗工作。2012年，国家文物局将北京中轴线列入中国世界文化遗产预备名单。联合国教科文组织《世界遗产公约》及其《操作指南》确立的世界遗产保护制度，对申报世界文化遗产提出了较高的标准，要求国家和地方级的立法、规范措施应确保遗产保护完好。为北京中轴线保护和申遗工作提供法治保障，通过了《北京中轴线文化遗产保护条例》，自2022年10月1日起实施。

2022年10月16日，习近平总书记在党的二十大开幕式上作报告指出，全面建设社会主义现代化国家，必须坚持中国特色社会主义文化发展道路，增强文化自信，围绕举旗帜、聚民心、育新人、兴文化、展形象建设社会主义文化强国，增强实现中华民族伟大复兴的精神力量。要坚持马克思主义在意识形态领域指导地位的根本制度，以社会主义核心价值观为引领，发展社会主义先进文化，弘扬革命文化，传承中华优秀传统文化，满足人民日益增长的精神文化需求，巩固全党全国各族人民团结奋斗的共同思想基础，不断提升国家文化软实力和中华文化影响力。要繁荣发展文化事业和文化产业，深化文化体制改革，完善文化经济政策。加大文物和文化遗产保护力度，加强城乡建设中历史文化保护传承。坚持以文塑旅、以旅彰文，推进文化和旅游深度融合发展。增强中华文明传播力影响力，坚守中华文化立场，提炼展示中华文明的精神标识和文化精髓。深化文明交流互鉴，推动中华文化更好走向世界。

《北京市公共文化服务保障条例》（以下简称《条例》）于2023年1月1日施行。《条例》的制定出台，为构建本市现代公共文化服务体系提供了强有力的法治保障。要把《条例》的贯彻落实与贯彻落实党的二十大精神、加强全国文化中心建设和推进北京市公共文化服务体系示范区建设紧密结合起来，落实落细，着力推进公共文化服务高质量发展。

北京市历年制定的这一系列有助于文化发展的政策以及法律法规［北京市文化和旅游局_政策解读（beijing. gov. cn）］，立足于社会文化背景，既兼顾传统历史文化发展模式，又吸收新时代文化发展成果，对北京市文化空间的多元化和多样化具有推动作用，促使北京城市文化依托文化发展规律而可持续地发展。

二　文化相关政策实施情况

通过对北京市文化相关政策的实施情况及成果进行分析，可以了解北京市文化政策实施对于城市文化活力提升的影响作用。根据《关于北京市2020年国民经济和社会发展计划执行情况与2021年国民经济和社会发展计划的报告》可知，北京市这两年为深入推进全国文化中心建设作出了巨大努力。首先是文化相关规划制定实施方面，北京市先后编制了全国文化中心、公共文化服务体系示范区、文化产业发展引领区建设中长期规划等，这些对于北京市文化建设起到了全局性、系统性的统筹部署。其次是在文化遗产保护方面，北京市制定了中轴线申遗保护三年行动计划，并修缮了先农坛太岁殿东配殿、社稷坛中山堂、箭扣长城东段、颐和园画中游建筑群等重点历史文化建筑遗址。北京市还积极推进三个文化带建设，编制了大运河、长城国家文化公园建设保护规划，开工建设路县故城遗址保护展示工程。再次，北京市还印发了加快国家文化产业创新实验区核心区高质量发展若干措施，认定 98 家市级文化产业园区。

2023 年 1 月 31 日《北京日报》报道，《关于北京市 2022 年国民经济和社会发展计划执行情况与 2023 年国民经济和社会发展计划的报告》公布。2022 年，优质文化供给加快培育壮大。推动出台中轴线文化遗产保护条例，南中轴御道景观全线贯通。统筹推进"三条文化带"建设，路县故城遗址保护展示工程地下主体结构完工，中国长城博物馆改造提升工程完成国际方案征集和文物藏品搬迁入库，三山五园艺术中心主体结构封顶。推动出台公共文化服务保障条例，开展首都市民系列文化活动 1.66 万场，北京歌舞剧院项目开工。编制完成博物馆之城建设发展规划，完善实体书店扶持政策，对 310 余家书店、1400 余场阅读文化活动进行扶持。印发实施推进文化产业园区高质量发展若干措施。

北京市在文化服务体系的健全完善方面也取得了成果，文化服务效能得到了快速提升，主要表现在以下几个方面。首先，北京市的公共文化服务更加丰富，可供居民参与文化活动的公共文化设施覆盖面更广。2022 年 7 月 20 日《北京日报》报道，来自北京市文化和旅游局的统计显示，自 2017 年至今五年来，北京的文化馆、街道（乡镇）综合文化中心建筑面积增长了 14.25%，达到 98.25 万平方米，社区（村）综合文化室建筑面积增长了 150.94%，达到 445.42 万平方米，公共图书馆面积增长了 14.43%，达到 34 万平方米。市、区、街乡、社村四级公共文化设施达到 6937 个，实现基本全覆盖，构建起 15 分钟公共文化服务圈。

北京市在"十三五"期间（2016—2020 年）为公共文化设施配送图书 289 万册，提供文化活动 34 万场，下基层演出 4.7 万场，培训 6500 名基层文化组织员。创办首都市民音乐厅，演出 240 场，年均举办首都市民系列文化活动两万场。其次，北京市建设公共文化服务体系示范区起到了显著的引领效应，通过在示范区试点能够很好地提前检验公共文化服务体系的科学性。北京市出台了相关规划和建设标准文件，建立了市区两级公共文化服务体系建设联席会议机制。在海淀区、石景山区建成了国家公共文化服务体系示范区。在通州区、大兴区等五个区建成了首都公共文化服务示范区。再次，健全了非物质文化遗产保护体系，对重点项目实施抢救性记录工程，发放传习补助，开展示范基地认定工作。推进了非物质文化遗产保护与消费、金融、旅游的融合发展。最后是首都文化的对外传播交流方面，开展众多文化交流活动，这对于北京市文化服务体系建设有重要作用。北京市完成了"一带一路"国际合作高峰论坛、亚洲文明对话大会、G20 峰会、北京世园会等重大活动服务保障工作。

在 2021 年 2 月 7 日召开的北京市"回顾'十三五'，在展望'十四五'"系列新闻发布会——全国文化中心建设专场上提到，"十三五"时期，北京按下了推进全国文化中心建设的快进键，取得了许多成就。"十三五"时期，全国文化中心建设的落地项目不断增多。在全国文化中心建设中长期规划引领下，每年安排重点任务和折子工程上百项，内容涉及内涵挖掘、文物保护、主题创作、环境整治、文化设施、产业发展、宣传展示等各方面，环球主题公园已经建好，于 2021 年正式亮相。启动新国展二期建设、张家湾设计小镇、台湖演艺小镇等项目，郎园、798、咏园等一批老旧厂房利用等文化产业园区成为北京文化产业的一大特色。从顶层设计到落地实施，全国文化中心建设的四梁八柱更加稳固。

"十三五"时期，北京精品力作不断涌现。在 2017 年、2019 年两届"五个一工程"评奖中，北京的获奖数量均居全国第一，2019 年更是创造了纵向比历史最好、横向比遥遥领先的成绩。一批口碑票房双丰收的文艺精品集中涌现，中国电影票房榜国产电影前 5 名影片《战狼 2》《哪吒之魔童降世》《流浪地球》《红海行动》《唐人街探案 2》，全部是北京出品、北京制作。

"十三五"时期，北京将文艺院团改革引向深入，出台"院团 18 条"，加大财政扶持力度，对文艺院团实施"两效统一"的绩效改革，推动解决长期困扰院团的排练演出"场所难"问题，吉祥戏院装修改造、北京歌剧舞剧院原址重建、京南艺术中心和中国杂技艺术中心等一批重点剧场项目加快推进。

"十三五"时期，北京公共文化服务不断丰富。城市副中心剧院、博物馆、图书馆建设持续推进，北京文化中心拔地而起，北京人艺国际戏剧中心工程加快建设。全市四级公共文化服务设施基本实现全覆盖，已建成 15 分钟公共文化服务圈，一座座特色文化空间不断出现在市民身边。截至 2020 年 11 月底，北京实体书店数量为 1938 家，比 2019 年增加 639 家，同比增加 49%，实现每万人拥有 0.9 个书店。北京实体书店数量排在全国第一，产业影响力和竞争力日益显现。

"十三五"时期，文化活动丰富多彩。举办"我们的节日"，首都市民系列文化活动每年举办两万多场，贯穿全年、覆盖全市。非遗老字号创新发展，恢复生机活力，走入市民生活、校园活动中。北京国际电影节、北京国际公益广告大会、中国戏曲文化周、北京国际音乐节等文化品牌活动有力提升了全国文化中心的全球影响力。

作为世界文化名城，北京积淀了丰富璀璨的文化遗产，具有得天独厚的资源禀赋，其本身就是一座内涵丰富、底蕴深厚的活态博物馆。北京是世界级的历史文化古都。"十三五"时期，北京城市文化事业、文化产业繁荣发展，发展基础更加稳固，动力活力日益迸发，体制机制不断健全。现代公共文化服务建设取得重大进展，公共文化服务效能显著提高，非遗保护传承实现重大突破，首都文化国际影响力显著提升，文化产业高质量发展取得重大进展和成效。文化产业规模持续增长，结构持续优化，文化核心领域优势明显，韧性持续增强。文化企业发展实力增强。文化融合释放新活力，发展动能更足。老旧厂房构筑新地标，文化空间更美。文化市场屡现新爆点，文化获得感更多。北京文化产品和服务的国际影响力持续提升。文化场所丰富多元，文化市场繁荣发展，文化产品爆款频出，文化活动精彩纷呈，各类活动成为文化交流和市民享受文化生活的重要平台。

"十四五"时期，文化产业发展也迎来了前所未有的机遇。应该立足全国文化中心和文化产业发展引领区建设，加快健全现代文化产业体系，提升文化产业对首都经济社会发展的贡献度。培育新型文化业态，促进文化消费，整体提升城市文化软实力。应该建设现代公共文化服务体系，提升公共文化服务水平，完善全覆盖、高品质的市、区、街道（乡镇）、社区（村）四级公共文化服务体系。强化国家地标性文化设施影响力，健全区域性公共文化设施体系，优化博物馆、文化馆、图书馆、美术馆、影剧院、实体书店等文化设施的布局，融合贯通新时代文明实践中心、区级融媒体中心、区级政务服务中心。办好各类品牌性文化活动和市民系列文化活动，构建首都文化服务品牌体系。应该始终坚持以人民为中心的工作导向，健全人民群众文化权益保障制度，解放和发展文化生产力，不断增进人民文化福祉。应该丰富高品质文化供给，增强人民群众文化获得感和幸福感，助力北京全国文化中心和世界文化之都建设。

第三章　北京老城文化精华区
文化感知评价

感知理论最早运用在心理学领域，"感知"是客观事物通过感觉器官在人脑中的直接反映，由感觉和知觉两部分组成。感知是认识事物最简单的过程，是心理过程的开始和基础（蔡晓梅等，2012）。

在心理学中，"感知"的过程是人接触并感受到外界信息后拆分选择的心理过程，这是一种选择性的心理活动。感知是具有个体性的，由于每个感知个体拥有的教育背景、兴趣爱好、生活习惯不同，在同一时间与地点，不同的人对周围环境的信息接收程度也是不完全相同的。

文化感知概念指的是感受个体在不同的文化背景中，借助自身的文化知识及学习能力，体验并总结出对于各类文化的感性理解认知的心理过程。简单来说，就是由文化与人的感知相互作用而产生的，是主体感官系统作用于文化而形成的心理活动。总体上来说，就是人们对于特定的某个文化，通过了解这个文化背景下的历史、地理、情感、生活方式、信仰、思维方式等有关于文化的方方面面，从而形成对这个特定文化的外部客观世界的体验和认知，就是文化感知。它是人们通过感受器官，对外部文化感觉和认知的过程。文化感知包括空间吸引、文化了解、知觉参与和情感反馈的过程。通常情况下，文化感知能够反映不同感受个体对不同地区文化的认知差别。每个城市空间都有其独特而又相似的文化内涵，不同感受个体面对这些文化会有不一样的文化体验。根据城市空间的文化内涵，感知形式大致可分为空间维度、时间维度以及文化意义感知等。

文化感知是游客在旅游活动中结合感官体验和自身文化背景对旅游地文化的认知过程，包括游客已有文化与旅游地文化的碰撞协同过程，也包括游客对旅游地文化的个人认知（Fodness D，1990）。文化感知研究按侧重点的不同可分为两类：一类侧重于不同文化类型，另一类侧重于特定的案例地。研究内容主要包括感知维度、感知层次和感知影响机制等（郑淞尹等，2022）。文化感知研究大多分为居民视角和游客视角（李东晔等，2020）。游客文化感知对其出游过程中地方认同感的形成具有重要影响（谢晓如等，2014；乌铁红等，2010）。文化感知作为游客旅游的一个重要方面，对当地文化遗产的传承、保护和利用发挥着不可缺少的作用。

　　文化感知是研究游客及居民对文化遗存、文化设施、文化活动的直接感受，能够反映一个地区的文化活力以及文化建设情况。北京具有悠久的历史文化底蕴，人们对北京的感知一定程度上可以反映出文化活力的建设成效。北京老城文化精华区拥有丰富的历史文化底蕴，是北京历史文化的荟萃之地，因此以北京老城文化精华区为研究对象，利用网络平台大数据和问卷调查数据，分别研究游客及当地居民对文化活动、文化服务等文化建设的感知情况，为北京老城文化活力挖掘以及建设全国文化中心的战略定位服务。北京老城主要是指北京的东城区和西城区。文化精华区意味着文化的精粹大多分布于此，而且连成片状，研究文化精华区的文化感知有助于北京城市文化建设的推进以及北京其他地区的文化建设推进工作。此外，大数据以其快速获取的优势已经应用到文化感知研究之中，利用社交网络平台的评论数据进行研究，从而实现大数据对北京文化感知的深化研究。

第一节　范围界定与数据采集

一　范围界定

　　研究区域是《北京城市总体规划（2016 年—2035 年)》中提到的，也是《北京市推进全国文化中心建设中长期规划（2019 年—2035 年)》中提出要按照"一街一策"要求重点打造的 13 片文化精华区。其中包括什刹海—南锣鼓巷、雍和宫—国子监、张自忠路北—新太仓、张自忠路南—东四三条至八条、东四南、白塔寺—西四、皇城、天安门广场、东交民巷、南闹市口、琉璃厂—大栅栏—前门东、宣西—法源寺和天坛—先农坛文化精华区。

从文化设施分布来看，13 片文化精华区都分布于东、西城核心区。从重视程度上来看，北京文化精华核心区的受重视程度非常之高，在国家层面给予了其制度上的保护。这些文化精华区是游客选择最多的景区，在文化感知方面，人们多从历史、国学、农业、建筑、老北京胡同文化等主要方面感知文化景区。以历史为代表的文化精华区—天安门，以其独特的政治色彩与红色色彩，招揽来自全球各地的游客，以国学为代表的国子监，以其独特的教育文化吸引众多游客，并以亲子游客为主；以农业为代表的先农坛，透露着中国古代农业的特殊气息，游客多带着了解古代祭祀的目的去了解先农坛；以建筑为代表的故宫，以其独特的皇家气息建筑，在众多文化精华吸引度中一举夺魁，故宫作为明清两代的皇家宫殿，以其独特的帝王气息吸引着来自五湖四海的游客；在老北京胡同方面，南锣鼓巷绝对是北京不可或缺的一部分，南锣鼓巷保留了北京最原汁原味的胡同气息（如炒豆儿胡同），其商业化的街巷也可以满足游客们的购物需要。

通过前期查阅文献并结合问卷调查的结果，得知人们对什刹海—南锣鼓巷、雍和宫—国子监、张自忠路南—东四三条至八条、皇城、天安门广场、琉璃厂—大栅栏—前门东和天坛—先农坛这 7 片文化精华区的熟悉程度较高，因此后续的网络文本数据处理与分析的对象和范围主要针对以上7 片文化精华区。

东城区主要以居民生活为主，西城区主要以商业活动为主。东城区和西城区是首都功能核心区，是全国政治中心、文化中心和国际交往中心的核心承载区，是历史文化名城保护的重点地区，是展示国家首都形象的重要窗口地区。截至 2023 年 2 月，西城区内拥有全国和市级保护单位 124处，占全市文物保护单位的 30%。东城区是北京文物古迹最为集中的区域，辖区内拥有国家级文物保护单位 35 处，市级文物保护单位 128 处，北京市历史文化保护区共 33 片（数据来源：北京市文物局官网）。

通过对所研究的文化精华区的空间范围在 ArcGIS10.7 软件上进行矢量化后（依据《北京城市总体规划（2016 年—2035 年)》图件），可以直观看出北京老城文化精华区集中于中轴线上，并且以中轴线为核心向两侧分布。总的来看，北京城市空间的文化感知核心区域主要是集中在二环以内（图 3 - 1）。

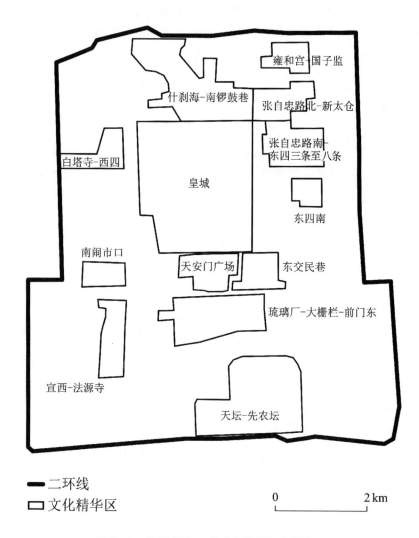

雍和宫-国子监

什刹海-南锣鼓巷

张自忠路北-新太仓

张自忠路南-东四三条至八条

白塔寺-西四

皇城

东四南

南闹市口

天安门广场

东交民巷

琉璃厂-大栅栏-前门东

宣西-法源寺

天坛-先农坛

━━ 二环线
☐ 文化精华区

0   2 km

图 3 - 1   北京老城 13 片文化精华区空间分布

二 数据采集

查阅资料获取各个文化精华区的文化发展现状,包括文化活动、文创产品、文化体验场馆等。通过大众点评、马蜂窝、去哪儿网和携程网共四个网站获取 2016—2020 年 13 片文化精华区的游客评论内容,共采集到 24357 条包含详细属性信息的有效数据,进行游客的文化感知分析。通过问卷星平台发放《北京老城文化精华区文化感知研究》的调查问卷，获取人们对北京文化精华区的文化感知情况。中共北京市委发布了《中共北京市委关于新时代繁荣兴盛首都文化的意见》，提出北京市文化建设将以古都文化、京味文化、红色文化和创新文化四大方面推动和繁荣兴盛首都文化建设，依此对 13 片文化精华区进行分类。以文化精华区为研究尺度，定量评价公众对北京城市文化的感知状况，根据公众文化感知的差异，提出相应的对策和建议。

利用后羿采集器对各个文化精华区的相关景点、文化场馆和文化设施、文化活动的网络评论进行采集，采用 ROST Content Mining 6.0（ROST-CM6）软件进行文本分词及高频特征词分析，梳理各个研究区域的文化感知形象；再利用 UCINET 6 软件构建高频词语义网络，进行语义网络分析。同时，设计、发放并收集调查问卷，获取人们对北京的文化场馆和设施、文化活动、文化服务等方面的文化感知情况，进行问卷调查分析，得到不同文化精华区的文化感知评价结果。

第二节　大数据分析

一　高频特征词分析

高频特征词分析是提取出人们对各地点评价中出现频率高的词，词出现的频率越高，在图中显示的词就越大。通过高频特征词分析可以反映出人们对各地最主要的评价。下面依次对人们较为熟悉的北京 7 片文化精华区所涉及的各个地点的高频词进行分析。

（一）什刹海

由图 3-2 可看出，"什刹海""酒吧""后海""胡同""逛逛""美""吃""玩""晚上""惬意""滑冰""划船"和"热闹"等词出现的频率较高。什刹海，是北京市历史文化旅游风景区、北京市历史文化保护区。位于中心城区的西城区，毗邻北京城的中轴线。什刹海片区是北京老城面积最大、风貌保存最完整的一片历史文化保护区。该地区因水而生，依水而建，水面开合有致，滨水空间自然景观与人文景观共融，给游人带来层次丰富的体验。这里既有王府花园、烟袋斜街、钟鼓楼、银锭桥等历史文化景点体现着古都文化，也有现代摩登时尚的酒吧街区体现着创新文化，具有深厚的文化意蕴和特色。在什刹海可以看到，传统地道北京与魔幻潮流北京的交融存在，可谓传统与现代结合之地。由图可知，人们对什刹海的感知主要是自然景观带来的感受，是人们放松休闲的场所。

图 3 - 2　什刹海词频分析图

（二）南锣鼓巷

由图 3 - 3 可以看出，"南锣鼓巷""胡同""吃""特色""小吃""好吃""逛""小店""街区""美食""什刹海"和"酒吧"等词出现的频率比较高。南锣鼓巷作为北京重要的胡同特色代表，是目前旅游发展较好的历史文化街区之一。作为重要的游客旅游和市民休闲目的地，展现了城市历史文化景观（刘斌、杨钊，2021）。人们认为胡同文化、创意店铺、特色美食、特色酒吧最能代表南锣鼓巷的景观。传承保护好宝贵的历史文化遗产是首都的职责，南锣鼓巷历史街区作为北京的文化精华区，是北京市第一批颁布的历史街区之一，保存着元大都时期的"鱼骨式"街巷空间结构。由图可以反映出人们对南锣鼓巷的印象主要是后海、胡同文化与特色美食。南锣鼓巷以京味文化为主，各色的餐饮活动体现出老北京居民传统饮食特色与市井风俗，展示出老北京居民生活的特点。

图3-3　南锣鼓巷词频分析图

（三）雍和宫

雍和宫建筑布局完整，规制合乎梵宇伽蓝，尽显君王居所的恢宏气势。雍和宫拥有"三教合一"的特性，其香火旺盛是吸引游客的主要原因之一。其次，雍和宫身处北京中轴线以东，是中国历史上有名的皇家禁苑，它曾是雍正皇帝作为"雍亲王"时期所居住的场所，同时也是乾隆皇帝降生和成长之地，后来被改建为了皇家寺院，成为北京市古都文化和佛教文化的重要感知地之一。从图 3 - 4 中可以得知，游客们对"雍正""乾隆""雍亲王""府邸"等词语有着较高程度的感知，说明雍和宫的简称与发展的历史是其游玩时所关注的重点之一。除此以外，与佛教文化相关的词语占有了相当大的比重，如"藏传佛教""香火""喇嘛庙""佛像""菩萨""虔诚"等，许多游客来到这里"烧香拜佛"，"感受"佛教文化带来的精神洗礼。今天的雍和宫，既有老城的古朴庄重，也有胡同的静宁安逸，还有老北京的生活趣味，甚至也有现代的国际文化交流，是一个宗教活动场所、博物馆、旅游景点，吸引了全世界各地的游客、信众。

图 3 - 4　雍和宫词频分析图

（四）国子监

由图 3 - 5 可看出，"国子监""孔庙""学府""雍和宫""教育""祭祀""历史""文化""古代""建筑""逛""景点""门票""讲解"和

"参观"等关键词出现频率较高。国子监，中国古代最高学府和教育管理机构。国子监不仅接纳全国各族学生，还接待外国留学生，曾为培养国内各民族人才、促进中外文化交流起到积极的作用。国子监历史街区属于东城区的安定门街道内，是二环以内以重要文物和居住院落共同组成的历史文化街区。北京国子监坐落在北京东城区安定门内国子监街（原名成贤街）15 号，与孔庙、雍和宫相邻。可以看出国子监具有古都文化，正如乾隆所言"京师为首善之区，而国子监为首善之地"。国子监承载着古代礼仪，拥有幽雅、宁静的环境和丰富的历史、人文内涵，是为北京一处独具特色的文化景区。

图 3 - 5　国子监词频分析图

（五）张自忠路

由图 3 -6 可看出，"逛""外贸""便宜""衣服""买""淘""价

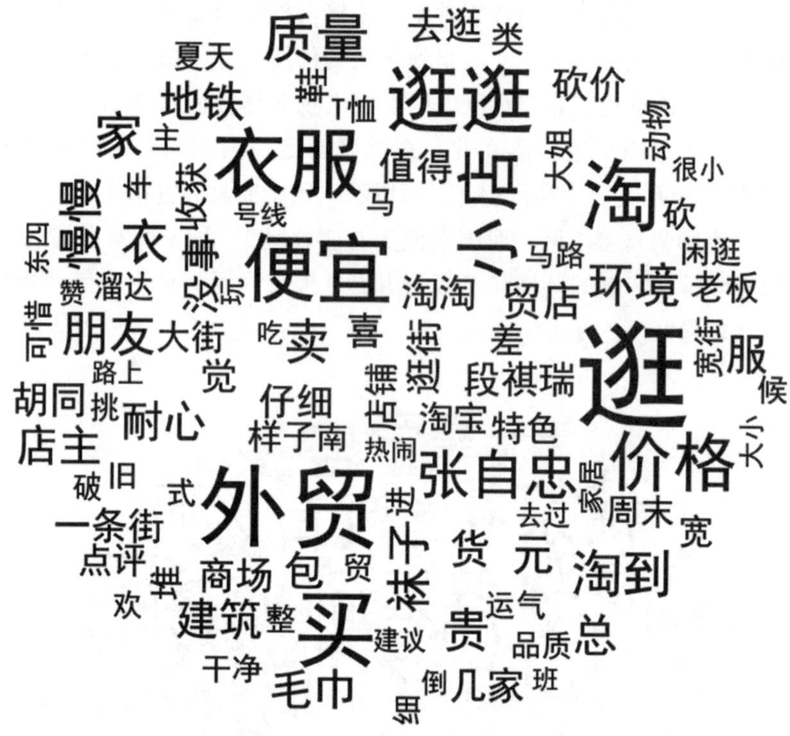

图 3 - 6　张自忠路词频分析图

格""张自忠""质量"和"小店"等关键词出现频率较高。游客来此文化区多想感受老北京"胡同"的独特文化，当地有许多小店，便于淘到一些便宜而又兼具质量的优质商品，是吸引游客的一大亮点。该地物质文化遗产与非物质文化遗产众多，设立保护区也是该精华区的重要课题。张自忠路南—东四三条至八条文化精华区包括：最北端到张自忠路，最西端到美术馆后街、美术馆东街，最南端到东四西大街、朝阳门内大街，最东端到朝阳门北小街。朝阳门内大街以北，东四三条以南，位于东四北大街与朝阳门北小街之间，有两条胡同，即为东四头条和东四二条。这两条胡同与其北的东四三条至八条都成型于元代时期，该范围内还拥有国家级及区级文物保护建筑，但由于历史上特别是近现代的建设活动，这一区域未能成为历史文化保护街区的一部分。图中同时可以看出，"地铁""环境"和

"建筑"也是人们讨论的话题，可看出人们对张自忠路的建设、未来的规划也是比较关注的。总的来说，人们对张自忠路的感知是去寻找京味文化。

（六）东四

由图3-7可以看出，"胡同""牌楼""文化""味道""四合院""特色""历史"等词出现的频率比较高。东四地区的胡同起源于元代，后经历明清两代的发展，成为维持街区交通与居民日常生活的重要空间，同时也是记录着北京历史文化变迁的重要载体。东四有着深厚的历史文化底蕴，随着城市的快速发展，政府对东四地区进行保护修缮，但胡同中还是保留了古都风貌。东四文化中心，在继承了原有老北京庭院的基础上，开发出具有现代化特征的社区休闲部落。北京老字号、老北京小吃、胡同人文风景、北京声音、孩子们的胡同等在这里组成了东四文化探访路。而人

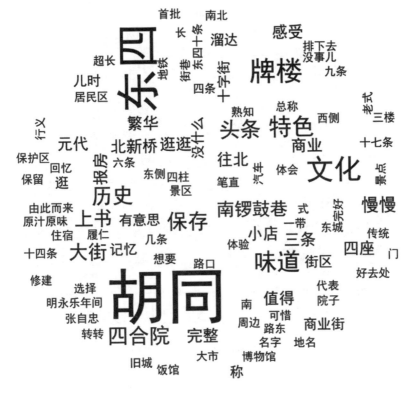

图3-7　东四词频分析图

们对东四的感知是去寻找老北京的文化印迹，对胡同文化的记忆，即以京味文化为主。同时，东四片区生活性功能丰富，生活着大量本地居民。综上，东四片区是具有传统四合院落肌理的居住性历史街区，既保留了较好的历史风貌，也兼具极强的生活服务功能。

（七）皇城

由图3－8可以看出，"故宫""建筑""历史""宫殿""紫禁城""景点""讲解""参观""门票""皇家""值得"等词出现的频率较高。可看出人们对于皇城的理解大多局限于故宫，其实皇城的范围应该更广泛一些。皇城历史文化街区位于北京中轴线上，蕴涵着深厚而又独特的历史文化，地理区位紧邻故宫、天安门广场等景点，是展示北京皇城历史文化的重要载体。这里具有北京传统风貌的居住街区和建筑环境，衬托出了故宫官城宏伟非凡的气度。南长街、西华门、北长街是保存较好的、展示北京

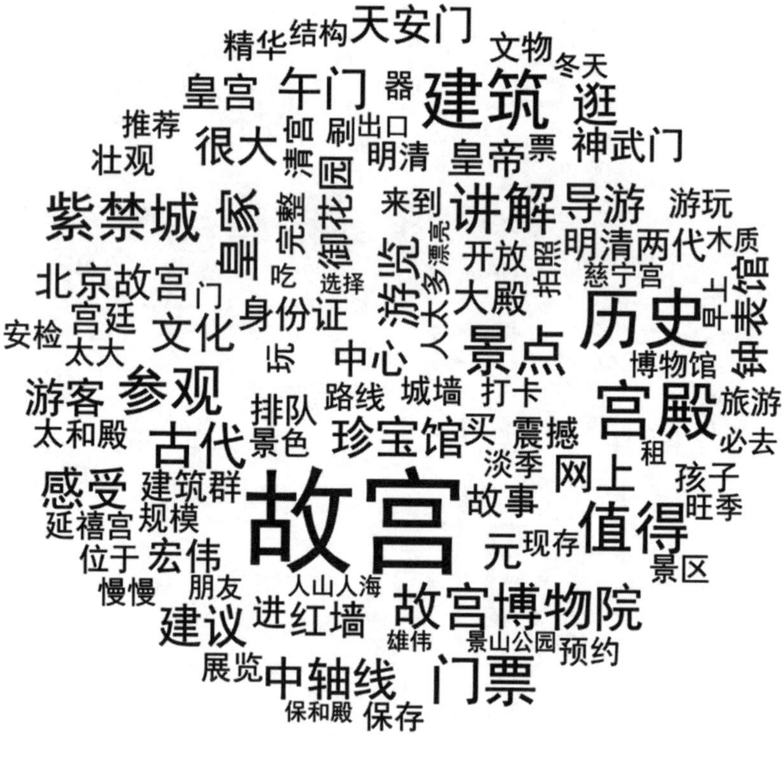

图3－8　皇城词频分析图

完整古都风貌的文化街。而人们对故宫的初步印象基本是宫殿，人们对故宫的文创也是比较感兴趣的。同时，从图中可以看出，人们对故宫的门票也有相关的评价，故宫的门票价格比较亲民，获得了广大人民的认可。对故宫，更多的是人们对宏伟壮观的建筑群的感叹，"午门"这样的建筑，十分雄伟、威严。人们在这里，仿佛感受到了当年皇家的磅礴气势。由此可以看出，人们对故宫的文化感知更多的是古都文化与京味文化。

（八）天安门

由图 3 - 9 可知，"天安门""天安门城楼""天安门广场""城楼""建筑""象征""故宫""门票""安检""升旗""壮观"和"雄伟"等是天安门的高频词。由此可以得出，由于天安门广场记载了人民不屈不挠的革命精神和大无畏的英雄气概，五四运动、一·二九运动等一系列爱国主义活动都以这里为中心展开，为中国现代革命史留下了浓重的色彩。人

图 3 - 9　天安门词频分析图

们来到这里普遍会带着激动的情绪。天安门是明清两代北京皇城的正门，以杰出的建筑艺术和特殊的政治地位为世人所瞩目。天安门位于北京城传统的中轴线上，由城台和城楼两部分组成，造型威严庄重，气势宏大。不仅是中国古代宫殿建筑史上辉煌的杰作，也是中华文明悠久历史的象征。根据图3-9可以看出天安门具有浓厚的红色文化。历史风烟，沧桑变换，天安门见证了无数的重大政治、历史事件，是中国从衰落到崛起的历史见证。天安门象征着革命战争年代由中国共产党人、先进分子和人民群众共同创造并极具中国特色的先进文化，蕴含着丰富的革命精神和厚重的历史文化内涵。

（九）琉璃厂

由图3-10可以看出，"琉璃厂""文化""文化街""古玩""字画""气息""值得""著名""文房四宝""文化氛围"和"店铺"等词出现

图3-10　琉璃厂词频分析图

的频率比较高。琉璃厂大街位于北京和平门外，是北京一条著名的文化街，它起源于清代，当时各地来京参加科举考试的举人大多集中住在这一带，因此在这里出售书籍和笔墨纸砚的店铺较多，形成了较浓的文化氛围。这里最具特色的便是几乎每个店铺室内有对联，对联可称得上是中国文化的精华代表。地缘优势和浓厚的文化氛围使清代北京琉璃厂成为清朝文人聚会和交流的主要场所。人们对于琉璃厂的印象为具有书香气息的历史文化街区。琉璃厂文化之所以如此璀璨，主要原因在于其蕴涵丰富的京味文化。"墨香二百载，溢味遍九州"，琉璃厂在民俗文化与一砖一瓦中留下了一种文化风貌，是传统文化底蕴的现实表现。

（十）大栅栏

大栅栏是北京的一条著名商业街，大栅栏在几百年的发展中形成了独特的商业氛围，经营方式及格局都有浓厚的传统文化特色，而且出现一批老字号。大栅栏街区是北京南中轴的重要组成部分，具有典型的北京老城

图3-11　大栅栏词频分析图

区特征，拥有丰富的传统文化积淀。由图3-11可以看出，"大栅栏""商业街""前门""老字号""著名""特色""胡同""逛"和"吃"等词出现的频率比较高，可以看出人们对于大栅栏的印象是偏民生的，更具亲和力的，这源于居民长期生活而产生的个人需求，居民自发更新具有经济、宜人的空间尺度，能够恰好满足居民多种活动需求。大栅栏跨界中心起融合作用，文创产业起催化作用（张文海等，2020）。人们对大栅栏中的前门大街评价较高，前门大街是能满足人民的日常生活、综合一体型的商业街，可以间接得出人们对大栅栏的文化感知是比较有老北京特色的生活气息。由以上对大栅栏的历史发展脉络、传统文化精神、物质空间形态演变等方面的分析可以得出，大栅栏地区创新文化与京味文化气息较为浓重，具有承载城市生活与传播城市文化的双重功能。

（十一）前门

由图3-12可以看出，"正阳门""箭楼""城楼""前门""城门"

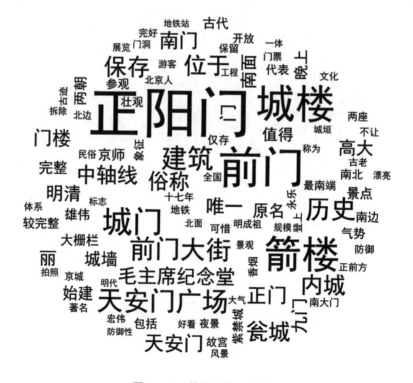

图3-12　前门词频分析图

"天安门广场""建筑"等词出现的频率较高。前门是正阳门的俗称，前门地区位于天安门以南，自古就是北京商业最繁荣的区域，《庚子记事》有云"京师之精华，尽在于此"。前门地区位于北京的中轴线上，北起正阳门箭楼，南至天桥路口，与天桥南大街相连。坐落在前门地区的前门楼子，作为北京城市古建筑和古文化的标志，其所蕴涵的文化信息和所昭示的文化内涵，在传统的京派文化中具有重要的角色、地位、作用和影响。由图可以看出人们对前门的印象是它的建筑，而人们去前门也是受到了其建筑宏伟的影响。

（十二）天坛

天坛是北京"天地日月"诸坛之首，是我国和世界上现存最大的古代祭祀性建筑群，始建于明永乐十八年（1420年），是明清两代皇帝祭天祈谷的场所。每年孟春祈谷、孟夏祈雨、孟冬祀天。无论从架构、力学还是美学角度来看，天坛都是出类拔萃、举世无双的建筑杰作。时至今日，昔日的皇家坛庙现已成为北京市区最具特色的旅游公园之一，是全国著名的

图 3-13　天坛词频分析图

5A 级旅游景区。公众对天坛公园的文化感知可以分为多个维度去理解。由图 3 - 13 可以看出："祭祀""祭天""祈谷""祈福"等词具有较高的频次，这体现出游客对于古时天坛的职能有着清晰的认知；"始建""1420""明永乐"等高频词则表现出游客对于天坛的来源和建造史的深度关切；"祈年殿""回音壁""圜丘""长廊""斋宫"等词凸显出整座公园里面最受欢迎的几处景点；除此之外，还有许多高频词集中展现了游客的游览过程以及主观体验，比较具有代表性的包括了"感受""印象""震撼""宏伟""推荐""值得"等。由此可见，人们通过建筑来源和历史职能的角度对天坛的历史文化意义与地位进行了解，在雄伟的祈年殿、奇妙的回音壁与端庄的圜丘之中感悟北京的皇家文明，深入地理解中国古代在人与自然关系方面的大智慧。

（十三）先农坛

中国作为一个历史悠久的农业大国，农神崇拜一直都是传统文化当中

图 3 - 14　先农坛词频分析图

的重要一环。以中轴线为参照，在西南侧有一处先农坛，与东南侧的天坛交相辉映。尽管在大众的眼中，它相较于天坛有些"低调"，但其却同样身为明清皇家坛庙建筑体系中的重要部分，作为中国历史上著名的敬农之所而具有相当崇高的地位。从图3-14中可以看到，游客对于先农坛最为深切的认知是在其历史职能层面：先农坛是"古代"的"皇帝"于每年的"开春"时节带着"文武百官"举行"祭祀"仪式的"场所"，主要的礼节为"藉田礼"（或"籍田礼"），其祭拜的对象包括"先农神""太岁"等。与此同时，从"值得""神韵""古香古色""休闲""有意思"等高频词中可以看出，虽然游客人数和景区的知名度方面稍显逊色，但大众对于先农坛这一景区仍然具有很高的评价，它堪称是首都古都文化、尤其是皇家祭祀文化的一座鲜活的博物馆。

二　语义网络分析

语义网络分析是用于描述物体概念与状态及其间的关系。它是由结点和结点之间的弧组成，结点表示概念（事件、事物），弧表示它们之间的关系。

（一）什刹海

前海是什刹海地区和北海的衔接处，信息呈现多样性，包括了庙宇、饭庄、酒吧、音乐吧和观光区等。重要的是中轴线上的第一桥——万宁桥就在前海东侧。元朝时期桥西侧设有通惠河和积水潭的交汇点澄清闸，这也是京杭大运河上一处重要的设施。在收集的语料中，8处与大运河相关的语料均在此区域，如京杭运河积水潭港的石刻、碑记和大运河遗产区界桩等。这些标识突显了什刹海地区在京杭大运河中的地位。

由图3-15可看出，每当提及什刹海，人们便会想到后海，以及这里各色酒吧与胡同文化。什刹海周边地区拥有北京当地的风情特色，集居住、风貌保护、传承京味文化三重功能于一身，尽展醇厚北京味儿。除了胡同和四合院建筑极负盛名外，还有一些名人故居，具有较为浓厚的文化气息。什刹海附近的风景园区也很多，白天人们倾向于在这里一边划船一边欣赏荷花，享受这无尽的风光。到了晚上，人们又会到酒吧处放松心情，充分享受美酒佳景带来的快乐。在电视剧《什刹海》中提到了什刹海的美食，很多网友表示剧中的美食是一大看点，具有京味气息的美食让人隔着屏幕流口水，所以什刹海的京味饮食文化也是很吸引人的，许多美味的京味小吃都让游客们流连忘返。与此同时，什刹海自古以来便是文人墨客争相歌咏的风景胜地，这里大量的文化传承和风土人情，能够让当代年轻人了解到北京的历史文化底蕴，体会到浓郁的京味文化。总的来看，什刹海是老一代京味文化与新一代流行文化相互碰撞的一处十分热闹的综合型京味文化感知地。

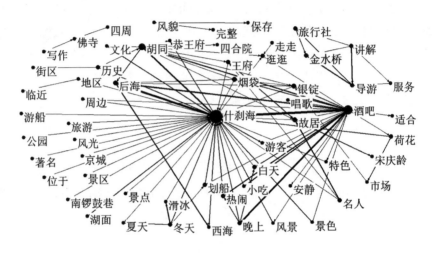

图 3 - 15　什刹海语义网络分析图

（二）南锣鼓巷

相较于规划、建筑等领域所侧重的街区空间格局、保护策略、环境风貌研究方向，南锣鼓巷历史文化街区的旅游研究更为关注街区的功能重塑、再利用以及发展问题，主要有两个视角：一是历史文化街区中的旅游业视角，着重探讨旅游者行为模式与态度、街区旅游功能重构与形象塑造等，多秉持旅游资源观念来看待历史文化街区；二是旅游化的历史文化街区视角，着眼于旅游业态成熟后的延续性现象和问题，有从居民角度探讨旅游后的历史文化街区，也有研究旅游给历史文化街区所带来的社会与物理空间的格局变化，另外还有部分学者关注旅游化带来的可持续性以及真实性等问题，其中"商业化"以及"同质化"等问题凸显，街区在游客心中的形象，特别是文化形象遭到广泛的质疑。

由图 3 - 16 可看出，人们对于南锣鼓巷的文化感知可以分为两个部分，分别以"南锣鼓巷"和"胡同"为核心。由词语的连接可以看出，人们对于南锣鼓巷的理解首先是一条"胡同"，同时也是北京的一座传统的、古老的、保存相对完整的历史文化街区。在此基础上，南锣鼓巷还拥有很多特色小吃和小店，正是由于美食所特有的吸引力让南锣鼓巷的游客络绎不绝，商业化的发展也是高歌猛进。另一方面可以看到，"胡同"一词在整个语义网络中拥有次核心的地位。北京人一直对胡同都有着特殊感情，它不仅是百姓们出入家门的通道，更是一座座民俗风情博物馆，烙下了许多社会生活的印记。南锣鼓巷地区凭借深厚的老北京的胡同文化，一直致力于从生活起居、民间手艺、民间厨艺等多个方面向广大游客展现老北京民俗文化的丰富内容。概括而言，南锣鼓巷是一个拥有历史文化气息的胡同，它的胡同文化被京味文化所涵盖，既有着商业化所带来的车水马龙的喧闹，又有许多原汁原味的老北京建筑静静地矗立于此，一种动与静有机结合的美观油然而生。

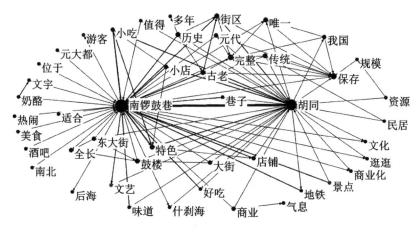

图 3-16　南锣鼓巷语义网络分析图

（三）雍和宫

雍和宫是清朝的皇家寺院，由于地处京畿的先天优势和皇家寺院的特殊身份，其建筑上悬挂使用的匾额具有数量多、种类丰富、形制规格高等鲜明特征，是佛学理念、文学理念、书法艺术、装饰艺术的完美结合。从佛教中国化的角度来看，雍和宫的匾额具有鲜明的代表性，是佛教中国化在寺院建筑方面的体现与成果，是清代佛教中国化进程和样貌的一个缩影，是佛教中国化的历史见证。

由图3-17可以明显看出，雍和宫的文化体验的主要内容是佛教文化下的祭拜与祈福行为，与此同时，公众对于其建造和发展的历史背景也投入了许多关注。以"雍和宫"一词为核心，包括"皇帝""雍正""乾隆""藏传""佛教""香火"和"寺庙"等词语在内，一同构成了雍和宫语义网络的核心圈层。雍和宫原为清代雍正皇帝即位前的府邸，属于中国北方庭院式建筑，有着"龙潜福地"的美誉。提及雍和宫，大家最能想到的还是它所体现的宗教文化，作为北京最大的藏传佛教寺院，在雍和宫可以看到佛教的中国化，佛教语汇的中国化，是伴随着佛教的传播发展以及时代与语境的变迁，佛教术语词汇也发生着潜移默化的变化，不少词语逐渐走向人文化、世俗化、中国化，且为社会大众普遍应用，雍和宫的汉文匾额就体现着这种变化情况（刘军，2021）。可以看出，人们对雍和宫的文化感知具有较强的宗教性与历史性色彩，在欣赏美轮美奂的皇家建筑的同时，对佛教文化的博大精深也能有深刻体会。

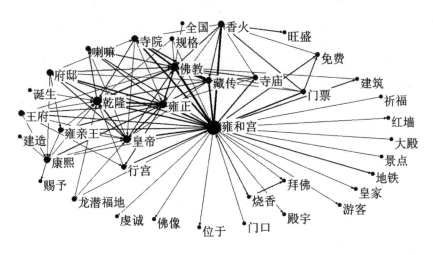

图3-17　雍和宫语义网络分析图

（四）国子监

所谓国子监是指中国古代在隋朝之后的中央官学，也是中国古代教育系统中最高的学府。而北京国子监具有两个方面的功能，首先就是具有国家管理机关的功能，其次就是当时的最高学府。国子监主要是为太学而成立的，不仅仅是国家中对经义进行传播的机构，同时也负责对国家教育方面的内容进行管理。

由图 3-18 可看出，由于政府部门的规划策略，"国子监"与"孔庙"紧密地连接在了一起（二者合称"北京孔庙和国子监博物馆"）。与国子监紧密相连的是"教育""学府""太学"等词语，可以看出人们对国子监"古代最高学府"的身份有着深刻的感知与认识。孔庙作为古代皇帝祭祀孔子的场所，时至今日，南来北往的参拜客人依旧络绎不绝。由此可见，孔庙和国子监博物馆是承载中国儒学经典、弘扬中国传统文化的重要窗口。随着科技的发展，国子监也以创新的形式发生着改变，国学文化大讲堂、孔庙国子监国学文化节等活动的召开，让人们可以从中感知到经历数千年沉淀的中国传统儒学文化，在新时代的新方式之下感知孔庙、国子监的独特魅力。

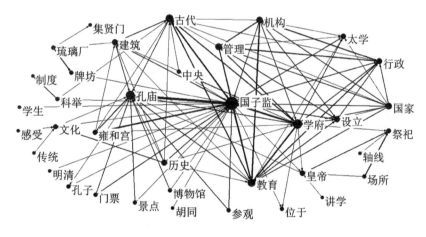

图 3-18　国子监语义网络分析图

（五）张自忠路

在北京，正式以现代人物姓名命名的街道只有三处，而张自忠路便是其中之一，它地处北京市东城区的交道口地区，作为中国近代史的重要见证者而具有较高的历史地位。

从图 3-19 可看出，与其他多数文化精华区不同，张自忠路的语义网络核心并非文化区的名称本身，而是"外贸"一词，这种现象体现出：比起其所拥有的红色文化内涵与氛围，张自忠路当前的商业街道属性似乎更加令人印象深刻。核心圈层的内容主要是游玩过程中所进行的购物行为。人们在各具特色的小店和商铺购买价格便宜而又不失质量的优质商品的同时，还不忘对这里的整体环境和宽敞程度给予好评。但作为一个历史文化精华区，人们并未从这些游记的文本中见到许多有关抗日战争、革命烈士和历史事件的内容。1926 年 3 月 18 日在位于此处的段祺瑞执政府门前发生了著名的三·一八惨案，这是一段难以抹去且具有激励意义的历史，从"张自忠""段祺瑞""红旗"等词中还是能看到人们对那段残酷岁月的追忆，但从整个网络中这一部分所占有的比重来看，人们对这里的红色文化感知还是处于偏低的程度。总结而言，除了作为繁茂的商业街道吸引顾客外，张自忠路在中国近代史方面的价值需要得到更深层次的保护与凸显，从而更多地以红色文化感知地的身份得到游客和历史文化爱好者的关注。

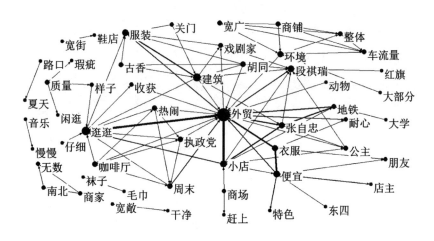

图 3-19　张自忠路语义网络分析图

（六）东四

东四代表着公共空间，公共空间是城市中供居民日常生活和社会生活而公共使用的外部空间，是进行各种公共交往活动的开放性空间场所。由于承担着城市中的经济、历史、文化等多种功能，它既是城市生态和生活的重要载体，也是城市各功能要素之间的空间映射。扬·盖尔指出，必要性、自发性和社会性的活动共同作用，使城市和居住区的公共空间变得富于生机与魅力。

由图 3–20 可看出，人们对于东四文化精华区的感知可以分为两部分，即东四自身的特色以及它的来源，而"东四"一词在语义网络中作为几个关键节点的连接点而存在。从语义网络图的"右半部分"可以看到，许多游客从来源角度对东四进行感知：早在元代，这里便因其布局特点而被称为"十字街"。在明代永乐年间，皇家在十字路口东、西、南、北各建了一座四柱三楼式木牌楼，它们被统称为"东四牌楼"，东四这一名称便由此而来。这里既记录着皇室宗亲奢靡的生活、文臣武将的辉煌足迹，更沉淀着文人墨客的清雅书香和近代军阀将帅的荣辱沉浮。观察网络的"左半部分"可以发现，时间转到现代，东四三条至八条被名列全国首批"中国历史文化街区"之列，是北京市保存质量相对完好、完整的胡同类建筑，这里的胡同排列整齐，四合院布局规整，显现了完整的"鱼骨"式的胡同肌理，而老北京特色的京味文化就蕴藏在这些极具特色的建筑当中。时至今日，东四作为一个十分繁华的商业街而存在，各种小店凭借着高超的手艺吸引了一批又一批的顾客，是人们休闲娱乐的好去处。总结来讲，东四地区不仅建筑历史悠久，而且有着深厚的历史文化底蕴，是人们感知京味文化和古都文化的绝佳场所。

（七）皇城

由图 3–21 看出，人们对于皇城的文化感知大体可以分为两层，第一层是整个语义网络的核心圈层，展现出人们对于故宫极高的历史文化价值与地位的充分认知：比如了解其位于北京中轴线的中心地带，是中国明清两代的皇家宫殿，旧称紫禁城，具有十分浓厚的历史文化底蕴。可以说第一圈层是公众对故宫文化价值的宏观理解。北京故宫是中国明清时期古建筑的最高水平代表作之一，在现代化的国际大都市背景中，故宫以其独一无二的古建筑技术成就屹立在京城的核心区域，成为首都北京乃至中国的地标建筑之一，甚至成为中国文化的象征（谢天，2020）。相对的，第二圈层则是体现出游客游玩的过程，以及游玩后的感受，比如去故宫之前要提前通过身份证在网上预约，进故宫时要安检、排队，要经过午门，在红墙、太和殿、钟表馆等建筑处见证中国古代劳动人民巧夺天工的技艺以及

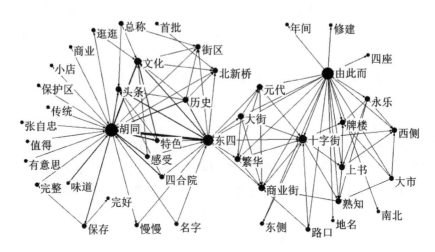

图 3 - 20　东四语义网络分析图

皇家文化的端庄森严，在充分游览故宫后领略到它的宏伟与壮观，进而感到震撼并为之深深折服。由此可见，第二圈层较为全面地囊括了游客从游览之前的期盼，到游览时的充实，再到游览之后的满足与震撼的过程。

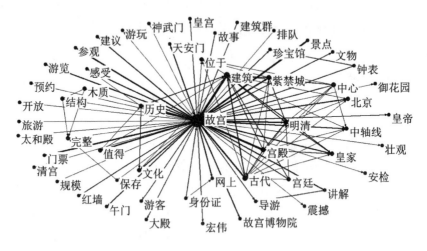

图 3 - 21　皇城语义网络分析图

具有 600 多年历史的北京故宫作为中国古代宫廷建筑之精华，从建筑构造，到其内涵都散发着古都文化气息。除了古都文化，如今的故宫融入了很多的新鲜事物，创新方式也多种多样，故宫还体现着创新文化的特点。《上新了·故宫》紧紧围绕"故宫"这一承载众多历史文化的空间展开，将古老的历史文化与现代文化潮流相结合，将严肃的史实与娱乐寻宝探索相结合，使得深邃厚重的历史文化更加贴近受众；实现了历史的趣味化、现实化、年轻化。《上新了·故宫》第二季进一步大胆创新以文物为主线、3D 技术为依托，同时融入粉丝文化元素，在细节方面努力关照年轻受众的审美需求（任红宇、杜王鑫，2020）。所以人们可以从各种方式来了解故宫的历史文化。在皇城这个文化精华区，人们可以感知到浓厚的历史文化底蕴以及新时代下对于故宫文化的创新发展。

（八）天安门

1986 年，天安门广场被评为"北京十六景"之一，景观名为"天安丽日"。这个美丽景观，就是由天安门广场整体建筑群构成的。提到天安门广场，人们就会联想到首都的红色文化。红色是中国的传统颜色，往往体现着吉祥与喜庆。而如今，人们用红色来概括革命时期勇敢的中国人民为自由与平等而拼搏努力的伟大征程。

由图 3－22 看出，在天安门广场的语义网络中，"天安门"当仁不让地成为核心词汇，与网络中的绝大多数词语都具有一定的共现关系，比较有代表性的外围词语包括了活动类的升旗、阅兵，地点类的人民大会堂、毛主席纪念堂、人民英雄纪念碑，游玩过程类的排队、参观、拍照等。天

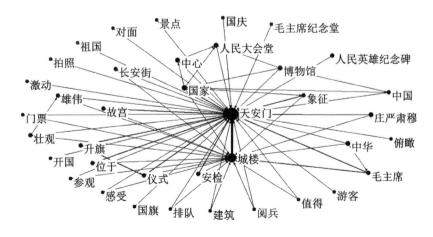

图 3－22 天安门语义网络分析图

安门广场见证了改革开放新时期中国特色社会主义建设的辉煌成就，天安门广场前的阅兵活动使其承载了更多的历史意义，阅兵仪式集合多种表意元素进行信息传播的主要诉求点落在时、空、人、物多个方面。以国庆表述国家时刻，借助阅兵表示军事力量，又从天安门空间意义描述了中国的国家形象，将观众带入政治权力及其合法性建构的历史体验（许婕、王晓宇，2019）。另外，"城楼"一词作为与"天安门"共现次数最多的次核心词语，在语义网络中也具有较高的地位。天安门城楼是伟大的毛泽东主席带领革命先辈举行开国大典的地方，时至今日，它仍然带给人们一种庄严肃穆的感受，让每个拥有爱国之心的中华儿女都激动万分。在语义网络中，其突出的外围词语有象征、雄伟、壮观、庄严肃穆等。这些外围词语和中心词语充分结合，不仅呈现出中华儿女游览天安门广场、缅怀革命先烈、抒发激昂爱国情操的美好画面，更体现出伟大的首都北京所拥有的浓厚的红色文化氛围。

（九）琉璃厂

说起此地的名称由来，可以追溯到元代，皇家在这里开设了官窑用以烧制琉璃瓦，"琉璃厂"的名称便由此而来。到了后来，尽管其本职功能逐渐没落，却在清代变得十分繁华。由于距离紫禁城很近，因而成为赴京赶考的各路学子集中居住的地区，有着相当多的出售书籍和笔墨纸砚的店铺，时至今日仍然有着较为浓厚的文化氛围。

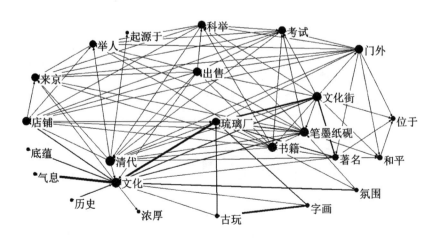

图 3 – 23　琉璃厂语义网络分析图

从图3-23可看出，由于面积较小且文化内容相对单一等方面的原因，琉璃厂的语义网络结构相对简单，词语的数量也较少。人们对琉璃厂的认知同样可以分为两个方面：透过"清代""科举""考试""举人""来京"等词语形成的共现网络可以看出，在清代，琉璃厂大街是无数为了考取功名而努力奋斗的学子来到京城所临时居住的地方，所以从那时起，这里便是拥有浓郁书香气息和深厚文化底蕴的场所；而通过"书籍""笔墨纸砚""文化街""古玩""字画"等词语得知，琉璃厂在当代仍作为首都地区重要的文房四宝、经书典籍、古玩字画的经销地和鉴赏地而贡献着自己的光与热，将风雅的气息与氛围展现给来此观赏的游客。

（十）大栅栏

大栅栏商业街与前门大街是北京城内最古老的传统商业街，历史上的大栅栏商业街与前门大街相辅相成，共同繁荣。它们都是在元代形成，在明朝逐渐形成规模，在清朝和民国到达鼎盛时期，在1949年后逐渐衰败。从古至今，大栅栏商业街与前门大街都经历了五次改造。

由图3-24可看出，在大栅栏地区的语义网络中可以发现，在提到核心词汇"大栅栏"的时候，人们谈论最多的词语为"前门""商业街""老字号"，这些词语体现了公众对于大栅栏的基本印象：大栅栏作为前门地区的一条东西走向的知名景区，与南北走向的前门大街交相辉映，共同构建起了一片感受首都京味文化的精华区域；从该景区的内容上看，大栅

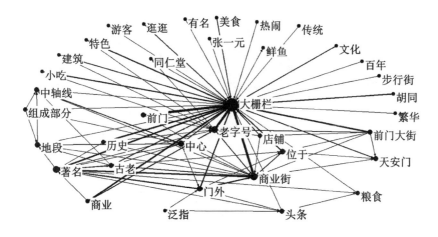

图3-24　大栅栏语义网络分析图

栏是北京一条著名的商业街、步行街，在这里有许多已经延续百年的老字号，有以胡同为代表的老北京建筑，也有颇具特色的美食小吃，一直作为古老而又繁华的商业地区享誉全国，是南来北往的游客体会京味文化的必经之地。大栅栏历史文化保护区作为北京旧城重要的城市片区，是中华人民共和国成立以来重大历史事件的"见证者"，是历史延续最长、遗物遗存最多、旧城风味最浓、范围最大的传统市井文化区，其对于历史文化的传承也最为生动、真实。在历史的沿革过程中，该地区也保留下了大量的风格多样的特色建筑群，对于想要体验老北京旧城风味的文化爱好者而言是个不可多得的好去处。

（十一）前门

前门即正阳门，原名丽正门，是明清两朝北京内城的正南门。据地方志上记载：当时的城楼、箭楼形制高大，瓮城气势雄浑，是老北京城垣建筑的代表作品。现如今瓮城已经消失，但其仍是北京城内保存最为完好的一处城门。

从图3-25可看出，正阳门作为前门的正式名称而被广大游客熟知，作为其俗称的前门一词在整个语义网络中也具有相对较高的地位。除此之外可以看到，公众不仅对正阳门的职能和其建造、修缮的历史有较高程度的关注，对于以正阳门为标志建筑的前门大街以及同样坐落于中轴线上的天安门广场（包括毛主席纪念堂）也有着一定的感知。其中，前门大街凭

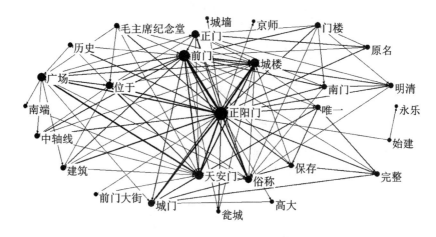

图3-25　前门语义网络分析图

借古色古香的原味建筑风格以及名扬四海的老字号吸引了无数京内外游客前往观光，相比于故宫、天坛所展现的庄重森严的皇家文化，游客们在这条街上感受到的更多是一种属于"平民百姓"的悠然自得，一股浓浓的老北京味道就蕴藏其中。整体来说，前门是北京的京味文化与古都文化结合得最为密切且最为自然的地区之一，它无论是作为旧时代的文化标识还是新时代的繁华街区，都很好地发挥了自己的职能。

（十二）天坛

天坛为"天坛公园"的简称，坐落于东城区永定门内大街东侧，占地约273万平方米，是全国重点文物保护单位、国家5A级旅游景区，同时也是首都古都文化的重要感知地点。

由图3-26可看出，与作为网络核心词语的"天坛"共现密切的词语主要分为两类：一类是包括圜丘、祈谷、祈年殿、回音壁在内的地点类名词，呈现出整座园区中最受游客喜爱的几大景点；另一类是皇帝、祭天、祭祀、五谷丰登等词语，体现出游客对于天坛的历史文化功能的清晰认知。天坛一词是圜丘、祈谷两坛的总称，祈年殿则是天坛的主体建筑，又称祈谷殿，在明、清两代是帝王祭祀皇天、祈五谷丰登之场所，而从其所寄予的文化内涵角度讲，祈年殿是中华国礼文化之大成，表达了人们对于天的憧憬和对丰收的期盼。回音壁是皇穹宇的围墙，墙的弧度极其规则且表面十分光滑整齐，即使在墙的一边低声细语，另一侧的游客也能听得一

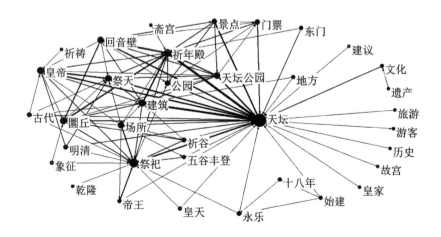

图3-26　天坛语义网络分析图

清二楚，正是这种奇观趣象让回音壁成为天坛游客最为青睐的景点之一。此外，坛内主要建筑还包括皇乾殿、斋宫、无梁殿、长廊、双环万寿亭等，还有三音石、七星石等名胜古迹。天坛作为历史文化遗产，在坛内的每个角落都展现出中华民族独有的文化魅力，体现着中国特有的人文天文观。《礼器》曰："忠信，礼之本也；义理，礼之文也。无本不立，无文不行。""礼"是一个人的为人处事的根本，也是人之所以为人的一个标准。人们可以在天坛感受到中国古代的古都文化，感知到中国的礼仪文化。总结而言，人们对天坛的感知是从历史的角度出发，对天坛的建筑风格及其承载的历史文化功能进行深入了解，进而感受到古代祭祀文化的奥秘。

（十三）先农坛

清雍正帝在历史上的作为可圈可点，尤其是在位期间对农业在国家政治中的地位给予了很高的定性。其中，在农业神祇祭祀上采取的做法是中国古代绝无仅有的，那就是将中国古代农业神祇——先农神的国家祭祀制度推广到全国地方一级实行，使中国古代重农思想在封建社会行将结束之时深入人心。

由图 3 - 27 可看出，人们对先农坛的认知可以大致分为两层。首先，从其"身份"与"地位"角度讲，先农坛是一座明清时期的古建筑群，是皇家恢宏历史的建筑载体，它位于故宫（紫禁城）的西侧，以中轴线为基准，与东侧的天坛交相辉映。先农坛的建筑群，从明代始建至清代乾隆时

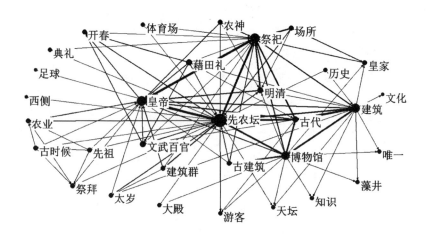

图 3 - 27　先农坛语义网络分析图

期大修，整体布局基本完整，建筑的构筑特色及艺术风格也基本保留了明代的特征。先农坛内部还建有北京古代建筑博物馆，其作为我国第一座集中研究和展示中国古代建筑技艺及其发展史的专题性博物馆而广受关注。其次，从历史文化功能角度来看，它是每年开春之际皇帝携文武百官对先农神进行祭祀的地点，历史资料显示，先农之祭包括祭先农和耕籍田。祭先农，顾名思义是祭祀先农神，耕籍田则是统治者为了展现对农业的重视，这种帝王亲自耕种土地的礼仪被称作"籍田礼"（或"藉田礼"），中国古代皇家就通过这种方式祈求五谷丰登、六畜兴旺。总的来看，中国自古以来社稷之祀渊源已久，修建先农坛的目的是"以重祀典"。人们可以在先农坛感知到古代人们对于祭祀文化、礼仪文化的重视，换言之，先农坛作为明清时期的皇家祭祀场所，也作为首都古都文化的重要载体受到了各方游客的广泛认知。

第三节 问卷调查分析

一 数据采集

本次问卷调查研究于 2022 年 12 月 14 日依托问卷星平台发放调查问卷，截至 2023 年 2 月 9 日，共回收到问卷 208 份，其中有效问卷 208 份，有效率为 100%。通过初步整理问卷资料，对其中的信息进行分析、归纳和总结，进而得出调查结果，分析人们对北京文化精华区的感知情况。

对调研样本进行描述性统计分析，有效样本的人口统计学特征为：从性别来看，样本结构的男女比例分别为 44.23% 和 55.77%，男女比例基本适宜。调查样本结构中，年龄层次分布以中青年人群居多（介于 18—30 岁以及 31—50 岁以上的居民分别达到 75.96% 和 15.87%）；受教育水平以本科居多（比例为 57.21%），其次为硕士以上（27.40%），大专、高中及以下（均为 7.69%）；从事职业中学生占半数以上（68.75%），其次是公司职员（15.38%）和公务员（6.25%）。一直在北京居住者占比例最高，为 37.02%；在本地居住 20 年以上的居民达 5.77%，居住 11 年至 20 年和 5 年至 10 年者分别为 10.58%、7.69%，居住五年以下者为 20.67%；

游客为 18. 27%。总体来看，调查样本结构合理，适宜展开具体分析论证。通过问卷星平台的在线 SPSS 分析（在线 SPSS 分析功能由问卷星战略合作伙伴 SPSSAU 平台提供），进行可靠性度量分析，得出总体样本数据 Cronbach α 系数信度值达到 0. 766，说明问卷样本具有较好的可靠性。

从文化感知与性别的关系来看，以天安门广场文化精华区为例。在文化感知的高频词分析中，天安门广场精华区最多的高频词是"国家""庄严肃穆""壮观""雄伟""激动""值得""中华"等词语，因此可以看出人们的文化自信，对于天安门广场油然而生的自豪感，同时体现了人们对于国家的热爱。从相关分析和交叉分析的结果来看，天安门游客的性别与去天安门的次数、是否参加过升旗仪式、是否了解在天安门发生的重大历史事件、天安门是否为北京旅行的必游之地等问题的相关性不明显，女性对于天安门广场的文化感知度略高于男性。

从文化感知与年龄的关系来看，以什刹海—南锣鼓巷文化精华区为例。此精华区的文化感知活力仅次于天安门广场，其主要原因是采集的数据主要源于18—30岁，这个年龄段的大多数人是通过多媒体来了解各个景点的，通过网红打卡地吸引更多的年轻人。通过相关分析可知，年龄与"您认为南锣鼓巷的建筑改造符合明清时期的历史原貌"正相关且回归系数为0. 21，并通过了1%的显著性水平检验。"小吃""酒吧""文艺""唱歌""美食""滑冰"等与年轻人密切相关的高频词出现，年轻人以新的方式感知城市文化。由此可知，北京的城市空间文化感知由于群体主体的不同，也会呈现不同的方式。

从文化感知与文化的融合性的关系来看，以故宫和雍和宫—国子监文化精华区为例。故宫和雍和宫都是传统文化气息浓重的地方，国子监是中国古代最高学府和教育管理机构，很多的文创产品也相继而出，将文化鲜明的景点与现代人的喜好相融合，以新的方式增强人们对于传统文化的感知力。在调查中，很多人都了解过故宫的口红、雍和宫的刺绣、孔庙和国子监博物馆的"前程似锦""鱼跃龙门""紫藤花蔓"等原创系列产品等文创产品。事实证明，文化创新与融合能使传统文化焕发新的生机和活力。在收集的数据中，大多数人表示"支持，与时俱进、推陈出新更能焕发出新的活力"的观点。在文化开发和创新的同时，也应该对历史文化进行保护。比如南锣鼓巷精华区本来以胡同文化出名，而南锣鼓巷几经变迁后，呈现与周围胡同居住割裂严重、空间匀质化、缺乏特色空间等问题，居住的院落空间被侵占后，失去了原本四合院的秩序，居住的人们缺乏社区归属感和文化认同感，所以不能因为创新和融合，而破坏了原来文化的完整性。南锣鼓巷还呈现过度商业化，历史文化景观与商业街不平衡，同时不少商户与南锣鼓巷体现的历史文化氛围无关，呈现无特色的商铺在南锣鼓巷发展过旺的问题。总而言之，故宫、雍和宫—国子监，什刹海—南锣鼓巷这些精华区文化的创新和融合，吸引了无数年轻游客，说明成功的文化创新和融合能够促进人们的了解，进而提升人们对文化空间的感知能力。

从文化感知与精华区宣传广告的关系来看，有一个很明显的现象，皇城、天安门广场、南锣鼓巷这些精华区的文化感知活力是最高的，宣传也做得很好，故宫的《故宫100》《我在故宫修文物》，天安门广场大阅兵与升旗仪式，南锣鼓巷的网红打卡地，相比以前，现在这种创新性的宣传方式更吸引游客，让游客自己主动去了解这些文化。其他文化感知活力不高的精华区如果使用创新宣传方式，也会提升人们的感知能力，这些精华区自身都不缺少魅力与历史文化，缺少的就是精华区与人们之间的沟通交流，只要吸引了人们的注意力，这些精华区的文化感知力就会提升。

总的来看，北京老城具有一定的文化活力，对于热点精华区来说，人们的文化感知更加强烈，并且对于某一个精华区来说，不同人的文化感知有一定的差别。但是，人们的总体文化感知是相同的，比如人们对于天安门广场的感知为爱国情怀，大部分人了解在天安门发生的重大政治、历史事件后，深深折服和感动于天安门所记载的中国人民不屈不挠的革命精神和大无畏的英雄气概。对于某些精华区来说，人们的了解没有那么深入，文化感知能力相对来说较弱一些，年轻一代的人更关注的是娱乐生活，人们的感知以娱乐、美食、参观为主，比如什刹海。对于这样的精华区，更应该发掘历史文化底蕴。所有的历史文化街区都具有自己的文化内涵，只是人们的感知存在于表面，所以对于历史文化的挖掘有待深入。

从精华区的角度提高文化感知度，可以深入挖掘精华区的历史文化内涵，以年轻一代的方式宣传出来，比如文创产品、多媒体宣传等。从人们的角度提高文化感知度，应该让人们切身感受北京历史文化，了解精华区的历史文化，当有一定的了解之后，才能有文化感知。文化感知度是文化活力的直接反馈，本小节对北京历史文化精华区的文化感知情况进行了分析，这有助于有关部门针对感知较弱的内容加强宣传，并且定期开展走读研学活动，最终提升人们对北京老城的文化感知。在未来，应尝试推广到全市，并且结合多源大数据等，高效计算并获取人们的文化感知情况，为城市文化活力建设出谋划策。

二　结果分析

（一）什刹海—南锣鼓巷

从问卷结果来看，208 份问卷中，有 162 人去过什刹海—南锣鼓巷（占比 77.88%），这在北京 13 个文化精华区中，去过什刹海—南锣鼓巷的人数仅次于天安门广场。但不了解什刹海—南锣鼓巷的历史的人数占了40.38%，了解（占比 19.23%）和非常了解（占比 3.37%）的人数较少。人们到什刹海—南锣鼓巷的目的主要是了解胡同文化、体会风土民情、品尝美食、看风景和拍照打卡。大部分人认为南锣鼓巷的建筑改造较为符合明清时期的历史原貌。提及北京什刹海，大部分人第一个想到的是后海。人们参加过什刹海举办的文化活动较多的是文化旅游节、历史文化展和文化探访体验线路。

什刹海，是北京市历史文化旅游风景区、北京市历史文化保护区。位于中心城区的西城区，毗邻北京城的中轴线，是北京城内面积最大、风貌保存最完整的一片历史街区，在北京城市规划建设史上占有独特的地位。关于什刹海的历史，人们的了解程度不高，游客去什刹海的目的大多是以休闲娱乐为主，仅少数是为了参加文化活动。什刹海体现的是北京的古都文化，但是人们的文化感知是比较娱乐性的。

南锣鼓巷是北京最古老的街区之一，南锣鼓巷保存完好、存量丰富的院落与街巷格局历经百年，一直作为当地居民内、外部公共空间而存在。多数人对南锣鼓巷历史表示了解，人们去南锣鼓巷大多也是为了娱乐，但有部分人是为了了解胡同文化。南锣鼓巷的胡同也是老北京的特色，多数人是为了去吃东西，南锣鼓巷的小吃也是十分具有老北京的味道。南锣鼓巷充满着京味文化，促使着人们去那里寻找老北京的印迹。从分析结果来看，南锣鼓巷地区适宜的功能定位是以居住为主的传统空间体验旅游区，发展关注的主旨功能是居住与传统空间体验，其空间服务对象是原住居民与以空间为消费对象的游客。

（二）雍和宫—国子监

从调查问卷结果来看，57.69%的人去过雍和宫—国子监，但56.25%的人对雍和宫的"刺绣"文创产品不了解。当今，雍和宫以"香火旺"而著名，45.18%的人表示没去烧香请愿过，去过的人占22.12%。62.5%的人表示没买过雍和宫的相关文创产品但有兴趣想买。国子监，是中国古代最高学府和教育管理机构。在孔子诞辰之日，国子监中学的学生会在孔庙中大声朗读《礼运·大同篇》。对国子监中的孔庙知道和较为了解的人数占42.31%，也有40.38%的人不了解。国子监建筑特征是以中轴线为标注而建筑，对北京古建筑的修筑特色较为了解的人数占49.04%。由问卷结果可以看出，大多数人对国子监是比较了解的，也有多数人是比较了解其中的孔庙文化的。国子监的文化气氛比较浓重，人们对国子监普遍了解。在历史性街道举办的文化庆典，需要深入发掘街道的底蕴，开展符合街道定位的活动。国子监更加偏向教育，它的教育文化也是非常吸引人们的，所以人们对国子监的文化感知是教育气息十分浓厚。

（三）张自忠路北—新太仓

调查问卷结果显示，对于张自忠路北和新太仓胡同的历史背景，34.13%的人表示较为了解，54.81%的人表示不了解。张自忠是国民党抗日英雄，以其名字命名重要道路，39.42%的人认为这是对张自忠将军的赞扬，34.62%的人认为这是对抗日民族统一战线的认可。张自忠路北和新太仓胡同有例如孙中山逝地等著名文化遗址，40.38%的人表示较为想去，39.42%的人表示想去的意愿一般。张自忠路和新太仓都有历史和现代的文化融合，49.52%的人认为这种融合焕新了两地的文化活力。

（四）张自忠路南—东四三条至八条

根据调查问卷结果，64.9%的人表示去过张自忠路南—东四三条至八条文化精华区。34.62%的人表示较为了解张自忠将军的光辉事迹，也有42.31%的人表示不了解。40.38%的人认为此文化精华区的文化活力较高，但也有45.19%的人认为其文化活力较低。同时，绝大多数人对于张自忠路南和东四三条至八条区域胡同有所了解。东四保留了大片具有最典型平面的四合院落，具有北京旧城最典型的院落与街坊生长模式和完全的"鱼骨"式肌理。北京东四作为北京历史街区之一，承载着更多的历史信息价值，现存的历史街区中存在大量文保类建筑、保护类建筑等，建筑类型丰富。可以得出，人们对张自忠路南—东四三条至八条了解程度较高，并有较高的保护意识。该区域充满了京味文化、古都文化，其文化感知是历史性比较强。

（五）东四南

由调查问卷结果可知，41.83%的人认为东四南文化精华区的文化活力较低，也有41.35%的人认为其文化活力较高。62.02%的人表示没去过东四南大街。东四南的禄米仓见证了明清至民国时的中国变迁，47.6%的人对于了解禄米仓遗址的意愿一般，41.35%的人想了解禄米仓遗址。东四清真寺是中国伊斯兰教协会会址，41.83%的人认为其能提高东四南的文化多样性。东四南进行的"京韵，大市"古风貌改造意在恢复东四的古风貌，42.31%的人觉得很好，能还原京味。47.6%的人觉得不错，能继承与发展传统历史文化。东四南大街是黄金地段，人流量非常大，51.44%的人认为这些因素能提高该地的文化活力。

（六）白塔寺—西四

调查问卷结果显示，42.79%的人认为白塔寺—西寺文化精华区的文化活力较高，也有41.83%的人认为其文化活力较低。妙应寺、历代帝王庙、弘慈广济寺、中国地质博物馆等文化景点都在此文化精华区内，51.92%的人表示去过中国地质博物馆，38.94%的人表示去过历代帝王庙。白塔寺—西四是出名的佛教文化区，42.79%的人表示对此较为了解，也有40.87%的人表示对此不了解。白塔寺内著名建筑白塔因保护修缮需停馆两年，70.19%的人认为这是对文物与文化的保护。

（七）故宫

从问卷结果来看，47.6%的人较为了解故宫的历史。64.9%的人认为，为了更有效地保护和利用好故宫，不仅应该保护好故宫建筑，更应保留住故宫独特的历史文化和社会风情。在古代，故宫的功能就是服务于皇帝，而今故宫已成为寻常百姓的休闲娱乐之所，56.25%的人在浏览故宫时会有类似于"古代皇帝简直生活在人间仙境"之类的想法。69.23%的人对在故宫中融入现代化元素持支持态度，他们认为与时俱进、推陈出新更能焕发出新的活力。现今北京故宫推出相关文创产品，对于"故宫文创""故宫口红""故宫淘宝""故宫联名"系列产品，45.67%的人表示买过，

44.23%的人表示没买过但有兴趣。关于故宫的文创产品，人们的接受度很高并且很乐意购买。故宫文创的出圈给很多博物馆带来了启示：推出文创产品是博物馆获得年轻一代喜爱的可行之道。各省级和地市级博物馆具有地方特色，其文物也有着独特的文化意义和文化价值。驱使人们去故宫旅游的主要意愿是参观古迹、了解文化和重温历史。故宫的古迹对人们有着较强的吸引力，人们对故宫的恢宏的建筑印象也较为深刻。故宫作为世界现存最完整的木结构建筑群，给人们留下了很深的印象，所以对建筑的保护与宣传是非常重要的。在文化创新方面，故宫需要在保护故宫古迹的前提下进行创新，贴合现代审美，为游客带来更为舒适的体验。总的来说，故宫充满着古都文化和创新文化，同时人们对故宫的文化感知源于其厚重历史文化底蕴的魅力。

（八）天安门广场

从208份问卷结果来看，去过天安门广场的有194人，占比为93.27%；去过天安门广场三次及以上者有131人，占比为62.98%。其中，有124人（占比59.62%）参加过天安门举办的升国旗仪式。对于天安门所记载的中国人民不屈不挠的革命精神和大无畏的英雄气概，对五四运动、一二·九运动等无数重大政治、历史事件，了解（76人，占比36.54%）和较了解（96人，占比46.15%）的人数居多。绝大部分人（178人，占比85.58%）认为天安门广场是旅客在北京旅行中的必游之地。

天安门位于北京市中心，故宫南侧，是首批全国重点文物保护单位之一。全国大多数人对天安门广场有着特殊情感，并表示如果到北京旅行，天安门广场是必游之地，很多人会去观看升旗仪式。1949年10月1日，自毛泽东同志在天安门城楼上庄严地宣布中华人民共和国成立的那一刻起，天安门广场就成为了中华人民共和国的象征，开国大典是天安门历史上永远的光荣。从问卷调查结果可以看出，人们对天安门广场感情深厚，前去参观的意愿较强。由此可见，天安门广场的符号内涵不是自发产生的，人们受对天安门广场的感情大多来源于其历史特性，人们受到在天安门广场前发生的事件的特定影响，加深了人们和天安门广场之间的红色文化的关联，使天安门广场的符号内涵不断地丰富与深化。

（九）东交民巷

由问卷调查结果可以看出，48.08％的人认为东交民巷的文化活力较高。东交民巷胡同西起天安门广场东路，东至崇文门内大街，全长近1.6千米（算上西交民巷共3千米），是老北京最长的一条胡同。46.63％的人听说过东交民巷地名的由来。东交民巷是清末民初时期多国的使领馆所在地，至今保有大量的西洋风格建筑，在东交民巷的著名景点中，62.98％的人表示去过使领馆，35.58％的人表示去过花旗银行，34.62％的人表示去过六国饭店。东交民巷使馆建筑群位于北京市东城区东交民巷，形成于1901年至1912年，是一个集使馆、教堂、银行、官邸、俱乐部为一体的欧式风格街区，对于东交民巷的相关历史，44.23％的人表示较了解，39.42％的人表示不了解。东交民巷曾在近代史作为各国的使领馆地区，以中西结合的建筑而闻名，对于东交民巷相关的建筑特色，41.35％的人表示较了解，38.46％的人表示不了解。东交民巷的警察博物馆是在打击违法犯罪和维护宪法法律尊严等方面作出巨大贡献和取得辉煌成就的印证，17.31％的人去过东交民巷的警察博物馆，31.73％的人没去过，35.58％的人表示有想去的意愿。

（十）南闹市口

问卷调查结果显示，44.23％的人认为南闹市口文化精华区的文化活力较高，也有38.46％的人认为其文化活力较低。南闹市口前大街的复兴门建于明永乐年间，43.27％的人表示较了解复兴门，也有40.38％的人表示不了解。南闹市口作为辽金元明清时的聚集地，一直以居住功能为主，大多数人知道南闹市口有西单、金融街、四合院、繁星戏剧村等其他类型的城市功能区。在民族街对面、金融街高楼大厦的围合中，有一条不是那么起眼的南闹市口，其中有著名的李大钊故居，对于李大钊故居，44.23％的人较为了解，36.54％的人不了解。南闹市口的宣武门以其特色建筑色彩而文明，对于宣武门的历史文化，40.38％的人较了解，39.42％的人不了解。64.9％的人去（再去）南闹市口的意愿一般，29.33％的人表示非常愿意。43.75％的人认为南闹市口的文化活力较高，但也有39.9％的人认为其文化活力较低。

（十一）琉璃厂—大栅栏—前门东

由问卷结果可以看出，62.98％的人去过琉璃厂—大栅栏—前门东文化精华区。琉璃厂历经沧桑，仍然以"书香"闻名于世，琉璃厂有着自己独特的文化圈，45.67%的人认为，琉璃厂的"百年老店"令人向往。17.31%的人因当地的"中国书店"而知晓，16.83%的人听说过大品牌"荣宝斋"，也有少数人知道古玩铺的古董，知道琉璃厂的"对联文化"。人们对于琉璃厂的认知各不相同，且占比较为分散。由此表明，琉璃厂的历史文化对于人们有各种不一样的魅力，人们对于琉璃厂历史文化感知具有很深的挖掘潜力。大栅栏商业街有叫做刘老根大舞台的戏，沉淀着许多老北京的"家常事儿"，46.15%的人表示对老北京的生活较为了解。前门东的"前门"也叫正阳门，是明清两朝北京内城的正南门，对于前门的历史，40.87%的人表示较为了解，36.54%的人表示不了解。前门东大街的老字号商铺众多，例如"天下第一烤鸭"的全聚德，46.63%的人表示较为了解前门东大街的老字号。

（十二）宣西—法源寺

由问卷调查结果可以看出，宣西—法源寺是首都建设全国文化中心不可多得的物质精神财富与审美资源，42.31%的人对其中的文化方面感兴趣，25.48%的人对其中的宗教方面感兴趣。宣西社区在近现代随着社会背景的变化渐渐衰落，对于保卫老北京胡同文化，50%的人认为其随时代发展，39.9%的人认为其刻不容缓。42.79%的人认为法源寺的现存文化价值是值得保护并在社会中传播的。宣西—法源寺等北京老城区尚待发展其特色文化，47.6%的人认为弘扬老北京文化重要，26.44%的人认为一般，20.67%的人认为非常重要。大部分人认为，法源寺历史文化特色较为明显的地方主要在宗教文化、传统民居与街巷格局、名人故居、特色传统小吃等方面。

（十三）天坛—先农坛

由调查问卷结果可知，59.62%的人去过天坛—先农坛。去天坛—先农坛的目的主要是去参观古迹、了解文化和历史。天坛是帝王祭祀皇天、祈五谷丰登的场所，47.12%的人表示听说过此事。天坛在1998年作为文化遗产列入《世界遗产名录》，36.54%的人较为了解，但也有39.42%的人不了解此事。天坛以严谨的建筑布局、奇特的建筑构造和瑰丽的建筑装饰著称于世，41.35%的人表示对天坛的印象非常深刻，但有44.23%的人表示对其印象一般。

　　先农坛是明清两代皇帝祭祀山川、神农等诸神和行"籍田礼"的重要场所，亦是皇家最早在北京城南设立的仅有的一座皇家禁苑，44.23%的人表示听说过此事。驱使人们去游览先农坛的主要要素是其历史文化、建筑彩画、琉璃贴饰。先农坛具有意义非凡的文化价值，多数人认为修缮先农坛是非常重要的，对文化的传承也是非常有必要的，且表示了解先农坛的历史文化的作用和地位。文化传承方面，先农坛蕴含着中国传统优良的古代农业文化，多数人认为保护与传承这些文化是重要的。先农坛比较著名的历史文化还是其祭祀文化，人们对先农坛的文化感知主要在其祭祀礼仪方面。

　　本次研究采用线上形式进行问卷调查，由于线上调查条件有限，不能严格划分居民为主体，得到的结果是针对游客和居民两个主体。所以采用大数据和小数据相结合的方法，通过网络评论文本数据和问卷调查数据，对北京老城文化精华区的文化感知进行综合评价。研究得知，天安门广场、什刹海—南锣鼓巷、皇城、雍和宫—国子监、天坛—先农坛、张自忠路南—东四三条至八条、琉璃厂—大栅栏—前门东的热度最高，游客对这些旅游开发程度较高的区域更有兴趣，并对其他区域如何提高文化感知度提出了一些建议。本次研究按古都文化、京味文化、红色文化和创新文化四大类，对十三片文化精华区进行了文化内涵的分类。本次问卷调研重点在于研究北京文化精华区的文化感知意义，并在此基础上深入研究北京各精华区的文化内涵。

第四章 北京四类文化感知评价

第一节 研究数据与方法

一 微博数据预处理

这里使用的社交媒体数据为2019年北京市域范围内所有签到类型的微博数据。在对微博数据进行分析前，首先对其进行预处理，目的是要提取有效的文本内容，排除包括颜表情、特殊符号等非文本内容，具体过程如下：

步骤1：对于微博中所包含的表情［］、话题##、@内容、＜＞内容、【】内容、网页链接、邮箱地址以及其所附带的视频文件予以删除；

步骤2：分享商品的微博内容（即通过复制该信息到购物软件可获取商品购买信息的微博），整条予以删除；

步骤3：转发、分享、秒拍等性质的微博也予以删除。

通过上述操作，最后获得了微博用户自主发表的、能够表达其真正情感的微博数据。同时，每条微博中不含实际意义的文本和非文本内容也被剔除。最终，使用预处理后的微博数据分析用户对北京"四类文化"的感知。

通过阅读文献资料，搜集能够体现北京"四类文化"的意象，并将其作为检索用的关键词，分别归纳到"四类文化"中去，通过数据库的查询功能，对2019年北京的全部1162万条微博签到数据进行选取。

共选取了432个关键词，每个关键词都属于"四类文化"中的一类，并以此为依据，摘取到共130万条微博数据（其文本内容至少包含432个关键词中的1个）。这些微博数据不仅包含了文本内容，也拥有经纬度和微博编号，如表4-1所示。

表4-1　　　　用于检索北京"四类文化"相关微博的关键词样例

古都文化	京味文化	红色文化	创新文化
宫殿	艾窝窝	爱国	798（北京798艺术区）
古建筑	八角鼓	八路军	UCCA（尤伦斯当代艺术中心）
国子监	爆肚	党性	创新产业园
故宫	茶汤	根据地	创意城市
恭王府	豆面糕	工农红军	科技城
康熙	广德楼	红歌	文化创意
祈年殿	胡同	烈士陵园	文化传媒
青砖灰瓦	蛤蟆吐蜜	华诞	艺术展
雍和宫	京剧	卢沟桥	演唱会
元大都	老字号	阅兵	音乐节

二　BERT 模型与 BERTopic 模型

（一）BERT 模型

自然语言处理（Natural Language Processing，NLP）是人工智能和语言学领域的分支学科。近年来，深度学习方法迅速发展，这使得自然语言处理领域中的机器翻译、机器阅读、命名实体识别、对话生成等多项关键技术都取得了巨大突破，而文本预训练技术也在这一时期有了长足的进步（李舟军等，2020）。舍弃模型中的随机初始化，用大规模的成熟语料库对模型进行预训练，从而让机器获得足量的信息与经验去判断一段文本所属的类型，这便是预训练技术的核心思想。它可以被视作一种正则化，能够有效避免对小样本数据的过度拟合现象（岳增营等，2021）。

总体而言，预训练模型的发展可分为两个时期。早期的预训练是一种静态技术，诸如 NNLM、Word2Vec、GloVe 和 FastText 等静态的方法对不同语境的适应能力较弱，同时也无法很好地处理一词多义等问题，这也推动着预训练技术向着动态化方向发展。BERT 作为谷歌公司于 2018 年发布的新一代动态语言预训练模型，在一定程度上解决了自然语言处理领域存在的诸多经典难题（Devlin Jacob 等，2018）。其中，针对静态方法一直难以攻克的综合文本上下文进行判别的问题，BERT 模型则是在预训练的时候同时考虑到每个词左右两边的词，并创新性地提出了 2 个预训练任务：第一，MLM（Masked LM）任务，对于指定的一句话，随机抹去其中的 15% 左右的词语，用剩余的词去预测这些被暂时抹去的几个词分别是什么；第二，NSP（Next Sentence Prediction）任务，给定一篇文章中的两句话，判断第二句话在文章中是否紧跟在第一句话之后。正是 BERT 模型在多个方面的独特创新性，使得其在一系列句子级和标记级任务上都实现了更加先进的性能（王春东等，2022），并成为该领域中一个十分重要的里程碑（李舟军等，2020；李瑜泽等，2021）。该模型问世后，也逐渐被应用到情感分析、舆情分析等多类下游任务中去，也成功地让预训练模型在更大的范围内被认可和接受（钟佳娃等，2021；崔璐明等，2021）。

（二）BERTopic 模型

主题模型是一种非监督机器学习技术，能够在大量的文本内容集合里剥离出抽象的主题，从而帮助研究者更好地理解与总结这些信息（郜童童等，2019）。早些年的文本挖掘工作中，潜狄利克雷分配（Latent Dirichlet Allocation，LDA）模型是最为流行的主题建模技术（郜童童等，2019；梁晨晨、李仁杰，2020）。作为一种基于单词共现的方法，LDA 模型只对长文本有效，同时其产生的主题内部可能会出现重叠的特征词（Abuzayed A、Al‐khalifa H，2021）。为了避免 LDA 模型可能带来的弊端，本书选取 BERTopic 模型来进行主题分类。

BERTopic 模型是最为先进的机器学习方法，是 BERT 嵌入、统一流形逼近于投影维数降低等手段方法的集合体，也是自然语言处理领域最新的词向量技术（Chai Y 等，2021）。它利用 Transformer（结合上下文学习每个单词的含义）和 TF‐IDF（用以评估一个字词对于一个文件集或一个语料库中的其中一份文件的重要程度）来创建密集的集群，允许轻松解释主题（Alhaj F 等，2022）。针对 LDA 模型只能处理长文本，且必须提前设定好主题数量的不足进行了改良（Ebeling R 等，2021）。

三　基于 NLP 技术识别文化相关微博

文本涵盖北京四类文化关键词的微博并不是都能够体现人们对四类文

化的感知，其中包含了"具有一个或多个关键词但与北京四类文化并无联系"的微博。从另一角度来讲，四类文化需要进行严格的划分，即每一条微博必须对应到古都、红色、京味、创新中的一类，而非笼统地定义成"能够体现北京文化"的微博。为了筛选出真正能体现出人们对北京文化感知的微博，并对其进行科学有效地分类，需要通过机器学习的方式进行进一步的筛选。

本书选用谷歌公司于 2018 年发布的新一代语言模型——BERT 模型，通过预训练的方式，判断涵盖关键词的微博是否能够体现用户对北京四类文化的感知。具体过程如下：

步骤 1：设定人工判断时的标记原则，即对文本 lable 属性而言，属于京味文化的微博赋值为 1，古都文化赋值为 2，红色文化赋值为 3，创新文化赋值为 4。如果 1 条微博的内容不能体现用户对四类文化的感知，则赋值为 0；

步骤 2：随机选取 12800 条包含四类文化关键词的微博文本，采用人工监督分类的方法，基于步骤 1 中所确定的原则，对其进行人工识别；

步骤 3：通过步骤 2 获取了 2995 条感知古都文化的微博，2110 条感知京味文化的微博，1512 条感知红色文化的微博，1414 条感知创新文化的微博，同时还有包含四类文化关键词但并非对四类文化感知的微博共 4769条。以这 12800 条微博数据作为训练样本，投入 BERT 模型进行预训练，预训练精度为 83.5%；

步骤 4：为了确保实验数据的精度达到标准，随机抽取了 2000 条样本外的微博文本，再次进行人工判读，同时与预训练完后机器对其的判读结果进行对比，精度为 98%，实验数据精度符合预期，可以进行最终的训练；

步骤 5：用合格的预训练样本训练全部的 130 万条包含四类文化关键词的微博文本，最终得到 171497 条感知古都文化的微博，140449 条感知京味文化的微博，151228 条感知红色文化的微博，188833 条感知创新文化的微博，总计约 652007 条蕴含首都四类文化的微博数据，如表 4–2 所示。其余的 64.8 万条为不能体现人们对首都四类文化感知的微博数据，不纳入本书的考虑范围。

表4-2　　　　　　　　　　　　文化相关微博数量统计表

	古都文化	京味文化	红色文化	创新文化	合计
相关微博数量（条）	171497	140449	151228	188833	652007
所占比率（%）	26.30	21.54	23.19	28.96	99.99%

注：所占比率之和为99.99%，因对该列数值进行了四舍五入，保留两位小数，故此为统计正常现象。

经过最终训练所得到的微博数据如表4-3所示。

表4-3　　　　　　　　　　　　微博数据示例

微博编号	微博内容	纬度	经度
1222771185 - M_Hi9AB4BWR	排完一队买了一兜儿驴打滚，又排了一队买了一兜儿酱牛肉。转头想排荷叶甑糕的队伍，一看，我去，那队都快排到天安门广场了，担心买完到家也该洗洗睡觉了。着急回家吃驴打滚，这次赶时间将就买盒速冻的，下次再排吧	39.89	116.34
1220018684 - M_I9OwIcdPN	有趣的四合院故事：天棚鱼缸石榴树，老爷肥狗胖丫鬟。北京·后海	39.94	116.38
1108756437 - M_IkUkH7RRT	"老朋友" DT 部。走进国子监、孔庙、雍和宫。我们一起学习古代科举制度、清朝奖廉惩贪举措、雍和宫与北京精神。2019 国子监孔庙雍和宫记	39.95	116.42
2274607325 - M_ HE-axIAvIJ	"一座恭王府，半部清代史"，恭王府历经了清王朝由鼎盛而至衰亡的历史进程！是清代规模最大的一座王府，曾先后作为和珅、永璘的宅邸！恭王府规模宏大，占地约6万平方米，分为府邸和花园两部分，拥有各式建筑群落30多处，布局讲究，气派非凡。北京·恭王府	39.94	116.39
1114286271 - M_I9wduCk5S	这可能是迄今为止，史上最盛大的国庆！生在新中国，长在红旗下，喜逢盛世，感恩祖国	39.90	116.39
5311923349 - M_IcYiIpkb8	冒雨参观了祖国 70 周年大型成就展，观摩了祖国从 1949 年至 2019 年的成长史，只怪时间太仓促，很多都没看够。北京·北京展览馆	39.94	116.34

续表

微博编号	微博内容	纬度	经度
1133295980 － M _ I4Okw4Qs1	赶场的生活我超级喜欢。牢友记我超级喜欢。今天男主最后爆发的帅！看看今天开心麻花主演会不会给我回复微博！	39.92	116.37
3826157027 － M _ Ih-njbCh7t	莎拉·卢卡斯一个很有想法很有视觉冲击的艺术展	40.04	116.50

第二节　文化感知高频特征词分析

对于 BERT 模型训练得到的约 65.2 万条微博数据，首先要进行的是词频分析。基于 Python 语言编写的词频分析程序，其中包含了名为 jieba 的库，它的功能是对文本内容进行分词，分词的同时还能识别出这些词的词性，最后统计每个词出现的次数。但是，该功能对用户词典和停用词词典的词语数量和词性准确度有着比较高的要求。

用户词典是用于确保一些词在文本中出现时不会被拆分的词典，换言之，被放置在用户词典中的词语在文本识别的过程中不会被识别成两个或者更多个词语，而是会被视作一个完整的词语，而 jieba 所识别的该词语的词性，也需要在用户词典里有着明确的定义。以下是定义规则（表4-4）。

表4-4　　　　　用户词典中 jieba 识别词性的代号列表

序号	词典中的代号	代号对应的词性
1	a	形容词
2	ad	形容词—副形词
3	ag	形容词—形容词性语素
4	al	形容词—形容词性惯用语
5	an	形容词—名形词
6	b	区别词
7	bl	区别词—区别词性惯用语
8	c	连词
9	cc	连词—并列连词

续表

序号	词典中的代号	代号对应的词性
10	d	副词
11	e	叹词
12	eng	英文
13	f	方位词
14	g	语素
15	h	前缀
16	i	成语
17	j	简称略语
18	k	后缀
19	l	习用语
20	m	数词
21	mq	数量词
22	n	名词
23	ng	名词—名词性语素
24	nl	名词—名词性惯用语
25	nr	名词—人名
26	nr1	名词—汉语姓氏
27	nr2	名词—汉语名字
28	nrf	名词—音译人名
29	nrfg	名词—人名
30	nrj	名词—日语人名
31	ns	名词—地名
32	nsf	名词—音译地名
33	nt	名词—机构团体名
34	nz	名词—其他专名
35	o	拟声词
36	p	介词
37	pba	介词—"把"
38	pbei	介词—"被"
39	q	量词
40	qt	量词—动量词

续表

序号	词典中的代号	代号对应的词性
41	qv	量词—时量词
42	r	代词
43	rg	代词—代词性语素
44	rr	代词—人称代词
45	rz	代词—指示代词
46	rzs	代词—处所指示代词
47	rzt	代词—时间指示代词
48	rzv	代词—谓词性指示代词
49	ry	代词—疑问代词
50	rys	代词—处所疑问代词
51	ryt	代词—时间疑问代词
52	ryv	代词—谓词性疑问代词
53	s	处所词
54	t	时间词
55	tg	时间词—时间词性语素
56	u	助词
57	ude1	助词—"的""底"
58	ude2	助词—"地"
59	ude3	助词—"得"
60	udeng	助词—"等""等等""云云"
61	udh	助词—"的话"
62	uguo	助词—"过"
63	ule	助词—"了""喽"
64	ulian	助词—"连"
65	uls	助词—"来讲""来说""而言""说来"
66	usuo	助词—"所"
67	uyy	助词—"一样""一般""似的""般"
68	uzhe	助词—"着"
69	uzhi	助词—"之"
70	v	动词
71	vd	动词—副动词

续表

序号	词典中的代号	代号对应的词性
72	vf	动词—趋向动词
73	vg	动词—动词性语素
74	vi	动词—不及物动词（内动词）
75	vl	动词—动词性惯用语
76	vn	动词—名动词
77	vshi	动词—"是"
78	vx	动词—形式动词
79	vyou	动词—"有"
80	w	标点符号
81	wb	标点符号－百分号千分号，全角：％ ‰ 半角:%
82	wd	标点符号－逗号，全角：，半角:,
83	wf	标点符号－分号，全角：；半角:;
84	wj	标点符号－句号，全角：。
85	wh	标点符号－单位符号，全角：￥ $ £ °℃ 半角:$
86	wkz	标点符号－左括号，全角：（〔［｛〈《【｜〈 半角:([{ <
87	wky	标点符号－右括号，全角：)）〕］｝〉》】｜〉 半角:)] } >
88	wm	标点符号－冒号，全角：：半角::
89	wn	标点符号－顿号，全角：、
90	wp	标点符号－破折号，全角：—— － － —— － 半角:—
91	ws	标点符号－省略号，全角：…… …
92	wt	标点符号－叹号，全角：！半角:!
93	ww	标点符号－问号，全角：？半角:?
94	wyz	标点符号－左引号，全角：" ' 『
95	wyy	标点符号－右引号，全角："' 』
96	x	字符串
97	xu	字符串－网址 URL
98	xx	字符串－非语素字
99	y	语气词
100	z	状态词
101	un	未知词

序号	词典中的代号	代号对应的词性
102	zg	状态词—加重语气
103	vq	动词—xx 过
…	…	……

　　停用词词典中需要放置的是没有实意的词，如一些表示程度的副词或者用于加强语气的感叹词等，这样 jieba 就会在分词的过程中自动删除它们，不对其进行词频统计和词性分析。

　　通过对北京四类文化相关的微博进行分词、统计词频以及制作词云图的操作，得到如下结果。

一 "古都文化"词频及词云分析

　　从高频词云图（图4-1）可以看出，"古都文化"的高频词中出现了更多的地点类文化意象，"故宫""故宫博物院""颐和园""长城""圆明

图4-1　古都文化相关微博高频词云图

园""紫禁城""八达岭长城""恭王府""雍和宫""景山公园""天坛""慕田峪长城"和"古北水镇"是古都文化的重要关键词,同时也是北京最为人所熟知的景点类建筑。

这些重要的文化类旅游景点又以故宫为最大的热门,从高频词表(表4-5)可知,"故宫""故宫博物院"以及"紫禁城"共出现了10万余次,显然,人们对于故宫这一景点的关注程度远高于其他景点,充分反映了故宫在彰显与传递北京市古都文化中的独特地位及突出贡献,堪称是最能够代表北京市古都文化,甚至整个北京市城市文化的文化建筑类旅游景点。

表4-5 古都文化相关微博高频词表

序号	词语	词频	词性	序号	词语	词频	词性
1	故宫	62960	名词—地名	20	恭王府	4226	名词—地名
2	故宫博物院	28813	名词—地名	21	吃	4031	动词
3	颐和园	20355	名词—地名	22	不到长城非好汉	3753	成语
4	长城	18450	名词				
5	圆明园	15246	名词—地名	23	摄影	3574	动词
6	紫禁城	10482	名词—地名	24	文物	3324	名词
7	打卡	8877	动词	25	皇帝	3194	名词
8	八达岭长城	8181	名词—地名	26	美	3173	形容词
9	雍和宫	7908	名词—地名	27	建筑	3057	名词
10	天坛	7466	名词—地名	28	下雪	3035	动词
11	历史	5703	名词	29	慕田峪长城	2816	名词—地名
12	雪	5410	名词	30	皇家	2772	名词
13	景山公园	4901	名词—地名	31	旅行	2653	动词—名动词
14	逛	4637	动词	32	天安门	2452	名词—地名
15	红墙	4636	名词—其他专名	33	古代	2452	时间词
				34	初雪	2438	名词
16	文化	4559	名词	35	好汉	2379	名词
17	天坛公园	4547	名词—地名	36	八达岭	2377	名词—地名
18	角楼	4541	名词	37	景山	2320	名词—地名
19	博物馆	4310	名词	38	感受	2313	动词

序号	词语	词频	词性	序号	词语	词频	词性
39	艺术	2253	名词	69	玩	1412	动词
40	鼓楼	2244	名词—地名	70	清华	1403	名词—其他专名
41	中国国家博物馆	2063	名词—地名	71	地点	1389	名词
				72	明代	1385	时间词
42	咖啡	2055	名词	73	京城	1382	名词—地名
43	汉服	2021	名词—其他专名	74	王府井	1373	名词—地名
44	买	1986	动词	75	门票	1364	名词
45	拍照	1953	动词	76	城墙	1358	名词
46	旅游	1921	动词—名动词	77	大街	1357	名词—地名
47	过大年	1921	动词	78	国家	1352	名词
48	遗址	1914	名词	79	古北水镇	1339	名词—地名
49	乾隆	1903	名词—人名	80	开放	1320	动词
50	园林	1840	名词	81	春天	1311	时间词
51	照片	1836	名词	82	明清	1310	时间词
52	潭柘寺	1809	名词—地名	83	元	1301	数词
53	希望	1795	动词	84	可惜	1289	形容词
54	雪景	1778	名词	85	遗憾	1286	形容词
55	遇见	1750	动词	86	上新	1285	动词
56	好看	1685	形容词	87	首都博物馆	1260	名词—地名
57	国家博物馆	1673	名词—地名	88	进宫	1249	动词
58	故事	1661	名词	89	延禧宫	1244	名词—地名
59	午门	1608	名词—地名	90	风景	1240	名词
60	时期	1585	名词	91	累	1228	形容词
61	朋友	1575	名词	92	展	1220	动词
62	清代	1574	时间词	93	孩子	1218	名词
63	游客	1561	名词	94	酒店	1217	名词
64	参观	1550	动词	95	猫	1216	名词
65	一日游	1546	名词	96	花	1209	名词
66	来到	1501	动词	97	祈年殿	1208	名词—地名
67	公园	1453	名词—地名	98	帝都	1207	名词—地名
68	御花园	1452	名词—地名	99	中心	1206	名词

续表

序号	词语	词频	词性	序号	词语	词频	词性
100	位于	1195	动词	111	脚下	1134	方位词
101	进	1187	动词	112	风	1123	名词
102	大赛	1181	名词	113	天安门广场	1115	名词—地名
103	北海公园	1179	名词—地名	114	城市	1104	名词
104	祈福	1176	动词	115	早上	1104	时间词
105	清华大学	1173	名词—地名	116	体验	1100	动词
106	宫殿	1157	名词—地名	117	南锣鼓巷	1099	名词—地名
107	长	1155	形容词	118	家	1095	名词
108	昆明湖	1155	名词—地名	119	宫廷	1091	名词
109	值得	1150	形容词	120	冬天	1089	时间词
110	展览	1145	动词				

二 "京味文化"词频及词云分析

从"京味文化"相关微博高频词云图（图4-2）来看，高频特征词

图4-2 京味文化相关微博高频词云图

有"吃""胡同""好吃""烤鸭""德云社""三里屯""南锣鼓巷""相声""味道"等。

感受京味文化，主要是指体验北京特色的市井文化的过程，而市井文化又包含了胡同文化和饮食文化。观察高频词列表（表4-6），"吃""烤鸭""好吃""卤煮""炸酱面""豆汁""糖葫芦""炒肝""爆肚""火烧"等词语都位列其中，还有诸如"四季民福""全聚德"这样的知名连锁品牌也都具有较高的出现频次。这充分体现出了人们享受北京特色美食的过程及其感受，无论是北京当地居民还是来自他乡的旅客都能够在享受美食的过程中体验京味文化的独特魅力。

表4-6　　　　　　　　京味文化相关微博高频词表

序号	词语	词频	词性	序号	词语	词频	词性
1	吃	41551	动词	21	菜	4463	名词
2	胡同	23290	名词—地名	22	大栅栏	4058	名词—地名
3	德云社	13971	名词—其他专名	23	三庆园	3925	名词—地名
4	好吃	12612	形容词	24	家	3890	名词
5	三里屯	11213	名词—地名	25	文化	3853	名词
6	烤鸭	11159	名词	26	喝	3772	动词
7	南锣鼓巷	9953	名词—地名	27	四季民福	3768	名词—其他专名
8	打卡	9689	动词	28	豆汁	3729	名词
9	味道	8172	名词	29	鼓楼	3693	名词—地名
10	美食	7666	名词	30	四合院	3629	名词—地名
11	相声	6823	名词	31	王府井	3563	名词—地名
12	后海	6732	名词—地名	32	朋友	3363	名词
13	卤煮	5908	名词	33	味儿	3344	名词
14	北平	5550	名词—地名	34	推荐	3285	动词
15	前门	5457	名词—地名	35	正宗	3250	形容词
16	炸酱面	5341	名词	36	故宫	3240	名词—地名
17	什刹海	5192	名词—地名	37	京剧	3030	名词
18	买	5165	动词	38	烤鸭店	2999	名词
19	肉	4933	名词	39	新街口	2987	名词—地名
20	逛	4465	动词	40	剧场	2894	名词

续表

序号	词语	词频	词性	序号	词语	词频	词性
41	烧饼	2878	名词	72	网红	1942	名词
42	全聚德	2873	名词—其他专名	73	五道营	1929	名词—地名
43	小吃	2861	名词	74	护国寺	1891	名词—地名
44	糖葫芦	2843	名词	75	汤	1885	名词
45	餐厅	2814	名词	76	周末	1871	时间词
46	火锅	2756	名词	77	北京烤鸭	1844	名词
47	涮	2723	动词	78	服务	1839	动词—名动词
48	庙会	2704	名词	79	烟袋斜街	1825	名词—地名
49	元	2689	数词	80	张云雷	1820	名词—人名
50	大街	2658	名词—地名	81	烤肉	1796	名词
51	牛肉	2459	名词	82	口味	1775	名词
52	炒肝	2415	名词	83	特色	1769	名词
53	京城	2349	名词—地名	84	吃饭	1766	动词
54	地道	2344	形容词	85	演出	1730	动词
55	天天	2329	时间词	86	爆肚	1720	动词
56	牛街	2325	名词—地名	87	天桥	1703	名词—地名
57	环境	2273	名词	88	东沙各庄	1695	名词—地名
58	排队	2213	动词	89	中关村	1691	名词—地名
59	猫	2193	名词	90	包子	1684	名词
60	城市	2173	名词	91	演员	1681	名词
61	前门大街	2163	名词—地名	92	咖啡	1646	名词
62	传统	2126	名词	93	今儿	1634	时间词
63	感受	2108	动词	94	故事	1629	名词
64	希望	2071	动词	95	茶	1629	名词
65	回家	2062	动词	96	北京人	1603	名词
66	旅行	2062	动词—名动词	97	旅游	1591	动词—名动词
67	口感	2054	名词	98	广德楼	1589	名词—地名
68	烤	2024	动词	99	孩子	1583	名词
69	酒店	1991	名词	100	历史	1570	名词
70	昌平	1966	名词—地名	101	探店	1569	名词
71	步行街	1954	名词—地名	102	体验	1567	动词

序号	词语	词频	词性	序号	词语	词频	词性
103	声音	1559	名词	112	女人	1439	名词
104	天安门	1543	名词—地名	113	羊肉	1437	名词
105	秋天	1542	时间词	114	艺术	1436	名词
106	火烧	1489	名词	115	拍照	1416	动词
107	饭	1472	名词	116	遛弯儿	1415	动词
108	来到	1471	动词	117	饼	1409	名词
109	地铁	1471	名词	118	面	1407	名词
110	好看	1455	形容词	119	冬天	1402	时间词
111	适合	1452	动词	120	老字号	1395	名词

除了享用京味美食之外，欣赏具有北京特色的艺术表演也是人们感受京味文化的主要活动。在高频词列表中发现，"德云社"和"相声"出现的频率很高，甚至高于绝大部分的美食类关键词，同样属于艺术表演类高频词的词语，还包括了"三庆园""广德楼""剧场""演出""京剧"等。通过欣赏相声、京剧等表演，体会蕴含北京特色的、雅俗共赏的语言艺术，是感知京味文化的又一重要途径。

此外，建筑类型的高频词也值得格外关注。"胡同""四合院"等地名类名词也拥有较高的词频，它们都是京味文化的重要物质载体。虽然身处于新时代，但在对其参观游览的过程中，游客们仍然能够深刻地体会那个时代的文化烙印，让自己仿佛身临其境，去感受"老北京"的独特风味。与此同时，在京味文化相关微博中词频较高的地名，可以视作人们感知京味文化的主要地点，这其中包括了南锣鼓巷、三里屯、前门大街、大栅栏、鼓楼、烟袋斜街，这些地点大多保存着蕴藏京味的古式建筑，且多地出售北京特色的风味小吃，自然就成为人们感受京味文化的不错选择。

三　"红色文化"词频及词云分析

从"红色文化"相关微博高频词云图（图 4 - 3）可观察到，高频特征词有"祖国""国庆""天安门广场""天安门""70""周年""生日快乐""国旗""阅兵""祝福""母亲"等。

作为中华人民共和国的首都，北京一直凭借独特的魅力召唤着来自天

图 4-3 红色文化相关微博高频词云图

南海北的中华儿女汇集一堂，共同抒发对伟大祖国的热爱。从红色文化相关微博高频词表（表 4-7）可看出，"祖国"一词是微博用户在感知首都红色文化的过程中最为重要的一个词语，其词频数近乎是第二高频词的三倍。无论人们是通过哪一场经典战役、哪一位伟大先驱的故事去感受红色文化，其精神内核无疑都是爱国主义，这意味着祖国永远都是第一位的，一切的奋斗都是为了实现中华民族伟大复兴。

表 4-7   **红色文化相关微博高频词表**

序号	词语	词频	词性	序号	词语	词频	词性
1	祖国	65937	名词	6	周年	17519	时间词
2	国庆	22213	名词	7	生日快乐	12802	习用语
3	70	20591	数词	8	阅兵	11711	动词
4	天安门广场	20560	名词—地名	9	国旗	9594	名词
5	天安门	19705	名词—地名	10	成立	7867	动词

续表

序号	词语	词频	词性	序号	词语	词频	词性
11	母亲	7474	名词	41	时代	2904	名词
12	祝	7080	动词	42	军人	2844	名词
13	繁荣昌盛	6783	习用语	43	文化	2834	名词
14	祝福	6771	动词	44	请	2769	动词
15	长安街	6452	名词—地名	45	吃	2757	动词
16	国家	5808	名词	46	强大	2741	形容词
17	我爱你	5532	习用语	47	愿	2739	动词
18	升旗	4681	动词	48	致敬	2705	动词
19	盛世	4609	名词	49	生日	2679	名词
20	爱国	4502	形容词	50	发展	2527	动词—名动词
21	万岁	4337	动词	51	感受	2526	动词
22	历史	4108	名词	52	一刻	2512	数词
23	国庆节	4019	时间词	53	感谢	2492	动词
24	电影	3844	名词	54	卢沟桥	2485	名词—地名
25	中华人民共和国	3796	名词—其他专名	55	七十	2463	数词
				56	参加	2436	动词
26	升国旗	3679	动词	57	民族	2353	名词
27	华诞	3640	名词—其他专名	58	孩子	2286	名词
28	活动	3599	动词—名动词	59	激动	2284	形容词
29	庆祝	3453	动词	60	忘	2264	动词
30	庆生	3268	动词	61	自豪	2238	形容词
31	香港	3201	名词—地名	62	毛泽东	2210	名词—人名
32	五星红旗	3182	名词—其他专名	63	教育	2206	动词—名动词
33	革命	3168	动词—名动词	64	精神	2141	名词
34	毛主席	3117	名词—人名	65	初心	2071	名词
35	永远	3017	副词	66	人民大会堂	2061	名词—地名
36	希望	3007	动词	67	广场	2017	名词—地名
37	烟花	2957	名词	68	故事	2009	名词
38	中华	2955	名词—其他专名	69	努力	2004	形容词—副形词
39	打卡	2937	动词	70	分割	1987	动词
40	骄傲	2917	形容词	71	学习	1963	动词

序号	词语	词频	词性	序号	词语	词频	词性
72	现场	1897	名词	97	十一	1563	数词
73	凌晨	1896	时间词	98	期待	1548	动词
74	校区	1895	名词	99	全国	1546	名词
75	国际	1892	名词	100	红色	1546	形容词
76	飞机	1879	名词	101	使命	1525	名词
77	英雄	1858	名词	102	参与	1522	动词
78	奋斗	1825	动词	103	未来	1510	时间词
79	青春	1817	名词	104	国	1506	名词
80	感动	1793	形容词	105	战争	1499	名词
81	升旗仪式	1780	名词—其他专名	106	中华民族	1499	名词—其他专名
82	建国	1756	动词	107	来到	1471	动词
83	假期	1741	时间词	108	中国共产党	1465	名词—机构团体名
84	祝愿	1718	动词				
85	中心	1711	名词	109	同框	1460	介词
86	五四	1707	名词—其他专名	110	震撼	1452	形容词
87	表白	1703	动词	111	1949	1440	时间词
88	家	1686	名词	112	领导	1420	名词
89	朋友	1672	名词	113	参观	1410	动词
90	和平	1642	形容词	114	首都	1396	名词
91	仪式	1631	名词	115	大学	1382	名词
92	献礼	1607	动词	116	伟大祖国	1379	名词
93	青年	1605	名词	117	降旗	1370	动词
94	社会	1604	名词	118	繁荣富强	1364	成语
95	纪念	1596	名词	119	党	1362	名词
96	回家	1588	动词	120	日本	1352	名词—地名

　　另外，也有许多地点类名词经常出现在人们对于首都红色文化感知的微博中，"天安门广场""人民大会堂""卢沟桥"不仅仅是象征着首都红色文化的标志性建筑，也成了微博用户集中发布红色文化感知微博的主要集中地。2019 年正值中华人民共和国成立 70 周年，有更多的外来游客前

往北京天安门，瞻仰记录革命先驱者英姿的画像，感受祖国历经千锤百炼、持续创造辉煌的伟大历程。在中华民族伟大征程中的特殊一年里，无数的中国人民汇集北京，参与包括"升国旗""阅兵"在内的意义非凡的活动，并用"生日快乐""感动""骄傲""献礼""繁荣富强"这样的词语表达着对祖国的感激之情以及美好的祝愿之意。这更加彰显出：红色文化是首都文化的灵魂所在。

四　"创新文化"词频及词云分析

从"创新文化"相关微博高频词云图（图4-4）可观察到，高频特征词有"演唱会""鸟巢""艺术""五月天""美术馆""国家体育场""798剧场""现场""展览""文化""作品""国际""乐队"等。

图4-4　创新文化相关微博高频词云图

身为中华人民共和国的首都，北京需要在文化方面以及科技方面都走在时代的前列，而在微博高频词（表4-8）当中，也出现了许多能够象征北京市创新文化的意象类词语。作为年轻一代最为喜爱的艺术形式之一，流行音乐在最近几年一直呈现出非常火爆的状态，在北京，有非常多的流行音乐会是在鸟巢举办的，人们也普遍使用"Live"这样的词汇来指代现场的流行音乐会，在高频词列表中，也出现了著名歌手的名字。除了流行音乐以外，绘画、雕刻、影视方面的创新创作也是首都创新文化的重要组成部分，人们倾向于前往"798 艺术中心"这种文化创意产业聚集区，在画廊、设计室、艺术展示空间、艺术家工作室、时尚店铺、餐饮酒吧以及动漫、影视传媒、出版、设计咨询等各类文化机构中找到属于自己的艺术感悟。

表 4 - 8 创新文化相关微博高频词表

序号	词语	词频	词性	序号	词语	词频	词性
1	鸟巢	34119	名词—地名	20	话剧	7409	名词
2	演唱会	29620	名词	21	电影	7342	名词
3	艺术	23403	名词	22	中关村	7295	名词—地名
4	五月天	19875	名词—机构团体名	23	798 艺术中心	7252	名词—地名
5	美术馆	17818	名词—地名	24	发展	7157	动词—名动词
6	国家体育场	14754	名词—地名	25	中心	7120	名词
7	798	11394	名词—地名	26	展	7003	动词
8	现场	11087	名词	27	时代	6796	名词
9	展览	10378	动词	28	打卡	6673	动词
10	乐队	10144	名词	29	5G	6634	名词—其他专名
11	作品	10120	名词	30	未来	6266	时间词
12	文化	9104	名词	31	活动	6264	动词—名动词
13	国际	9048	名词	32	国家大剧院	6256	名词—地名
14	音乐	9011	名词	33	科技	6051	名词
15	博物馆	8644	名词	34	演出	5885	动词
16	互联网	8326	名词	35	设计	5831	动词—名动词
17	剧场	7800	名词	36	智能	5741	名词
18	发布会	7798	名词	37	技术	5648	名词
19	张杰	7472	名词—人名	38	国家	5643	名词

序号	词语	词频	词性	序号	词语	词频	词性
39	感谢	5493	动词	68	项目	3846	名词
40	企业	5464	名词	69	产品	3843	名词
41	希望	5347	动词	70	感受	3819	动词
42	朋友	5309	名词	71	摄影	3777	动词
43	音乐会	5224	名词	72	学习	3765	动词
44	艺术家	5120	名词	73	孩子	3665	名词
45	体验	5102	动词	74	区块链	3650	名词
46	毕加索	4942	名词—人名	75	行业	3515	名词
47	三里屯	4870	名词—地名	76	买	3486	动词
48	吃	4756	动词	77	观众	3479	名词
49	空间	4743	名词	78	市场	3417	名词
50	期待	4731	动词	79	舞台	3405	名词
51	中央美术学院	4670	名词—机构团体名	80	全国	3403	名词
52	尤伦斯当代艺术中心	4664	名词—地名	81	品牌	3372	名词
				82	城市	3354	名词
				83	合作	3285	动词—名动词
53	创新	4620	动词	84	票	3238	名词
54	中国美术馆	4616	名词—地名	85	数据	3213	名词
55	演员	4555	名词	86	社会	3202	名词
56	AI	4525	名词—其他专名	87	教育	3157	动词—名动词
57	平台	4349	名词	88	支持	3151	动词
58	人生	4297	名词	89	人工智能	3144	名词
59	夏天	4279	时间词	90	努力	3117	形容词—副形词
60	小米	4142	名词	91	主题	3088	名词
61	故事	4139	名词	92	今晚	3069	时间词
62	参加	4116	动词	93	门票	3068	名词
63	唱	4094	动词	94	金融	3011	名词
64	UCCA	4042	名词—地名	95	产业	2948	名词
65	全球	4011	名词	96	巡回演唱会	2940	名词
66	服务	4010	动词—名动词	97	华为	2933	名词—其他专名
67	看展	3916	动词	98	发布	2928	动词

序号	词语	词频	词性	序号	词语	词频	词性
99	馆	2917	名词—名词性语素	110	经济	2689	名词
				111	数字	2661	名词
100	上海	2909	名词—地名	112	系统	2655	名词
101	表演	2899	动词	113	广场	2654	名词—地名
102	元	2886	数词	114	艺术展	2647	名词
103	系列	2857	量词	115	家	2644	名词
104	开心麻花	2830	名词—机构团体名	116	酒店	2625	名词
105	创作	2826	动词—名动词	117	方式	2621	名词
106	传统	2786	名词	118	投资	2620	动词—名动词
107	音乐节	2760	名词	119	选择	2614	动词
108	live	2736	名词	120	提供	2604	动词
109	网络	2719	名词				

第三节　文化感知空间格局分析

一　"四类文化"相关微博绝对数量分析

在街道乡镇尺度，将四类文化相关的微博数据所形成的点文件分别与行政区划的街道面文件进行空间连接，从而获得了每条街道内部所涵盖的微博数据的数量，利用 ArcGIS Pro 2.5.0 所拥有的分级设色功能，制作街道乡镇尺度下的四类文化相关微博绝对数量统计专题图。

从图 4-5 可知，因为坐拥故宫、颐和园、圆明园等著名景点，东城区的东华门街道、海淀区的青龙桥街道成为城六区中古都文化感知微博最多的两个街道。而延庆区的八达岭镇因坐拥著名的历史文化古迹——八达岭长城，微博绝对数量仅次于前两个街道。人们争相前往八达岭镇，对古都文化重要构成部分之一的长城文化进行感知。

从图 4-6 可看出，西城区的什刹海街道与大栅栏街道包含了什刹海—后海、前门—大栅栏等著名京味建筑文化感知地，同时拥有众多的京味美食店铺以及"三庆园"等知名曲艺舞台，因而成为人们感知京味文化最集中的地区。其次是东华门街道和三里屯街道，京味文化感知微博的绝对数

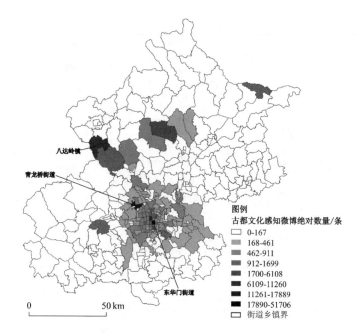

图 4 – 5　古都文化相关微博绝对数量空间分布

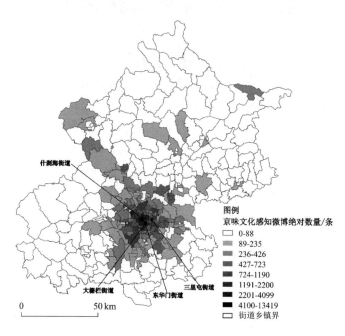

图 4 – 6　京味文化相关微博绝对数量空间分布

量也比较多。

从图 4 - 7 可观察到，北京红色文化的最重要的感知地无疑是天安门广场，这使得东城区的东华门街道成为远胜于其他各个街道的红色文化感知密集区，感知红色文化的微博的绝对数量最高。

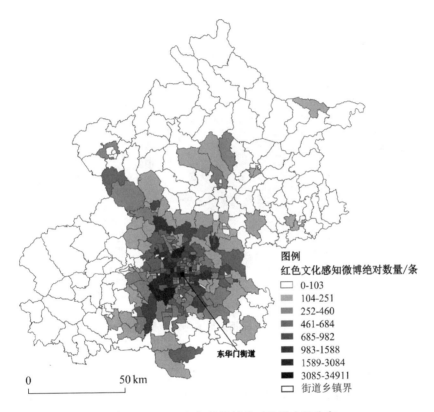

图例
红色文化感知微博绝对数量/条

- 0-103
- 104-251
- 252-460
- 461-684
- 685-982
- 983-1588
- 1589-3084
- 3085-34911
- 街道乡镇界

东华门街道

0　　　　　　50 km

图 4 - 7　红色文化相关微博绝对数量空间分布

另外，每当人们提到绘画艺术以及流行音乐等创新文化元素时，位于朝阳区的奥运村街道的鸟巢（奥林匹克公园内）以及酒仙桥街道的 798 艺术中心就成了不可多得的好去处，这也让这两个街道成为创新文化感知微博绝对数量最多的区域（图 4 - 8）。

综上所述，因为其知名度较高的意象所处的位置各不相同，所以四类文化各自感知密集的区域也不尽相同。但纵观北京四类文化相关微博绝对数量在空间上的分布状况可以发现，四类文化感知微博在空间分布上也具

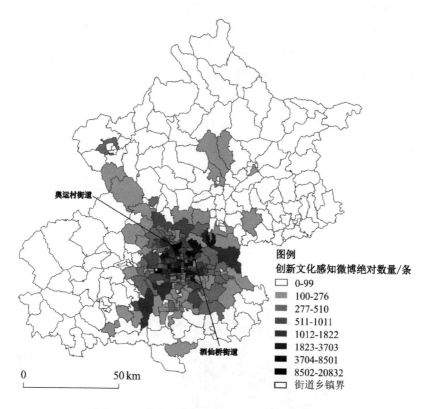

奥运村街道

酒仙桥街道

图例
创新文化感知微博绝对数量/条
▢ 0-99
▢ 100-276
▢ 277-510
▢ 511-1011
▢ 1012-1822
▢ 1823-3703
▢ 3704-8501
▢ 8502-20832
▢ 街道乡镇界

0　　　　　50 km

图4-8　创新文化相关微博绝对数量空间分布

有许多相似的特征。

　　具体可以总结出如下结论：城六区，尤其是东城区、西城区、海淀区与朝阳区，是四类文化共同的感知密集区，其他地区则遵循着"离城六区越近，对四类文化的感知水平越高"的规律。具体来说，一方面，对于西南部的房山区、门头沟区以及东北部的密云区、平谷区而言，它们地处偏远，其范围内少有与四类文化相关的意象，其微博用户需要花费一定的时间来到城市中心地带才能充分感受首都四类文化，并发微博记录其游玩经历，这也解释了为何这些地区的文化感知微博数量如此稀少。另一方面，在东部的通州区、顺义区，西部的昌平区以及南部的大兴区，在其各自接近城六区的地方对这四类文化的感知程度相对较高，可能有以下两种原因：一是与城六区接壤的地区本就在发展水平上具备一定优势，其空间范围内不乏一些与北京四类文化相关的意象可供感知；二是因为与城六区的距离近，使得这里的微博用户更容易去往城六区，以便对知名度较高的文化意象进行感知。

二 "四类文化"相关微博密度分析

通过四类文化相关微博绝对数量分布图，可以准确地观察到各个街道在 2019 年范围内所发布的微博数量，但为了避免部分街道因为自身面积较大的缘故而拥有更多的微博，需要对面积因素的影响进行剔除。通过字段计算器中对北京市行政区级以及街道行政单位区划的面文件进行"计算几何"，得到每个街道的面积（单位：km²），再用每个街道内四类文化相关微博的绝对数量除以该面积，得到四类文化相关微博密度分布图。

从图 4-9 可知，故宫、景山公园、天坛等知名古都文化感知地都坐落于中心城区，中轴线地带拥有丰富的古建筑群，它们是元、明、清三代甚

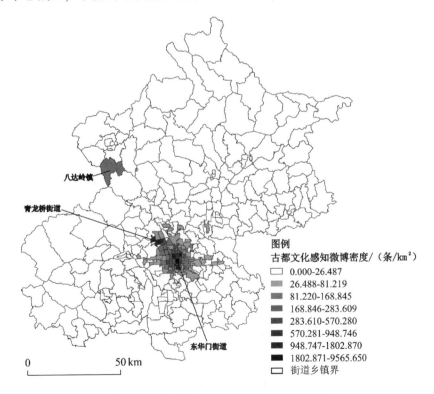

图 4-9 古都文化相关微博密度空间分布

至更早之前建成的、蕴藏着古代劳动人民辛勤劳动与无穷智慧的、最能够
象征首都古都文化的重要遗产。从街道乡镇来看，东华门街道、青龙桥街
道和八达岭镇是古都文化感知微博密度较高的地区。

　　什刹海、前门大街及大栅栏、湖广会馆、德云社是人们感知京味文化
的重要地点，人们在老北京风格的大街漫步，往返于一个个京都"老字
号"之间，感受着北京特色美食的魅力，也感受着京剧和相声艺术的博大
精深。从街道乡镇来看，大栅栏街道是京味文化感知微博密度最高的地区
（图 4 - 10）。

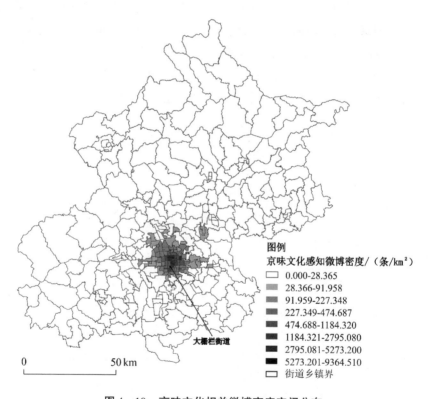

图 4 - 10　京味文化相关微博密度空间分布

　　2019 年，全国人民共同庆祝祖国 70 周年华诞，有诸多游客及居民都
自发地前往天安门附近去感受伟大的红色文化。除此之外，卢沟桥、北京
大学红楼都是红色文化相关微博的集中发布区域。从街道乡镇来看，东华
门街道是红色文化感知微博密度最高的地区（图 4 - 11）。

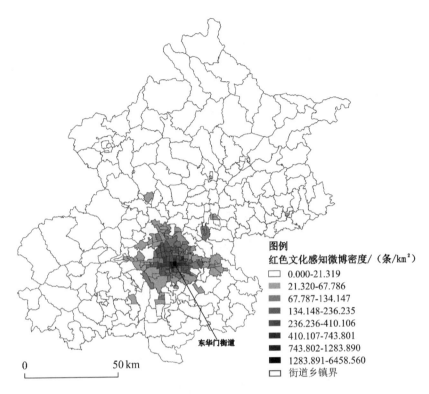

图例
红色文化感知微博密度/（条/km²）

- ☐ 0.000-21.319
- 21.320-67.786
- 67.787-134.147
- 134.148-236.235
- 236.236-410.106
- 410.107-743.801
- 743.802-1283.890
- 1283.891-6458.560
- ☐ 街道乡镇界

东华门街道

0　　　　　50 km

图 4 - 11　红色文化相关微博密度空间分布

　　观察创新文化相关微博的密度分布则可以发现，798 艺术创意中心的确是创新文化感知最显著的区域之一，其他还有像百度科技园等著名产业园区和经常进行艺术展出的博物馆等地。从街道乡镇来看，酒仙桥街道是创新文化感知微博密度最高的地区（图 4 - 12）。

　　综上所述，纵观北京四类文化相关微博在街道尺度上的密度分布，可以看出城六区的确是任意一类首都文化最密集的区域，其中又以东城、西城、朝阳、海淀四个区域为典型代表。无论是老北京风味的美食、古代皇家建造的宫殿建筑、气势雄浑的天安门广场，还是进行美术作品展出的博物展览，都主要集中在这几个城区。其余少数密度较高且位于城六区以外的区域也往往与城六区边缘十分接近，处于接壤状态。值得一提的是，古都文化在城六区以外有一处十分显眼的密集区，即八达岭镇。显然，八达岭长城使得该地汇集了一大批以登长城为目的的游客，他们通过微博记录

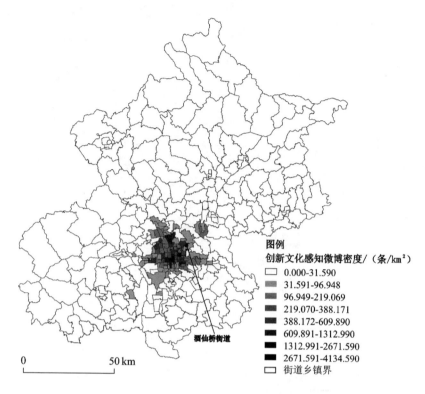

图4-12　创新文化相关微博密度空间分布

属于自己的游玩经历。

三　四类文化相关微博相对数量分析

　　与绝对数量不同,对于一个特定地区而言,相对数量指代的是某一类型文化微博数量与该地区总文化微博数量之比。它所反映的更多是该地区用户对某一类型文化的偏爱程度,换言之,相对数量大的文化类型往往成为该地区占主导地位的"首位文化"。在绝对数量分布图中,无论何种文化的何种类型,城六区的微博数量都远远大于其他地区。为了更好地了解其他区的首都文化感知情况,分析其用户感知文化的倾向性,本书制作了各类文化相关微博的相对数量分布图,以此获取更加全面的微博用户文化感知状况。

　　从图4-13可知,古都文化感知微博相对数量在空间上呈现出明显的北高南低的分布格局,相对数量高的区域集中分布于北部的怀柔区、密云区和延庆区。

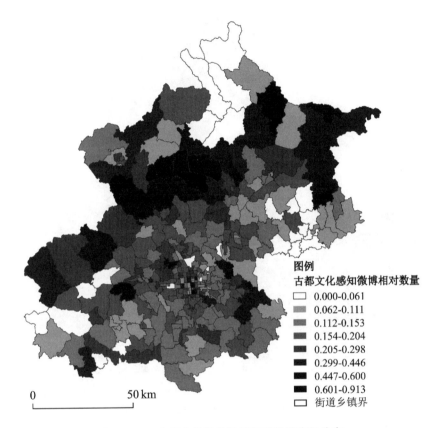

图 4 – 13 古都文化相关微博相对数量空间分布

从图 4 – 14 可知，京味文化感知微博相对数量在空间上呈现出较为均衡的分布格局。在延庆区，相对数量最高和最低的街道并存，绝大部分街道的首位文化非常不明显。怀柔区也有大部分街道的首位文化极其不明显。京味文化占主导地位的街道整体来说偏少。

从图 4 – 15 可知，红色文化感知微博相对数量在空间上呈现出较为均衡的高值和较高值分布格局。并且，高值区集中分布于城市边缘、城市外围地区以及远郊区域。微博相对数量的最高值零散分布于城市的各个方位。相对来说，比起古都文化和京味文化，红色文化占主导地位的街道较多。

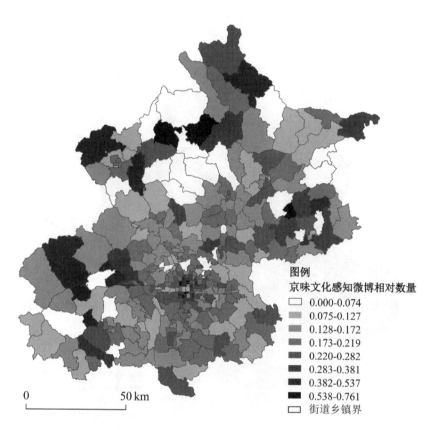

图 4 - 14　京味文化相关微博相对数量空间分布

从图 4 - 16 可知，创新文化感知微博相对数量在空间上呈现出东高西低的分布格局。并且，创新文化感知微博相对数量最高的地区集中分布在通州、朝阳、海淀、顺义和房山各区。创新文化占主导地位的街道集中于城市的中东部地区。

综上所述，相较于四类文化微博绝对数量分布图，相对数量分布图能够从另一种角度呈现一个地区对某类文化的感知状况。尽管北京市周边行政区由于地处偏远以及人口相对稀少的缘故，而无法在微博数量上接近城六区的水平，但仍可以通过相对数量分布图观察其内部对四类文化感知程度的高低次序。以门头沟区为例，这里发布的文化微博绝对数量是极为稀少的，其微博密度远远低于城六区尤其是东城区和西城区这样的中心区

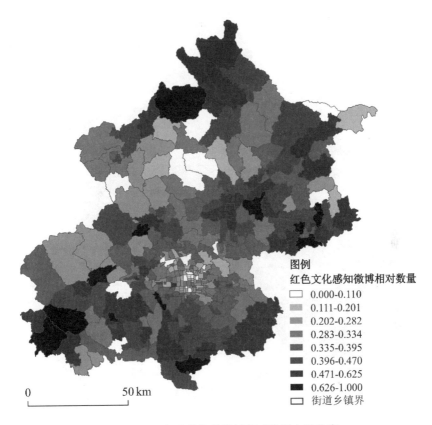

图例
红色文化感知微博相对数量
□ 0.000-0.110
　0.111-0.201
　0.202-0.282
　0.283-0.334
　0.335-0.395
　0.396-0.470
　0.471-0.625
■ 0.626-1.000
□ 街道乡镇界

0　　　　50 km

图 4 - 15　红色文化相关微博相对数量空间分布

域，相对数量分布图显示出该区域对创新文化的感知是四类文化中程度最低的，同时京味文化和古都文化的感知状况要明显高于另外两类首都文化。另外，在城六区之外的行政区中，红色文化的整体感知状况是四类文化中最为突出的，由于京味文化、古都文化和创新文化更多需要与其对应的文化意象进行直接的接触才能获得清晰的感知，而这些文化意象往往集中于城六区，导致了周边行政区感知这三类文化的难度相对较高，而在祖国 70 周年华诞这样的特殊年份里，人们表达爱国之情、宣扬红色文化的热情得到了极大的提高，这样就很好地解释了周边行政区的红色文化感知状况优于其他三类文化这一现象。

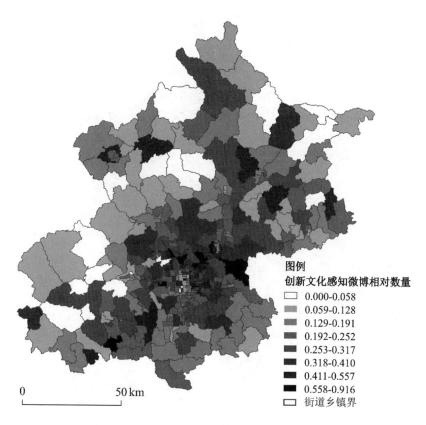

图例
创新文化感知微博相对数量
□ 0.000-0.058
　 0.059-0.128
　 0.129-0.191
■ 0.192-0.252
■ 0.253-0.317
■ 0.318-0.410
■ 0.411-0.557
■ 0.558-0.916
□ 街道乡镇界

0　　　　　50 km

图 4-16　创新文化相关微博相对数量空间分布

第四节　文化感知主题分析

　　前述通过 BERT 预训练模型得到了 171497 条感知古都文化的微博，140449 条感知京味文化的微博，151228 条感知红色文化的微博，188833 条感知创新文化的微博。接着，又对首都四类文化感知进行了高频特征词分析以及空间格局分析，但这四类文化中的每一类都包括了诸多方面的内容。例如，京味文化囊括了老北京风味的美食佳肴、相声和戏曲等艺术、参观北京独有的特色建筑等方面。这每一类内容所呈现出的高频特征词是否一致，在不同地域上的空间密集程度又是否吻合，都是值得深入挖掘与探讨的话题。为了能够更好地对每类文化的主题进行细致划分，更好地总结与反映微博文本中最具热度的话题，本书选用主题模型法对每类首都文化相关微博进行处理。但是为了避免主题冗余的现象发生，仍有必要对划分主题的数量进行多次调试。最终发现当主题数定为 25 时，主题分类效果最为清晰明了，故将北京四类文化中的每一类都划分为 25 个主题，再将每类文化的 25 个主题按照内容相近性分别归到 C1 至 C4 四个话题簇当中去，再以话题簇为单位进行更深层次的高频词分析与空间分布特征分析。

一　古都文化相关微博主题模型结果

（一）主题分类

通过对 25 个主题的高频特征词进行观察，确认每个主题的主要内容，结果如表 4 – 9 所示。

表 4 – 9　　　　　　古都文化相关微博主题及主要内容

主题编号	主要内容	主题编号	主要内容
1	故宫角楼咖啡	14	回顾清代屈辱历史
2	故宫观雪及摄影活动	15	游览长城
3	故宫建筑构造	16	游览各个古都文化感知地
4	游览故宫	17	游览故宫
5	游览故宫	18	在各个遗址公园内赏花
6	故宫观雪	19	游览各个古都文化感知地
7	游玩各个古都文化感知地	20	游览长城
8	游玩天坛、地坛	21	游览长城
9	参与故宫和圆明园的灯会活动	22	游览故宫
10	游览长城	23	往来于各个古都文化感知地的过程（强调交通手段）
11	游览颐和园、圆明园等皇家园林	24	往来于各个古都文化感知地的过程（强调交通手段）
12	游览颐和园、圆明园等皇家园林	25	欣赏博物馆展出的古代文物
13	孔庙与国子监的祈福活动		

资料来源：微博文本数据量大，按 bertopic 算法，以"游览故宫"等内容为核心的主旨的文本难以归到一个 topic（主题）当中去，算法会根据一定的内容差异把它们归到不同的 topic 里去，以保持 topic 间的数据量的平衡。

在提取出每个主题的主要内容后，将这 25 个主题大致分为 4 类，如表 4 - 10 所示。

表 4 - 10　　　　　　　　古都文化相关微博主题类别划分

类别编号	类别名称	类别包含的主题编号	类别微博数量（条）
C1	观赏皇家园林	11、12	5711
C2	观赏皇家政治建筑及相关历史文物	3、5、7、8、10、14、15、16、17、19、20、21、22、25	38451
C3	观赏期间所产生的附属活动	1、2、4、6、9、13、18	24221
C4	往来于各个古都文化感知地的过程（强调交通手段）	23、24	5640

（二）四类主题高频词

皇家园林是首都的古都文化重要组成部分，在所有园林类古都文化感知地中，颐和园和圆明园是被感知次数最多的两座园林。其中，"颐和园"一词被提及次数多达 6000 次以上，是圆明园等其他高频特征词的 10 余倍。颐和园始建于 1750 年，占地约 3.009 平方千米，环境山中有山，湖中有湖，堪称山湖斗艳。作为中国现存规模最大、保存最为完整的皇家古典园林，颐和园不仅是世界上最著名的古典园林之一，更是中国风景园林设计中的杰作。观察词云图 4 - 17 结果可知，人们游览颐和园时，对昆明湖、万寿山、佛香阁、十七孔桥、金光穿洞等景观有着较高程度的感知，对颐和园的旧称"清漪园"以及其他一些园内景点，如"谐趣园""霁清轩"也多有提及。万寿山又名"翁山"，著名的佛香阁就位于此山前山的台基处，游客可以登山前往此阁，效仿古代皇族烧香祈祷。颐和园总体面积中有大约四分之三是水体，是为昆明湖，又被称为"七里泊"或"西湖"。这座湖泊也成为颐和园幽美好风光的基础，游客通过泛舟昆明湖，来领略"山环水抱"的自然含蓄之美。作为中国古代桥类建筑的代表作品之一，十七孔桥也吸引了无数游客驻足观赏。此桥长约 150 米，因古代帝王对吉利数字"9"的情有独钟，所以建造了一座从两端数孔数刚好都是 9 的长桥，每个桥栏的望柱上的石狮更是形态各异，欣赏其姿态不失为一桩趣事。由此可见，登山、戏水、赏园、观奇象是人们在游览皇家园林类古都文化感知地时的主要方式。

另外，一些描述游客观园时的具体情形以及情绪感受的特征词，也大量出现在词云之中。例如，"美""美景""好看"等词语，集中表达了游客们对颐和园等皇家园林风光的赞赏及喜爱之情，"漫步""暴走"等词语也证明了有部分游客将步行游园当成了放松自我、锻炼身体的手段；"冬天"以及"冬日"的出现，说明了人们不仅对春夏时节的颐和园风光青睐有加，也觉得其冬季的风景别有一番滋味。

从观赏价值来讲，圆明园的确逊色于保存相对完善的颐和园。圆明园始建于1707年，有着"万园之园"的美誉。自鸦片战争以来，以英法联军为代表的侵略者不断地对其进行践踏，使其原本引以为傲的古树名木以及珍贵文物都遭到了灭顶之灾。在几代人的不懈努力下，其部分建筑已经修复并面向游客开放。观察古都文化 C1 类微博高频词云图 4 – 17 结果可知，尽管圆明园损坏十分严重而导致观赏性大大降低，其词频计数仍然只低于"颐和园"一词，发挥着属于自己的光与热。相信在未来，圆明园还将继续以"遗址"为主题，向游客展现我国古代巧夺天工的皇家园林艺

图 4 – 17 古都文化 C1 类微博高频词云图

术，并用其独特的历史魅力激励一代又一代中国人自立自强。

在前文中得知，人们对颐和园等皇家园林类景观有着充分的感知，尽管皇家园林也是北京古都文化的重要组成部分，但通过观察古都文化 C2 类微博高频词云图 4－18 可以看到，故宫仍旧是最受关注的古都文化感知地，"故宫""故宫博物院""紫禁城"等指代故宫的特征词，其词频数达到了 24000 次以上，是"长城""天坛""大运河"等其他感知地的数倍，呈现出"独占鳌头"的景象。作为中国明清两代的皇家宫殿，故宫位于北京中轴线的中心，是世界上现存规模最大、保存最为完整的木质结构古建筑之一，被评为国家 5A 级旅游景区，堪称是北京古都文化最重要的感知地。在词云统计图（图 4－18）结果中，不乏对故宫内部景观进行感知的特征词，其中的典型代表便是"红墙"与"黄瓦"。黄色自古以来就被认为是尊贵的颜色，唐代被规定为代表皇室的色彩，并一直沿袭下来。红色也被长期视作一种美满而喜庆的色彩，也蕴藏着庄严与富贵之意。正因如此，故宫作为明清时期的皇家建筑群使用的都是红砖黄瓦。人们频繁地提及"红墙""黄瓦"这些词语以及"红墙宫里万重门"，体现了其对皇家

图 4－18 古都文化 C2 类微博高频词云图

森严的等级制度的深切感知。

除了故宫之外，雄浑壮阔的万里长城也是北京古都文化的集中感知地。北京的长城以明长城为主，其中属八达岭长城与慕田峪长城最为著名，系5A级旅游景区。"八达岭长城"与"慕田峪长城"的词频数分别为3263次与815次，另有"居庸关长城"和"箭扣长城"的词频数分别为251次和145次等，它们都是皇家为抵御边境入侵而建立起来的，尽管分布的位置各有不同，但却共同构建起了世界军事建筑史上的伟大丰碑。在词云图中发现，"不到长城非好汉"这句诗词被大众广泛引用，它出自毛泽东主席的《清平乐·六盘山》。该诗句反映出中华民族豪气干云的气魄，每当中华儿女登上万里长城，总能充分感受到中国古人的智慧与勤劳，以及身为中华儿女的自豪感。

词云图表显示，高频特征词还有"首都博物馆"（298次）、"国家博物馆"（386次）、"观复博物馆"（455次）等，表明还有一些用户是通过游览文化展览馆来领略北京古都文化。另外，密云区的"古北水镇"以及通州区的"大运河"的词频数分别为353次和288次。其中，古北水镇内拥有明长城之一的司马台长城，整座景区因被评为首届北京网红人文景观类打卡地而大受欢迎。

观察古都文化C3类微博高频词云图（图4-19）可知，第三类主要是人们在游览皇家园林及皇家政治类建筑时的一些伴生活动。其中，最受欢迎的是故宫的雪景，主要特征词为："雪""下雪""初雪""雪景"（合计为9720次）。除赏雪外，故宫的角楼咖啡同样十分受大众欢迎（"角楼"出现2608次，"咖啡"与"咖啡厅"合计出现2548次），咖啡馆内部充满古典风味，开办的初衷是让游客无须"进宫"就可以享用美味的咖啡饮品。尽管雪景与咖啡饮品本身并不属于古都文化，但其已经成为故宫吸引游客前来参观游玩的重要辅助因素，让故宫在恢宏大气的皇家建筑与历史文化之外，又蕴藏了一些别样的魅力。

还有一类活动作为人们感受古都文化的重要方式而大受欢迎，即穿上古人的服饰，站在曾经作为古代都城的这片土地上，仿佛让自己置身于数百年前的历史当中。更有一些旅游相关的部门与机构会响应游客的需求举办身穿汉服的摄影大赛，从而为北京古都文化的推广添砖加瓦。

另外，出现的高频词还有"国子监"（203次）、"孔庙"（135次）、

图 4 – 19　古都文化 C3 类微博高频词云图

"祈福"（334 次）和"灯会"（318 次）等。人们在游览诸如颐和园、北海公园等著名公园类景观时，会时常地驻足赏花；经由国子监与孔庙时，时常会前往祈福；元宵佳节之时，更会主动前往灯会观展。上述的各类游玩活动，充分展现了北京古都文化丰富多彩的程度。

　　前三类的古都文化感知微博，更多是在到达某个古都文化感知地点后，对该处的游玩行为进行具体的描述，而对于"如何来到感知地点"这一问题则少有描述。在北京市内感知首都的古都文化的微博用户，有一部分是本地居民，更有相当数量的外地游客。通过对 C4 类古都文化感知微博的词云结果（图 4 – 20）进行观察，可以发现诸如"高铁""地铁""公交车""铁路""航站楼"等交通工具相关的高频词占据了一定的比例。对于前往北京的古都文化感知地进行游玩的旅客而言，这些交通工具是必不可少的，尤其是外地游客在没有私家车辆的情况下，通常需要借助这些公共交通手段才能够到达想要参观的景点。再结合"早上""酒店""出发""回家""下车"等特征词的频繁出现，可以发现 C4 类的古都文化相关微博更加强调"过程"，不仅仅是从出发地到感知地的过程，更有游玩观赏以后尽兴而归的过程，而非单独讲述到达感知地之后所进行的活动。

图 4-20　古都文化 C4 类微博高频词云图

（三）四类主题空间分布特征

1. "古都文化"相关微博绝对数量

纵观古都文化 C1 到 C4 四类主题相关微博绝对数量在街道尺度下的空间分布，显而易见的是感知最密集的区域集中在了城六区，南部地区包括房山、大兴、通州在内的几个区有着少量但较为均匀的分布，对于延庆、昌平、怀柔、顺义、密云、平谷等北部区来说，则呈现出"两极分化"的现象，即部分地区没有或几乎没有对古都文化进行感知的微博，另一些地区则数量众多，甚至与城六区的数量与密度接近。

观察 C1（感知皇家园林）类的微博分布状况，可以发现海淀区的青龙桥街道呈现出"独占鳌头"的态势，总共 5711 条微博中，有约 3900 条微博分布于此。在先前的文本内容分析中得知，C1 类感知微博的内容主要是记录游玩颐和园与圆明园的经历的，而这两座园林正好位于此街道。另外，东城区的东华门街道（内含故宫）、西城区的什刹海街道（内含景山公园与恭王府）以及怀柔区的渤海镇（内含慕田峪长城）的微博绝对数量也较为突出（图4-21）。

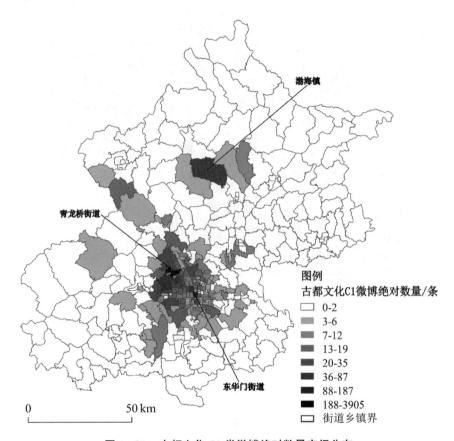

图4-21 古都文化 C1 类微博绝对数量空间分布

相较于皇家园林，人们对故宫、长城等古都文化景观有着更强的倾向性，因此 C2（感知皇家政治属性建筑）类的微博达到了 38452 条，是 C1类的 7 倍左右。其中，东华门街道因为故宫坐落于此，而拥有 15336 条微博。数量达到千条以上的还包括拥有八达岭长城的延庆区的八达岭镇、包含颐和园与圆明园的海淀区的青龙桥街道、拥有天坛的天坛街道、内含景山公园与恭王府的西城区的什刹海街道以及作为慕田峪长城所在地的怀柔

区的渤海镇。另外，密云区的古北口镇也有着一定数量的古都文化感知类
微博（图 4 - 22）。

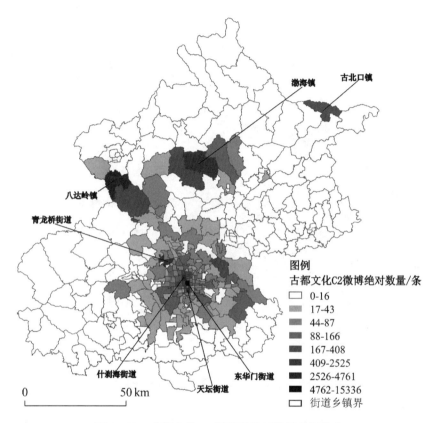

图 4 - 22 古都文化 C2 类微博绝对数量空间分布

在先前的文本分析中，发现 C3（感知过程中的伴生活动）类微博中
最受欢迎的话题就是观赏故宫的雪景，另有品尝角楼咖啡以及汉服摄影大
赛等活动深受用户的青睐。正因上述活动属于游览故宫时伴生的项目，所
以 24221 条 C3 类微博中，有 9279 条属于东华门街道。另外，人们经常前
往游玩的皇室故居，如雍和宫与恭王府，分别坐落在东城区的北新桥街道
和西城区的什刹海街道。在元宵佳节举行华丽灯会的颐和园与一直作为赏
花胜地而闻名的天坛，也吸引了大批用户前往青龙桥街道和天坛街道进行
游玩并发布微博，记录这番有趣的经历（图 4 - 23）。

通过文本分析得知，C4 类型的微博在内容上着重强调了从出发到抵达

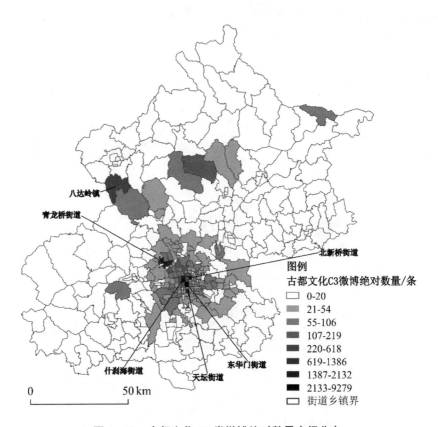

图 4 - 23　古都文化 C3 类微博绝对数量空间分布

古都文化感知地点的过程。但是，从 C4 类微博数量分布图上看，内含微博数量最多的仍然是最受欢迎的古都文化景点所在的那些街道，如东城区的东华门街道（930）与天坛街道（164）、延庆区的八达岭镇（447）、海淀区的青龙桥街道（314）、西城区的什刹海街道（213）等，反映出虽然其内容主要是"中间的过程"，但这类微博的发布往往是在用户经历一番周折而成功到达目的地之后，或者是游玩结束但还未离开景区的时候发表的 C4 类型的感知微博，更能表现出用户虽然旅途劳顿，但终于到达理想中的景点，从而收获满满的喜悦（图 4 - 24）。

2. 古都文化相关微博相对数量

为了更加全面地掌握各街道内文化感知微博的发布状况，通过比例计算的方法，展示每类文化在街道尺度下的相对数量，进而确定每个街道的

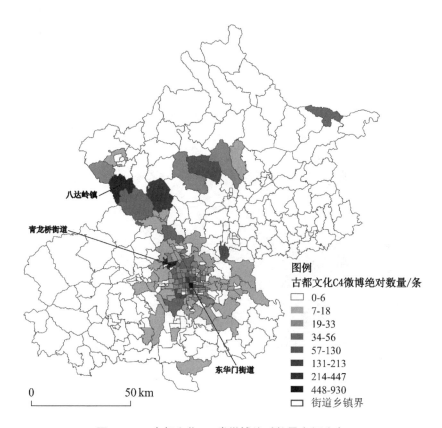

图例
古都文化C4微博绝对数量/条
☐ 0-6
7-18
19-33
34-56
57-130
131-213
214-447
448-930
☐ 街道乡镇界

0   50 km

图4-24 古都文化 C4 类微博绝对数量空间分布

"首位文化"。

对于海淀区的青龙桥街道来说，8130 条古都文化感知微博中，有 3905 条微博属于 C1 类（观赏皇家园林），结合绝对数量分析中呈现出的结果可以得出判断，该街道是微博用户古都文化 C1 类内容的集中感知地。其余的一些 C1 类型相对数量较高（0.2-0.5）的街道为海淀区的海淀镇（万柳地区）、田村路街道、四季青镇、曙光街道，石景山区的古城街道、老山街道、八角街道、苹果园街道以及顺义区的仁和镇等。由此可见，海淀区以及石景山区的微博用户在感知首都的古都文化时，对游览皇家园林有着更强的倾向性（图4-25）。

与 C1 类不同，C2 类型的相对数量绝对值普遍较高，326 个街道中，有 128 个街道的绝对值大于等于 0.5，超过了 C1 类中所有街道的最大值。

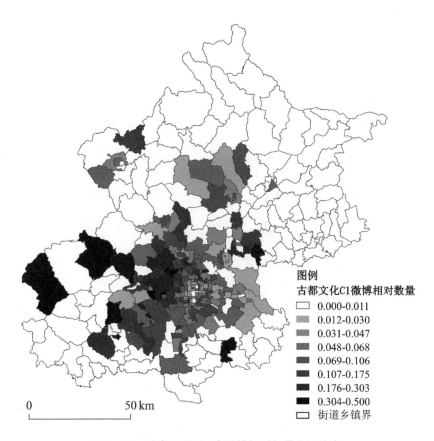

图例
古都文化C1微博相对数量
□ 0.000-0.011
■ 0.012-0.030
■ 0.031-0.047
■ 0.048-0.068
■ 0.069-0.106
■ 0.107-0.175
■ 0.176-0.303
■ 0.304-0.500
□ 街道乡镇界

0　　　　50 km

图 4 - 25　古都文化 C1 类微博相对数量空间分布

结合绝对数量分析中呈现出的接近 7 倍的微博数量差异，可以判断出观赏皇家政治建筑及相关历史文物是整个首都的古都文化感知的最重要的内容。在 C1 类相对数量分布图中，发现整个北部地区以及东部的顺义、平谷地区对皇家园林的倾向性较为低迷。但通过对 C2 类分布图的观察可以发现以密云区为代表的上述地区，对于观赏皇家政治建筑及相关历史文物的倾向性格外强烈，C2 类重要感知地之一的古北水镇也坐落于密云区的古北口镇。另外，朝阳区的金盏乡、通州区的张家湾镇、怀柔区的九渡河镇、昌平区的南口镇等多个街道的 C2 类微博相对数量都达到了 0.75 以上。换言之，这些地区的微博用户在对首都的古都文化进行感知时，有超过四分之三的用户都倾向于游玩以故宫、长城为代表的这些景观。例如在身为古都文化重要感知地的八达岭镇，其凭借八达岭长城的巨大吸引力招揽了大量的本地及外地游客，故于该地区发布的5839条微博中，有4761条微博是讲述用户自身游览长城的经历的。这也证明了对于一个地区而言，其内部主要文化景观的类型属性及知名度，能够在一定程度上决定该地区的主导文化归属（图4-26）。

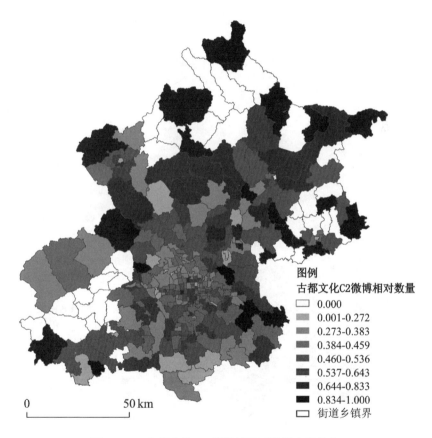

图例
古都文化C2微博相对数量
☐	0.000
	0.001-0.272
	0.273-0.383
	0.384-0.459
	0.460-0.536
	0.537-0.643
	0.644-0.833
	0.834-1.000
☐	街道乡镇界

0　　　　50 km

图4-26　古都文化 C2 类微博相对数量空间分布

在微博相对数量的空间分布格局方面，除了延庆东部、密云北部与怀柔区的大部分地区低值较为明显外，C3类型分布的南北差异并不明显，并未出现C2类型分布图中呈现出的"北高南低"现象。总体而言，南部地区对C3类型的感知倾向性略大于北部地区。C3类古都文化感知微博的主要内容是观赏园林、皇家政治建筑及文物的同时所衍生出的一系列活动。

由于雍和宫、国子监及孔庙的存在，东城区的北新桥街道、安定门街道成为了南来北往的香客汇聚之地，来到皇家庙宇祭祀祈福的游人络绎不绝。西城区的什刹海街道与朝阳区的亚运村街道的微博用户也经常发布相关微博，讲述自己在故宫等地观看雪景、欣赏花语、品尝咖啡，抑或是穿上汉服参与摄影竞赛的独特经历，以这种方式来记录自身对首都的古都文化绝妙魅力的充分感知（图 4 - 27）。

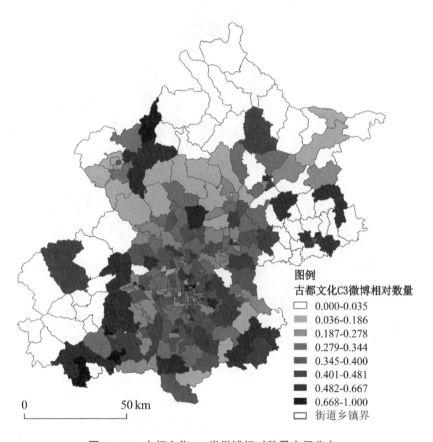

图例
古都文化 C3 微博相对数量
□ 0.000-0.035
　 0.036-0.186
　 0.187-0.278
　 0.279-0.344
　 0.345-0.400
　 0.401-0.481
■ 0.482-0.667
■ 0.668-1.000
□ 街道乡镇界

0　　　　　50 km

图 4 - 27　古都文化 C3 类微博相对数量空间分布

　　与 C3 类感知微博的空间分布类似，在 C4 类微博相对数量分布图中，延庆东部、密云北部、怀柔区以及房山区的绝大部分地区都呈现出相对数量的低值，相对数量较高的代表性街道有昌平区的十三陵镇以及朝阳区的首都机场街道。作为著名古都文化感知地的明十三陵由于地处远郊，从人口密集的城市中心地带前往此处，往往需要长时间地乘坐公交、地铁，容易引起游客针对此现象的情绪表达。另外，通过文本分析知道，有诸多外地游客通过乘坐航班来到北京游玩，其中也有一部分是游玩之后的"尽兴而归"。因此，在首都机场街道，尽管发博数量并不算多，但是有相当一部分比例的游客都在候机阶段借由微博发表"古都之旅"的愉快经历，记录这次旅行带给自身以及家人的幸福感受（图4-28）。

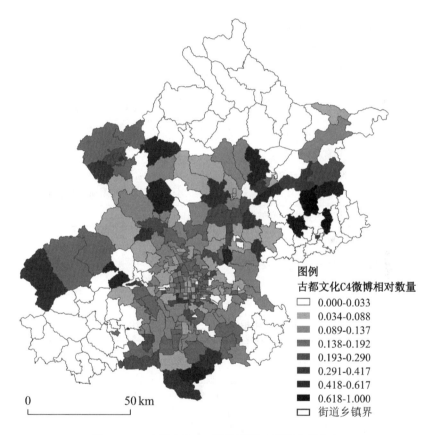

图4-28　古都文化 C4 类微博相对数量空间分布

二　京味文化相关微博主题模型结果

（一）主题分类

通过对25个主题的高频特征词进行观察，确认每个主题的主要内容，结果如下表4-11所示。

表 4 - 11　　　　　　　　京味文化相关微博主题及主要内容

主题编号	主要内容	主题编号	主要内容
1	胡同里的咖啡馆	14	北平的冬季雪景
2	汤茶类京味小吃	15	北京烤鸭
3	相声及京剧类艺术	16	集中展示京味文化意象的博物馆
4	饭食类京味小吃	17	前门地区的游玩经历
5	北京烤鸭	18	北京烤鸭
6	北平的秋天	19	相声类艺术及京剧艺术
7	北京烤鸭	20	京剧艺术
8	大型公园、游乐园以及相关庙会活动	21	饭食类京味小吃
9	零食类京味小吃	22	小巷类的京味文化感知地
10	相声类艺术	23	骑行游玩各个知名胡同
11	饭食类京味小吃	24	饭食类京味小吃
12	什刹海到后海等京味文化感知地（夜晚活动为主）	25	欣赏胡同、四合院等京味风格建筑，聆听老北京故事
13	前门大街、大栅栏附近的夜游		

在提取出每个主题的主要内容后，将这 25 个主题大致分为 4 类，如表 4 - 12 所示。

表 4 - 12　　　　　　　　京味文化相关微博主题类别划分

类别编号	类别名称	类别包含的主题编号	类别微博数量（条）
C1	京味美食	2、4、5、7、9、11、15、18、21、24	31113
C2	语言类京味艺术	3、6、10、19、20	17847
C3	以京味文化为主要感知对象的非夜间游玩活动	1、8、14、16、17、22、23、25	13328
C4	以京味文化为主要感知对象的夜间游玩活动	12、13	3101

（二）四类主题高频词

提到京味文化，人们最先想到的往往是丰富多样、各具特点的京味美食。北京素有"小吃之都"的美名，这里的美食汇集了汉、满、回、蒙古等各民族的特色风味，有些曾经只有宫廷人员才得以享用的美食，现在也走进了寻常百姓家。无论是本地居民还是南来北往的游客，都能够在这里尽情感受京味美食带来的独特享受。观察词频统计结果（图4-29）可以发现，C1类（京味美食）微博在四种京味文化感知微博中数量最多，这也充分体现了人们对享受美食这一活动的情有独钟。在所有的高频特征词中，"吃"与"好吃"位居前列，体现了该类活动的主题，而在所有种类的京味美食中，北京烤鸭是受感知程度最高的一类。除了词频数仅次于"吃"的"烤鸭"一词外，"烤鸭店""全聚德""北京烤鸭""四季民福"也都频繁地被用户提及，作为享誉全国甚至全球的著名美食，北京烤鸭自然就成为整个京味美食的代表作。除了北京烤鸭，"卤煮""炸酱面""豆汁""糖葫芦""炒肝""爆肚""灌肠"也都深受居民与游客的喜爱，很

图4-29 京味文化 C1 类微博高频词云图

多微博用户为了品尝到"地道""美味""招牌"的京味美食,而特地"排队"等候,品尝完美食后,便能知晓其中的"嫩""甜""辣""酥",进而通过发表微博来记录自己享受美食的愉快经历。

　　欣赏语言类艺术一直都是"老北京"居民们茶余饭后休闲娱乐的重要选项,随着文化传播手段的进步,也有越来越多的非北京居民钟情于此。最具代表性的两类即是相声艺术与京剧艺术。相声艺术以说、学、逗、唱为主要形式,十分幽默风趣,深受所有年龄群体的喜爱。在 C2 类特征词中,作为相声界"当红炸子鸡"的"德云社"自然成为被提及次数最多的一个,而从属于德云社的"三庆园"则成为词频数量最多的具体感知地,部分相声演员也颇具人气,引得无数观众争相前往"剧场",通过"听相声"来感知老北京语言艺术的独特魅力。京剧,作为中国国粹之一,以北京为中心而遍及全国,堪称中国影响力最大的戏曲剧种。在词频统计中,京剧一词的词频数达到 1236 次,从地点角度看,人们观赏京剧主要是集中在位于"大栅栏"街的"广德楼""湖广会馆""国家大剧院""北京京剧院"几处。京剧大师"梅兰芳"的名字举世皆知,是京剧艺术最为知名的代表人物之一。时至今日,仍然有诸多京剧艺术的优秀继承者通过"舞台"之上的精彩"表演",讲述着"经典"的"故事",让海内外观众共同领略精彩绝伦的京剧艺术(图 4-30)。

　　从京味文化 C3 类微博高频词云图(图 4-31)可看出,白天是人们感知首都京味文化的主要时间段。对于拥有数千年伟大建筑史的首都北京而言,有无数独具特色的"胡同""四合院"坐落于此,作为老北京建筑中最广为人知的建筑形式,仍在发光发热。时至今日,还有相当一部分本地居民居住于此,他们把"遛弯儿"当作是平日里主要的放松方式之一。另外,这两种特色建筑形式更是吸引了诸多外地游客来此"打卡"留念,由于多数胡同并不宽敞,机动车不方便进入,因此很多人选择"自行车"作为代步工具,一边锻炼身体一边领略老北京建筑风味儿。最值得体验的京味文化内容之一,便是京味"老字号",这些历史悠久、声名远扬的老牌店铺主要集中在"前门"的"大栅栏""王府井"以及"南锣鼓巷"等地。

图 4 - 30　京味文化 C2 类微博高频词云图

图 4 - 31　京味文化 C3 类微博高频词云图

　　从京味文化 C4 类微博高频词云图（图 4 – 32）可观察到，在北京，有几处地方是出了名的"夜游"好去处，吸引的主要是年轻一代群体，其中最为著名的便是"什刹海"地区以及"三里屯"地区。对于什刹海地区而言，"后海"则成为其夜生活文化的最集中地带。无论是后海还是三里屯，都有着颇具特点的"酒吧街"，但其"酒吧"的风格韵味却各不相同。后海的酒吧街更显幽寂宁静，年轻一代消费者时常约上三五好友来此聚会，在"夜色"降临时"感受"富有老北京风味儿的特色"夜景"，更有著名宣传语"后海不是海"在青年人之中广为流传。相比之下，三里屯的酒吧街则淡化了自身的京味属性，主打流行牌，其风格也更加张扬一些，也更加侧重于顾客情绪的宣泄。除了酒吧街之外，三里屯"太古里"（原名"三里屯 VILLAGE"）、三里屯"SOHO"等建筑群也十分出名，和三里屯"酒吧街"一起构成了三里屯地区京味夜生活独树一帜的风格。

图 4 – 32　京味文化 C4 类微博高频词云图

（三）四类主题空间分布特征

1. 京味文化相关微博绝对数量

纵观 C1 – C4 类别的京味文化微博在数量上的空间分布可知，北京的京味文化是以城六区为核心感知地的，其他地区内发布的相关微博数量极为稀少。

四类京味文化感知微博都主要分布在东城区的东华门街道（故宫、天安门）、交道口街道（南锣鼓巷），西城区的大栅栏街道（大栅栏）、什刹海街道（什刹海—后海）以及朝阳区的三里屯街道（三里屯），这些街道囊括了北京市区大部分的著名景点。C2、C3、C4 类微博中作为高频特征词出现的"三庆园""广德楼""什刹海""后海""三里屯"就坐落于这些街道。同时，这些街道也是京味美食的集中场所，有相当一部分的美食店铺都身处上述景点附近区域，方便游客在游玩之后尽快找到喜爱的店铺

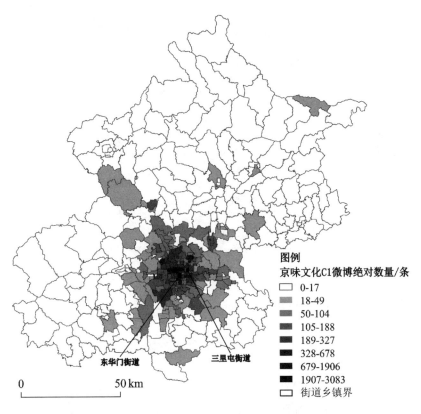

图 4 – 33　京味文化 C1 类微博绝对数量空间分布

享用京味美食。

　　从京味文化 C1 类微博绝对数量分布（图 4 – 33）来看，数量分布最多的区域主要在三里屯街道和东华门街道。在空间上，数量分布呈现出从中心城区向外围递减的分布格局。

　　从京味文化 C2 类微博绝对数量分布（图 4 – 34）来看，数量分布最多的区域主要在什刹海街道和大栅栏街道。在空间上，数量分布也呈现出从中心城区向外围递减的分布格局。中心城区外围的大部分街道，数量分布都极少。

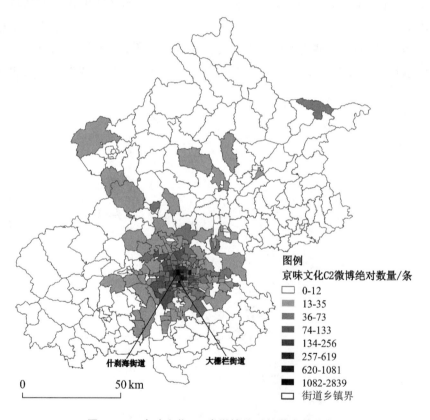

图 4 – 34　京味文化 C2 类微博绝对数量空间分布

　　从京味文化 C3 类微博绝对数量分布（图 4 – 35）来看，数量分布较多的区域主要在什刹海街道、大栅栏街道、东华门街道、交道口街道和安定门街道。在空间上，微博绝对数量分布主要集中于中心城区，然后向中心城区的外围扩散。离中心城区外围较远的大部分街道，数量分布都极少。

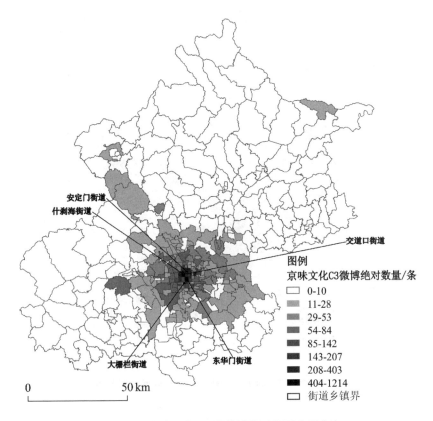

图 4 - 35　京味文化 C3 类微博绝对数量空间分布

　　从京味文化 C4 类微博绝对数量分布（图 4 - 36）来看，数量分布较多的区域主要在什刹海街道和三里屯街道。在空间上，微博绝对数量分布主要集中于中心城区。相较于 C1 - C3 类微博，C4 类微博分布的街道数量更少，大部分街道没有 C4 类微博分布。

　　2. 京味文化相关微博相对数量

　　从京味文化相关微博的相对数量来看，C1 类京味文化感知微博相对数量大于 0.75 的街道包括了朝阳区的和平桥街道、小关街道、望京街道等，这些地区的京味文化微博中有超过四分之三的内容都以京味美食文化为核心内容，以烤鸭、炸酱面、炒肝、爆肚为代表的北京特色佳肴，使得其成

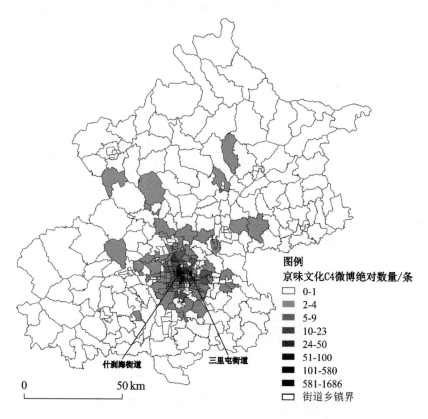

图4-36　京味文化 C4 类微博绝对数量空间分布

为来自四面八方的美食爱好者的汇聚之地（图4-37）。

　　C2类京味文化感知微博中相对数量较高的地区以西城区的陶然亭街道、天桥街道，东城区的建国门街道为代表，著名的中国戏曲学院附属中等戏曲学校、湖广会馆坐落于陶然亭街道，天桥街道的天桥演艺区也有着大量的相声、京剧表演，"老北京"印象最为深刻的长安大戏院则成为建国门街道吸引戏曲爱好者的缘由所在（图4-38）。

　　C3类京味文化感知微博在相对数量方面，与 C1 类微博对比起来并无优势。相对数量达到0.5的街道仅有 26 个，即使是前门—大栅栏、史家胡同以及大量四合院建筑所在的东城区的朝阳门街道、前门街道、安定门街道，C3 类微博的相对数量值也只是在0.5左右。由此可见，游览地点类的京味文化意象并非人们感知首都京味文化最为侧重的方面（图4-39）。

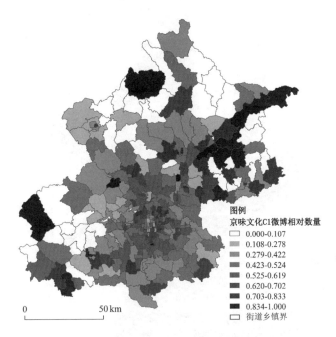

图例
京味文化C1微博相对数量
- 0.000-0.107
- 0.108-0.278
- 0.279-0.422
- 0.423-0.524
- 0.525-0.619
- 0.620-0.702
- 0.703-0.833
- 0.834-1.000
- 街道乡镇界

0　　　50 km

图 4 - 37　京味文化 C1 类微博相对数量空间分布

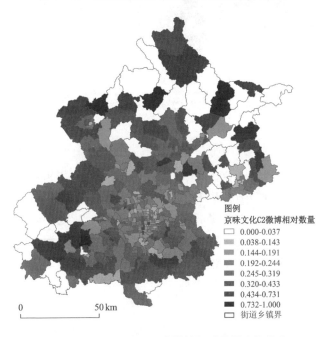

图例
京味文化C2微博相对数量
- 0.000-0.037
- 0.038-0.143
- 0.144-0.191
- 0.192-0.244
- 0.245-0.319
- 0.320-0.433
- 0.434-0.731
- 0.732-1.000
- 街道乡镇界

0　　　50 km

图 4 - 38　京味文化 C2 类微博相对数量空间分布

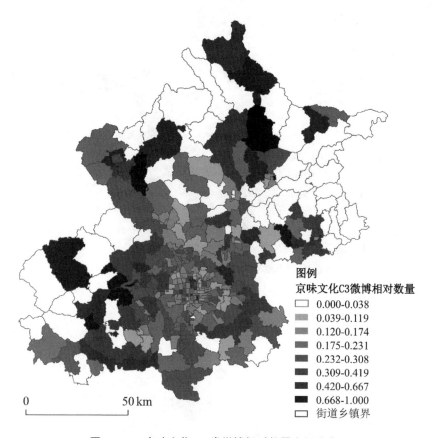

图例
京味文化C3微博相对数量

- 0.000-0.038
- 0.039-0.119
- 0.120-0.174
- 0.175-0.231
- 0.232-0.308
- 0.309-0.419
- 0.420-0.667
- 0.668-1.000
- 街道乡镇界

0　　　　50 km

图 4 - 39　京味文化 C3 类微博相对数量空间分布

　　作为京味文化感知微博中相对数量最为稀少的一类，C4 类微博在中心城区，主要分布在西城区的什刹海街道和朝阳区的三里屯街道，这与文本分析和绝对数量分析的结果基本一致。这两个街道分别以什刹海—后海景区和三里屯景区闻名，是老北京建筑的集中场所，也是年轻人在夜晚放松休闲的好去处。在空间上，京味文化 C4 类微博集中分布于中心城区，呈现出由中心城区往正南和往北方向延伸分布的格局（图 4 - 40）。

　　3. 红色文化相关微博主题模型结果

　　（1）主题分类

　　通过对 25 个主题的高频特征词进行观察，确认每个主题的主要内容，结果如表 4 - 13 所示。

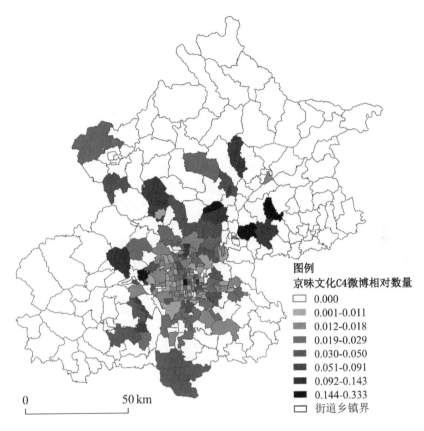

图 4 - 40　京味文化 C4 类微博相对数量空间分布

表 4 - 13　　　　　　　　　红色文化相关微博主题及主要内容

主题编号	主要内容	主题编号	主要内容
1	参观天安门广场及周边建筑物	9	红色体育竞技活动（如北京马拉松）
2	观赏红色影片	10	港澳同胞大团结、两岸和平
3	阅兵仪式上的飞机梯队	11	对五星红旗的感知
4	表达对祖国母亲的热爱	12	为祖国庆生
5	为祖国庆生	13	对五四运动与五四青年节的感知
6	为祖国庆生	14	服务队的公益宣传活动以及建国成就展参观
7	为祖国庆生		
8	为祖国庆生	15	为祖国庆生

主题编号	主要内容	主题编号	主要内容
16	抗日战争历史回顾（如参观卢沟桥）	20	参观天安门广场及周边建筑
		21	为祖国庆生
17	观赏红色影片	22	参观天安门广场及周边建筑
18	瞻仰并缅怀近代伟人（如毛主席、周总理）	23	国庆长假外出游玩
		24	凌晨在天安门广场参加升旗仪式
19	阅兵前夜景观	25	凌晨在天安门广场参加升旗仪式

在提取出每个主题的主要内容后，将这 25 个主题大致分为 4 类，如表 4 – 14 所示。

表 4 – 14　　　　　　红色文化相关微博主题类别划分

类别编号	类别名称	类别包含的主题编号	类别微博数量（条）
C1	记录国庆 70 周年阅兵并祝福伟大祖国	1、3、5、6、7、8、11、12、15、19、20、21、22、24、25	39628
C2	回顾近代历史及名人故事	13、16、18	5643
C3	表达激昂正确的爱国主义情怀	4、10	3652
C4	与红色文化有关的娱乐及公益活动	2、9、14、17、23	13693

二　四类主题高频词

在前面的叙述中提到，2019 年对于伟大祖国而言是极其特殊的一年，时值中华人民共和国成立 70 周年之际，无论首都当地居民还是从天南海北来京共贺华诞的外地游客，大家都齐聚一堂，共同表达对祖国无与伦比的热爱与真心实意的祝愿，这也让记录国庆 70 周年阅兵并祝福伟大祖国成了感知首都红色文化的核心内容。在 C1 类红色文化感知微博高频词（图 4 – 41）中，"祖国"一词独占龙头，彰显着华夏儿女无论何时何地，都坚持把祖国当作最珍视的事物。而人们感知首都红色文化最重要的地点，便是"天安门广场"（简称为"天安门"）。2019 年 10 月 1 日，在天安门广场隆

图 4 - 41　红色文化 C1 类微博高频词云图

重地举办了国庆 70 周年"阅兵"典礼，成千上万的中华儿女用微博记录下了这伟大的仪式：无数的中国军人昂首挺胸走在"长安街"上，"飞机"再也不用像 1949 年的开国大典时那样，同一架飞机要飞"两遍"了；气势磅礴的阅兵仪式，使每位中华儿女都"激动"不已，"自豪"与"骄傲"之情也是油然而生；仰望着天空中"飘扬"的五星红旗，不禁让人感慨——这盛世"如你所愿"。

从 C2 类红色文化感知微博高频词（图 4 - 42）的内容中可知，在感叹祖国今日取得的伟大成果的同时，回顾近代历史与名人故事同样是感知红色文化的重要内容，无论祖国发展到何种程度，身为一名中国人，都该时常对革命先贤与那段光辉岁月进行追忆与缅怀。中华人民共和国的今天，离不开以毛泽东主席为代表的伟大革命先驱以及每一位浴血奋战、可歌可泣的勇士。也正因如此，在新中国成立 70 周年这样一个特殊的时间节点，有更多的人通过参观"毛主席纪念堂"，向杰出而伟大的人民领袖"致敬"。除此之外，人们也使用微博来记叙自己对"抗日战争""五四运动"

图4-42　红色文化 C2 类微博高频词云图

的感受，通过对"历史"的学习来勉励自己。每当中华儿女行至"卢沟桥"时，便可充分地感知到此地曾发生的"七七事变"以及更早时候的"九一八事变"，进而"铭记"起那段以"抗战"为代表的艰难"奋斗"史，时刻提醒着自己"勿忘国耻"；同时，通过"五四青年节"宣扬五四精神，也让人们牢记"初心"，珍惜这来之不易的"和平"，进而成为一个有责任、有担当的新时代好青年。

C3 类红色文化感知微博的内容（图4-43），主要是表达激昂正确的爱国主义情怀。"香港"，不仅仅是一座高度繁荣的自由港与国际大都市，更是伟大祖国不可分割的一部分。从词频统计结果中可以发现，有无数"爱国"的中华儿女向祖国母亲"表白"，祝愿她"繁荣昌盛"。从这些高频特征词中可以发现，寓意着亲情和睦、家和万事兴的"紫荆花"作为"香港特别行政区"的区花而深入人心，为了反对"分裂"，有无数"香港市民"宣扬"一国两制"的伟大理念，以及与祖国"一刻"不能"分割"的坚定信念。尽管发微博的中华儿女并没有身处香港其境，但位居首

图 4 –43 红色文化 C3 类微博高频词云图

都北京的他们仍然和香港同胞们心往一处想、力往一处使。显然，他们不仅感知红色文化，更亲身践行了红色文化。

国庆假期为许多家庭提供了休闲放松的好时光。时值70周年华诞，有多部充满主旋律的红色电影如期而至，通过欣赏这些影片、参观成就展并参与公益服务，人们的假期生活也变得丰富而多彩，这便是 C4 类（与红色文化有关的娱乐及公益活动）红色文化感知微博所呈现出的内容。观察词频统计成果（图4 –44）可知，"祖国""70""周年""国庆"仍然是被提及次数最多的特征词，但其另外一些高频特征词则记录了人们在2019年里进行过的一系列红色文化活动。"中国机长""攀登者"等影片，以及在9月下旬于"北京展览馆"举办的新中国成立以来的杰出"成就展"，让我们感受到祖国70年以来的"辉煌成就"来之不易。为了进一步培养每一位中国人强身健体的理念，北京"马拉松"比赛也吸引了众多运动健儿前往参与，另有很多用户加入了公共"服务队"，投身于志愿者的行列

图 4-44　红色文化 C4 类微博高频词云图

之中。上述活动都是对首都红色文化的切实践行，体现出中华儿女们主动提升爱国情操的积极信念。

（三）四类主题空间分布特征

1. 红色文化相关微博绝对数量

C1 类红色文化感知微博是以记录国庆 70 周年阅兵并祝福伟大祖国为主要内容的，国庆阅兵的活动地点就在天安门广场，即东城区的东华门街道的核心地带，39628 条 C1 类型微博中，有约三分之一（13695 条）的微博都是发布于该街道。时值 70 周年华诞，天安门广场愈发成为中华儿女汇集一堂，表达对祖国的祝福和对未来的希冀的主要红色文化感知地。除此以外，通州区西部、房山区东部、大兴区北部、顺义区南部以及昌平区中部，也都是 C1 类微博发布较为密集的地区（图 4-45）。

C2 类红色文化感知微博的内容侧重于对近代历史及相关人物的追忆与缅怀，"七七事变"是发生在北京卢沟桥的一个著名历史事件，揭开了中国全面抗日战争的序幕，为了铭记这段屈辱但却震颤人心的历史，有许

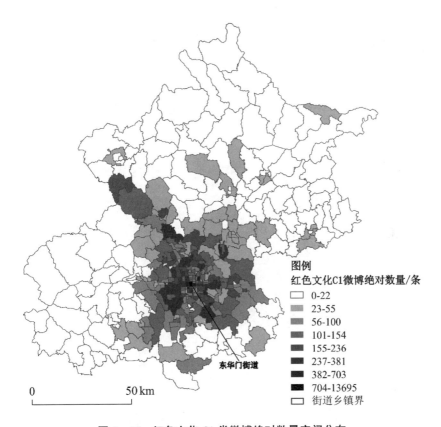

图例
红色文化C1微博绝对数量/条
☐ 0-22
▨ 23-55
▨ 56-100
▨ 101-154
▨ 155-236
▨ 237-381
▨ 382-703
■ 704-13695
☐ 街道乡镇界

东华门街道

0　　　　　　50 km

图4-45　红色文化 C1 类微博绝对数量空间分布

多中华儿女选择来到丰台区的宛平城街道，在卢沟桥上发布红色文化相关微博，祭奠革命烈士的同时，更是对自己的一份激励。除此以外，C2 类红色文化相关微博的发布主要还是在西城区、东城区、朝阳区以及海淀区，城六区以外则属昌平区的城北街道、房山区的十渡镇数量相对较多（图4-46）。

C3 类红色文化感知微博的数量相对稀少，仅 3600 余条，这其中有九分之一（473）的微博是发布于东城区的东华门街道，即天安门广场附近。从内容上看，C3 类微博主要是表达慷慨激昂的爱国主义情怀，表达这些往往不需要拘泥于地点。尽管如此，这类微博的发布仍然集中在东城区、朝阳区、丰台区以及海淀区。另外，昌平区的沙河镇以及房山区的长阳镇也

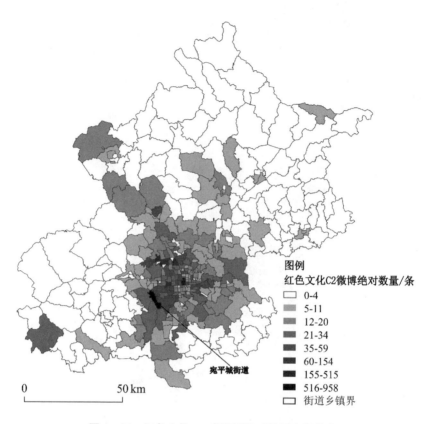

图例

红色文化C2微博绝对数量/条

- ☐ 0-4
- 5-11
- 12-20
- 21-34
- 35-59
- 60-154
- 155-515
- 516-958
- ☐ 街道乡镇界

宛平城街道

0　　　　50 km

图4-46　红色文化 C2 类微博绝对数量空间分布

有着一定数量的 C3 类红色微博分布（图4-47）。

　　C4 类红色文化感知微博的最集中区域仍是天安门广场所属的东城区的东华门街道，著名的北京马拉松竞赛就是在此举办的，精彩的活动吸引了无数热爱运动、热爱红色文化的体育健儿前往参赛，也因此汇聚了一大批观众。另外，西城区的展览路街道、朝阳区的奥运村街道也是人们发表 C4 类红色微博的集中区域，2019 年时，位于展览路街道的北京展览馆举办了回顾 70 年以来伟大成就的大型展览会。这一年里，也有大批青年人参加了志愿服务队，在以奥运村为核心的各大公共场所服务大众，尽到属于自己的一份力量（图4-48）。

　　2. 红色文化相关微博相对数量

　　而从红色文化相关微博的相对数量来看，观察 C1 类红色文化微博相

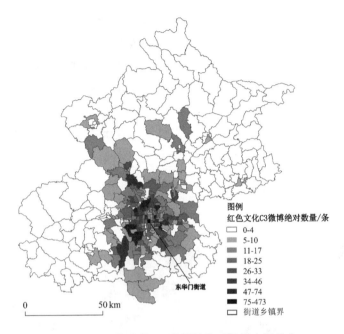

图 4-47　红色文化 C3 类微博绝对数量空间分布

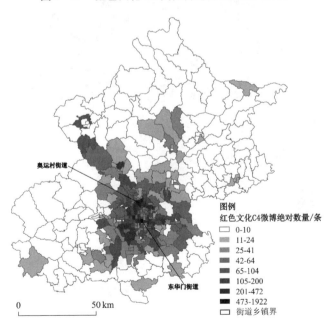

图 4-48　红色文化 C4 类微博绝对数量空间分布

对数量分布图（图 4 - 49），可以看出尽管在较为偏远的密云、怀柔、延庆、房山、门头沟等区域内发布的红色文化微博极其稀少，但其中的绝大部分从属于 C1 类型；在天安门广场所在的东城区的东华门街道，C1 类的相对数量接近 0.825。换言之，在该街道发表的红色文化感知微博，有八成以上都是记录自己观赏天安门的升旗、阅兵等仪式，并祝愿伟大祖国繁荣昌盛的。上述几点，也再次证明：在国庆 70 周年这样的特殊时间点里，关注阅兵仪式、祝福伟大的祖国始终是最为重要的红色文化感知活动。

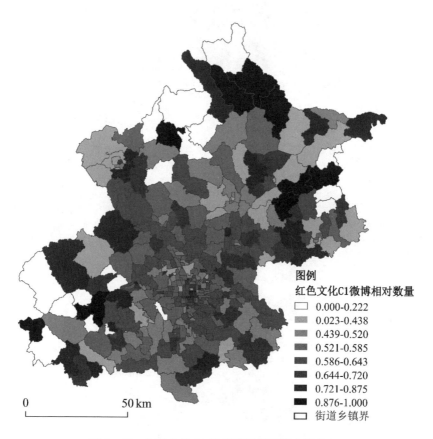

图例

红色文化C1微博相对数量

☐	0.000-0.222
	0.023-0.438
	0.439-0.520
	0.521-0.585
	0.586-0.643
	0.644-0.720
	0.721-0.875
	0.876-1.000
☐	街道乡镇界

0　　　　　50 km

图 4 - 49　红色文化 C1 类微博相对数量空间分布

以回顾近代历史及名人故事（C2 类）为主要内容发表微博较多的地区主要是丰台区的宛平城街道。在绝对数量分析中已经提到，宛平城街道的卢沟桥是人们追忆近代历史、缅怀革命先烈的主要场所，在这里发布的微博大多也是以此为内容的（图4-50）。

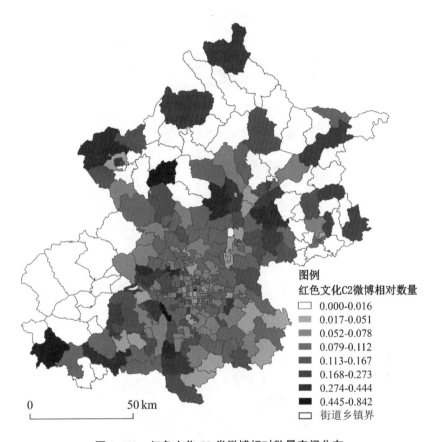

图4-50　红色文化 C2 类微博相对数量空间分布

通过先前的分析得知，由于 C1 类微博所占的比重较大，其数量已经达到了 C3 类微博的 10 倍左右，故 C3 类微博的相对数量普遍较低。数值相对较高的主要是平谷区的南独乐河镇、丰台区的云岗街道、密云区的檀营满族蒙古族乡、怀柔区的九渡河镇等（图4-51）。

另一方面，由于 C4 类微博以参观成就展、参与志愿服务为主要内容，展览路街道（北京展览馆）以及奥运村街道（奥林匹克公园）也就成为 C4 类微博相对数量较高的两个区域（图4-52）。

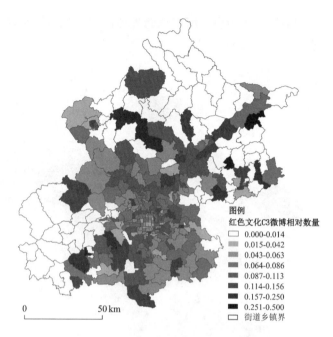

图例
红色文化C3微博相对数量
0.000-0.014
0.015-0.042
0.043-0.063
0.064-0.086
0.087-0.113
0.114-0.156
0.157-0.250
0.251-0.500
街道乡镇界

0   50 km

图 4 - 51   红色文化 C3 类微博相对数量空间分布

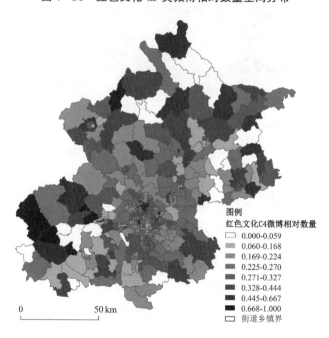

图例
红色文化C4微博相对数量
0.000-0.059
0.060-0.168
0.169-0.224
0.225-0.270
0.271-0.327
0.328-0.444
0.445-0.667
0.668-1.000
街道乡镇界

0   50 km

图 4 - 52   红色文化 C4 类微博相对数量空间分布

四　创新文化相关微博主题模型结果

(一) 主题分类

通过对 25 个主题的高频特征词进行观察，确认每个主题的主要内容，结果如表 4 – 15 所示。

表 4 – 15　　　　　　　创新文化相关微博主题及主要内容

主题编号	主要内容	主题编号	主要内容
1	798 艺术展	14	人工智能
2	798 艺术展	15	摄影科技
3	798 艺术展	16	中国国家博物馆艺术展
4	798 艺术展	17	奥林匹克公园的演唱会
5	798 艺术展	18	麦田音乐节的北京站
6	话剧、舞台剧	19	奥林匹克公园的演唱会
7	网红餐厅、咖啡馆	20	摇滚音乐
8	中央美术学院艺术展	21	奥林匹克公园的演唱会
9	高新科技发布会	22	流行音乐会的购票活动
10	中国美术作品艺术展	23	奥林匹克公园的演唱会
11	中国美术作品艺术展	24	流行音乐会
12	各类博物馆（以交通工具为主）	25	话剧、舞台剧
13	互联网经济		

在提取出每个主题的主要内容后，将这 25 个主题大致分为 4 类，如表 4 – 16 所示。

表 4 – 16　　　　　　　创新文化相关微博主题类别划分

类别编号	类别名称	类别包含的主题编号	类别微博数量（条）
C1	博物艺术展出（绘画艺术为主）	1、2、3、4、5、8、10、11、12、16	25646
C2	流行音乐	17、18、19、20、21、22、23、24	28814

续表

类别编号	类别名称	类别包含的主题编号	类别微博数量（条）
C3	高新技术	9、13、14、15	7711
C4	创意文化	6、7、25	5274

（二）四类主题高频词

艺术，来源于生活并服务于生活。欣赏艺术作品，不仅可以开阔人们的视野、陶冶人们的情操，更能帮助人们积累审美经验、提高辨别美丑的能力。观察 C1 类词频统计成果（图 4-53）可以看到，身处首都北京的微博用户对以绘画艺术为代表的创新型艺术十分青睐，"艺术"一词也成为被提及次数最多的高频特征词。要参观绘画艺术展，自然要前往"美术馆"，而首都北京最为著名的创新文化园区便是"798 艺术中心"（简称"798"），这里汇聚着 400 多家文化机构，其中有大量的美术馆可供绘画、雕塑爱好者们欣赏。比如著名的"尤伦斯当代艺术中心"（简称"UC-

图 4-53　创新文化 C1 类微博高频词云图

CA"）、"木木美术馆"（简称"WOODS"）等，美术爱好者们通过对"毕加索""梵高""霍克尼"所"创作"的优秀作品进行观赏，来获得一些颇具启迪性的创新理念。除了西方的绘画艺术以外，用户们对中国风的美术作品也有着相当高的感知程度。在词云统计中可看到，如"中央美术学院"（包含"太虚之境"）、"中国美术馆""山水""中国画"等特征词同样具有很高的频次。

音乐的形式多种多样，而创新性最强、最受当代年轻人喜爱的便是流行音乐，这也是 C2 类创新文化感知微博的主要内容。在词云统计图（图 4-54）中可看到，作为中国首都的北京，聚集了无数热爱流行音乐的青年一代，也成为"演唱会"举办的最为频繁的城市之一。2019 年时，诸多著名流行歌星都来到"鸟巢"（即"国家体育场"）举办自己的流行音乐会，同年也举办了享誉全国的"麦田音乐节"（北京站）。这些激情昂扬的流行歌曲总是能够充分调动观众的情绪，让广大歌迷"嗨"起来，散发着"青春"独有的气息，也让许多观众都选择用手机发布微博，记录音乐

图 4-54　创新文化 C2 类微博高频词云图

给自己带来的人生当中的美妙时刻。

让首都北京成为我国的"科技创新中心"，是习近平总书记针对北京的核心功能提出的要求。实际上，北京也确实汇聚了来自全球各国的创新型产业及相关企业。观察词频统计图（图 4-55）可以发现，人们在微博中对科技创新有着较为深刻的感知。其中，"互联网""5G""人工智能"（即"AI"）是 C3 类创新文化感知微博中被提及次数最多的几个特征词，受到大量微博用户的集中关注。"中关村"是中国第一个国家级高新技术产业开发区，也是第一个国家自主创新示范区，被誉为"中国的硅谷"。通过游览中关村，可以了解"全球"顶级"产品"与"技术"的最新发展状况，畅想科技带给我们的无限美好的"未来"。

图 4-55　创新文化 C3 类微博高频词云图

近几年，"创意文化"一词逐渐流行开来，指代那些"依靠个人创意、技能和天分，通过挖掘和开发智力财产以创造财富和就业机会的活动"。C4 类创新文化感知微博的主要内容正是人们对"创意文化"相关实践与场所的集中感知。观察词频统计图（图4-56）可以看出，"话剧"艺术是创意文化的代表内容之一，话剧内容及表演形式极具创意的"开心麻花"团队深受广大观众的青睐。人们通过在"剧院"（以"国家大剧院"为代表）观看话剧，感悟其中的精髓，从而领略到创新文化带给自身的欢愉与启发。另外，也有很多"网红"的"餐厅"（包括"咖啡馆"）凭借装修风格、"美食"风味上的创新吸引了诸多食客前往用餐。尽管同属美食类型的文化感知，但相较于注重"传统"和"老味道"的京味美食，网红餐厅所提供的美食更加注重创意。"味道""啤酒""好吃""推荐"等特征词的大量出现，也证明了这些店铺确实充分发挥了独到的"创意"，并以此为基础让大量顾客获得了良好的用餐"体验"。

图4-56 创新文化 C4 类微博高频词云图

（三）四类主题空间分布特征

1. 创新文化相关微博绝对数量

从专题地图的呈现结果来看，创新文化感知微博的分布集中程度较高，城六区以外发布的微博极其少有，C1 和 C4 类的微博集中程度更是高于 C2 和 C3 两类。

在文本分析中可得知，798 艺术中心是人们感知博物展览类创新文化（以绘画艺术为主）的最集中区域，而其所在的朝阳区的酒仙桥街道自然就成了 C1 类微博发布最多的地区。另外，朝阳区的望京街道（中央美术学院）、双井街道，东城区的东华门街道、景山街道也聚集了多个艺术院校以及艺术博物馆，同样成为 C1 类微博发布的密集地区（图 4 - 57）。

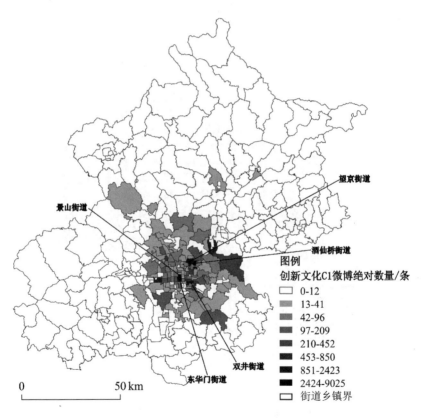

图 4 - 57　创新文化 C1 类微博绝对数量空间分布

人们发布 C2 类创新文化感知微博主要是在聆听流行音乐（会）的时候。2019 年时，鸟巢举办了多场流行音乐会，这也让朝阳区的奥运村街道成为这类微博发布最集中的地区。另外，流行歌曲爱好者们也会在海淀区的万寿路街道、朝阳区的三里屯街道与亚运村街道等地聚集，其范围内发表的微博也不在少数（图4－58）。

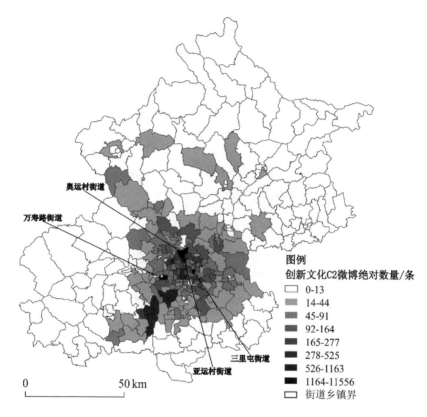

图4－58　创新文化 C2 类微博绝对数量空间分布

作为一个以科技创新为引擎助推高质量发展的地区，海淀区坐拥多所高校，在科技实力方面，即使放眼全国也依然名列前茅，这也让海淀区的人们更愿意将目光投入科技发展话题中去。海淀街道、上地街道、清河街道、中关村街道、南磨房乡是 C3 类创新文化感知微博发布的集中地带，其中前四个街道全部从属于海淀区，这也彰显出海淀区在推动北京成为中国的"科技创新中心"道路上的重要性及其作用（图4－59）。

创意文化（C4）集中地主要是城六区里的东城区与西城区，其中以西城区的西长安街街道的集中程度最高，由于国家大剧院的存在，让无数话

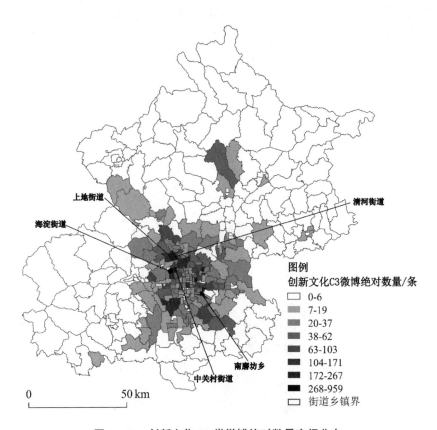

图例
创新文化C3微博绝对数量/条
- 0-6
- 7-19
- 20-37
- 38-62
- 63-103
- 104-171
- 172-267
- 268-959
- 街道乡镇界

图 4 – 59　创新文化 C3 类微博绝对数量空间分布

剧爱好者竞相前往此处，在舞台之下体验这种优雅而不失风趣的语言艺术形式带来的熏陶。金融街街道、东华门街道等地，则是网红餐厅比较集中的场所（图 4 – 60）。

2. 创新文化相关微博相对数量

从创新文化相关微博的相对数量来看，对于朝阳区的酒仙桥街道（798 艺术中心）、望京街道（中央美术学院）、双井街道，东城区的景山街道，通州区的宋庄镇（宋庄美术馆），顺义区的天竺镇等地区而言，以绘画艺术为主的艺术院校、艺术园区、博物馆是其吸引游客前来观赏的主要力量（C1 类创新文化感知微博的相对数量都达到了 0.75），从五湖四海远道而来的美术爱好者们为了欣赏艺术、开拓见闻汇聚于这些地区，使之成为艺术的天堂（图 4 – 61）。

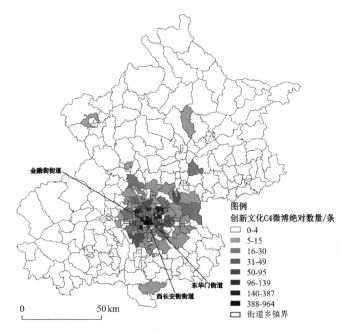

图4-60　创新文化 C4 类微博绝对数量空间分布

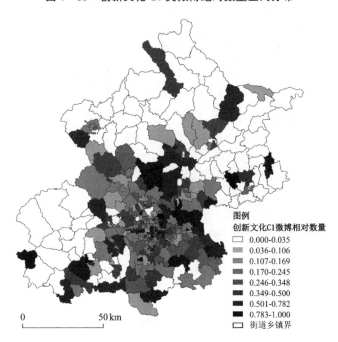

图4-61　创新文化 C1 类微博相对数量空间分布

　　观察 C2 类型创新文化感知微博的相对数量分布图，可以发现对流行音乐的感知较为普遍，在少有其他类型创新文化微博分布的门头沟、密云、房山等地，人们但凡对创新文化进行感知，其内容大多相关于流行音乐。例如在房山区的石楼镇，这里的 48 条创新文化感知微博全部是与流行音乐类相关。显然，作为最通俗易懂的一类创新文化，流行音乐及相关演唱会吸引了北京各个地区的歌迷，而他们的主要聚集地便是朝阳区奥运村街道的国家体育场（鸟巢），这里是北京市举办流行音乐会的主要场所（图 4 - 62）。

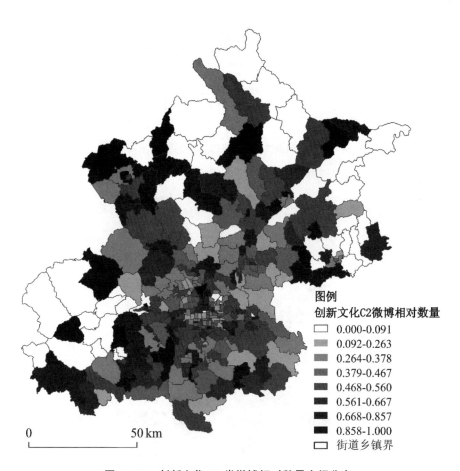

图 4 - 62　创新文化 C2 类微博相对数量空间分布

C3 类创新文化感知微博的内容主要是对高新技术的感知，门头沟区、密云区等地科技水平相对滞后，其内部的微博用户也很少发表相关微博。创新文化感知微博较多且内容主要是科技创新的地区，主要在海淀区，以清河街道、海淀街道、马连洼街道、上地街道为代表，这也与绝对数量分析中的结果较为一致（图 4 - 63）。

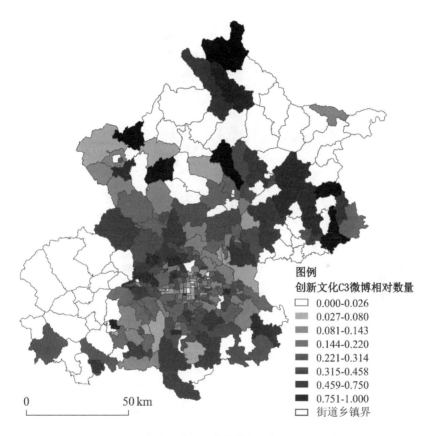

图 4 - 63　创新文化 C3 类微博相对数量空间分布

西城区的西长安街街道是国家大剧院所在之地，在这里发布的创新文化感知微博中，有六成以上都是 C4 类型的（创意文化），此处也成为首都范围内话剧爱好者们最主要的聚集地。除此之外，西城区的金融街街道、广安门外街道，朝阳区的香河园街道，东城区的东直门街道，也凭借一些较小规模的剧场和网红餐厅建立起了较高程度的创意文化感知范围，吸引了许多游客前去体验（图 4 - 64）。

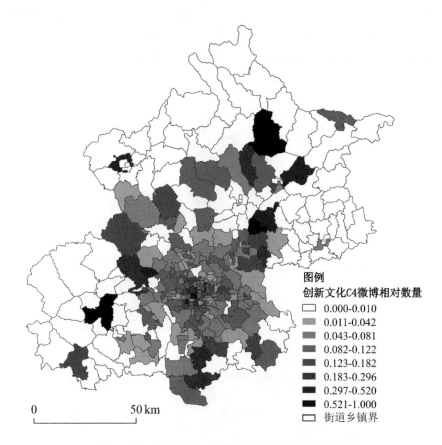

图 4 - 64　创新文化 C4 类微博相对数量空间分布

第五章 北京城市文化活力评价理论框架构建

城市文化因子复杂性和城市空间差异性，是构成城市文化活力的基本素材。如何构建理论框架来科学定量评价城市文化活力水平，探索城市文化活力影响要素空间相互作用关系，揭示城市文化系统要素构成和形成机理，是城市空间结构研究领域的重要问题。

第一节 研究范畴与理论基础

一 研究范畴

评价北京城市文化活力，需覆盖北京市域，即全北京城乡所有区域，这是因为北京的城乡均有文化相关活动、设施、产业存在，在乡村振兴、城乡融合和协调发展的相关政策下，因此将城乡全部纳入评价范畴。在研究对象上，选取的评价指标涵盖文化设施、文化产业、文化遗产资源和文化活动，指标涉及文化供给的强度、多样性以及大众的主观感知。在研究内容上，不仅研究北京整体的城市文化活力，还研究表征城市文化活力的各个要素空间分布特征，从而更好地进行总结、提出建议。

二 理论基础

（一）城市文化活力评价指标

总结前人有关文化活力评价的相关理论，学者们较多认为文化设施数量、文化活动的次数和可参与性、历史文化传承与保护、文化产业取得成果、游客文化感知与文化活力密切相关，是表征、测度文化活力不可或缺的要素。与城市活力的测度不同，城市文化内涵、游客对文化项目活动的感知与地方居民的认同、城市文化建设对游客的吸引力在表达城市文化活力的高低时受到更多关注。城市文化活力评价的相关理论为本书后续选取各级指标、构建评价体系指明了方向。

（二）城市文化活力综合评价

有许多综合评价模型都被应用于城市（文化）活力的整体分析中，其中包括倾向于主观评价的层次分析法（Analytic Hierarchy Process，AHP），也有完全客观的熵权法。本书内容刨除主观因素，采用熵权法进行指标赋权。在综合评价时，采用复杂的数学模型解析每个指标到最优解的距离，基于该理论选取 TOPSIS 法与熵权法相结合，该方法可以弥补传统 TOPSIS 法对指标权重的主观赋值问题，力争达到最优评价效果。

第二节　评价指标体系确立

一　指标选取原则

为制定一套具有科学性、合理性、人性化及可操作性的北京城市文化活力评价指标体系，应遵循以下原则：

（一）科学性与实用性

北京城市文化活力评价指标体系要体现出多重因素和多层次项目对城市文化活力评价的影响，因此要进行科学分析和统计计算；构建的指标体系要兼具实用性，繁杂的体系不利于评价者使用；评价指标的命名也要尽可能简单明确，浅显词汇的表达便于评价者应用该体系进行活力的定性评估。此外，应紧密结合北京文化的地域特点，科学选取指标。

（二）定性与定量相结合

城市文化活力评价指标体系的建立，应遵循定性分析与定量计算相结合的原则。评价指标应反映文化活力评价的不同方面，对文化活力评价程度可进行定性的描述；可利用多源数据对活力评价程度进行定量的计算，计算结果可以是评价得分，也可以是给出评价等级。定性描述可以通过文字与图片进行体现。定量计算则通过评价体系和评价模型获得结果。

（三）通用性与可比性

城市文化活力评价指标体系的建立应遵循通用性和可比性原则。通用性表现在该体系对不同类型城市文化都可进行评价分析，这要求体系中的指标因子能覆盖各个不同类型城市文化的典型表现特征。可比性体现在不同特点、不同类型的群体对文化活力评价的区别，反映并比较出各评价指标和影响因素在评价主、客体产生差异时出现的评价结果的差异。

二　评价指标选取

根据北京丰厚的历史文化底蕴与强盛的新潮文化天赋，一级指标定为文化资源分布、文化产业分布、文化活动服务、文化设施服务、文化设施分布、文化功能布局、文化感知分布和文化感知情绪共八个。在二级指标选取方面，充分考虑到文化活力的概念，即文化传播的平台以及人们对文化的认知，又考虑到雅各布斯强调活力要具有多样性的特征，所以在文化相关设施、文化功能、文化活动、文化产业分布方面考虑其多样性分布的问题，因为多样化的设施会吸引到不同文化兴趣的人群，从而提升活力。考虑到数据获取的现实问题，对大众文化感知进行初步探析，如文化设施评分、评价质量平均分、文化活动吸引力、文化感知密度、文化感知情感平均分、文化感知净情感率等，它们都是基于使用者的看法和感受形成的指标，从人的感知角度剖析文化活力。具体一级和二级指标见表5-1和表5-3。

三　活力要素提取

多源数据是本书的一个亮点，研究过程中从天眼查、大众点评、百度、微博等多源网络平台上获取了各类文化类大数据，活力要素提取结果见表5-1。

文化企业是文化产业的直接载体，借助文化企业更能清晰地揭示文化产业的空间分布特征。本书的文化企业数据来自天眼查企业数据库，文化产业的分类依据天眼查企业数据库的分类标准。文化活动的分类依据豆瓣同城网和国家文旅部网站的分类标准。文化设施按照大众点评网的分类标准，分为大众场馆、大众教育、大众旅游、大众娱乐四大类。对于城市文化功能设施数据的处理，是将获得的数据按照自带标签和分类进行筛选，除去不相关和出现问题、出现重复的数据，并经配准修正等操作最终获得研究区内北京城市文化设施的百度POI数据共21205条。并且参考《城市用地分类与规划建设用地标准》（GB50137—2011）、《北京市城乡规划用地分类标准》2018（DB11/996—2013）和国家统计局发布的《文化及相关产业分类（2018）》，将文化功能设施分为 6 类（见表 5 - 2）。其中，群众文化活动类 780 条，体育运动类 7125 条、图书与展览类 1267 条、文化艺术类 835 条、文化娱乐与产业类 9254 条、新闻传媒类 1944 条。最后通过抽样调查确认数据准确。

表 5 - 1　　　　　　　　城市文化活力要素来源及数量统计

一级指标	二级指标	指标计算方式	数量合计	数据来源
文化资源分布	历史文化街区面积	按格网和街道乡镇统计	23 大片	《北京新版城市总体规划（2016 年—2035 年)》
	历史文化资源数量	按格网和街道乡镇汇总统计	4646 个	北京市文物局官网，2019 年
	历史文化资源评分	评分赋值：北京市国家级（5 分）和市级（3 分）博物馆，北京地区其他备案且正常开放博物馆（1 分）；北京市非物质文化遗产代表性项目国家级（5 分）和市级（3 分）；北京市经典红色旅游景区国家级（5 分）、市级（3 分）；北京市全国重点（5 分）和市级（3 分）文物保护单位；最后按格网和街道乡镇汇总统计		
文化产业分布	文化企业数量	按格网和街道乡镇汇总统计	149003 个	天眼查企业数据库，2019 年
	文化企业多样性	分为文化艺术类，新闻和出版类，广播、影视录音制作类，娱乐类和体育类共 5 类，依多样性计算公式得到结果，按格网和街道乡镇汇总统计		
文化活动服务	文化活动数量	按格网和街道乡镇汇总统计	3145 个	豆瓣同城网、中华人民共和国文化和旅游部官网，2019 年
	文化活动多样性	分为电影、讲座、聚会、赛事、戏剧、演出、音乐、运动、展览共 9 类，依据多样性计算公式得到结果，按格网和街道乡镇汇总统计		
	文化活动吸引力	依据感兴趣人数和愿意参加人数求和，按格网和街道乡镇汇总统计	2700 个	

续表

一级指标	二级指标	指标计算方式	数量合计	数据来源
文化设施服务	文化设施评价质量平均分	评分赋值：好评5分，中评3分，差评1分，按照平均分计算公式求得，最后按格网和街道乡镇汇总统计	15399个	大众点评网，2019年
	文化设施服务质量总评分	按照设施的服务、环境、产品3项得分求和，最后按格网和街道乡镇汇总统计		
	文化设施总评分	依网站上的文化设施的"评分"项，按格网和街道乡镇汇总统计		
	文化设施评论总数	依网站上的文化设施的评论数量，按格网和街道乡镇汇总统计		
	文化设施星级	依网站上的文化设施的服务星级，按格网和街道乡镇汇总统计		
文化设施分布	文化设施数量	按格网和街道乡镇汇总统计		
	文化设施多样性	分为大众场馆、大众教育、大众旅游和大众娱乐设施4类，依据多样性计算公式求得结果，按格网和街道乡镇汇总统计		
文化功能布局	文化功能设施数量	按格网和街道乡镇汇总统计	21205个	百度POI，2018年
	文化功能设施多样性	分为群众文化活动类、体育运动类、图书与展览类、文化艺术类、文化娱乐与产业类、新闻传媒类共6类，依据多样性计算公式求得结果，按格网和街道乡镇汇总统计		
	文化功能设施评论数量	依网站上提供的设施评论数，按格网和街道乡镇汇总统计		

一级指标	二级指标	指标计算方式	数量合计	数据来源
文化感知分布	文化感知密度	文化相关微博数量除以面积，按格网和街道乡镇计算	652007条	新浪微博签到和文本数据，2019年
	文化感知多样性	分为古都文化、京味文化、红色文化和创新文化4类，依据多样性计算公式求得结果，按格网和街道乡镇汇总统计		
文化感知情绪	文化感知情感平均分	依文化相关微博情感得分，按格网和街道乡镇计算平均分		
	文化感知净情感率	依净情感率计算公式求得结果，按格网和街道乡镇汇总统计		

表 5 - 2　　　　　　　　　　城市文化功能设施分类

设施分类	具体项目
群众文化活动类	文化宫、文化广场等
体育运动类	体育场馆、健身中心、极限运动场等
图书与展览类	科技馆、图书馆、博物馆、展览馆等
文化艺术类	美术馆、画室、艺术中心、艺术工作室、艺术基地、艺术体验馆、艺术团体、剧院等
文化娱乐与产业类	KTV、DIY手工坊、陶艺工坊、陶艺吧、电影院、度假村、歌舞厅、酒吧、录音棚、书院、农家院、网吧、休闲广场、游戏场所、文化产业园区、文化市场、文化创意工作室、文化大院等
新闻传媒类	报刊亭、广播电视、新闻出版社等

　　其中，多样性指数可用来衡量格网单元内文化设施、文化活动等的多样性，其结果处于0—1之间，越接近1说明该单元具有越高的多样性，越接近于0则正相反（明雨佳等，2020）。多样性计算公式如下：

$$Diversity = -\sum_{i=1}^{n}(p_i \times \ln p_i)(i = 1,2,\dots n) \qquad （式5-1）$$

式5-1中，Diversity表示多样性指数；n表示文化设施、文化活动等的类别数；p_i 表示某类文化设施或文化活动占所在格网或街道乡镇的文化设施或文化活动总数的比例。

大众点评网上的文化设施采用好评、中评和差评三种分档，为了体现评价质量的档次差异，采用如下公式加权，并且最终给出每个设施的平均评价结果（张红宇，2014）。文化设施评价质量平均分计算公式如下：

$$\text{Average} = \frac{HP \times 5 + ZP \times 3 + CP \times 1}{HP + ZP + CP} \qquad (\text{式 } 5-2)$$

式 5-2 中，Average 表示该文化设施的最终评价质量平均分，HP 表示该设施的好评数量，ZP 表示该设施的中评数量，CP 表示该设施的差评数量。

由于文化感知的过程本质上是一种人的主观体验，所以在了解文化感知微博的分布状况后，同样需要对文化带给人们的情感波动进行充分的探索。微博数据处理方面，是对 2019 年北京市的全部 1162 万条微博签到数据进行选取，获得了总计约 652007 条蕴含首都四类文化的微博数据。基于 BERT 模型，选用大众点评平台的情绪词典进行情感分析。模型会根据每条微博的文本内容为其赋予"积极"或"消极"的情感标签，并计算出其是积极或消极情感的概率。对于标签判断为积极情感的微博，直接取其作为积极情感的概率值作为情感得分，而对于消极标签的微博，用 1 减去其作为消极情感的概率值，得到其作为积极情感的概率值，从而获得消极微博的情感得分。在此基础上，选用各个区域的情感平均得分和净情感率这两类指标来衡量文化感知的情绪水平。

以净情感率作为衡量文化感知情绪的另一指标。对于一个区域而言，其文化感知净情感率的计算公式为（Xiaodong C 等，2018）：

$$\text{净情感率} = \frac{\text{积极情感微博数量} - \text{消极情感微博数量}}{\text{积极情感微博数量} + \text{消极情感微博数量}} \qquad (\text{式 } 5-3)$$

四　指标体系构成

最终，城市文化活力综合评价指标体系构建见表 5-3，一级指标包括文化资源分布、文化产业分布、文化活动服务、文化设施服务、文化设施分布、文化功能布局、文化感知分布和文化感知情绪共 8 个。二级指标包括 22 个。

表 5 – 3   城市文化活力综合评价指标体系

一级指标	二级指标	备注
文化资源分布	历史文化街区面积	
	历史文化资源数量	分为文物保护单位、红色旅游景区、非物质文化遗产、工业遗产、老城历史遗迹
	历史文化资源评分	分为非物质文化遗产、红色旅游景区、文物保护单位
文化产业分布	文化企业数量	
	文化企业多样性	分为文化艺术类,新闻和出版类,广播、影视录音制作类,娱乐类和体育类共 5 类
文化活动服务	文化活动数量	
	文化活动多样性	分为电影、讲座、聚会、赛事、戏剧、演出、音乐、运动、展览共 9 类
	文化活动吸引力	
文化设施服务	文化设施评价质量平均分	
	文化设施服务质量总评分	
	文化设施总评分	
	文化设施评论总数	
	文化设施星级	
文化设施分布	文化设施数量	
	文化设施多样性	分为大众场馆、大众教育、大众旅游、大众娱乐共 4 类
文化功能布局	文化功能设施数量	
	文化功能设施多样性	分为群众文化活动、体育运动、图书与展览、文化艺术、文化娱乐与产业、新闻传媒共 6 类
	文化功能设施评论数量	
文化感知分布	文化感知密度	
	文化感知多样性	分为古都文化、京味文化、红色文化和创新文化共 4 类
文化感知情绪	文化感知情感平均分	
	文化感知净情感率	

第三节　城市文化活力综合指数模型构建

一　文化活力指标权重确定

利用熵权法可以将主观判断因子权重大小的过程排除，保证了区分因子权重大小的客观背景，在使用该方法之前需要将不同量纲的因子进行标准化处理，由于本书所选的指标全部是正向指标，即因子数值越大，表明其对文化活力的贡献越大。因此仅采取 Min－max 标准化方法（式 5－5）处理全部指标。本书采取两次熵权＋TOPSIS 法来确定各指标权重。不同空间尺度最终确定的各指标权重如下所示（表 5－4 至表 5－6）。

表 5－4　　　　　　　**城市文化活力指标权重（格网尺度—市域）**

一级指标	权重	二级指标	权重
文化资源分布	0.2211	历史文化街区面积	0.3936
		历史文化资源数量	0.3275
		历史文化资源评分	0.2790
文化产业分布	0.1306	文化企业数量	0.5585
		文化企业多样性	0.4415
文化活动服务	0.2134	文化活动数量	0.3118
		文化活动多样性	0.3017
		文化活动吸引力	0.3865
文化设施服务	0.1299	文化设施评价质量平均分	0.1768
		文化设施服务质量总评分	0.1936
		文化设施总评分	0.1967
		文化设施评论总数	0.2517
		文化设施星级	0.1812
文化设施分布	0.1211	文化设施数量	0.5217
		文化设施多样性	0.4783
文化功能布局	0.0840	文化功能设施数量	0.2738
		文化功能设施多样性	0.2793
		文化功能设施评论数量	0.4469

一级指标	权重	二级指标	权重
文化感知分布	0.0683	文化感知密度	0.7208
		文化感知多样性	0.2792
文化感知情绪	0.0316	文化感知情感平均分	0.9489
		文化感知净情感率	0.0511

表 5-5　　　**城市文化活力指标权重（格网尺度—城六区）**

一级指标	权重	二级指标	权重
文化资源分布	0.2473	历史文化街区面积	0.3688
		历史文化资源数量	0.3130
		历史文化资源评分	0.3182
文化产业分布	0.1320	文化企业数量	0.6310
		文化企业多样性	0.3690
文化活动服务	0.2314	文化活动数量	0.2987
		文化活动多样性	0.2834
		文化活动吸引力	0.4179
文化设施服务	0.1176	文化设施评价质量平均分	0.1593
		文化设施服务质量总评分	0.1803
		文化设施总评分	0.1977
		文化设施评论总数	0.3013
		文化设施星级	0.1614
文化设施分布	0.1097	文化设施数量	0.5197
		文化设施多样性	0.4803
文化功能布局	0.1070	文化功能设施数量	0.2520
		文化功能设施多样性	0.2575
		文化功能设施评论数量	0.4905
文化感知分布	0.0379	文化感知密度	0.8289
		文化感知多样性	0.1711
文化感知情绪	0.0171	文化感知情感平均分	0.8779
		文化感知净情感率	0.1221

表 5 - 6　　　　　　　　城市文化活力指标权重（街道乡镇尺度）

一级指标	权重	二级指标	权重
文化资源分布	0.2688	历史文化街区面积	0.5116
		历史文化资源数量	0.3058
		历史文化资源评分	0.1826
文化产业分布	0.0920	文化企业数量	0.6630
		文化企业多样性	0.3370
文化活动服务	0.2442	文化活动数量	0.2909
		文化活动多样性	0.2643
		文化活动吸引力	0.4448
文化设施服务	0.0959	文化设施评价质量平均分	0.1548
		文化设施服务质量总评分	0.2096
		文化设施总评分	0.1787
		文化设施评论总数	0.2904
		文化设施星级	0.1664
文化设施分布	0.0702	文化设施数量	0.6111
		文化设施多样性	0.3889
文化功能布局	0.0676	文化功能设施数量	0.2160
		文化功能设施多样性	0.1889
		文化功能设施评论数量	0.5951
文化感知分布	0.1593	文化感知密度	0.9895
		文化感知多样性	0.0105
文化感知情绪	0.0019	文化感知情感平均分	0.4795
		文化感知净情感率	0.5205

二　文化活力综合指数计算与分级

传统 TOPSIS 法采用指标均等化赋权重，具有一定的主观性，与实际出入较大。熵权法是一种客观赋权法，可有效避免或减少指标赋权时的主观经验性。首先，运用熵值法确立指标权重，然后通过 TOPSIS 法计算各评价对象与最优（劣）解之间的距离，以确定其与理想解的相对逼近度，从而评估城市文化活力（杨涛等，2021）。采取两次熵权 + TOPSIS 法：第一次是二级指标向各自一级指标求解，第二次是各二级指标向整体评价即文化活力综合指数求解。城市文化活力用文化活力综合指数 C 表示：

评价对象有 m 个空间单元（格网数、街道乡镇数），每个评价对象的指标 n 个，构建判断矩阵 X，x_{ij} 表示第 i 个空间单元的第 j 个指标的实际值：

$$X = (x_{ij})_{m \times n} \qquad (式 5 - 4)$$

由于指标量纲不同，需要进行标准化处理，形成标准化矩阵 Y：

$$Y = (y_{ij})_{m \times n} \qquad (式 5 - 5)$$

$$y_{ij} = \frac{x_{ij} - x_{min}}{x_{max} - x_{min}} \qquad (式 5 - 6)$$

利用熵权法确定指标权重 w_j：

$$w_j = \frac{g_j}{\sum_{j=1}^{n} g_j}, g_j = 1 - e_j, e_j = \left(-\frac{1}{\ln m}\right) \times \sum_{i=1}^{m} f_{ij} \times \ln f_{ij}, f_{ij} = \frac{y_{ij}}{\sum_{i=1}^{m} y_{ij}}$$

$$(式 5 - 7)$$

进一步得到加权矩阵 S_{ij}：

$$S_{ij} = W_{ij} \times Y_{ij} \qquad (式 5 - 8)$$

确定第 j 项指标的最优解 S_j^+ 和最劣解 S_j^-：

$$S_j^+ = \max\{S_{1j}, S_{2j}, \ldots, S_{mj}\}, S_j^- = \min\{S_{1j}, S_{2j}, \ldots, S_{mj}\}$$

$$(式 5 - 9)$$

计算各空间单元 i 与最优解 S_j^+ 和最劣解 S_j^- 的欧式距离 R_i^+ 和 R_i^-：

$$R_i^+ = \sqrt{\sum_{j=1}^{n} (S_j^+ - S_{ij})^2}, R_i^- = \sqrt{\sum_{j=1}^{n} (S_j^- - S_{ij})^2} \quad (式 5 - 10)$$

计算各空间单元 i 的城市文化活力综合指数 C_i：

$$C_i = \frac{R_i^-}{R_i^+ + R_i^-} \qquad (式 5 - 11)$$

在得到北京城市文化活力整体评价得分（即文化活力综合指数）后，需要进行分级，共分为 5 个档次。根据自然断裂点法规则，将文化活力综合指数分为高、较高、中等、较低和低共五个水平级别。

第六章　北京城市文化活力
要素水平空间评价

文化活力在城市空间不同维度有不同的体现形式和内涵，如何构建多维指标体系和文化活力综合指数模型，定量测度城市文化活力的各个要素水平和整体水平，进而深入探寻城市空间与文化的关联，从地理空间的维度解读城市文化，是城市地理学和人文地理学研究的一个重要科学问题。将多源大数据和空间分析相结合，探索城市文化活力的综合评价方法，量化评价北京城市文化活力。

可以从城市文化活力的要素水平和整体水平两大方面对北京城市文化活力进行多维综合评价。在要素水平空间评价上，分为格网尺度（市域和城六区）和街道乡镇尺度进行研究。以下选定城市文化活力要素包括文化资源分布、文化产业分布、文化活动服务、文化设施服务、文化设施分布、文化功能布局、文化感知分布和文化感知情绪共 8 个一级指标，22 个二级指标。通过熵权 + TOPSIS 方法，对指标赋予权重，并计算出城市文化活力综合指数值。首先，对各个二级要素指标进行空间格局分析；其次，分别计算出 8 个一级要素指标的整体评分，并对其进行空间格局分析；最后，采用双变量全局和局域空间自相关分析方法，探究 8 个一级要素之间的空间关联和相互影响关系。

第一节　综合评价：格网尺度——北京市域

一　文化资源分布

（一）历史文化街区面积

历史文化街区面积的高值区集中于东城区和西城区，沿中轴线两侧均匀分布，说明北京历史文化街区与北京老城的分布有着密不可分的联系（见图6-1）。在文化旅游热度持续升温以及北京着力打造全国文化中心的背景下，东城区和西城区的历史文化街区对于国内游客有着极高的吸引力，比如什刹海、国子监、东四等街区，进而为北京城市文化活力的营造打下了坚实的基础。历史文化街区不可移动，因此其面积已经固定，但是可以通过开展多样的民俗历史文化活动，挖掘文化底蕴，提升历史文化街区的活力。

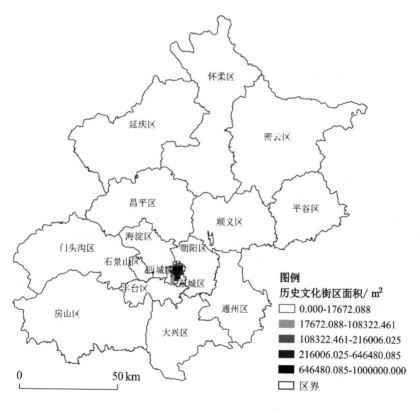

图6-1　北京市历史文化街区面积分布

（二）历史文化资源数量

从历史文化资源数量分布来看（图6-2），主要集中于东城区和西城区，形成了显著的高值集聚区，而在其他区仅存在零星的空间分布状态，反映出历史文化资源分布的不均衡性。海淀区虽然聚集性特征不强，但是其具有较多的文保单位以及红色旅游景区，如香山、圆明园，拥有大量文物的同时，其红色历史文化底蕴也很厚重。最后，在北京市的远郊区（房山区、门头沟区等）也分布有少量的文化资源，主要以历史文化名镇、名

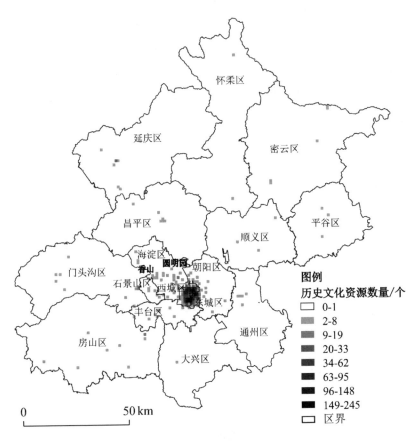

图6-2　北京市历史文化资源数量分布

村和文物保护单位为主，这是因为北京的远郊区留存有大量抗战时期的遗址和遗迹，并且农业文化深厚，受地理距离制约以及山体阻隔孕育出地方特色的文化，如歌曲、传统工艺等，许多作为文物受到了保护，并且形成了历史文化红色教育基地。

（三）历史文化资源评分

历史文化资源评分按照等级对博物馆、非物质文化遗产项目、红色旅

游景区、文物保护单位进行分层次打分，空间分布如图6-3所示，可以发现高值区除了仍然集聚于东城区和西城区以外，也零散分布于海淀区、延庆区、房山区、门头沟区、通州区等。高等级的历史文化资源使得除东城区和西城区以外的区域也拥有较高文化活力的潜力，如延庆的中国北京世界园艺博览会（简称世园会）的举办地——北京世园公园。相反，评分的较低值区在全市均匀分布，说明较低等级的文物保护单位、红色旅游景区以及非物质文化遗产项目在北京市分布较合理，没有显著落后的行政区。此外，也说明了文化资源数量分布相对比较少，在评分上比较落后，影响区域文化活力。

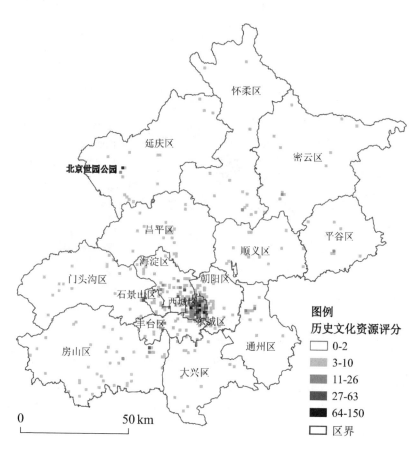

图6-3　北京市历史文化资源评分分布

（四）文化资源分布整体评分

从熵权和 TOPSIS 法评价结果可以看出（图6-4），文化资源分布这个一级指标的整体评分在东城区和西城区最高，其次是海淀区，这与海淀区历史文化资源等级与分布仅次于东城区和西城区有关，或者可称之为历史文化资源第三极。这与海淀区高校众多，风水较好，自然环境宜人，科技、文化和教育历史悠久有重大关系，且较多名人以及著名历史事件与海淀区相关，尤其是香山—颐和园—圆明园所在的三山五园地区，更是海淀区文化资源最为富集的核心区。历史文化资源一定程度上表征了文化的禀赋，以老城最为集中，在郊区仅有零散分布，应继续挖掘郊区潜藏的历史文化资源，如古墓葬、古桥、古城堡、古河道水系等。

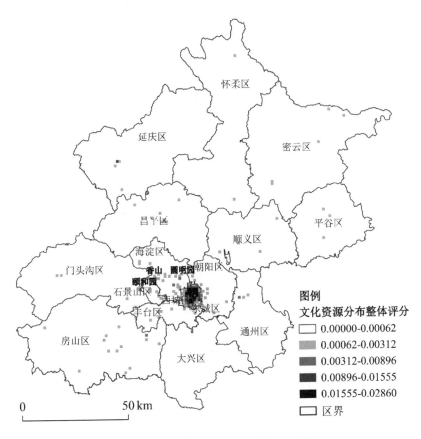

图6-4 北京市文化资源分布整体评分分布

二　文化产业分布

（一）文化企业数量

从文化企业数量的分布特征来看（图6-5），高值区主要以城六区为主，并且围绕着东城区和西城区形成了一个文化企业集聚带，即包括西二旗、苏州街、望京、中关村、国贸CBD的传统的文化企业集聚区，又包括高碑店、丰台科技园、西红门地区形成的新兴的文化企业集聚区。此外，房山的良乡、大兴的亦庄以及怀柔科学城等远郊区的产业集聚区也出现了较多的文化企业，表明随着文化消费的需求增加以及文化与科技的融合，文化企业日益增长并且向外扩张。文化企业为文化增长提供了动力，成为

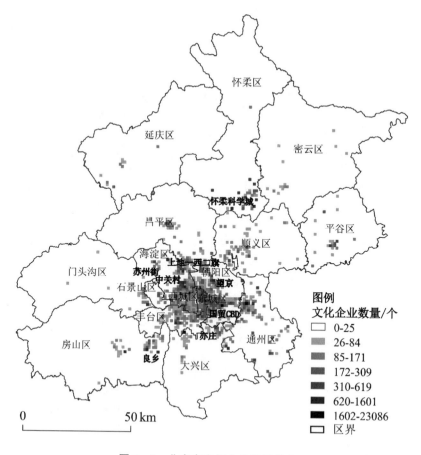

图6-5　北京市文化企业数量分布

创造文化活力的动力源，调整和优化文化企业的空间分布有助于为区域创造和提升文化活力。

（二）文化企业多样性

由文化企业多样性的分布特征可以看出（图6-6），高值区在全市的平原地区比较均匀地分布，但是值得注意的是，文化企业异常发达的朝阳区竟然形成了低值塌陷区，并恰好在朝阳区内形成了连片的低值区，这可能与早期朝阳区文化企业发展规划、企业引入方面有所缺陷有关，形成了种类极为有限的文化企业分布特征。文化企业多样性有助于区域文化活力的挖掘，提升文化企业多样性是朝阳区提升自身文化活力的重要途径。与城六区相邻的房山、大兴、通州、昌平和顺义区，均有大量的文化企业多

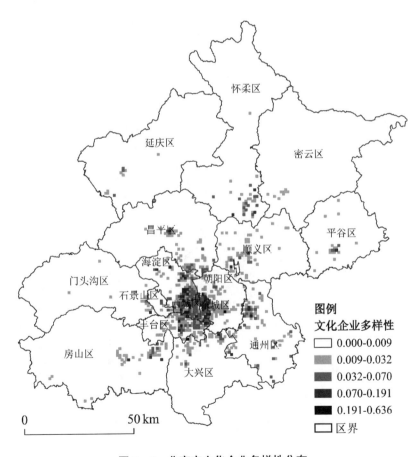

图6-6 北京市文化企业多样性分布

样性丰富的区域，为各自文化活力维持与提升打下了坚实的基础。

（三）文化产业分布整体评分

通过与前两幅图（图6-5和图6-6）的对比，可以发现在文化产业分布这个一级指标的整体评分中，文化企业多样性占据了显著的主导地位，充分说明了朝阳区应该高度重视文化企业多样性的建设。另外，值得注意的是，房山、大兴等区其乡村有较多的高值区，说明远郊区的文化企业进驻工作成效凸显，也说明了远郊区赋存了高质量的文化资源等待挖掘，从而刺激地方文化活力。总而言之，北京的文化企业建设除了朝阳区以外，已经实现各区均衡发展以及呈现向外扩张蔓延的趋势（图6-7）。

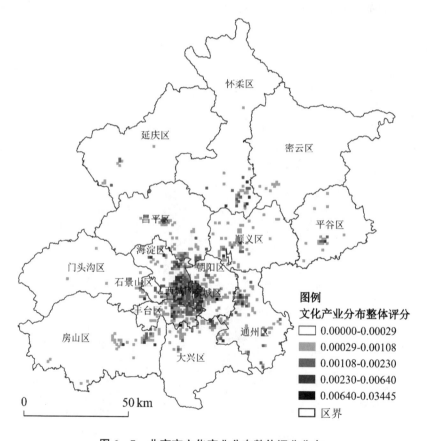

图6-7 北京市文化产业分布整体评分分布

三　文化活动服务

(一) 文化活动数量

文化活动数量在东城区和朝阳区的望京、国贸等地较为集中，因为东城区拥有较多的大型文艺演出场馆，朝阳区拥有较多的商圈和文化企业，对于开展文化活动如展览、音乐会等拥有先天的优势，已经形成了独特的文化活动集聚区，进而在营造文化生活氛围以及创造文化活力方面有较好的表现。海淀区的文化活动主要集中于高等院校，与其高校资源密布有关，进而对于文化活动如讲座、音乐、美术活动等有较好的支撑作用。此外，城六区以外的区域开展的文化活动较少，说明北京市对于文化活动进入社区、乡村、景区的建设方面还存在明显不足，后期应推动文化活动积极向郊区推进，刺激郊区的文化活动服务供给以及文化活力产出 (图6-8)。

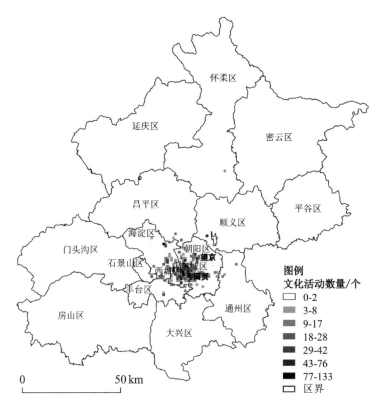

图6-8　北京市文化活动数量分布

（二）文化活动多样性

文化活动多样性高的地方主要分布于东城区、朝阳的望京地区以及海淀的玉泉路。东城区有较多的历史文化遗产，开展了丰富多彩的文化活动，如国子监、东四历史文化街区等。此外，东城区北部的东直门等地区形成了大型商圈，便于开展文化娱乐活动。朝阳区的望京地区依托798艺术园区，能够开展样式丰富的文化活动，朝阳路地区依托中国传媒大学、朝阳大悦城等文化和娱乐氛围强的设施能够开展多样的文化活动。通过观察可以发现，现场文化活动需要依托一定的场地才能实现，因此其多样性较多的区域集聚于城六区。所以要想从文化活动方面来营造和提升文化活力，需要其他地区新建设或开发大型商业娱乐综合体，为多种类文化活动提供更多场地（图6-9）。

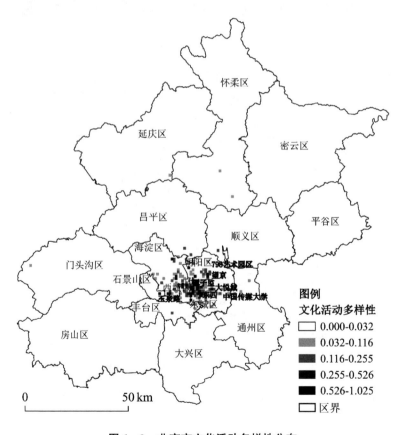

图6-9　北京市文化活动多样性分布

（三）文化活动吸引力

文化活动吸引力较高的地区主要分布于朝阳区的双井商圈附近，该指标表达的是愿意参加文化活动和对文化活动感兴趣的人数，因而双井商圈的文化活动对于大众来说在北京市具有最高的吸引力。双井商圈紧邻国贸CBD核心区，具有便捷的交通通达条件，自身区位条件优质。此外，其文化活动种类丰富，如观影、读书、音乐会、讲座等均有较多场次举办。同时，邻近商圈，为大众前来体验、参与文化活动提供其他物质要素的支撑。总体来说，文化吸引力较高的区域有所缩小，呈现出显著的极化效应，对于海淀和朝阳以及其他区域来说，应该提升文化活动服务的质量（图6-10）。

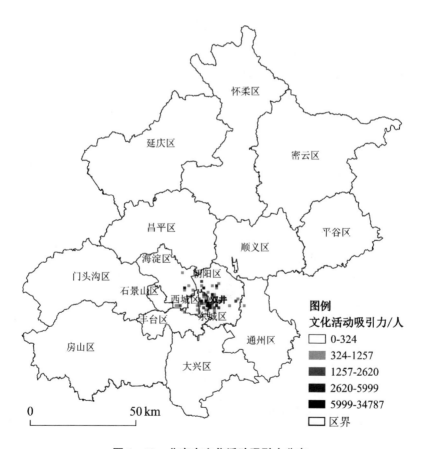

图6-10　北京市文化活动吸引力分布

（四）文化活动服务整体评分

在综合考察了文化活动数量、多样性以及自身吸引力之后，图 6 - 11 给出了文化活动服务这个一级指标在北京市域的整体评分结果。可以看出，东城、西城、海淀和朝阳区拥有最高的得分，其中海淀区的高校集聚区、东城区中北部、西城区的金融街以及朝阳区的望京和双井地区拥有最高的分值，郊区普遍得分较低，说明文化活动目前尚未大量向郊区推广，只能依靠便捷的交通工具将人运送到城区。未来应该向郊区的中心城镇或大型居住区、商圈梯度推移，保障郊区的文化活动服务质量以及文化活力创造。此外，文化活动应该积极走入社区（基层），丰富郊区居民的文化生活，提高文化活动带来的活力覆盖面。

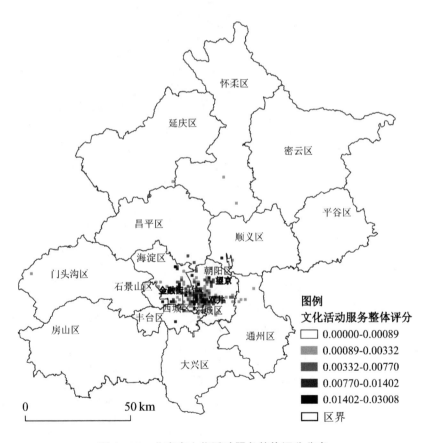

图 6 - 11　北京市文化活动服务整体评分分布

四　文化设施服务

（一）文化设施评价质量平均分

从文化设施评价质量平均分的分布来看（图6－12），人们对文化设施评价分数较高的区域集中于城六区内部，该区域目前是北京最为繁华、经济建设最为发达的区域，因而拥有较多高质量的文化设施。而在城六区以外的区域，相对较高的评价分数集聚于远郊区的城区。通州除了主城区拥有较高的评价结果以外，在北部的宋庄地区形成了区域性的大面积高值区，该地区依托宋庄画家村已经形成了特色文化产业区，成为通州区的名片。此外，房山区和大兴区其各自城区并没有较高的分值，反而在长阳、西红门地区形成了新的高值区，可能与新城开发有关，老城区因为

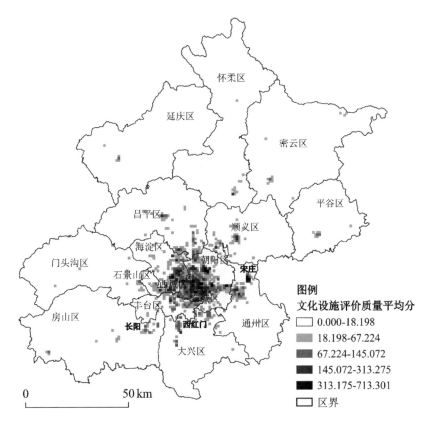

图6－12　北京市文化设施评价质量平均分分布

土地资源有限、居住密度较低，因而无法为文化设施发展建设提供良好的环境。

（二）文化设施服务质量总评分

文化设施服务质量总评分这一指标考察了文化设施的氛围环境、产品服务等，是对文化服务的直观体现，对比图 6 - 12 和图 6 - 13 可以发现，两者的空间分布格局大致相似，说明评价质量与服务质量具有很强的相关性。此外，可以看出图 6 - 13 中的高值区的得分显著减少，说明在全市范围内，区域文化服务设施质量更加均衡，可能是在不同区域的文化设施都可以做到较好的文化服务，从而区域间的差异有所缩小。通州区的宋庄艺术小镇成为北京文化设施服务质量评价最高的地方，可能是由于其独特的文化艺术氛围、良好的文化服务使得游客获得了良好的体验感知，从而分

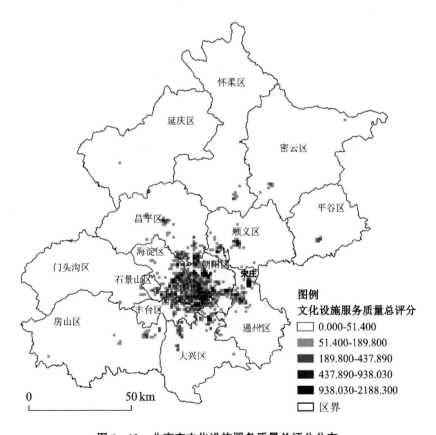

图 6 - 13　北京市文化设施服务质量总评分分布

值最高。

（三）文化设施总评分

从文化设施总评分来看（图 6 – 14），总评分较高的区域集中于城六区，特别是中关村、望京、东直门、双井、国贸 CBD 等地，这些地区普遍经济产业发达，人群消费能力普遍较高，因而配套建设的文化设施往往档次较高，其服务水平也相对较高。郊区的文化设施评分普遍较低，其中一个原因是郊区距离城区较远，加上文化设施的普遍知名度较低，去郊区进行文化设施体验的人数较少，从而评分较低。而通州的宋庄是个例外，因为其宣传力度较大，知名度较高，成为远郊区里为数较少的总评分高值区域。评分高在一定程度上说明了文化活力较高，因而郊区的大型文化设施

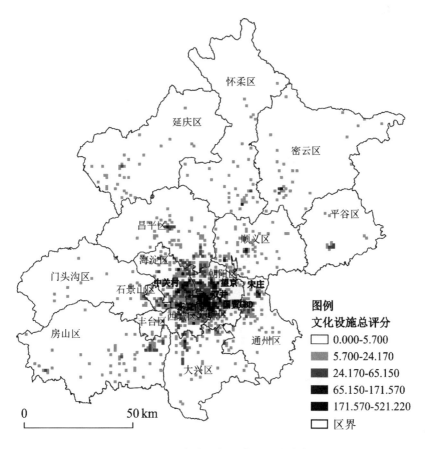

图 6 – 14　北京市文化设施总评分分布

集群可以通过扩散影响力，增加感知数量，吸引更多的人群。

（四）文化设施评论总数

从图 6 - 15 可知，文化设施评论总数较高的是清华大学、中关村、故宫、天安门、三里屯和望京，这些文化设施有高等学府，有国家政治中心（重要地标），有文化娱乐占主导的地区（三里屯），还有文化艺术园区（望京），其知名度享誉全国，受众客源远远不止北京常住居民，因而这些拥有顶级声誉的文化设施拥有了最多的评论数量，表征了其文化活力的极高地位。处于郊区的延庆世园会举办地——北京世园公园、八达岭和古北水镇的文化设施也都有较高的评论数量，表明到这些区域的体验文化设施的人数众多，这与其知名度较高有关系。概括地说，知名度较高的文化设

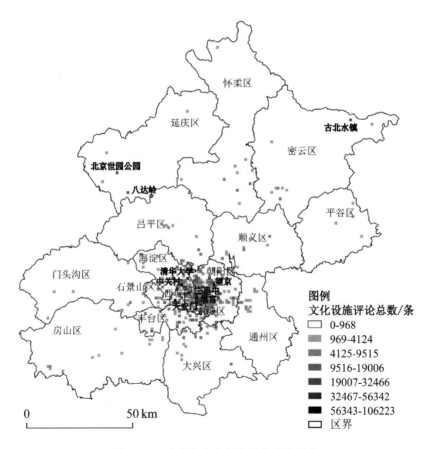

图 6 - 15　北京市文化设施评论总数分布

施往往拥有较高的文化活力。各地可以借助新兴媒体，培育文化服务水平较高的文化设施，为提升区域文化活力奠定基础。

（五）文化设施星级

北京市域内的文化设施星级的空间分布特征见图6-16。星级较高的文化设施较多分布于海淀区的中关村、东城区、朝阳的望京，以及沿长安街线性分布。郊区除了各自城区以外，也有一些新兴的高值区域值得注意，即大兴的亦庄、昌平的回龙观、顺义的空港经济区以及通州的宋庄，说明星级较高的文化设施往往倾向于与大型住宅区、产业区等郊区新城关联分布，这可能与用户群体数量较大、消费能力较高有关系。文化设施星级往往与其开设档次有关，因而是文化活力评价的重要指标。

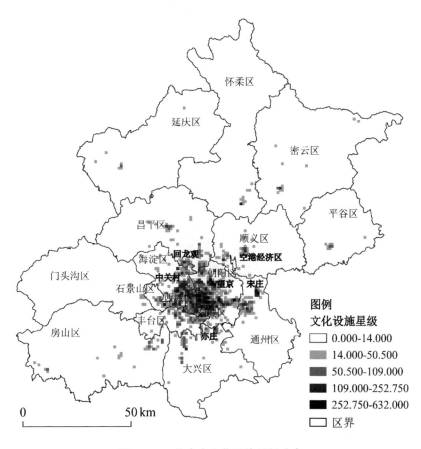

图6-16 北京市文化设施星级分布

（六）文化设施服务整体评分

由图6-17可知，文化设施服务整体评分的得分较高的区域是中关村、望京、三里屯、双井、东直门、国子监、通州的宋庄等。文化设施涵盖了文化娱乐、文化教育、文化艺术等多类型设施。综合图6-17可以得出，新兴文化为主导的文化设施服务评价往往比较高，传统文化相对新兴文化来说逐渐退居次位，说明适当提高新兴文化娱乐设施的服务水平，可能对于区域文化活力的提升有显著的刺激作用。但是，有些行政区仍然没有文化设施服务热点区，说明其整体文化设施服务、档次处于较低水平，为了丰富居民休闲文化生活，应着力提升文化设施的建设质量。

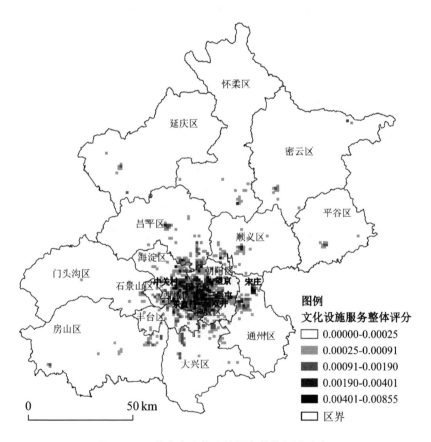

图6-17　北京市文化设施服务整体评分分布

五　文化设施分布

（一）文化设施数量

从图6-18可知，文化设施的分布具有显著的城乡空间差异，说明其布局建设呈现不够均衡的状态，在空间上表现出显著的极化效应。郊区的文化设施数量非常稀疏，即便是在各郊区的主城区也是如此，而文化设施应该成为社区居民文化生活的重要平台，结合目前大量人口外迁至郊区生活的现状，应加大力度优化郊区的文化设施分布水平。文化活力很大程度上依托文化设施的分布密度和强度，其与潜在顾客数量存在正相关的关系。因而，协调城乡文化设施的分布密度和强度，实际上是在协调城乡文

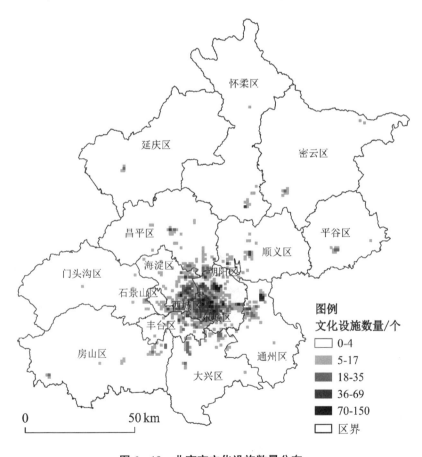

图6-18　北京市文化设施数量分布

化活力的差距。

（二）文化设施多样性

由图 6 - 19 可知，文化设施多样性的高值区除了在城六区集聚以外，在郊区也有一定的分布，说明郊区虽然文化设施数量较少，但是种类较丰富，能够为居民打造全面的文化服务。城六区特别是东城区和西城区的文化设施多样性是非常丰富的，说明各类文化设施在经济发达的城六区均占据了一席之地，而各类文化设施的经营也为创造多元文化活力提供了条件。在郊区，多样性较高的区域还包括长阳、良乡、西红门、亦庄、天通苑以及回龙观等，它们不但与地铁线路相邻，同时围绕大型居住区、产业区分布，为顾客提供多元的文化服务，这说明交通便捷、产业发达或居住

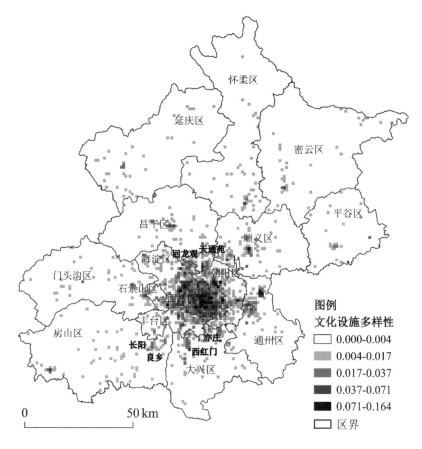

图 6 - 19　北京市文化设施多样性分布

人口稠密之地，容易获得更加多元的文化服务，文化生活氛围更加多元化，从而成为区域文化活力的增长极。

（三）文化设施分布整体评分

在北京市域，综合考虑文化设施的多样性和数量后，由图6-20可以发现，文化设施的多样性显著地占据了主导地位，结果图的分布特征与图6-19有些相似，说明其对于文化活力的影响有更大的作用。望京、通州的宋庄、国贸 CBD、三里屯等地区具有最高的评分值，说明这些地区文化设施数量上比较多，种类上也比较丰富。在朝阳区最为集中，说明朝阳区的文化设施已经成为当地特色，是朝阳区文化活力的重要来源。此外，北京的郊区也有较多评价分值较高的区域，可能与住宅区、产业区向郊区迁移有关，各类文化设施跟随生活服务类设施共同布局，为郊区的部分地方

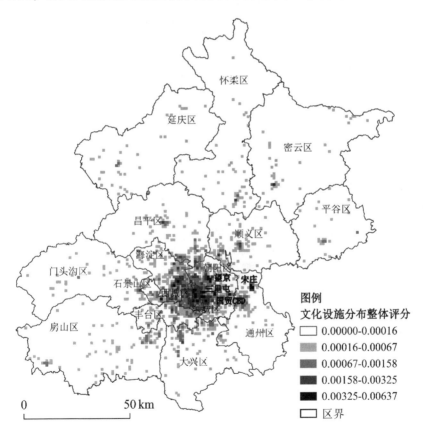

图6-20　北京市文化设施分布整体评分分布

的文化活力提升做出了贡献。

六　文化功能布局

（一）文化功能设施数量

从文化功能设施数量的分布来看（图6－21），其在郊区中呈现出显著的群聚性特征，同时在怀柔、密云、房山等的山区也有较多分布，说明文化功能设施如乡村民宿、民俗文化馆等已经成为"文化＋旅游"的乡村开发新模式，为寂静的山村增加了些许文化活力，比如房山的十渡——拒马河沿线、密云的黑山寺——古北水镇文旅线路、怀柔的慕田峪——雁栖湖——红螺寺红色旅游线路等，文化功能设施在旅游的背景下成为区域文

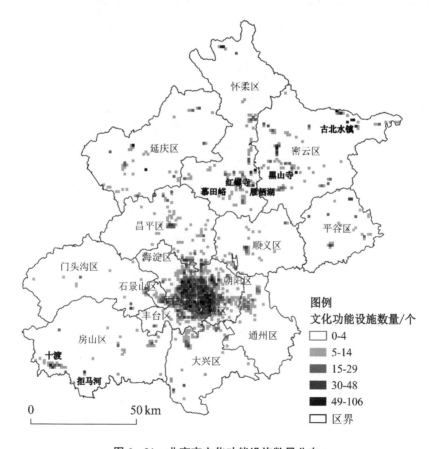

图6－21　北京市文化功能设施数量分布

化活力增长的重要动力。郊区文化功能设施的高密度线性布局，有助于沿线多样的文化功能的成长，带来更为丰富的文化休闲效果，从而提升文化活力。因此，文化功能的线性布局是提升区域文化建设效果的较好途径。

（二）文化功能设施多样性

从文化功能设施多样性的空间分布特征来看（图6－22），城六区的文化功能设施多样性显著地高于郊区，说明城六区拥有了更多样的文化功能设施，功能的多样意味着文化服务样式更为丰富，说明更发达的区域其居民对文化功能的多元性需求比较高；郊区的文化功能设施多样性则比较单一，这是由于缺乏足够高端的文化产业根基给予的支撑，其文化功能开发比较局限，并且更加注重和旅游产业的结合，缺乏对文化服务功能的深度

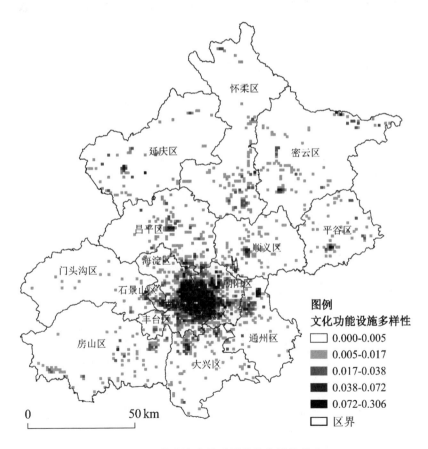

图6－22　北京市文化功能设施多样性分布

开发，从而产生种类稀少的文化功能布局现象。文化功能多样性是文化活力的重要表征，因而郊区在推动文化和旅游结合的过程中，应该适度增加文化功能服务的多元性。

（三）文化功能设施评论数量

从文化功能设施评论数量可以看出（图6-23），其高值区分布较少，即便是城六区里的东城和西城两个区也比较少。此外，东城和西城区的文化功能设施评论数量比海淀和朝阳区的少，原因可能是传统文化功能设施占据了它们的主要地域，而海淀和朝阳区拥有较多的新兴文化功能设施。郊区的文化功能设施评论数量极少，可能与它们的知名度较低、交通条件较差有关，从而造成其对外感知的空间范围较少，对郊区的文化活力创造产生阻碍。因此，郊区应该注重培养多元文化功能设施，

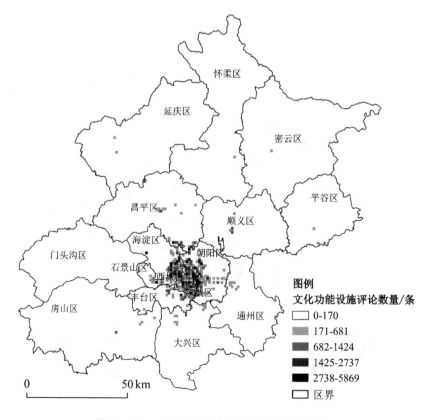

图6-23　北京市文化功能设施评论数量分布

做好媒体、网络宣传（如网红打卡点），为提升其文化功能设施的游客感知奠定基础。

（四）文化功能布局整体评分

在综合考虑了文化功能设施的数量、多样性以及评论数量之后，可以看出，北京市域的文化功能布局整体评价得分有以下分布特征（图6-24），高值区主要集聚于城六区，郊区也拥有一定的高值分布，除了各区的主城区以外，还分布在昌平的回龙观——天通苑地区，大兴的西红门、房山的十渡以及延庆的世园会举办地——北京世园公园等区域。并且，西红门和通州城区的文化功能布局已经发展成较大的规模，表明在文化功能设施的引入与布局方面，这两个区域已经率先取得了较好的成果。此外，远郊区的部分乡村也拥有较好的评价，说明文化已经与旅游

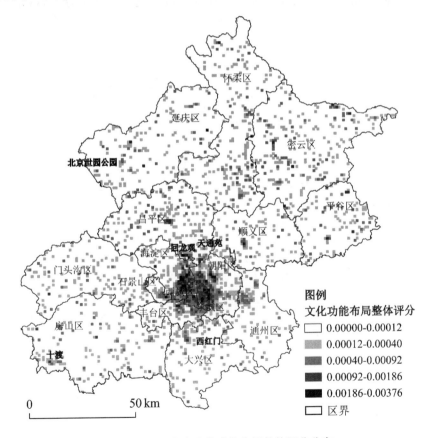

图6-24　北京市文化功能布局整体评分分布

产业相结合，不限于旅游或文化的单一功能，而是逐渐成长为文化旅游多功能综合体。文化功能设施为文化活力的释放提供了平台，并且它与其他功能的融合将为文化活力的提升创造更多契机。

七　文化感知分布

（一）文化感知密度

观察北京市文化感知密度分布图可知（图6-25），文化感知密度较高的区域主要集中在北京市的著名文化景区附近，包括故宫、天安门广场、前门大街、奥林匹克公园、798艺术园区、颐和园、圆明园、望京等地。由于首都文化景区在城六区及其周边区域集中，所以文化感知密度的分布也呈现出较强的中心聚集性，而位于延庆区的八达岭长城作为首都的古都

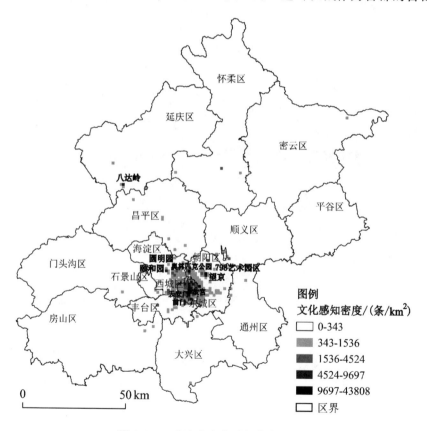

图6-25　北京市文化感知密度分布

文化的重要载体,是除上述区域外密度最为突出的文化感知地点,吸引了非常多的微博用户前往游玩。由此可见,配套设施、景区、活动等文化资源丰富的区域能够切实收获更多的受众,而文化的活力正是通过用户的充分参与来体现的。

(二)文化感知多样性

从文化感知多样性的分布可知(图6-26),其分布格局与文化感知密度相比有着极大的不同,与文化企业多样性、文化设施多样性的空间分布格局较为接近,即高值区域在城六区以及附近的房山、大兴、通州、昌平、顺义等地区均匀分布,这些区域在企业与设施类型方面逐渐多元化,

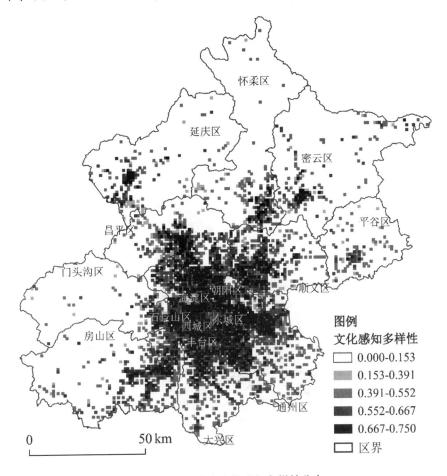

图6-26　北京市文化感知多样性分布

使得前往这些区域进行游玩的用户在文化感受的类型上也更加全面，较少出现只能集中感受某一类首都文化的情况。

（三）文化感知分布整体评分

通过与前两幅图的对比，可以发现在文化感知分布的整体评分中（图6-27），文化感知的密度占据优势地位。一方面，文化感知多样性的高低确实可以反映出大众对首都文化的感知是偏重一类还是多类平衡关注，但相比之下，游客们对文化意象的感知程度、对文化活动的参与程度是更加重要的一环，这些则主要是通过文化感知的数量或者密度来展现的。前文中提到，除了城六区外，房山、大兴、通州、昌平、顺义区的文化企业集中区域在文化感知分布方面的得分也相对突出，充分说明了文化企业及配

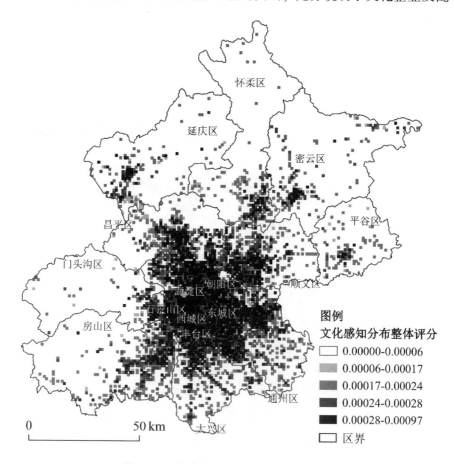

图6-27 北京市文化感知分布整体评分

套设施的建设与发展切实吸引了大量的游客和其他类型的文化爱好者，这也给仍处于低值区域的门头沟、怀柔、密云等区域提供了非常值得借鉴的建设思路。

八　文化感知情绪

（一）文化感知情感平均分

通过对图 6-28 和图 6-29 的观察得知，文化感知情绪的空间分布特征与文化感知分布有着显著的不同。以故宫、天安门、三里屯、前门大街为代表的诸多景区是游客们体验首都文化的重点区域，拥有着极大的人流量，因此在文化感知密度上占据巨大优势。但在文化感知情感平均分的得

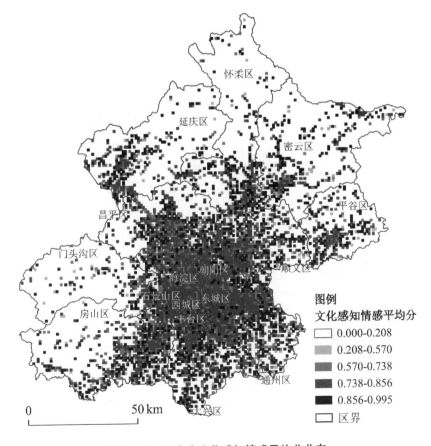

图 6-28　北京市文化感知情感平均分分布

分上，这些区域却明显低于城六区边缘甚至周边的部分地区。从原因上看，有相当一部分的边缘区域是因为文化微博的数量本就稀少，且其中大部分又是较为积极的，因此在积极情感的占比方面获得了极大的优势。平均分的高值区域更多出现在大兴、通州、顺义、平谷等区域中比较靠近城六区的部分。

（二）文化感知净情感率

从图 6 - 29 可知，净情感率的空间分布格局与情感平均分类似，净情感率的高值区域仍主要出现在城六区边缘地区和大兴、通州、顺义、平谷等区域。有少量区域的净情感率为负值，即区域内消极情感的文化感知微博数量多于积极情感的微博，它们零散地分布于北京市域的四面八方，基

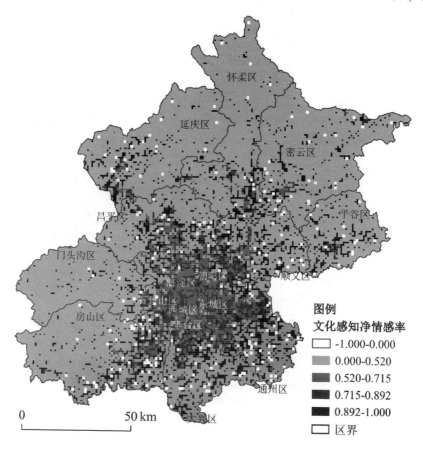

图 6 - 29　北京市文化感知净情感率分布

本可以忽略不计。相对的，东城区、西城区、朝阳区、海淀区范围内的许多热门文化感知地的微博数量更加巨大，其所蕴藏的情感状况也更为复杂，尽管绝大部分游客通过微博记录愉快的经历，但诸如排队缓慢、人群拥挤等现象也会引起部分的消极情绪，故这些区域的净情感率更多是处于一个相对低水平的正向状态。

（三）文化感知情绪整体评分

相近的高低值区域分布特征也在图 6-30 中有所体现。结合上述两个指标的空间分布，以及文化感知情绪整体评分的专题地图，可以总结得出：与更加侧重"数量"的文化感知分布指标不同，文化感知情绪偏重于展现各个区域内首都文化感知的"质量"，只有当两者间实现一种平衡、

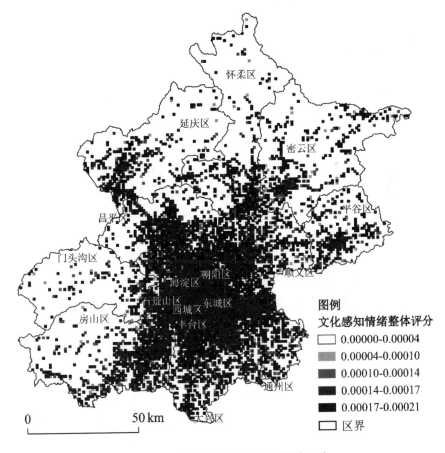

图 6-30　北京市文化感知情绪整体评分

协调的状态时，首都文化活力的发展工作才能取得实质性的飞跃。由于文化意象本身就具有昂扬进取的精神特质，所以绝大多数的文化感知内容是积极向上的，这一点无论是情感得分的平均值、净情感率抑或是文化感知情绪的整体评分都有着十分突出的空间展现。在以房山、顺义、昌平、大兴为代表的城六区以外的行政区当中，文化产业和文化设施密集的地方也成为文化感知的积极情感集中的区域，这也说明文化产业与设施充分发挥了文化吸引力，收获了较多的公众参与，从而让高度的文化活力成为现实。

第二节　综合评价：格网尺度——北京城六区

一　文化资源分布

（一）历史文化街区面积

在北京城六区即东城区、西城区、丰台区、石景山区、海淀区和朝阳区中，历史文化街区面积高值区集中于东城区和西城区，并且依附于中轴线两侧分布，其中故宫—天安门以及什刹海是历史街区最为集中的区域。故宫和天安门是我国的重要地标，其文化历史禀赋决定了其带来的极高文化活力；古代皇城生活区创造的各条街巷在如今已经成为历史文化街区，如什刹海、国子监、东四等街区，其中什刹海街区是最为著名的，因而其文化活力也是最高的。其他历史街区虽然名气不如故宫等重点历史街区，但是可通过开展多样的现代与传统文化相结合的文化活动、生产符合潮流的文创产品，去提升历史文化街区的活力（图6-31）。

（二）历史文化资源数量

在城六区尺度下可以看出，历史文化资源集中于东城区和西城区，形成了显著的高值集聚区，反映出即使是城六区，历史文化资源分布也具有极为显著的不均衡性。比如北京的博物馆，较为集中地分布在东城区和西城区，如国家博物馆、自然博物馆、首都博物馆、军事博物馆等；此外，历史遗迹也均在这两个城区集聚分布，这与老城在古代和近代时作为北京市的经济文化中心有关，因而历史事件和建筑遗存较多，如东城的东交民巷街区，拥有丰富的西方历史建筑遗产。整体来看，前门—大栅栏以及南

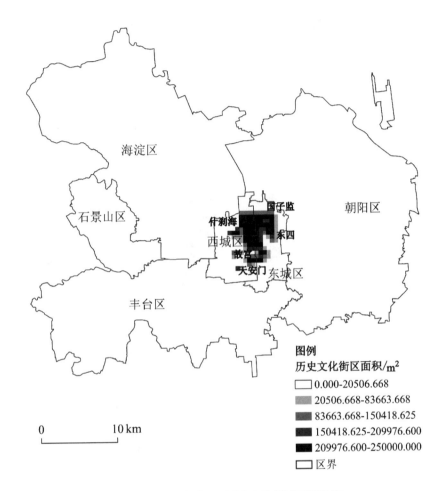

图6-31　北京城六区历史文化街区面积分布

锣鼓巷—东四地区是城六区历史文化资源最富集的区域，而它们也拥有大量的游客，表明其历史文化底蕴对于区域文化活力的产生有重要影响（图6-32）。

（三）历史文化资源评分

从历史文化资源评分空间分布图6-33可以发现，高值区仍然集聚于东城区和西城区，并且东城区相对更高，表明东城区有更多高等级的历史文化资源，如东四、前门、国子监等。同时，从文化旅游来看，东城区也确实高于西城区，说明历史文化资源的级别对于文化活力的影响有重要意

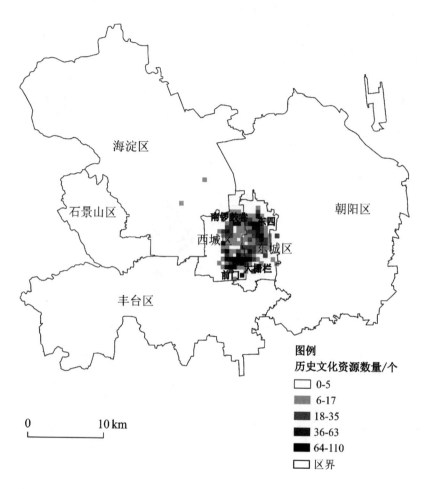

图例

历史文化资源数量/个

- 0-5
- 6-17
- 18-35
- 36-63
- 64-110
- 区界

0　　　　10 km

图 6 - 32　北京城六区历史文化资源数量分布

义。此外，海淀区的历史文化资源也拥有较多的高分评级，说明海淀区的文物保护单位、红色旅游景区以及非物质文化遗产的项目保护级别和历史价值比较高，如三山五园地区、大觉寺等。海淀区的历史文化资源较多与自然山水园林相搭配，而东城区由于位于城市中心，其历史文化资源分布呈现出与历史上的居民生活背景、重大事件高度相关的特征。

（四）文化资源分布整体评分

通过评价结果可以看出（图 6 - 34），文化资源分布整体评分在东城区和西城区最高，并且与历史街区的分布有较大关系，原因是历史街区自身

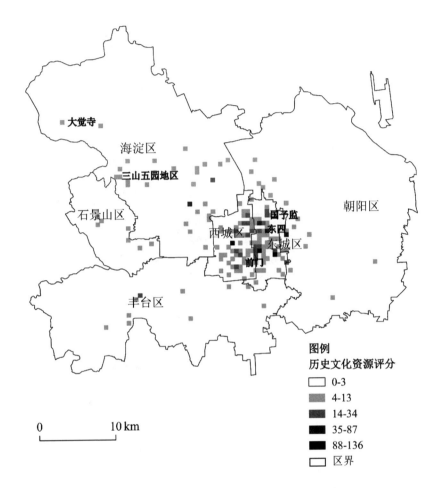

图 6 – 33　北京城六区历史文化资源评分分布

具有较多的历史文化资源，甚至是较高保护级别的历史文化资源。前门以及南锣鼓巷地区是综合评价分数最高的两个区域，结合实际也可以发现这两个区域的游客数量非常多，因而文化活力比较高。历史文化资源分布属于资源禀赋，只能原地开发，不能重新调整区位，因此，对于其他可开发旅游的历史文化资源应该积极挖掘，包括衍生出的文创产品、定期开展的文化活动，从而产生更多的文化活力。对于拥有历史文化资源的地区，应做好线上传播和线下宣讲的工作，为虚拟文化活力添砖加瓦。

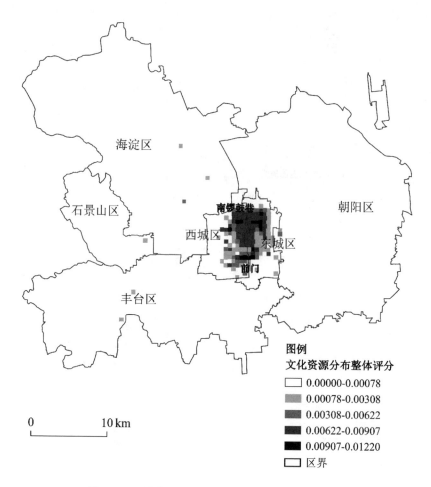

图例

文化资源分布整体评分

☐ 0.00000-0.00078

▨ 0.00078-0.00308

▨ 0.00308-0.00622

■ 0.00622-0.00907

■ 0.00907-0.01220

☐ 区界

图 6 – 34　北京城六区文化资源分布整体评分分布

二　文化产业分布

（一）文化企业数量

从文化企业数量的分布特征来看（图 6 – 35），高值区在东城和西城区反而显著少于丰台、海淀和朝阳三个区，原因可能是东城和西城区拥有大量的国家机关等单位企业，而文化企业作为近年来新兴的业态，选择了东城、西城以外的城区发展。而海淀、丰台和朝阳区拥有较好的产业支撑政策、高校智库资源（如首都高校助力文化企业和文化景区建设）、文化创新基础（如朝阳 798 艺术园区）。同时，文化企业倾向于聚集性分布，形成产业集群，在空间上仍然具有不均衡分布的特点。协调文化企业空间分布有助于使区域文化活力分布更加均衡，比如可通过微空间植入的方式进行文化企业引入。

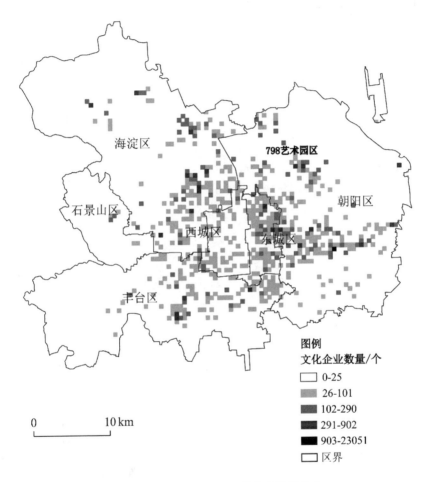

图6-35　北京城六区文化企业数量分布

（二）文化企业多样性

由文化企业多样性的分布特征可以看出（图6-36），高值区以朝阳区为界限，主要分布在其西部，对于文化企业异常发达的朝阳区来说，这种现象值得注意。文化企业多样性在朝阳区内部形成连片的低值区的原因可能是其同类文化企业聚集性分布，导致其种类较少。文化企业的多样性有助于促进多元文化产品的生产，从而带动区域文化活力的挖掘，因而提升文化企业多样性是朝阳区提升自身文化活力的重要途径，比如可以在文化产业的规划上，根据现有的文化企业类型布局情况，通过政策手段鼓励其他类型的文化企业进入园区、写字楼等，增加文化产出的多元性，最终引导文化活力提升。

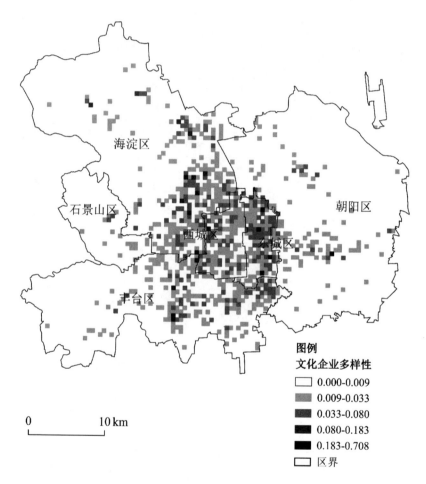

图6-36　北京城六区文化企业多样性分布

（三）文化产业分布整体评分

在文化产业分布这个一级指标的整体评分中（图6-37），文化企业多样性占据了显著的主导地位，充分说明了朝阳区应该高度重视文化企业多样性的建设，虽然其自身文化消费与文化活动等处于较高水平，但企业作为文化创新、文化活力高质量产出的单位，其多样性建设有助于进一步激活和释放文化活力，服务北京全国文化中心建设。另外，石景山、丰台和海淀的偏远地区拥有较好的文化产业分布评价，说明在城六区里文化产业的分布出现了向外围扩张的趋势，并且覆盖到了经济产业相对落后的区域，海淀和石景山区拥有较多的山区文化资源，而丰台西部是一个新成长起来的文化产业分布水平较高的核心，其原因有待进一步探究。总而言之，文化企业特别是其多样性，为文化活力带来了显著的作用，朝阳区应做好文化产业的规划调整工作。

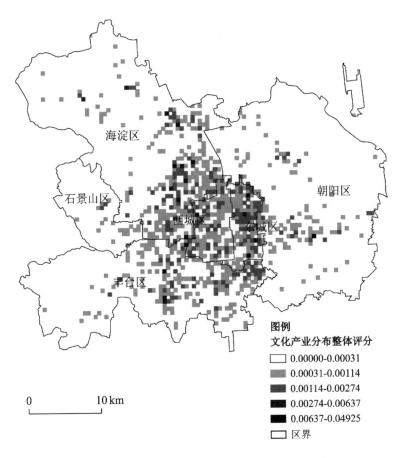

图6－37　北京城六区文化产业分布整体评分分布

三　文化活动服务

（一）文化活动数量

从城六区文化活动数量来看（图6-38），数量多的地方主要分布于东城区和朝阳区的国贸CBD地区。东城区有较多的历史文化遗产，开展了丰富多彩的文化活动，如国子监、东四历史街区。此外，东城区北部的东直门等地区形成了大型商圈，历史街区的氛围和商圈的吸引力有利于开展文化娱乐活动。朝阳区的国贸CBD地区由于附近商圈众多，经济产业发达，有充足的条件去开展样式丰富的文化活动，并且拥有稳定的客源，同时也

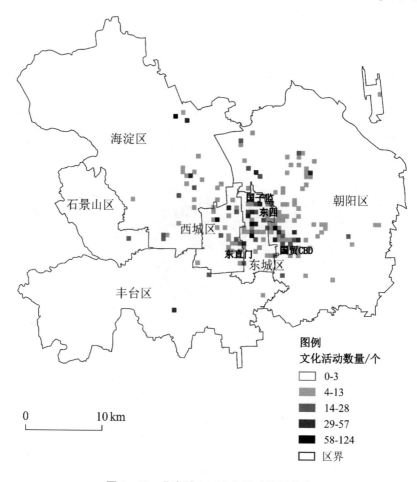

图6-38　北京城六区文化活动数量分布

为就业群体提供文化休闲等服务。由于其极高的吸引力，文化活动的大量
开展集聚了大量的人气，从而促进区域文化活力。目前可以看出，文化活
动的数量在城六区还是局限于东城、西城和朝阳区，空间范围严重压缩，
丰台、海淀西部以及石景山区应该多利用各自的商业综合体、社区文化服
务中心等开展更多的文化活动。

（二）文化活动多样性

从城六区文化活动多样性来看（图6－39），多样性高的区域主要分布
于东城区的历史街区、朝阳区的望京、三里屯、双井、国贸 CBD 地区以及
海淀区的中关村、五棵松。东城区有较多的历史文化遗产，开展了丰富多
彩的文化活动，如国子监、东四历史街区。发达的文化产业集群尤其是
798 艺术园区，给望京地区多样的文化活动提供了先天的技术和环境支持。

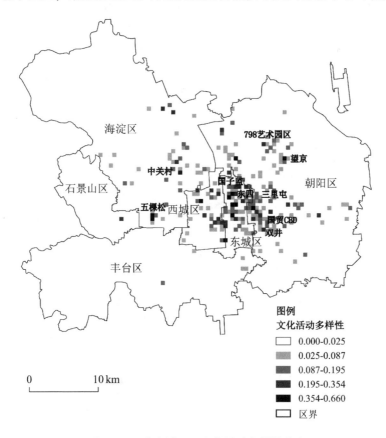

图6－39　北京城六区文化活动多样性分布

五棵松、双井商圈为地方文化活动多样性提供了必要的环境。通过观察可知，产业集聚区和大型商业娱乐综合体等可为多种类文化活动提供场地以及较多的客源。丰台区需要提升其文化活动的多样性，可借助丰台科技园、丽泽商务中心等高端园区培育文化活动增长极。

（三）文化活动吸引力

从城六区文化活动吸引力来看（图6-40），吸引力较高的地区主要集中于朝阳区的双井和三里屯地区，说明对于大众来说，这两个地区的文化活动在城六区具有最高的吸引力。双井拥有大型商圈，紧邻国贸CBD核心区，同时具有便捷的交通通达条件，其自身区位条件非常优质，开展的文化活动不仅类型丰富，而且档次较高，容易产生较高的吸引力。而三里屯地区不仅具有商圈，还是北京的时尚潮流文化汇集之地，定期的展览、演

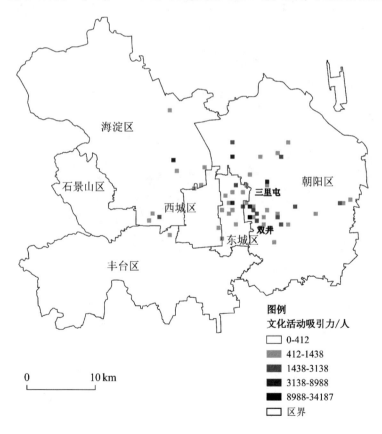

图6-40　北京城六区文化活动吸引力分布

出经常吸引大量青年群体参与，其对特定的青年群体具有极强的吸引力，同时带来极高的人气，为地方文化活力的产生创造了坚实的条件。值得一提的是，西城区的文化活动吸引力相对较弱，原因可能是文化娱乐功能主要集中于东城区、朝阳区等地，在西城区尚未形成文化活动的聚集性氛围。

（四）文化活动服务整体评分

在综合考察了文化活动数量、多样性以及自身吸引力之后，图6－41给出了文化活动服务这个一级指标在城六区的整体评价结果。可以看出，东城区和朝阳区拥有较多的高值区，西城区和海淀区次之，说明文化活动质量较高的区域集中于北京的东半城，间接反映了北京城市文化的相关业态重心落在城六区的东部。而对于石景山区和丰台区而言，可能是文化相

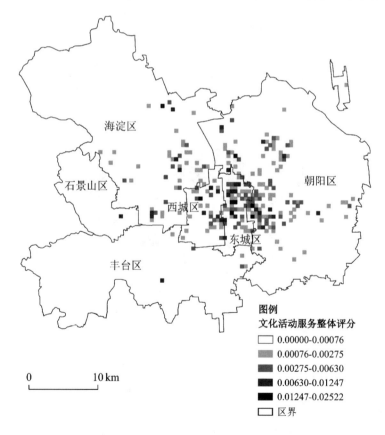

图6－41　北京城六区文化活动服务整体评分分布

关产业、设施薄弱，文化资源较少的缘故，文化活动建设较弱，亟须增加文化活动的举办数量、多样性等，并且向多个点位扩张，为居民文化生活以及区域文化活力增长做出谋划，比如可考虑借助配套高端产业来发展文化活动，根据年轻的就业人群集聚特征，打造符合青年群体潮流的文化活动。

四　文化设施服务

（一）文化设施评价质量平均分

从城六区文化设施评价质量平均分的分布来看（图 6 - 42），人们对文化设施评价分数较高的区域集中于东城区的东四历史街区和朝阳区的三里屯、双井、望京地区。目前，上述区域是北京文化设施服务品质较高、吸

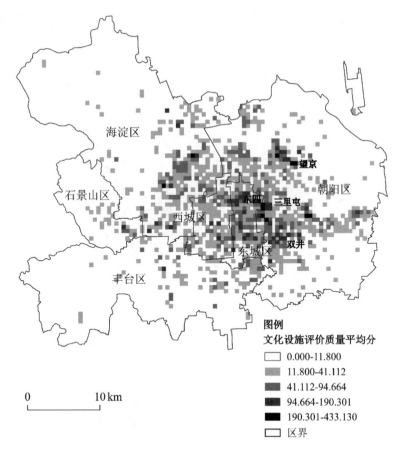

图 6 - 42　北京城六区文化设施评价质量平均分分布

引人数最多的区域之一，电影院、演出场馆、酒吧、歌厅等各类文化体验设施都聚集于此，形成了独特的文化消费环境以及文化休闲体验氛围。由于它们往往与新潮文化紧密相关，与青年群体文化需求契合，并且文化产品的服务档次比较高，所以顾客的感知倾向于较高的分数，好评率较高。大众的评价可以反映出文化设施表现出的文化活力，也可以探测出新潮文化活力正在不断成长的趋势。

（二）文化设施服务质量总评分

文化设施服务质量总评分在城六区的空间分布特征见图 6 - 43。高值区在五环以内比较均匀，除了望京等传统的文化设施服务水平较高的区域外，北苑、常营、大屯也成了服务质量评价较高的区域，说明该区域的文

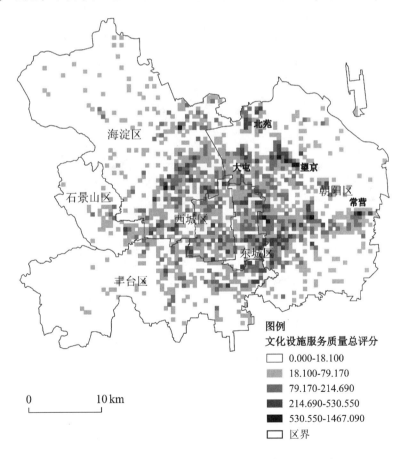

图 6 - 43　北京城六区文化设施服务质量总评分分布

化设施提供了相对较高的服务品质，包括设施的文化氛围环境以及文化产品服务，为游客体验感知增加了较多的分数。可能是由于它们距离商圈较近（如鸟巢），体验类文化设施较多，在服务质量上更容易获得较好的口碑。文化设施服务质量与其创造的文化活力紧密相关，城六区的文化设施普遍服务质量口碑较好，为区域的文化活力均衡分布奠定了基础。

（三）文化设施总评分

从城六区的文化设施总评分分布来看（图6-44），总评分较高的区域集中于东城区以及朝阳区的望京、双井、国贸 CBD 等地，这些地区往往经济和产业发达，人群消费能力普遍较高，因而文化设施相对具有更好的文化服务水平，给顾客留下的直观印象也就比较好。评分高一定程度上说明

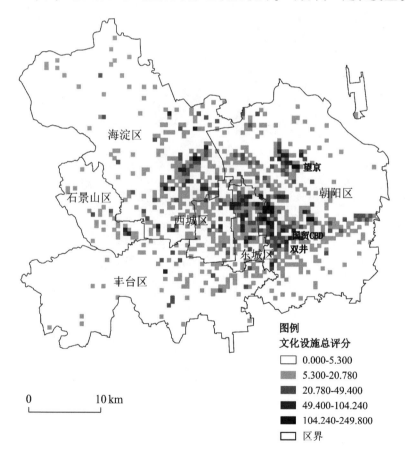

图6-44　北京城六区文化设施总评分分布

了该区域的文化活力较高。而西城区、丰台区和石景山区的评分相对较低，可能与其文化设施名声较低，没有形成区域性的文化设施服务环境或氛围、文化设施的档次普遍处于一般水平有关，因此需要提升文化设施的整体水平，比如建设一批质量较高的文化设施，起到示范和榜样作用，然后加大宣传力度，使得部分较高评分的文化设施成为网红点。

（四）文化设施评论总数

从图6−45可知，文化设施评论总数较高的分布区集中于中关村、天安门、前门以及望京等传统的文化娱乐热点地区。在城六区范围内，评论总数较高的文化设施呈现零散分布、没有出现成片聚集分布的现象。评论总数反映了人们对文化设施评论的意愿，也能够反映文化活力。许多区域

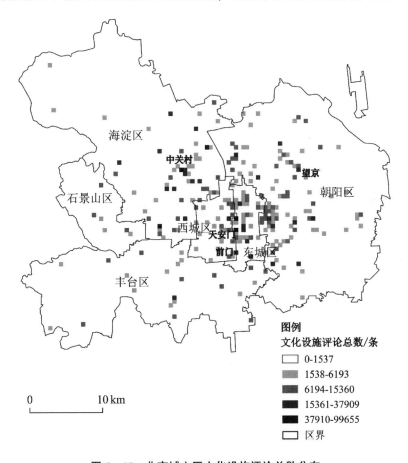

图6−45　北京城六区文化设施评论总数分布

的文化设施评论数量相对较低,可能是其规模、名气均比较小,间接反映了顾客评价欲望不高,其吸引力一般,同时活力较低。如今,新兴媒体日益发达,可以培育文化服务水平较高的文化设施,借助互联网媒介增加其网络传播量,提升评论总数,从而为提升区域文化活力奠定基础。

(五) 文化设施星级

城六区的文化设施星级空间分布见图 6 - 46。星级较高的文化设施多分布于东城区以及朝阳区的双井、望京和三里屯地区,表明东半城的文化设施星级评价较高,这与北京文化设施分布及服务质量较好的东半城区域相吻合。文化设施星级往往与其开设档次有关,高档次的文化设施容易聚集大量的用户,并且提供较高水平的文化服务。因此,可以尝试通过定期

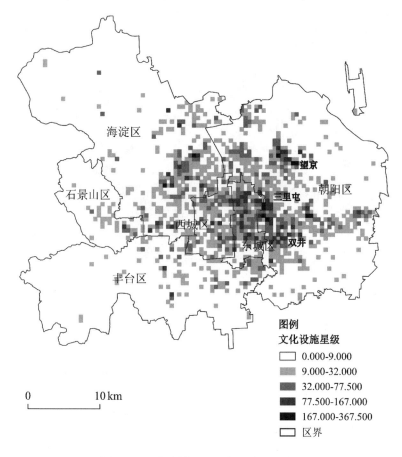

图 6 - 46 北京城六区文化设施星级分布

评价文化设施的星级，从而得到区域空间文化活力的演变特征。

（六）文化设施服务整体评分

由图6-47可知，文化设施服务总体评价得分较高的区域是中关村、望京、三里屯、双井、常营等。可以发现，以新兴文化为主导的文化设施服务评价往往比较高，这可能是因为新一代青年群体对文化内容的追求与老一辈相比有了很大的变化，新兴文化娱乐逐渐成长为更受青睐的文化消遣对象。此外，海淀的高校集群地区也拥有较高的评价，除了文化休闲娱乐设施比较发达以外，还可能与文化教育类（如培训机构）有直接的关系，大量的文化类培训机构依托海淀的智库形成了区域性的文化教育氛围。可见，文化的教育培训与休闲娱乐是文化设施生产和文化活力创造的重要平台。

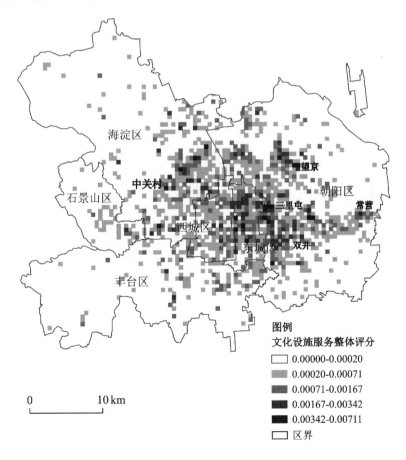

图6-47　北京城六区文化设施服务整体评分分布

五　文化设施分布

（一）文化设施数量

从图6-48可知，文化设施数量分布较多的区域位于朝阳区的双井、三里屯、望京和海淀区的中关村。东半城具有更多的文化设施，这与它的文化产业较多、文化娱乐氛围基础较好有关，如798艺术园区等高品质文化创新园区，为望京地区创造了大量配套的文化设施，许多文化设施借助已经具有的文化氛围不断成长壮大。虽然文化设施的数量在城六区整体上分布比较均衡，但真正能够决定文化活力的更应该是其提供的文化产品及内容创新能够给顾客留下深刻印象。所以需要不断提升文化服务建设，提

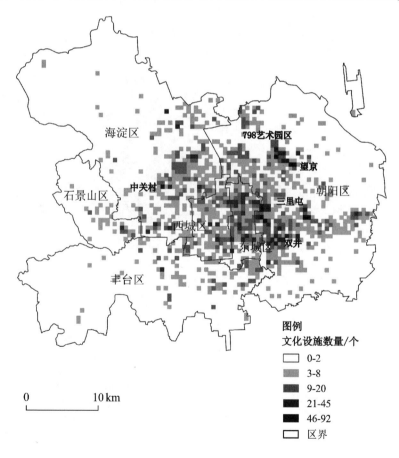

图6-48　北京城六区文化设施数量分布

高受众感知。

（二）文化设施多样性

由图 6-49 可知，东城区和西城区的文化设施多样性最为丰富，其次是海淀区，但是朝阳区文化设施多样性与其数量分布上不完全对应，这说明朝阳区的部分区域存在文化设施种类单一的现象，应关注这种错位的空间特征。朝阳区形成了一种表象上活力很高的现象，但实际上其文化设施种类严重匮乏，朝阳区应针对那些数量较多但种类匮乏的文化设施集聚区提出规划思路，使得文化设施更加多元化。而西城区虽然数量分布有限，但是种类非常丰富，可以根据土地资源的使用情况适当增加数量，为区域文化活力添砖加瓦。

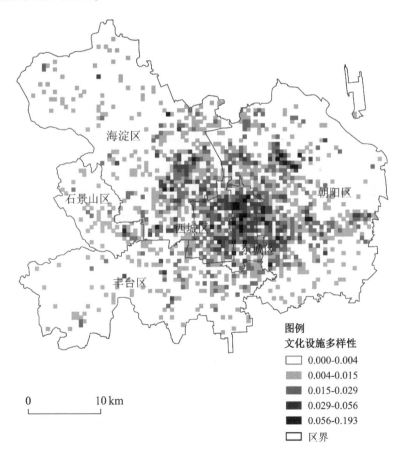

图 6-49　北京城六区文化设施多样性分布

（三）文化设施分布整体评分

在城六区，在综合考虑文化设施的多样性和数量后，由图6－50可以发现，文化设施的数量占据了主导地位，说明其对于文化活力的影响有更大的作用。文化设施分布评价较高的区域包括望京、中关村、三里屯等地，说明它们的数量和多样性均比较好，这与大型商圈对顾客的吸引作用有直接联系。此外，虽然文化设施的多样性对文化活力的影响不如文化设施数量那样大，但是种类单一的文化设施容易造成客流来源的单一，文化活力的来源也会有较大的局限性，因而也应该加强文化设施多元性建设的规划，特别是针对文化设施数量足够、但缺乏多样性的区域。

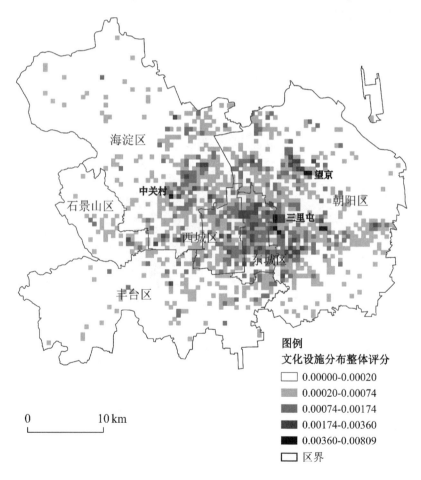

图6－50　北京城六区文化设施分布整体评分分布

六　文化功能布局

（一）文化功能设施数量

从图6-51可以看出，文化功能设施集中于紫竹院—中关村、望京、三里屯、双井—国贸CBD、天安门，表明文化功能与商业服务有较大联系，大型商圈为文化功能设施提供了更好的发展环境，也带来了更多的顾客，从而刺激附近文化功能设施的文化服务产出和质量。此外，文化功能设施表征了区域内多功能文化的地位，一定程度上反映出文化的生命力及活力。比如，西城区文化功能设施较少，但文化资源禀赋较高，应抓住文化资源优势，增加文化功能设施的布局，如增加影视、图片、实体演示等

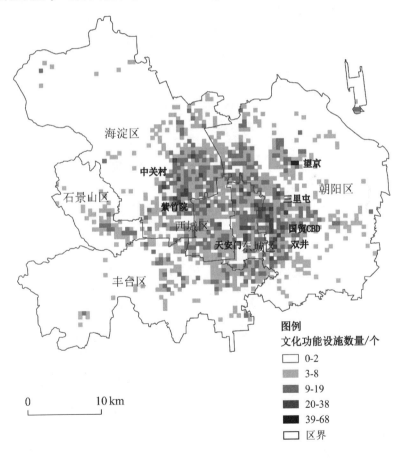

图6-51　北京城六区文化功能设施数量分布

相关的文化功能设施,从而带动区域文化活力提升。

(二) 文化功能设施多样性

从文化功能设施多样性的空间分布特征来看 (图6-52),五环以内的区域的文化功能设施多样性比较高,并且出现了多个多样性较高的格网,呈现出相对均匀的形态,说明五环以内的地区拥有了更多样的文化功能设施,功能的多样意味着文化服务样式更为丰富,说明五环以内区域的居民对文化功能的多元性需求更高;北城地区比南城地区高,这与文化功能设施知名度高、服务档次高、高端产业的分布倾向于北城地区有关。虽然西城区的文化功能设施数量相对较少,但其多样的文化功能设施为区域的文化活力增加了更多的维度。

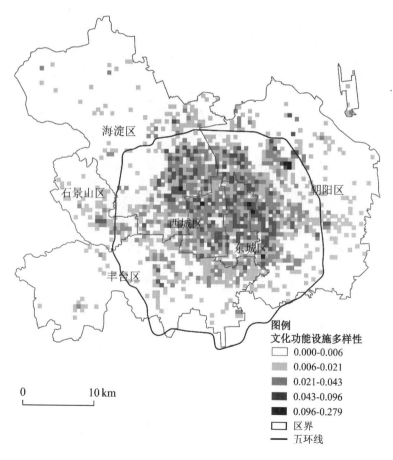

图6-52　北京城六区文化功能设施多样性分布

（三）文化功能设施评论数量

从文化功能设施评论数量可以看出（图6－53），其高值区分布较少，零散分布在中关村、西单、前门、三里屯等地。文化功能设施的评论数量表达了顾客对其文化功能的看法，也表达了评价其服务质量的意愿，因而能够反映出区域文化活力水平。相较于文化功能设施的分布，其评论数量的分布更加稀疏，说明许多文化功能设施所受到的关注度较低，顾客评论意愿较低，间接反映了这些设施文化功能方面的建设相对一般，吸引力较弱。因此，应该加强培育有潜力的文化功能设施，为提升其文化功能设施的游客感知奠定基础。

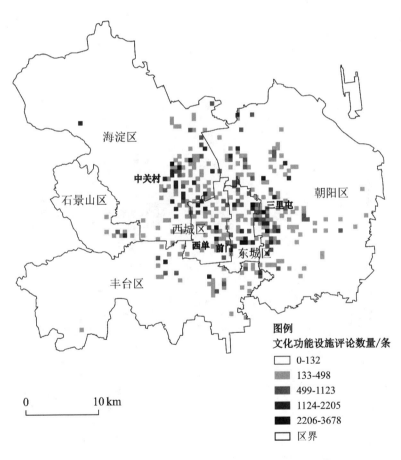

图6－53　北京城六区文化功能设施评论数量分布

（四）文化功能布局整体评分

在综合考虑了文化功能设施的数量、多样性以及评论数量之后，可以看出（图6-54），城六区的文化功能布局整体评价得分有如下分布特征。高值区主要集聚于五环以内，如望京、三里屯、双井、国贸CBD、大屯等地区，这与商圈、高端产业分布有较大联系。此外，东城区和西城区拥有较好的评价结果，说明文化功能设施多样性占据了重要地位，相对其他两个因素来说，其对文化活力的创造产生了更加重要的影响。因此，从文化功能设施布局与发展规划角度分析，对于文化功能设施较为单一的区域，应着手调整文化功能设施的类型，为刺激多元文化活力提供手段。

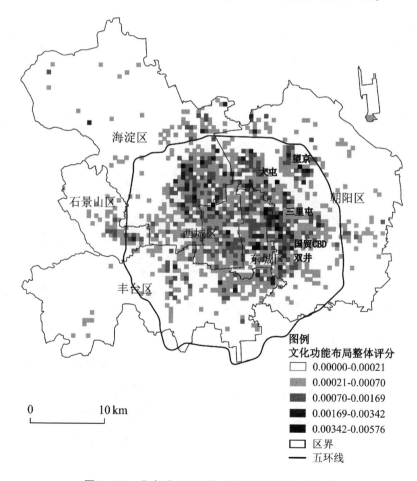

图6-54　北京城六区文化功能布局整体评分分布

七 文化感知分布

（一） 文化感知密度

文化感知密度越高，说明来到该区域感知首都文化的人数就越多，而更多的用户参与是提升文化活力的本质要求。基于首都文化感知微博数量推导出的文化感知密度指标在空间分布上呈现出较强的中心集中性。观察图 6 – 55 可知，仅有故宫、天安门广场所在的区域呈现出高密度的特征，它们分别从古都文化和红色文化的角度彰显出首都文化的绝佳魅力。另一部分拥有较高感知密度的区域集中在 798 艺术中心、圆明园遗址公园与颐和园，前者凭借颇具创意的艺术展览和时尚流行的建筑风格吸引了大批的

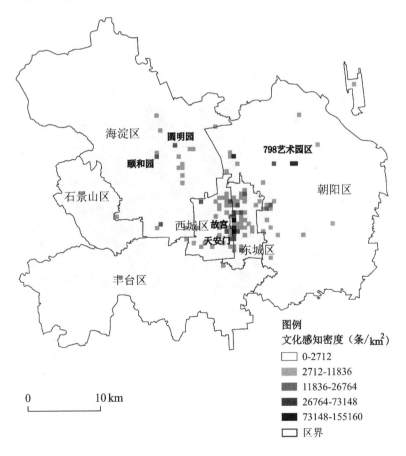

图 6 – 55 北京城六区文化感知密度分布

京内外游客，是首都创新文化最广受欢迎的感知地点；圆明园与颐和园尽管修缮程度有着较大差异，但二者作为皇家园林文化的重要组成部分，也让诸多游客流连忘返。

（二）文化感知多样性

文化感知多样性的空间分布格局（图6–56）与文化感知密度相比有着极大的不同。尽管故宫和天安门广场所在的区域在文化感知密度方面具有极大的优势，但二者更多是针对首都文化中的单一类型文化意象的集中展示。以故宫为例，游客在游览的过程中，更多是对古都文化进行集中感知，其余三类首都文化的相关意象数量稀少且不是该处文化感知的重点所在，类似的情况在天安门广场处也较为明显。正是这种感知类型上的集中

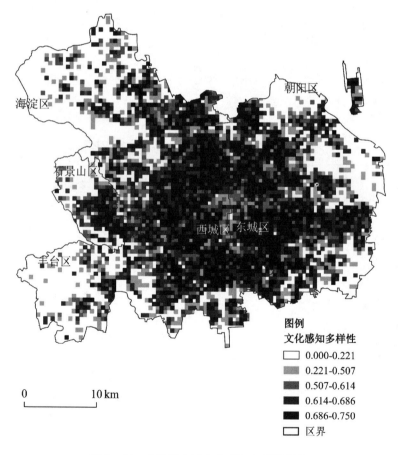

图6–56　北京城六区文化感知多样性分布

性，使得以故宫和天安门为核心的东城区、西城区中心地带在文化感知多样性方面具有相对劣势，而感知多样性较高的区域在地图上则围绕在故宫、天安门四周，呈现出一种环形特征。这些区域虽然缺少高级别的文化景区，但其内部的四类首都文化的意象分布却更加均匀、平衡，这也让区域空间上的首都文化感知微博的发布在类型上也更加多样化。

（三）文化感知分布整体评分

对于各类景区的游客而言，发布微博是他们记录游览时刻的美好心情、抒发文化情操的重要手段，而文化感知微博的内容体现出他们在充分游玩以后对首都文化意象所产生的观赏体验和独到见解。从客观上，文化感知微博的密度和多样性程度能够展现出各个区域内游客对首都文化的参与程度，从

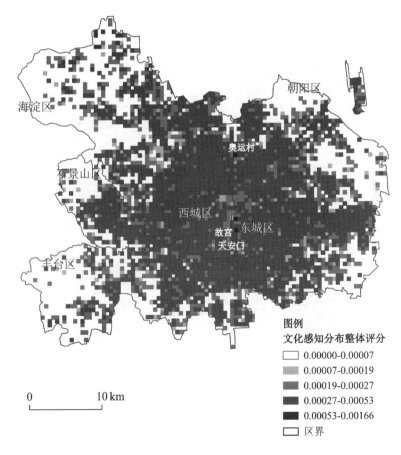

图6-57　北京城六区文化感知分布整体评分分布

而成为衡量区域文化活力的重要因素。结合上述两个二级指标，以熵权 + TOPSIS 法对文化感知分布这个一级指标进行整体评分。从空间布局上看（图 6 - 57），故宫、天安门广场和奥运村所在的区域在文化感知的分布上是最为突出的，而在整个城六区的西南、西北、东北三侧，文化感知的分布比较稀少，除此之外的大部分区域是保持在一个较为均质的水平上。

八 文化感知情绪

（一）文化感知情感平均分

在文化感知情绪这一指标的空间分布中，以故宫、天安门、圆明园、颐和园为代表的重点文化感知地失去了文化感知分布上的显著优势。以东

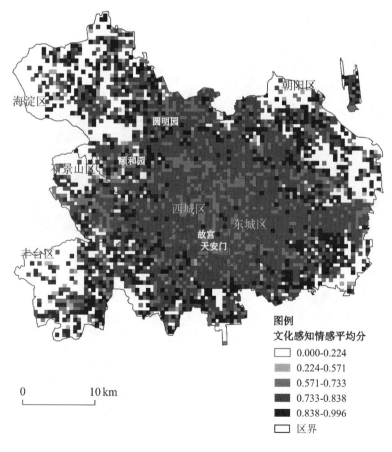

图 6 - 58 北京城六区文化感知情感平均分分布

城区和西城区为主的核心区域在文化感知情感平均分和净情感率两个指标中大多处于中上级别。从图 6 – 58 可知，文化感知情感平均分的高值区域和低值区域都主要集中在城六区的东南西北四个"角落"，这说明微博用户的文化感知往往集中于一个小的区域，这种文化上的体验为用户带来了愉快的心情，从而促使其通过微博抒发了这种情感，而这类区域的邻近区域并不一定有着足够知名的文化感知地或是充满文化吸引力的设施与活动。

（二）文化感知净情感率

从图 6 – 59 可以看出，净情感率与情感平均分的空间分布特征较为接近，高值区域和低值区域更多分布于城六区的边缘地带，在东南西北四个

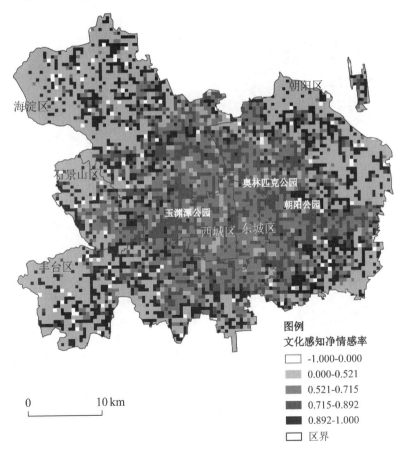

图 6 – 59　北京城六区文化感知净情感率分布

"角落"的位置上尤为突出。中心地带的典型高值区域包括玉渊潭公园、奥林匹克公园和朝阳公园等地。游客在这些景区感受首都文化时所发布的内容积极的微博数量远远多于消极微博。纵观整个城六区范围，也出现了极少数净情感率为负的区域，由于其分布较为离散，几乎可以忽略不计。这样的分布状况符合首都文化给人们带来愉悦感受的基本功能，从一种人的主观感受的角度彰显出各个区域的文化活力。

（三）文化感知情绪整体评分

结合文化感知情感平均分和净情感率两个二级指标，对文化感知情绪这个一级指标进行整体评分，从评分分布图（图6－60）可知，东城区与西城区范围内的高值区域仍然稀少且分散，而比较具有代表性的区域包括

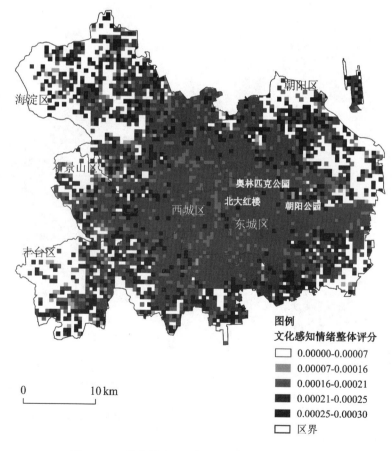

图6－60　北京城六区文化感知情绪整体评分分布

了北大红楼、朝阳公园和奥林匹克公园。东南西北四个"角落"则各自有一些高值区聚集。造成这类现象的原因是多种多样的：一是有部分游客会选择在离开景区后再总结游玩期间的文化感受，从而发表微博，这类微博内容通常是内容美好和乐观的，虽然发表位置不在以东、西城为代表的中心地带，但对其自身所在地区的文化感知情感能够起到积极的抬升作用；二是中心地带的文化感知景区往往具有人流量过大所造成的拥挤现象，这也会导致其在设施服务质量上的下降，从而引起微博用户的不满情绪，这种情绪也通过微博内容表现了出来。在吸引游客接触文化意象、游览文化景区的工作中，拥挤现象与低质量的服务一直都是十分关键的难题，极大地影响了用户的参与程度，从而影响到区域内部的文化活力。作为文化保护机构与文化遗产的传承人员，需要将解决上述问题作为自身工作的重点之一。

第三节　综合评价：街道乡镇尺度

一　文化资源分布

（一）历史文化街区面积

北京拥有丰富的历史文化资源，这些历史文化资源承载着北京古都文脉，是打造北京文化标杆的重要载体，实现历史文化街区有机更新和老城复兴，对于全国文化中心建设有着助推作用。北京老城内分布着众多历史文化街区，由图6-61可知，北京的历史文化资源主要集中分布在中心城区，形成以故宫和天安门广场为中心的空间分布格局。通过分析北京各街道的历史文化街区面积可知，什刹海街道的历史文化街区面积最大，覆盖的历史文化街区有什刹海街区、皇城历史文化街区。其次是东华门街道和西长安街街道，东华门街道内有皇城历史文化街区和东交民巷历史文化街区。皇城历史文化街区内有紫禁城、北海、太庙、社稷坛、中南海等重点保护的历史文化资源。安定门街道、景山街道、交道口街道内的历史文化街区面积也较大。交道口街道区域内涵盖南锣鼓巷历史文化街区和张自忠路北街区，该区域范围内名人故居、革命历史遗存遗址比较多。

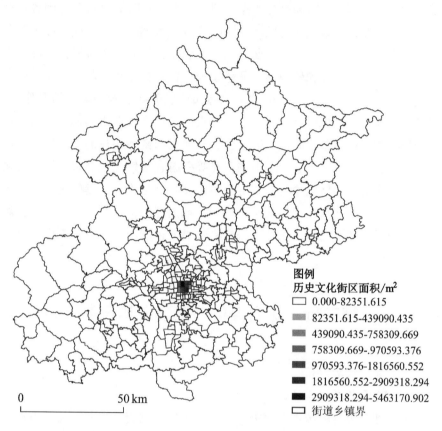

图例
历史文化街区面积/m²
☐ 0.000-82351.615
▨ 82351.615-439090.435
▨ 439090.435-758309.669
▨ 758309.669-.970593.376
▨ 970593.376-1816560.552
■ 1816560.552-2909318.294
■ 2909318.294-5463170.902
☐ 街道乡镇界

0   50 km

图6-61   北京市各街道乡镇历史文化街区面积分布

(二) 历史文化资源数量

北京市历史文化资源种类丰富，包括北京市历史名镇名村、城垣城门、博物馆、皇家坛庙、优秀近现代建筑、文物保护单位、挂牌四合院、经典红色旅游景区、工业遗产、非物质文化遗产以及老城历史遗迹等类型。通过对北京市各街道文化资源分布情况（图6-62）进行分析可知，北京市文化资源分布比较集中，呈现中心城区文化资源密集、西南部数量多于东北部的空间分布格局。什刹海街道范围内的文化资源点数量共计398个，排名第一，其中包括宋庆龄故居、景山、恭王府等文化资源。大栅栏街道和东华门街道的文化资源数量仅次于什刹海街道，这与历史文化街区分布状况相吻合。北京市域范围内文化资源数量介于200个至300个之间的街道包括交道口街道、金融街街道、景山街道和朝阳门街道。这些街道的文化资源分布较为密集且文化设施种类丰富，也是北京当地居民和外地游客游玩参观的首选区域。

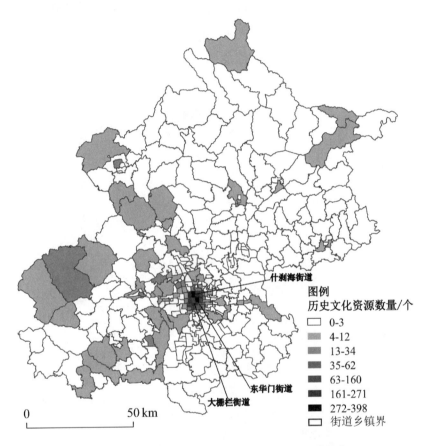

图 6 – 62　北京市各街道乡镇历史文化资源数量分布

（三）历史文化资源评分

通过对北京市各街道范围内不同等级和类别的文化资源进行赋分统计可知（图 6 – 63），北京市文化资源评分呈现中心城区高而周边低、西南高而东北低的分布状况。东华门街道历史文化资源评分高达 258 分，该区域内包括中国国家博物馆、毛主席纪念堂等博物馆，人民英雄纪念碑、皇史宬等全国重点文物保护单位，陈独秀旧居、宣仁庙等市级文物保护单位。

评分值在 100 分至 200 分的街道包括金融街街道、什刹海街道、儒林街道、东花市街道和景山街道。评分仅次于东华门街道的是金融街街道和什刹海街道，这两个街道范围内的开放博物馆、国家级及市级文物保护单位以及非遗代表性项目也比较丰富。值得注意的是，位于延庆区的儒林街道的文化资源评分为 150 分，排名比较靠前，该街道范围内传统历史文化资源丰富。

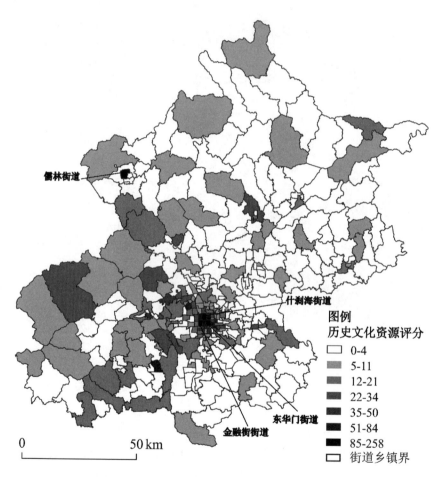

图 6-63　北京市各街道乡镇历史文化资源评分分布

（四）文化资源分布整体评分

通过对市级和国家级的红色旅游景区以及非物质文化遗产项目进行分

层次打分，并以街道为基本单元汇总所有历史文化资源评分，得到各街道的历史文化资源评分的空间分布状况。如图 6 – 64 所示，北京市历史文化资源整体上从西南向东北方向递减，且文化资源高度集中在东城区和西城区，评分最高的街道为什刹海街道，其次是东华门街道、大栅栏街道、交道口街道、景山街道、西长安街街道、金融街街道、安定门街道和新街口街道等。由此可见，这些街道历史文化资源丰富，城市文化活力较高。对于北京市历史文化资源核心区域的保护，应该从文化资源的历史传承、文化特色、文化价值以及文化辐射等方面展开，确保地区文化活力的持续性提升。

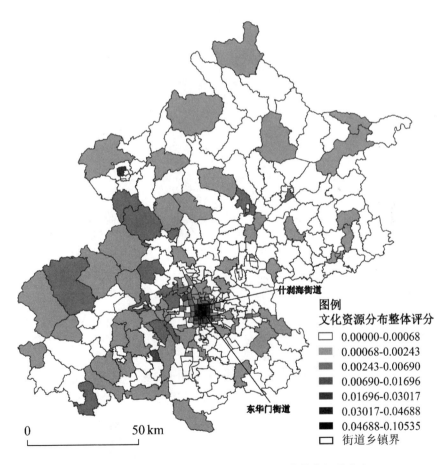

图例
文化资源分布整体评分

☐ 0.00000-0.00068
▨ 0.00068-0.00243
▨ 0.00243-0.00690
▨ 0.00690-0.01696
■ 0.01696-0.03017
■ 0.03017-0.04688
■ 0.04688-0.10535
☐ 街道乡镇界

什刹海街道

东华门街道

0   50 km

图 6 – 64　北京市各街道乡镇文化资源分布整体评分分布

二　文化产业分布

（一）文化企业数量

北京市文化底蕴深厚，其目标为建设全国文化中心，近年来也颁布了多项举措助力文化企业发展。据资料显示，在政策扶持下，2019年北京规模以上文化企业达到4872家，北京全市规模以上文化产业实现收入12849.7亿元、增加值3318.4亿元，北京上市文化企业占全国三成。对文化企业数量进行制图，可以清晰地得到文化企业在街道的空间分布情况。由图6-65可知，北京市文化企业按数量排序，前几位主要分布在北京市朝阳区的高碑店地区、丰台区的花乡地区、海淀区的上地街道、通州区的

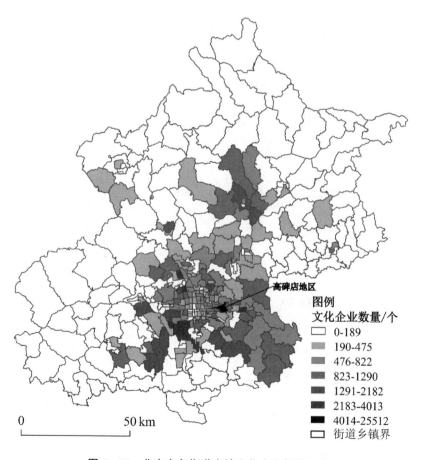

图6-65　北京市各街道乡镇文化企业数量分布

北苑街道、大兴区的西红门地区、房山区的良乡镇等。从北京市范围来看，文化企业呈现中心城六区少部分街道分布密集、多数街道数量较少的分布状况。城六区外围部分街道分布有较多文化企业，如房山区的长阳镇街道分布有 1733 个文化企业，朝阳区的望京街道分布有 1711 个文化企业，通州区的马驹桥镇分布有 1682 个文化企业，大兴区的亦庄分布有 1602 个文化企业。由此可见，北京市文化企业空间分布首先呈现以历史文化资源点为中心的集聚，在中心城区的历史文化资源丰富的老城街道内，文化产业自发性集聚。其次是具有文化产业园区、文化科技创新区集群化的地理空间布局特点，文化企业在区位选择时，综合考虑交通、基础设施、租金、产业基础等方面后选择产业园区、科技商务创新区、科技产业基地布局。

（二）文化企业多样性

文化企业类型分为文化艺术业，文化娱乐业，新闻出版业，体育业，以及广播、电视、电影和影视录音制作业五类。通过计算北京市各街道乡镇的文化企业多样性，可以分析北京市各街道乡镇的文化企业分布的整体混合程度。混合度为 1 表示区域文化企业具有多功能性，混合度为 0，则区域具有单一功能。由图 6-66 可知，北京市市域范围内文化企业多样性排名靠前且得分均大于 0.5 的街道为朝阳区的高碑店地区和丰台区的花乡地区。北京市所有的街道乡镇的文化企业多样性得分均大于 0，但大多数的街道乡镇的得分在 0.1 以下，其多样性较为单一。北京市范围内文化企业多样性整体呈现出各个行政区之间差异较显著，丰台区、通州区、海淀区、怀柔区、东城区和西城区等区域内的街道整体上文化企业多样性程度高，而朝阳区、门头沟区、房山区、大兴区、平谷区、密云区和延庆区等区域内的街道多样性低，说明这些区域的文化企业种类单一。其中，朝阳区、门头沟区的文化企业类型主要为文化艺术业。文化企业多样性高对于地区文化企业集聚效应有促进作用，同时还能提升地区文化活力。

（三）文化产业分布整体评分

从图 6-67 看出，北京市的文化产业分布具有明显的空间集聚特征，形成了多个片区连续分布的格局。北京文化产业空间格局尚未成熟，街道乡镇尺度空间分布不均衡。北京市在街道乡镇尺度的文化产业分布评分较高的 10 个街道乡镇，由高到低分别是高碑店地区、花乡地区、西红门地

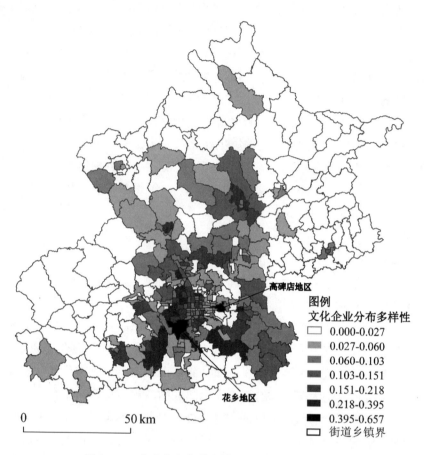

图 6 – 66　北京市各街道乡镇文化企业多样性分布

区、上地街道、中关村街道、海淀街道、卢沟桥乡、北苑街道、良乡镇和亦庄镇。其中，高碑店地区文化产业评分高的原因是此处驻有 CBD——定福庄国际传媒产业走廊，该产业走廊包括北京 CBD 国际传媒产业园和定福庄传媒文化产业区，其内传媒相关产业众多，是国内首个年收入超过 1000 亿元的传媒文化产业功能区。由此可见，文化产业园区的建设能够促进地区文化产业发展，并带动地区文化产业经济的快速发展。北京市应充分利用其丰富的文化资源和人才资源，依托于地方历史文化遗产，大力发展文化产业，扶持中小型文化企业发展。

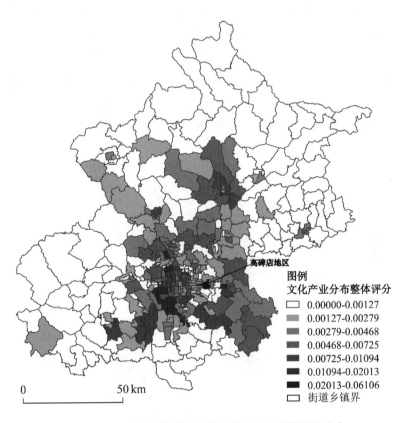

图 6 – 67　北京市各街道乡镇文化产业分布整体评分分布

三　文化活动服务

（一）文化活动数量

　　城市文化活动是居民闲暇之余追求精神上的愉悦的一种表达方式，丰富的文化活动是文化活力城市的重要特征之一。在城市经济快速发展过程中更应该重视城市居民在文化精神层面的追求，鼓励发展市井文化和大众文化，创造人性化、人情味的公共场所，呵护和引导好市场博弈，以发展文化可持续的健康城市。城市文化活动数量是反映城市居民文化生活情况的最直观的一个指标，通过汇总 2020 年北京市各街道举办的各类文化活动的数量，可以反映出北京市文化活动的空间分布状况。由图 6 – 68 可知，北京市文化活动呈现中心性分布格局，城六区各街道举办的文化活动显著高于其他行政区的街道。历史上，中心城区街道便因其优越的地理位置而成为北京文化活动集聚地之一，这些街道商业、服务业发达，带动周边街巷文化娱乐的发展。其中，文化活动举办数量较高的前5个街道分别是东华门街道、上地街道、建外街道、景山街道和朝外街道。这些街道分布有较多剧院和剧场、音乐厅、体育场、电影院等文化活动较多的文化娱乐设施，城市居民物质生活水平的提高带动了地区群众性文化事业的发展，居民因地制宜地开展各种各样的文化活动以丰富业余生活。

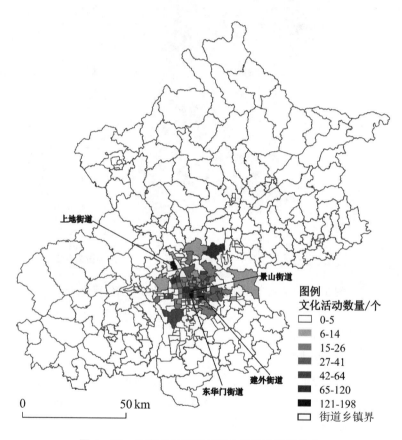

图6-68　北京市各街道乡镇文化活动数量分布

（二）文化活动多样性

城市文化活动的多样性可以显示该地区居民在工作之余参加文化生活的丰富程度，对其分布格局进行分析可以为城市规划提供一定借鉴。将文化活动划分为电影、讲座、聚会、赛事活动、戏剧、演出、音乐、运动、展览共 9 种类型，对北京市每个街道的文化活动多样性进行计算和可视化显示。由图 6-69 可知，北京文化活动多样性得分也呈现中心高、四周低的格局。城市文化活动多样性得分大于 1 的街道是东城区的东华门街道和朝阳区的建外街道。另外，景山街道、朝外街道、万寿路街道、交道口街道、小关街道、什刹海街道、西长安街街道、上地街道、酒仙桥街道、北新桥街道和奥运村街道的得分排名靠前，得分均在 0.6 以上。而北京市大部分的行政区街道文化活动较单一，提高这些地区的文化活动数量和种类是提升区域文化活力的关键，也是丰富当地居民文化生活的重点。北京市街道在大力建设基层群众文化设施的同时，应着力保护与推广本地区的北京历史文化民俗活动，加强地域文化建设。同时，街道文化设施应针对居

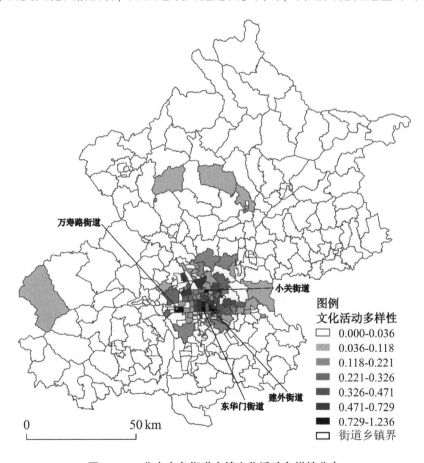

图 6-69 北京市各街道乡镇文化活动多样性分布

民年龄阶段、兴趣爱好层次以及消费档次的不同，开展符合大众口味的文化娱乐活动，充分调动地区居民参与文化活动的积极性。

（三）文化活动吸引力

一个城市的文化活动是否取得成功往往有着众多的影响因素，地区主办方的宣传力度、投入的资金以及文化资源禀赋等很重要，但是追根溯源，这项文化活动本身的吸引力才是主要影响因素。本书对北京市各街道的文化活动吸引力进行分析，得出文化活动发展基本状况。从图6－70可以看出，北京市文化活动吸引力空间差异大，吸引力高的地区主要集中在中心城区，城市外围的文化活动吸引力普遍较低。北京市各街道中，文化活动吸引力排名前10位的分别是建外街道、朝外街道、双井街道、麦子店

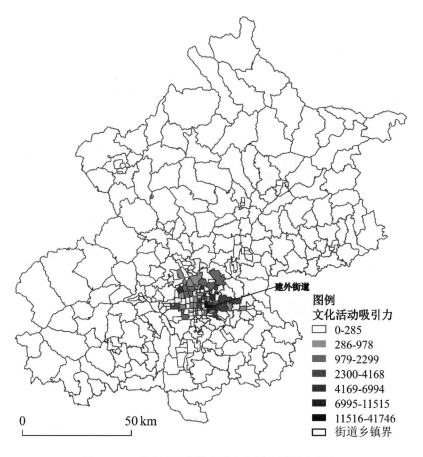

图6－70　北京市各街道乡镇文化活动吸引力分布

街道、景山街道、海淀街道、小关街道、万寿路街道、酒仙桥街道和高碑店地区。对于大多数北京居民来说，提笼挂鸟、公园晨练、戏园听戏这些具有典型北京地域特点的文化活动，与他们的距离并不比外地人要更加接近，可以说同样是比较遥远，大部分北京市民的文化生活依然比较匮乏。北京的文化基础设施越来越完善，各种文化体育场馆、图书馆、文化馆、音乐厅、博物馆这些现代化的文化设施越来越多，但这些文化场馆组织各种文化活动的频次较低，对城市居民的文化吸引力普遍不高。因此，提升街道文化活动吸引力，让北京城市居民都能够享受到文化设施资源的便利极为重要。

（四）文化活动服务整体评分

从图6-71可知，城市文化活动能使城市居民更好地享受到各种社交

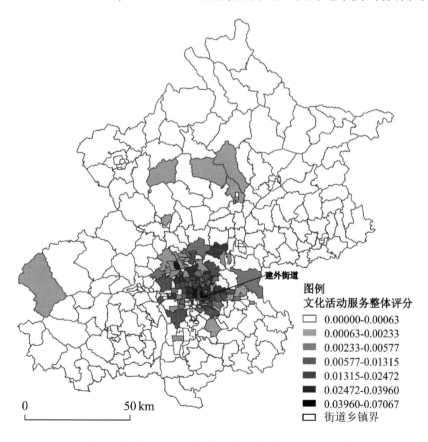

图6-71　北京市各街道乡镇文化活动服务整体评分分布

活动，能够充分地展示城市的文化娱乐性。城市居民既是文化活动的直接参与者，更是文化活动的主要组织者。因此，在分析城市文化活力时，应该着重分析城市文化活动为城市居民和城市带来的文化活力。北京市文化活动服务整体评分，整体上呈现高度的空间集聚特征，中心城六区各街道文化活动服务整体评分显著高于其他行政区的街道。北京市各街道文化活动服务整体评分由高至低排名前 10 位的为建外街道、东华门街道、朝外街道、景山街道、上地街道、交道口街道、万寿路街道、小关街道、双井街道和什刹海街道。积极推广文化活动服务评分这项工作，建立系统完善的文化活动网络平台，给予城市居民了解文化活动举办信息和评价的平台，对于提升街道文化活力作用显著。

四　文化设施服务

（一）文化设施评价质量平均分

城市文化设施评价质量平均分反映了城市居民对该文化设施质量的整体评价水平，通过统计汇总街道范围内所有文化设施评价质量平均分值，可以得出该街道文化设施的总体质量评价状况。由图 6 - 72 可知，文化设施评价质量平均分值排名靠前的街道有：宋庄镇、望京街道、三里屯街道、双井街道、东华门街道、平房地区、酒仙桥街道、高碑店地区、海淀街道、中关村街道等。城市文化设施评价质量平均分得分较高的街道主要分布在中心城六区，得分排名靠后的街道主要分布在郊区，这些街道的文化设施较少且评价少。值得注意的是，宋庄镇虽然位于通州区，并不处于人流量密集的中心城区，但由于该地区范围内有宋庄艺术区、宋庄画家村等艺术集聚地，各种画室、美术馆、时尚空间等艺术相关文化设施在此处开展文化活动，因此，该街道的文化设施评价较多。

（二）文化设施服务质量总评分

城市文化设施服务质量总评分反映了该街道居民对文化设施提供的服务的总体评价，文化设施服务质量是决定居民回访该文化设施次数的主要影响因素。通过对各街道文化设施服务质量总评分进行汇总和可视化，可以分析北京市文化设施服务质量的总体空间差异。由图 6 - 73 可知，北京市中心城六区的文化设施服务质量总评分与其他行政区差异显著。文化设施服务质量总评分得分排名前 10 位的街道有：宋庄镇、望京街道、亦庄

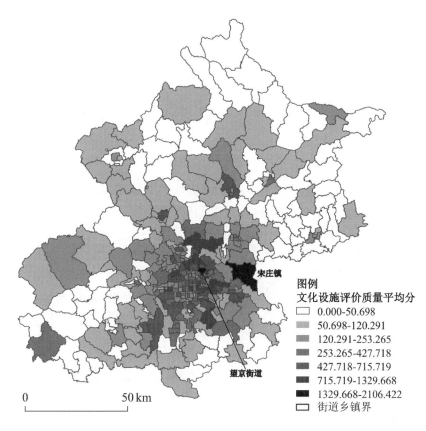

图 6 - 72　北京市各街道乡镇文化设施评价质量平均分分布

镇、双井街道、平房地区、后沙峪镇、中关村街道、来广营地区、常营地区和酒仙桥街道。北京市东城区和西城区虽然文化设施密集，但该区域范围内的街道文化设施服务质量总评分，相较于中心城六区其他行政区而言却不算高，造成这种情况的具体原因还需要进行进一步的细致研究和探讨。北京市教育文化资源非常发达，但从居民在休闲时间的首选休闲场所来看，无论是周末还是黄金周，这些场所的被选率十分有限，几乎少有人问津。虽然北京的国家图书馆、首都图书馆在硬件设施建设方面都很突出，也举办了文化讲座等活动，吸引了不少市民前往。但北京的图书馆建设，特别是相当冷清、不受市民青睐的社区图书馆建设，还有许多需要改进的地方。

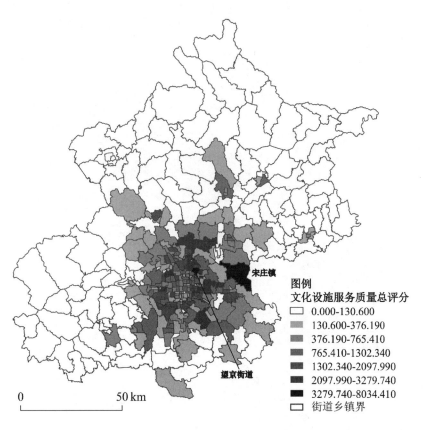

图 6 - 73 北京市各街道乡镇文化设施服务质量总评分分布

（三）文化设施总评分

文化设施总评分反映该地区文化设施的总体水平，通过分析该指标能够直观地了解北京地区各街道文化设施的总体空间差异情况。由图 6 - 74可知，文化设施总评分高（分值在 450 分以上）的街道主要是三里屯街道、望京街道、酒仙桥街道、中关村街道、海淀街道、宋庄镇、双井街道以及建外街道，这些街道大致位于北京三环和四环之间。北京市文化设施总评分大体呈现中心城区高，向四周逐渐递减的空间状况。通过对街道乡镇尺度的文化设施总评分进行分析，可以为未来针对性的街道文化设施建设提供参考。在北京城市文化发展过程中，各城区之间存在着文化设施分配不合理的问题。一方面，在文化建设的过程中，由于历史或者现实的原因，存在着某些城区的文化发展缺乏必要的文化设施、而另一些城区发展文化设施过剩的不平衡情况；另一方面，城区文化在建设当中往往只关注自身城区的发展，忽略了与其他城区之间的有机联系和合作，孤立的发展方式违背了文化生态的整体性特征，导致区域文化凝聚力的弱化。

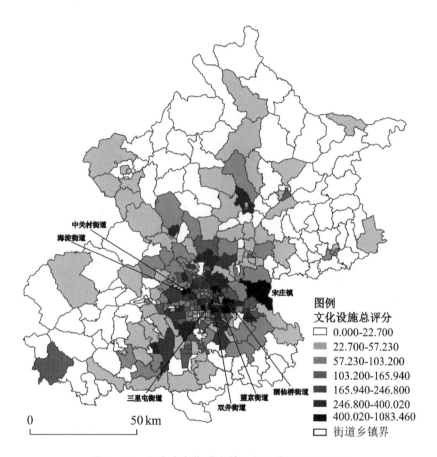

图6-74　北京市各街道乡镇文化设施总评分分布

（四）文化设施评论总数

文化设施评论总数是对北京市各街道范围内的各文化设施评论数进行汇总，这基本可以反映出城市居民对文化设施的利用率。由图6-75可知，北京市文化设施评论总数在街道乡镇尺度呈现中心集聚的格局。北京市域

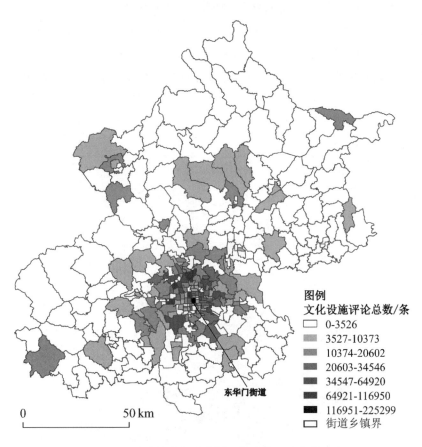

图例
文化设施评论总数/条
□ 0-3526
▨ 3527-10373
▨ 10374-20602
▨ 20603-34546
▨ 34547-64920
■ 64921-116950
■ 116951-225299
□ 街道乡镇界

东华门街道

0　　　　　50 km

图 6-75　北京市各街道乡镇文化设施评论总数分布

范围内的文化设施评论总数排名靠前的街道为：东华门街道、万寿路街道、海淀街道、奥运村街道、什刹海街道、三里屯街道、中关村街道、北下关街道、学院路街道和朝外街道等。这些街道均是文化设施分布密集且人流量大的地区，文化设施的类型也比较丰富。以东华门街道为例，该街道范围内的各种文化设施评论总数共计 225299 条，文化设施类型有美术馆、酒吧、文化馆、图书馆、电子游戏厅、演艺场馆、手工坊、博物馆、放映场馆等。由此可见，地区文化设施的丰富度和混合度在一定程度上会影响居民在此地参与文化活动与评论的数量。

（五）文化设施星级

文化设施星级是相关部门对于文化设施各方面进行综合考核评价的结果，其从侧面也可以反映该文化场所的整体水平，同时也是对文化设施硬性设备和软性服务水平提高的一种激励。研究分析各街道文化设施星级的空间差异，能够为未来街道文化设施建设和文化活力提升提供参考。由图6-76可知，北京市的文化设施星级呈现中心城六区高、向四周递减的空间分布状况。其中，文化设施星级排名前10位的街道有：宋庄镇、望京街道、三里屯街道、双井街道、平房地区、东华门街道、中关村街道、海淀街道、酒仙桥街道和高碑店地区。文化设施的建设和文化活动的开展还应该兼顾其他地区特别是偏远郊区，注重北京市偏远郊区街道的文化生态建

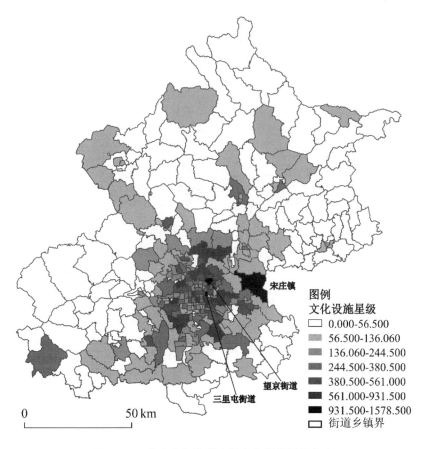

图6-76　北京市各街道乡镇文化设施星级分布

设，丰富那里的人民群众的日常文化生活。

（六）文化设施服务整体评分

从图 6 – 77 可知，城市的文化设施服务水平，体现的是城市居民对城市大众文化设施所提供的各类文化服务的主观评价，但同时也是该文化设施提升空间的客观体现。北京市街道乡镇尺度的文化设施服务整体评分，在整体上呈现集聚特征。东华门街道、宋庄镇、望京街道、三里屯街道、海淀街道和万寿路街道构成了文化设施服务评分高值核心地区。文化设施服务质量对于该地区文化活力有极大的影响，街道在提升文化设施物质基础的同时，应该着力于提升文化设施服务水平，只有这样才能增强文化设施对周边城市居民的吸引力。建议借助微信公众号、大众点评等网络平台，收集街道居民对文化设施服务的评论和评价，并针对居民提出的建议

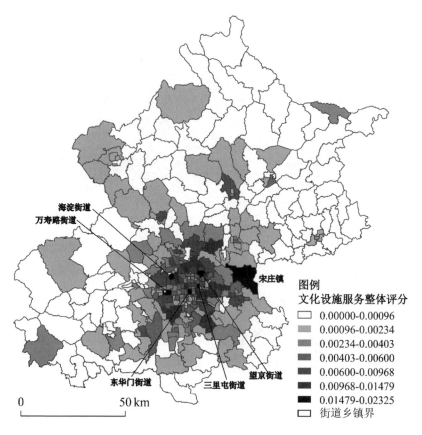

图 6 – 77　北京市各街道乡镇文化设施服务整体评分分布

改进文化设施服务方式和方法。

五　文化设施分布

（一）文化设施数量

　　城市的文化设施是这座城市文化的具象表现，是承载着城市居民文化娱乐活动的主要场所。同时，文化设施是城市文化服务体系的重要组成部分，也是文化服务最能为城市居民提供良好文化活动体验的硬性基础。通过对北京市各街道城市文化服务设施的空间分布格局进行分析，可以为十五分钟文化服务圈的建设提供规划参考。由图6－78可知，整体而言，北京市文化设施数量在各街道分布差异较大。北京市各街道中文化设施分布

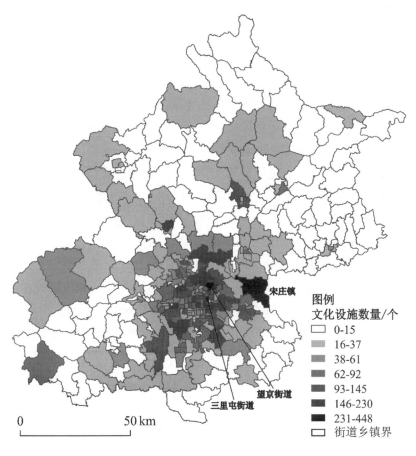

图6－78　北京市各街道乡镇文化设施数量分布

数量最多的是宋庄镇，该街道分布的文化设施类型主要为画室、书画培训班、美术馆、艺术工作室等文艺场所。排名在宋庄镇之后的有望京街道、三里屯街道、双井街道、东华门街道、平房地区、海淀街道和中关村街道，这些街道的文化设施类型与宋庄镇有所不同，主要包括影城和影院、俱乐部、音乐工作室、书店、网吧、KTV 等大众文化设施。国家大剧院、北京人民艺术剧院、北京音乐厅、国家图书馆、中国美术馆这类的公共文化设施分布在城市的中心区域是无可厚非的，但是这并不代表着政策或资金的投入应该向城市中心区域完全倾斜。北京文化生态的建设，应该是兼顾各个区域环节并惠及所有群众，在侧重于中心城区的同时，也应该兼顾周边郊区。

（二）文化设施多样性

城市的文化设施和城市建筑景观、街道景观等城市实体，共同营造城市的整体文化生活氛围，展现这座城市的文化形象。城市文化设施种类的多样性决定了城市居民文化休闲娱乐生活的丰富性，不同的城市文化设施为不同文化特质的城市居民提供不同的文化服务。城市街道中的文化设施混合度展现其丰富性、高效性以及文化空间的活跃性。通过对北京市各街道文化设施的种类进行混合度定量化计算，可以展现其街道乡镇尺度的文化设施多样性。将文化设施划分为大众场馆、大众教育、大众旅游、大众娱乐共 4 类，并进行相关多样性计算。由图 6 – 79 可知，北京市文化设施多样性得分大于 0.3 的有宋庄镇和东华门街道，文化设施多样性得分比较靠前的街道还有望京街道、酒仙桥街道、海淀街道、中关村街道、高碑店地区、三里屯街道、什刹海街道和双井街道等。北京市文化设施多样性得分等于 0 的共计 7 个街道，即顺义区的张镇、石景山区的广宁街道、房山区的新镇街道、怀柔区的宝山镇、延庆区的珍珠泉乡、平谷区的夏各庄镇和密云区的檀营满族蒙古族乡，这些街道的文化设施类型单一。

（三）文化设施分布整体评分

城市中的文化设施为城市居民提供了便捷的文化服务，满足居民参与多样化的文化娱乐活动的精神追求。城市文化设施的空间分布体现了该城市文化层面上的空间公平性，对其进行分析研究能够为构建十五分钟文化生活圈提供规划参考。由图 6 – 80 可知，北京市的文化设施分布整体评分

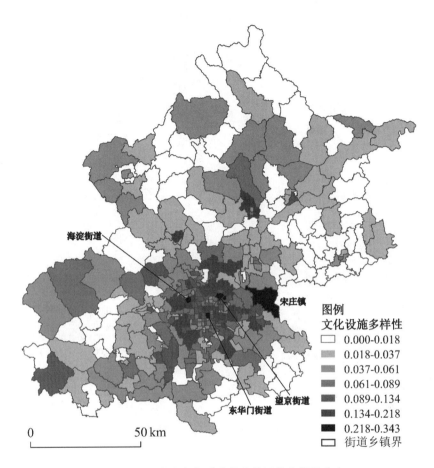

图 6 – 79   北京市各街道乡镇文化设施多样性分布

高值区较为集聚，这与其他文化活力要素指标在空间上的分布格局相似。评分排名前 10 位的街道分别是宋庄镇、望京街道、三里屯街道、东华门街道、酒仙桥街道、海淀街道、双井街道、中关村街道、平房地区和高碑店地区。从北京市文化设施空间分布及类型来看，各街道的标志性的大型历史文化设施是地区的重要特色，其空间分布较为集中在中心城区的东城区、西城区、海淀区和朝阳区，如国家图书馆、国家博物馆等。基层文化设施在北京文化中心建设的推进过程中已经逐渐得到加强和完善，相对来说较为均衡地分布在各行政区，但文化设施类型较为单一。

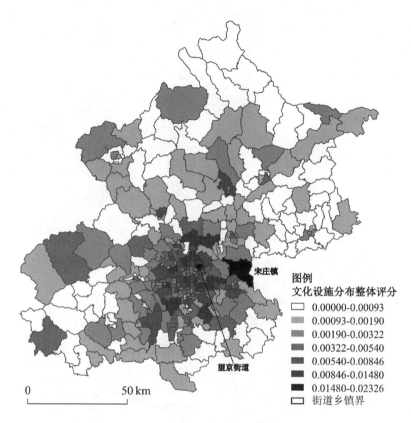

图 6 – 80　北京市各街道乡镇文化设施分布整体评分分布

六　文化功能布局

（一）文化功能设施数量

功能混合是各类混合的基础，由功能混合而产生的形态混合、社会人群混合等是支撑城市文化多元性和城市文化活力的核心力量。通过分析北京市文化功能设施数量（图 6 – 81）情况可知，市域范围内呈现中心城区密集、北密南疏的空间分布格局。文化功能设施数量较多的街道乡镇有古北口镇、石城镇、十渡镇、怀北镇、十三陵镇等，其中古北口镇内的客栈、饭庄类型的文化功能设施较多，十渡镇内的农家乐的数量居多。城六区范围内，紫竹院街道、海淀街道、建外街道、北下关街道、酒仙桥街道、学院路街道、奥运村街道、东华门街道、北太平庄街道、麦子店街

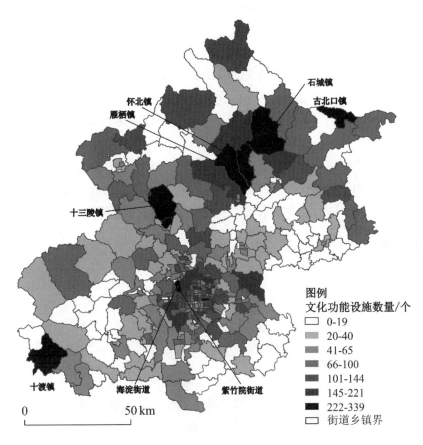

图6-81　北京市各街道乡镇文化功能设施数量分布

道、望京街道、中关村街道等共同构成了一个文化功能集中的街道片区，该片区内各种体育场、文化馆、游泳馆、报刊亭、剧场、培训班等休闲娱乐和科教场所较多。与此同时，在北京怀柔区、密云区和昌平区的怀北镇、十三陵镇、雁栖镇、城北街道、怀柔镇、溪翁庄镇、琉璃庙镇、渤海镇、龙泽园街道、穆家峪镇形成了文化功能较为密集的片区，该区域内因发展旅游业而建设的农家院、旅馆旅店、度假村类型的餐饮和居住的场所较多。街道文化功能数量反映的是街道能为此区域居住的居民提供的文化功能强度，以及能够对外来游客产生的文化吸引力。

（二）文化功能设施多样性

城市的文化功能设施的完善对城市居民文化活动的多样性有着极为重

要的支撑作用，直接影响该区域内城市文化活力的提升。一般情况下，文化功能多样性分值越高，城市越具有文化活力。文化功能设施类型分为新闻传媒、文化娱乐、文化艺术、图书展览、体育运动、群众文化活动共6类，这六种类型基本涵盖了地区需承担的城市居民文化活动功能类型。通过计算北京市各街道文化功能多样性，可以分析北京市文化功能分布的整体混合程度。由图6－82可知，北京市文化功能多样性整体呈现中心高、四周低，由中心向外围递减的圈层结构。文化功能多样性得分大于0.3的街道有酒仙桥街道、紫竹院街道、宋庄镇、东华门街道、海淀街道和建外街道。文化功能多样性得分大于0.2的街道有37个，这些街道的文化功能混合程度较高。同时，北京市域范围内文化功能多样性得分为0的街道乡

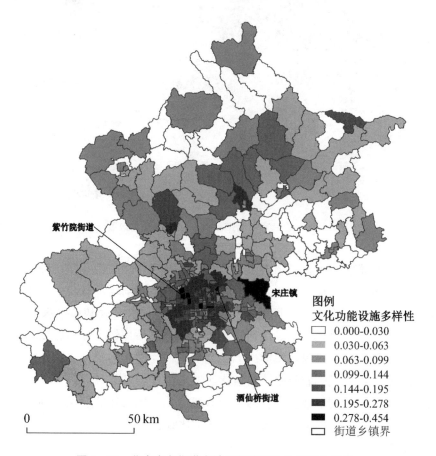

图6－82　北京市各街道乡镇文化功能设施多样性分布

镇共计2个，这些街道乡镇的文化功能单一，主要分布在密云区的檀营地区满族蒙古族乡和房山区的大安山乡。文化功能多样性得分越高，说明该地区能够提供给当地居民日常休闲娱乐的活动功能场所类型越丰富，居民的文化生活活力越高。

（三）文化功能设施评论数量

文化功能设施的评论数量在一定程度上能够基本反映该城市文化功能设施的居民活跃程度，以及这些功能设施的利用度。由图6-83可知，北京市各街道的文化功能设施评论数量分布区域主要在中心城六区的环路内侧，具体而言，海淀街道以15845条文化功能设施评论数排名第一，其次是北下关街道、建外街道、崇文门外街道、东直门街道、三里屯街道、呼家楼街道，评论条数在6000条以上。北京市街道的文化功能设施评论数量

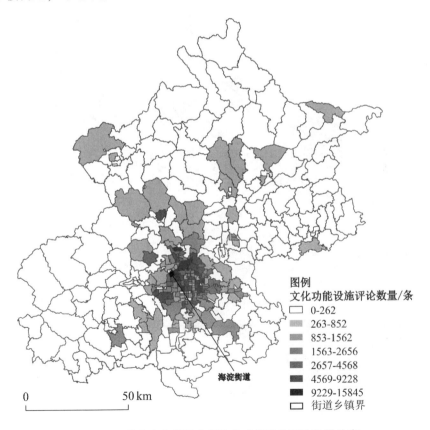

图6-83 北京市各街道乡镇文化功能设施评论数量分布

为 0 的街道乡镇有 20 个，它们是木林镇、马坡镇、北务镇、军庄镇、大台街道、新镇街道、霞云岭乡、南窖乡、佛子庄乡、大石窝镇、大安山乡、北房镇、宝山镇、夏各庄镇、檀营地区满族蒙古族乡、密云镇、高岭镇、冯家峪镇、东邵渠镇和礼贤镇，这些街道乡镇大多数处于北京市的远郊，距离城市中心较远且文化功能设施稀少。文化功能设施评论数量虽然与该地区文化功能设施数量成正比，但网络信息化发展让网络评论导向成为未来文化旅游的大趋势，建立公共文化设施评论、评价体系，对于城市文化设施活力提升有助推作用。

（四）文化功能布局整体评分

城市文化功能包括对城市居民群体日程活动的整合协调，为居民行为活动提供引领方向和方式，维持社会城市的基本生活秩序等。城市内的不

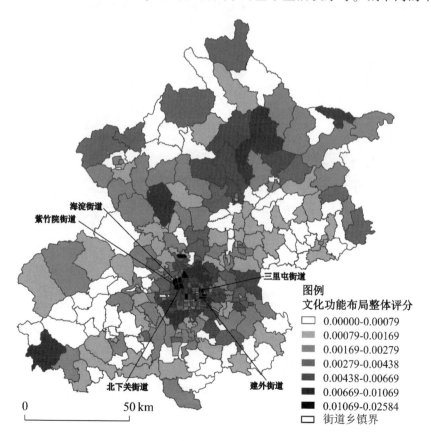

图 6 - 84　北京市各街道乡镇文化功能布局整体评分分布

同文化设施承载着城市的不同文化功能，如科教文化设施为城市居民提供科学文化知识、普及教育的功能，基层文化娱乐场所为城市居民提供日常休闲娱乐、放松心情的功能。通过分析北京市街道乡镇尺度的文化功能设施的数量、多样性以及评论数量，可知北京市文化功能布局呈现中心集聚特征。由图6-84所示，北京市文化功能布局总评分呈现中心城区高值密集、北高南低的空间格局。在中心城区，海淀区的海淀街道，其与北下关街道、建外街道、东直门街道、紫竹院街道、三里屯街道、呼家楼街道和中关村街道共同形成了一个文化功能密集区。此外，昌平区的龙泽园街道和城北街道、丰台区的卢沟桥乡、密云区的古北口镇和石城镇、房山区的十渡镇的文化功能布局总评分也比较高。

七　文化感知分布

（一）　文化感知密度

通过前文的描述可知，以故宫、天安门广场、前门大街、奥林匹克公园、798艺术中心、颐和园、圆明园为代表的北京市著名文化景区及其周边往往是文化感知密度高值的集中区域。在街道尺度的专题地图（图6-85）中可以看到，城六区中的东城区、西城区、海淀区和朝阳区是文化感知密度较为突出的区域。其中，因为强大的景区资源，故宫所在的东华门街道以及作为京味文化主要感知地的大栅栏街道成了文化感知微博最集中的两个街道。另外，诸如交道口街道、三里屯街道、酒仙桥街道、景山街道、什刹海街道、安定门街道和北新桥街道也都成为首都文化感知的热门街道，游客的充分参与提升了文化景区、文化意象所在街道的整体文化活力。

（二）　文化感知多样性

文化感知多样性的分布格局（图6-86）与文化感知密度相比有着极大的不同，密度方面的许多高值区域在多样性指标上呈现出相对低值的状态，反之亦然。多样性的高值区域主要是分布在城六区中的朝阳、海淀以及附近的顺义、通州、平谷等地，这些地区在文化感知的数量和密度上与作为中心城区的东城区、西城区相比处于劣势地位，但其对四个类型的首都文化的理解和认知上却较为均质化。这从四类文化的协调建设与发展的角度来看是一个好的现象，但对于区域文化感知的水平评价而言，细粒度

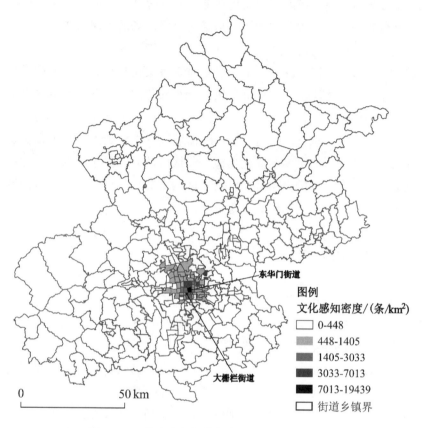

图 6 - 85　北京市各街道乡镇文化感知密度分布

范围的大量感知是更加重要的，这集中展现了游客对首都文化参与程度的
高低。因此，对于这些乡镇、街道而言，找到自身的优势文化类型，以此
为重点，集中打造自身文化特色，是一条值得尝试的发展途径。

（三）文化感知分布整体评分

在综合考察了文化感知的密度和多样性指标后，图 6 - 87 给出了文化
感知分布这个一级指标在北京市街道尺度的整体评分结果。从空间布局上
看，文化感知分布的整体评分与文化感知密度的布局基本一致，这也再次
证实了文化感知的数量以及密集程度是评价文化感知分布的更重要因素。
文化感知分布整体评分排名靠前的街道有东华门街道、大栅栏街道、交道
口街道、三里屯街道、酒仙桥街道、景山街道、什刹海街道和安定门街道

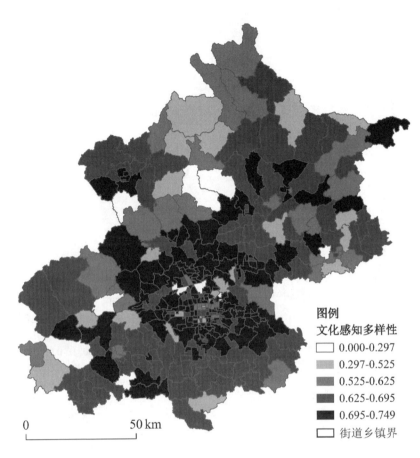

图 6 – 86　北京市各街道乡镇文化感知多样性分布

等。文化感知分布整体评分较低的街道主要分布于顺义区、房山区、平谷区、延庆区和怀柔区。对于各个乡镇、街道而言，首都文化建设的目标都是在公众充分参与的前提下做到多类文化的平衡发展。诸如故宫博物院所在的东华门街道、798 艺术中心所在的酒仙桥街道，其在文化感知的密度即体验文化的人数方面已经具有很大的优势，在今后的发展过程中需要更加侧重于其他类型的首都文化的建设，在"足量"的前提下实现更好的文化平衡。而对于整体评分较低的区域而言，不应满足于当前文化参与的"低水平平衡"状态，可以通过抓核心文化、重点文化的方式，集中发展自身较为优势的文化类型，以此来带动区域整体的文化感知水平和文化活

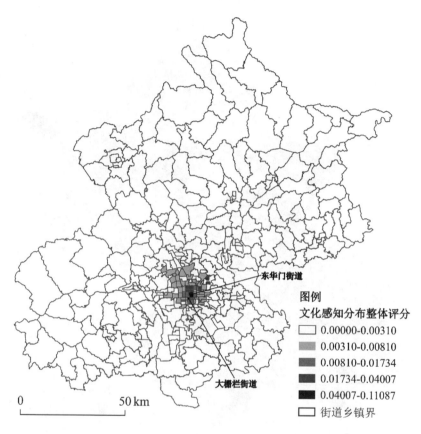

图6-87　北京市各街道乡镇文化感知分布整体评分分布

力水平，进而再寻求四类首都文化"高水平平衡"的建设思路。

八　文化感知情绪

（一）文化感知情感平均分

观察图6-88可知，在街道乡镇尺度下，各个区域的文化感知情感平均分都在0.5以上，这展现出文化能够带给人们愉悦感受的积极作用。文化感知情感平均分的高值区域主要位于北京市域边缘和远郊区，呈现北部高、西南部低的格局，高值区主要分布在延庆区、房山区、平谷区、怀柔区、密云区、通州区和门头沟区。这些区域由于文化资源相对匮乏，相对城六区而言难以获得足量的文化关注度，但区域内少量的文化感知微博却

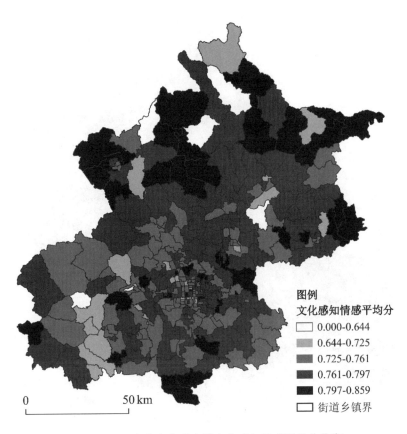

图 6 - 88 北京市各街道乡镇文化感知情感平均分分布

普遍呈现出较高的情感得分。在上述地区中，比较具有代表性的区域包括了通州区的宋庄镇和延庆区的八达岭镇，前者拥有宋庄美术馆、北京当代艺术馆等知名文化艺术园区，后者则坐拥享誉全球的八达岭长城，两者皆做到了游客文化感知层面的质与量的结合。较为突出的城六区内部高值区域主要在酒仙桥街道、奥运村街道、万寿路街道、清华园街道、双井街道、望京街道和景山街道等，其凭借自身的文化资源、企业、设施、活动等方面的优势，不仅成为文化爱好者们汇聚的主要阵地，也收获了众多好评，充分发挥了文化殿堂的积极作用。

（二）文化感知净情感率

从文化感知净情感率的分布来看（图 6 - 89），在城六区，朝阳区的奥

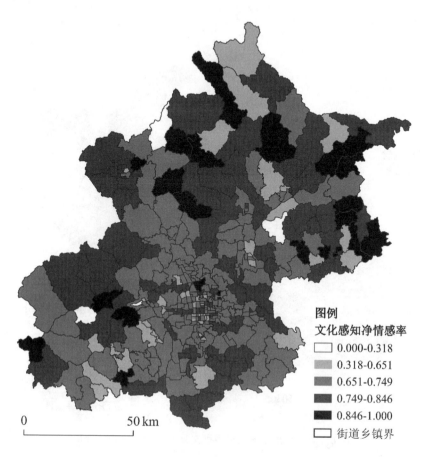

图6-89 北京市各街道乡镇文化感知净情感率分布

运村街道和酒仙桥街道仍然处于高值区域，在感知数量较多的同时，仍然保持了高水平的情感水平，这也再次证明了其在首都文化感知领域的突出地位与作用。城六区以外的净情感率高值分布与情感平均得分的分布特征也存在明显的相似性。文化感知情感平均分的高值区域主要位于北京市域边缘和远郊区，呈现北部高、东南部低的格局，高值区主要分布在平谷区、延庆区、房山区、门头沟区、密云区。

（三）文化感知情绪整体评分

结合文化感知情感平均分和净情感率两个指标，对文化感知情绪进行整体评分。从空间分布的大致规律上讲（图6-90），与两个二级指标所呈

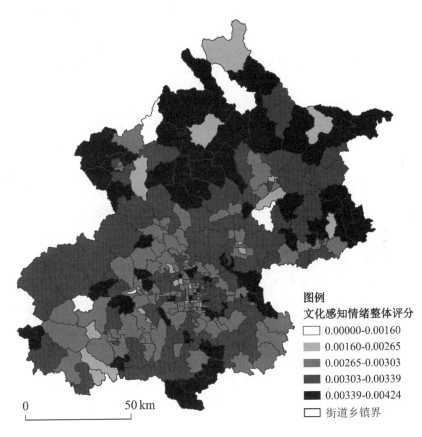

图例

文化感知情绪整体评分

☐ 0.00000-0.00160
▨ 0.00160-0.00265
▨ 0.00265-0.00303
▨ 0.00303-0.00339
■ 0.00339-0.00424
☐ 街道乡镇界

图6-90　北京市各街道乡镇文化感知情绪整体评分分布

现出的现象基本一致，文化感知情绪整体评分分布呈现出北部高、南北低、中部零散分布、北部集中连片分布的空间格局。高值区域主要分布于延庆区、房山区、密云区、平谷区、顺义区、门头沟区、怀柔区和通州区。代表性的高值街道乡镇还有奥运村街道、酒仙桥街道、宋庄镇、万寿路街道、双井街道、景山街道、清华园街道以及望京街道。这再次证明高质量的文化设施与丰富多彩的文化活动是提高公众的文化参与度、提升区域自身文化活力的主要手段。与此同时，吸引更多游客进行文化体验的工作不能仅仅重视提高其参与的数量，让其收获良好的文化体验，产生积极的情感反馈，是保证文化质量的必然要求，也是让文化企业、设施与活动收获良好口碑，从而带动文化活力提升的重要途径。由此可见，各个区域文化感知的情绪水平也是文化活力构成的重要一环，值得高度重视。

第四节　城市文化活力要素的空间关联关系

在地理学领域，空间自相关分析是测度空间上某区域属性值是否与其邻域属性存在相关性的重要方法。为计算城市文化活力综合指数，选取了文化资源分布、文化产业分布、文化活动服务、文化设施服务、文化设施分布、文化功能布局、文化感知分布和文化感知情绪共八个方面的文化活力要素的一级指标，并计算出了各自的整体评分。为了更好地了解一级指标的评分值在空间上的集聚与分异，选用 Geoda1.14.0. 软件进行了双变量空间自相关分析。

双变量局域空间自相关（Local Indicators of Spatial Association，LISA）用来测度城市文化活力两两要素之间的空间关联特征。式 6-1 中，x_i 和 y_i 为地理单元 i 和 j 不同地理属性观测值；n 为样本数；s^2 为样本方差；W_{ij} 表示空间权重矩阵，采用行标准化形式；I 为双变量全局空间自相关指数，I 的取值为 $[-1, 1]$，其中 I 为正且越接近 1，表示两个要素的正相关性越大，I 为负且越接近 -1，表示两个要素的负相关性越大。

$$I = Z_i \sum_{i=1}^{n} \sum_{j=1}^{n} W_{ij}(x_i - \bar{x})(y_i - \bar{y}) / S^2 \sum_{i=1}^{n} \sum_{j=1}^{n} W_{ij} \qquad (式6-1)$$

进一步，采用局部空间自相关（LISA）准确地识别不同空间要素的集聚与分异特征。式 6-2 中 Z_i 和 Z_j 分别为地理单元 i 和 j 观测值的方差标准化值；I_i 为双变量局部空间自相关指数。

$$I_i = Z_i \sum_{j=1}^{n} W_{ij} Z_j \qquad (式6-2)$$

根据结果可将两个要素的空间关联分为四种类型，分别为：高——高集聚区、低——低集聚区、低——高集聚区和高——低集聚区。

一　双变量全局空间自相关分析

在双变量空间自相关分析中，X 变量作为解释变量，Y 变量是被解释变量。如图 6-91 所示，坐标轴的横轴为 X 变量，纵轴为 Y 变量。以"黑色对角线"为轴对比两侧呈现的结果，可以看到文化活力要素指标间的双向空间影响的程度稍微有所差异。例如文化资源分布对于文化活动服务的空间影响系数为 0.372（全局莫兰指数），文化活动服务对于文化资源分布的空间影响系数为 0.375。除了文化感知情绪以外，其他一级指标都相互存在正的空间相关性影响，其中大部分的空间自相关结果在 0.001 水平下显著，具有很高的可信度。

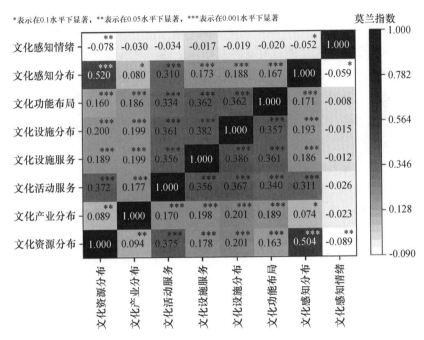

图 6 – 91　北京市城市文化活力要素双变量全局空间自相关热图

　　从图 6 – 91 中可以看到，客观上的文化资源、文化设施、文化功能的分布格局，对于以文化感知分布与文化活动服务为代表的主观体验型文化指标的空间布局有着显著的正向影响，而这些与主体感受相关的指标除了在空间上表现出对资源与设施的"追随性"以外，也对它们的空间布局存在着反向的影响作用。前文当中提到，文化资源是由历史文化街区、博物馆、纪念馆等多类文化建筑构成的，而文化设施更是包括了各种娱乐、教育和场馆类的建筑。它们本身作为北京市的重要旅游景点和文化感知及体验的地点而存在，也是各类型文化活动频繁举办的场所。对于游客和文化

爱好者而言，无论是参与特定的文化活动还是进行以感知首都文化为目的
的日常游玩，文化资源和文化设施所在的地方都是其明确的目的地。但从
另一个角度来说，一个区域文化活动服务和文化感知方面的整体水平对其
文化资源分布、文化功能布局、文化设施的分布和服务质量也有着正相关
的空间关联影响。文化活动是以人为主体的，其活动内容蕴藏着丰富的文
化属性，活动水平的高低不仅体现出人口的密集程度，更能反映出他们真
正参与到文化事业当中的程度，这一点同样是文化感知所着重体现的。只
有积极地开展文化活动并成功地吸引大众参与，作为文化感知地点的各类
文化资源、文化设施才能拥有活力并得以生存、延续和发展下去，文化的
功能也是在一次次的文化活动以及人们的积极参与中得以彰显的。由此可
见，包括文化活动服务、文化感知分布在内的主观体验相关的评价指标，
与区域的其他各类文化指标一样，同样具有举足轻重的影响地位。

二　双变量局域空间自相关分析

纵观图 6 - 92 至图 6 - 96，可以发现"高—高"聚类基本集中在以东
城区和西城区为代表的城六区中心区域，说明无论是作为客观实体的文化
资源、文化设施、文化企业，还是文化爱好者们所积极参与的文化活动
（包括在此过程中发表的文化感知的微博），都在这片区域呈现出很强的集
中态势。相对的，"低—低"聚类主要集中在包括门头沟、密云、房山、
延庆等区在内的北京市边缘地带，它们无论是在客观的文化资源还是主体
的文化感知层面，都与中心城区相去甚远，这也与前文中对各类文化活力
要素指标的整体评分所进行的空间分布特征分析基本吻合。

在先前的描述中提到，文化资源更多是以文化遗产资源为主，因此，
其内容也更多是与首都文化中的京味文化和古都文化为主，更加强调"历
史"的色彩。从图 6 - 92（文化资源分布—文化活动服务）中得知，文化
资源集中分布在以东华门街道、什刹海街道、东四街道、前门街道为代表
的东城区、西城区范围，作为一种文化实体的感知地点，自然就成为文化
活动频繁举办的场所，故这些街道以"高—高"聚类的形式呈现在了空间
上。"高—高"聚类的外围则是"低—高"聚类集中的场所，代表性的街
道有学院路街道、亚运村街道、东直门街道等。有别于前者的是，这片区
域的历史文化街区或景点较为稀少，而高等院校、体育中心以及日常的京

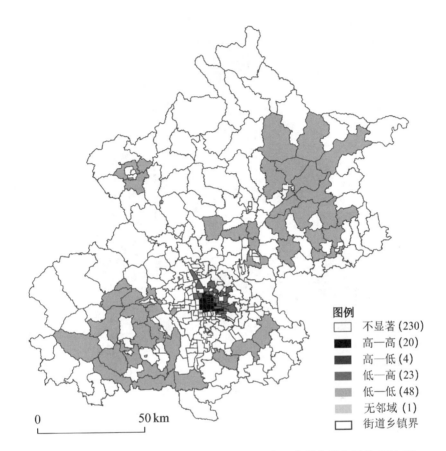

图 6 - 92　北京市文化资源分布与文化活动服务双变量空间自相关 LISA 图

注：因星城街道包含在房山区的阎村镇里，故星城街道属于无邻域类型。以下图 6 - 93 至 6 - 96 均同。

味小吃店铺却比较丰富。因此，在历史文化资源相对少的情况下，也依然成为文化活动聚集的场所。除此之外，门头沟的大峪街道、石景山区的金顶山街道、房山区的拱辰街道、延庆区的儒林街道等地，尽管已经拥有了一定程度的文化资源集聚，但相配套的文化活动却不够丰富，没能够形成有效的集聚，在后续的文化建设事业中需要积极开展各类活动，充分利用其在文化资源上的相对优势，将更加深刻的文化体验带给生活在自身区域当中的人们。

文化设施分布与文化设施服务是对于同一类文化实体的两方面评价。

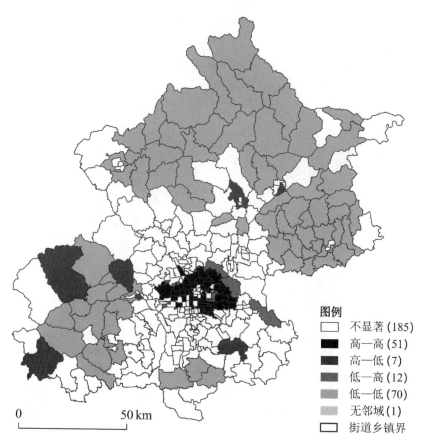

图例

☐	不显著 (185)
■	高—高 (51)
■	高—低 (7)
■	低—高 (12)
■	低—低 (70)
☐	无邻域 (1)
☐	街道乡镇界

0 ——— 50 km

图 6 - 93　北京市文化设施分布与文化设施服务双变量空间自相关 LISA 图

对图 6 - 93（文化设施分布—文化设施服务）进行观察可发现，一方面，"高—高"聚类并没有过度集中于东城区与西城区，而是在海淀区与朝阳区也有着很高程度的分布，包括了奥运村街道、亚运村街道、学院路街道、中关村街道、望京街道等，它们正是城六区当中文化设施较为密集且服务质量也处于相对高水平的区域，具有很高的文化参与度。另一方面，以八宝山街道、团结湖街道、六里桥街道、金盏乡等地为代表的区域处于"低—高"聚类，说明其尽管在旅游、教育等文化设施的数量和密度上处于相对劣势的地位，但现有设施的服务质量却能处于一个"有口皆碑"的状态。相对的，通州区的马驹桥镇、门头沟区的妙峰山镇和斋堂镇、房山区的十渡镇为代表的区域属于"高—低"聚类，说明其在拥有了较为丰富的文化设施的前提下对设施的服务质量产生了一定的懈怠，因此在日后的工作中需要着重提升服务的质量。

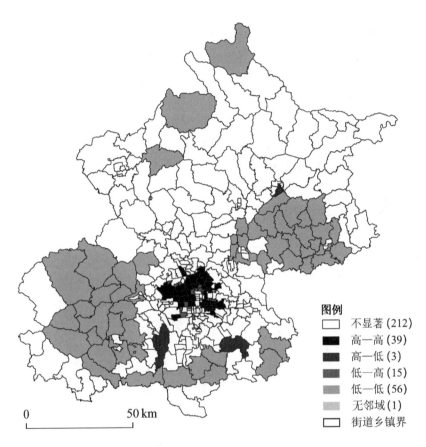

图6-94　北京市文化设施服务与文化功能布局双变量空间自相关 LISA 图

　　尽管存在划分类别等方面的差异，但文化功能布局与文化设施分布都是指代文化参与点在空间上的分布状况，因此具备一定的相近之处。在图6-94（文化设施服务—文化功能布局）中，可以观察到文化服务的质量为提供这种服务的设施所带来的影响。首先，"高—高"聚类的布局与图6-93（文化设施分布—文化设施服务）所呈现出的状况非常相似，这也再次证明了设施的服务质量与其分布状况的紧密联系，只有包括太平桥街道、月坛街道、小关街道、燕园街道等在内的少数地区处于"低—高"聚类，换言之，能够在文化设施服务的"好评程度"不高的前提下还具备相对聚集的文化功能设施的区域是非常稀少的。对于文化功能设施而言，提高自身的"星级"或"评分"是维持生存、保障发展的必要途径。

在图6-95（文化活动服务—文化感知分布）中，"高—低"聚类是不存在的，这也与客观实际相符合。当一个地区经常组织并举办一些演唱会、博览会、运动会等文娱活动的时候，它便能凭借这种吸引力让更多的文化爱好者前去享受文化带来的乐趣，即高水平的文化活动势必能带来高水平的文化感知。通过"高—低"聚类可以看到，东城区、西城区作为文化活动密集且频繁的区域，让无数的游客感受到了文化参与所带来的上佳体验，使得他们愿意通过发表微博来记录下这段美妙的经历。相对的，陶然亭街道、天坛街道、团结湖街道等区域处于"低—高"聚类，说明这里

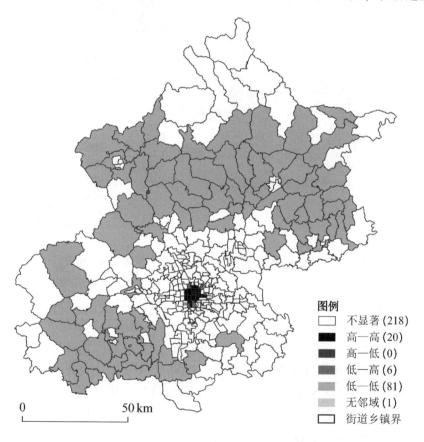

图6-95　北京市文化活动服务与文化感知分布双变量空间自相关 LISA 图

在文化活动的质量、数量等方面都相对有所欠缺，但其仍能够凭借文化资源、设施、企业等方面的优势成功吸引了大批的游客，让自身范围内的文化感知得以保持在一个较高的水平。

在前面的叙述中讨论了文化资源与文化活动之间的关联，而通过图6-96（文化资源分布—文化感知分布）则可以观察到文化资源与文化感知之间的联系。"高—高"聚类的分布与图6-95（文化活动服务—文化感知分布）基本一致，再次印证了丰富多彩的文化资源是吸引游客前来感知文化、体验活动的先决条件。在"高—高"聚类的东侧可以看到，尽管在历史文化资源数量上存在一定程度的劣势，但呼家楼街道、团结湖街道、东直门街道、左家庄街道、崇文门外街道还是凭借文化设施、文化企业等其他方面的优势吸引到了较多的游客到此游玩，从而克服了"先天劣

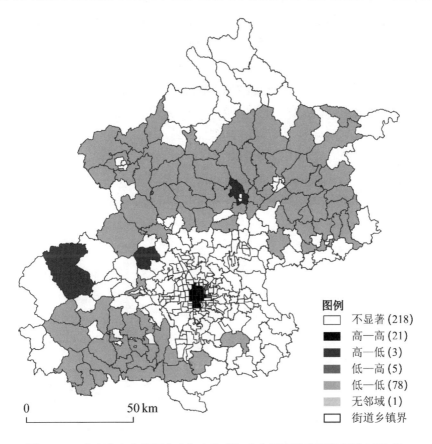

图例
- 不显著 (218)
- 高—高 (21)
- 高—低 (3)
- 低—高 (5)
- 低—低 (78)
- 无邻域 (1)
- 街道乡镇界

0　　　　50 km

图6-96　北京市文化资源分布与文化感知分布双变量空间自相关 LISA 图

势"带来的负面影响,让其自身的文化感知维持在较为稳健的水平。另外,有三个街道处于"高—低"聚类,分别是门头沟区的斋堂镇、海淀区的苏家坨镇、怀柔区的怀柔镇,这说明它们各自都有一定的文化资源集聚,但因为宣传力度不够、地处偏远等多个方面的原因吸引不到足量的游客。对于这些地区而言,地理位置所带来的劣势是无法避免的,但其仍可以通过开设文化功能设施、进行文化创业、组织公众文娱活动等方式提高自身的整体文化水平,同时也要加强对自身优势文化资源的宣传与推广工作。

在上述空间分布图中可以总结出:无论是哪一对变量的空间自相关结果,其"低—低"聚类的集聚区域都分布在北京市的北部地区与南部地区,即与城六区相距较远的地带。处于"低—低"聚类当中的延庆、房山、平谷、顺义等区域,在历史文化资源方面所具有的"先天"劣势确实阻碍着其总体文化水平的发展,文化活动也难以形成集聚,自然也就不会有足够数量的文化爱好者愿意来此游览。无论从何种角度去看,它们的文化活力水平都处于待挖掘、待开发的状态之中,急需寻找其他途径以提升自身的文化活力。

第七章　北京城市文化活力
整体水平空间评价

在整体水平空间评价上，将前面计算出的城市文化活力综合指数视为整体水平值，分析其在格网尺度（市域和城六区）和街道乡镇尺度上的空间格局特征。然后，整体概括城市文化活力的空间分布结构，探析城市文化活力与离城市中心的距离、不同城市功能用地类型、不同城市分区、离地铁线路和站点的距离的空间关系和空间异质性规律。随后，总结城市文化活力的空间协调性。最后，采用普通最小二乘法（Ordinary Least Squares，OLS）回归分析和地理加权回归（Geographically Weighted Regression，GWR）分析，探究城市文化活力整体水平空间格局的影响因素，并分析主要的影响因素对城市文化活力的空间异质性影响规律。

第一节　综合评价

一　格网尺度：北京市域

在综合考虑了文化资源分布、文化产业分布、文化活动服务、文化设施服务、文化设施分布、文化功能布局、文化感知分布以及文化感知情绪共 8 个评价指标之后，本书构建了城市文化活力综合指数，对北京城市文化活力整体水平做出综合评价，空间分布如图 7-1 所示。北京城市文化活力综合指数高值集聚区主要分布在五环路以内，这与北京市目前的经济社会发展水平最高的区域相吻合，表明文化活力与经济社会发展进程存在强烈的正相关关系特征。同时，这些区域也是文化企业、设施与活动等重要文化资源聚集的地带，故宫博物院、天安门广场、什刹海、景山公园、孔

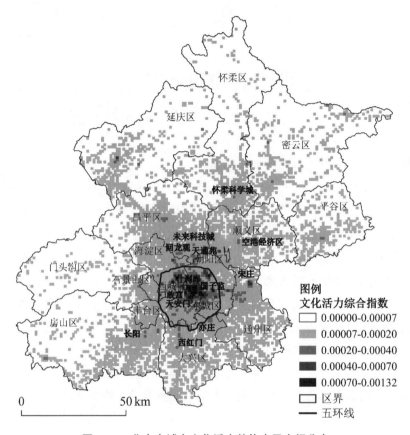

图7-1　北京市城市文化活力整体水平空间分布

庙与国子监博物馆等著名文化景区也都坐落于此，无论是外地游客还是本市偏远地区的居民，都主要通过这些地方感受首都文化的特色魅力。此外，可以发现在五环以外有大片的文化活力综合指数中等分值分布区（中度灰色区域），从五环以外向东延伸至通州，向北延伸至天通苑—回龙观地区，它们是城市文化活力最先提升的五环外区域，这两个区域分别是北京城市主副中心连廊区域和大型居住片区，说明文化活力中等水平区域最先向城市副中心所在的通州区和人口居住最密集的天通苑—回龙观地区扩张。由此可见，北京市总体规划发展战略的高度重视以及活跃人数方面的优势是提升本地区文化活力的重要影响因素。

同时，文化活力中等水平区域在远郊区特别是山区也有一定规模的分布，说明郊区的乡村地区的文化建设取得初步效果，但是目前仅有文化功能设施在其文化活力中占有重要地位，主要采用文化＋旅游的方式吸引文化爱好者，而其他指标的发展都非常薄弱。尤其是在郊区中，基本上集聚于宋庄、亦庄等热点地区，这两个地区的文化活力较为突出，前者凭借宋庄美术馆、北京当代艺术馆等优势文化景区以及一系列相关的设施、活动，营造出十足的艺术氛围，在艺术文化爱好者中享有极高赞誉；后者则是北京市唯一的国家级经济技术开发区，是首都高新产业和创新文化的重点建设地区。但目前从宏观角度看，郊区的文化活力发展仍处于一个较低的水平，对于这些地区，应当以提升其文化活力至中等水平为当前阶段的首要目标。整体来说，郊区的文化活力中等水平区域还需要进一步向大型产业园区（如怀柔科学城、未来科技城）、居住区扩张，以此推动北京中高层次水平的城市文化活力区域从五环以外向郊区中活力较低的区域扩张，激发郊区的文化活力及相关要素水平大幅提升。尤其是在北京的常住居民不断向五环以外甚至是远郊区外迁就业、居住的背景下，文化活力建设需要进一步提升，可围绕前述各一级指标的分布针对性地进行提升补偿。比如郊区的文化活动严重匮乏，而文化活动又是居民日常生活中必不可少的文化休闲方式，因而文化活动应该向社区、商业设施有序、多样化布局。此外，郊区还应抓紧结合新兴文化、潮流文化等，借助发达的网络自媒体平台，打造文化与其他功能设施的结合体，如文化＋大型商业设施、文化＋旅游等，亦可通过新媒体平台打造在线文化活动，比如历史民俗文化活动、文化故事讲解等。

二 格网尺度：北京城六区

在综合考虑了文化资源分布、文化产业分布、文化活动服务、文化设施服务、文化设施分布、文化功能布局、文化感知分布以及文化感知情绪共8个评价指标之后，对北京城六区的城市文化活力综合指数做出整体评价，空间分布如图7-2所示。城六区文化活力综合指数高值集聚区主要集中在五环路以内，表明文化活力与经济社会发展进程有强烈的正相关特征。具体来看，中轴线及其周边地区的文化活力处于城六区的最高水平，故宫博物院、天安门广场、前门—大栅栏、什刹海、景山公园、北海公园等景区享誉全国，是首都文化意象汇聚的中心区域，同时也是游客进行首

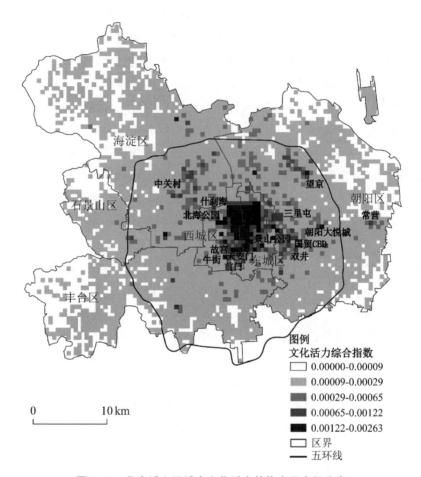

图7-2　北京城六区城市文化活力整体水平空间分布

都文化感知的主要聚集地，其所在的地区共同构成了高水平文化活力的连续集中分布区域。除此以外，望京、牛街等地也是文化活力的高值区域，三里屯、中关村、国贸CBD、常营等地的文化活力也达到了中高水平，这些地区拥有较好的产业基础、较大的住宅区，或者是邻近大型商圈（如朝阳大悦城、三里屯商圈），为文化设施、文化功能、文化活动的建设和开展提供了稳定的条件。文化活力的中等水平区域往往包含了一个或多个首都文化景区，类型包括主题公园、名人故居、明清时期的遗址公园，凭借较为丰富的文化资源，来往的游客也是络绎不绝。

城六区中的文化活力综合指数低值区域则主要集聚于海淀西北部、石景山西部、丰台西部以及朝阳东部，前三者属于山区和平原的乡村地区，而后者作为大型居住区，却成为文化活力的荒漠区，说明该区域的文化建设远远跟不上住宅大规模开发的进程。文化设施、文化活动等是居民日常文化休闲生活中必不可少的内容，除了必要的商业、娱乐等基础配套设施，文化作为能够提升居民精神生活质量的重要手段理应占据重要地位，并且可以结合商业、娱乐、餐饮等功能共同发展，甚至可以更好地激发文化创新活力。

根据前述分析，各地应该根据不同指标所占权重，有针对性地调整文化设施或产业，为文化活力的提升高效谋划，如朝阳区应做好文化企业多样性规划工作。此外，应抓住城六区历史文化资源丰厚的优势，开发更多品种的文创产品，开展历史文化讲解、展演等丰富的活动，利用发达、便捷的互联网平台同步展现，用当代的技术手段讲好经典的故事，从而实现文化活力从实体走向在线平台的跨越式转移发展。

通过局部空间关联指标（LISA）分析可以更好识别各空间单元的局部集聚（或分散）特征。下面通过聚类和异常值分析的 LISA 聚类地图，分析了北京城市文化活力的局部空间自相关特征。从图 7-3 可以看出，在城六区尺度，文化活力指数高值集聚区在五环路以内的区域大幅衰减，表明在城六区中，部分区域的城市文化活力相对来说并不突出。在城六区尺度，可以更直接地观察到五环路内部地区，尤其是东城区与西城区在文化活力方面的巨大优势。相比较而言，海淀区、朝阳区、石景山区、丰台区的大部分区域的城市文化活力并不突出。高值集聚区压缩至以老城为主，辅以中关村、望京、国贸 CBD、双井等零散子区域；低值集聚区分布于城六区边界，形成外围环状低值连续片区，一定程度上反映了北京经济发展水平格局的现状，即尽管五环路以外的城六区地区在不断发展，但是五环路以内仍然是经济、文化的重心，极少有低—低类型的区域出现。高—低和低—高类型仅在高值集聚区和低值集聚区零散分布，没有形成片区。因此，在未来文化活力的相关布局规划中，还是应将重心主要放在高—高和低—低两类区域。

对于高—高类型的高值集聚区而言，其拥有的丰富多样且数量众多的文化资源确保了它们在首都文化范畴中的绝对优势地位，成为深受各路游客以及文化艺术爱好者们青睐的文化殿堂。但是，这并不意味着这些区域

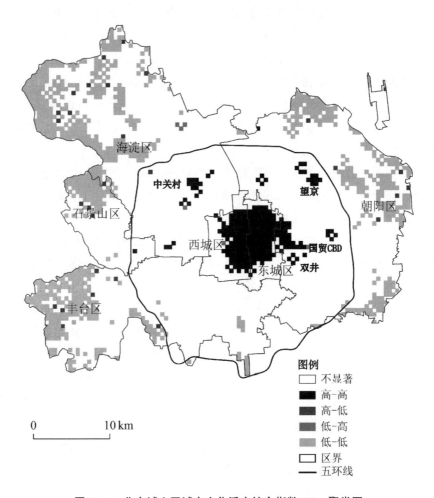

图 7 - 3 北京城六区城市文化活力综合指数 LISA 聚类图

可以在推进首都文化建设、提高本区域文化活力的事业上停滞不前，而是应该投入更多的资源与精力，查漏补缺，完善设施、活动方面的不足之处，将优势地区的文化活力水平进一步巩固提升，使其进一步发挥首都文化发展的"龙头"作用。另外，通过对比城六区和北京市域尺度，还可以发现有些城六区区域在市域尺度上的值比较高，但是在城六区尺度上却不够突出，说明这些地区相较于东城区、西城区中心地带的文化活力水平仍然稍显劣势，还有许多可提升的空间。

对于低—低类型的低值集聚区而言，在文化活力的水平上大幅度落后于中心地区，也不利于城六区整体的协调发展。除了政府宏观角度的资源调配外，这些区域也应该充分挖掘自身所具有的文化优势，可以先聚焦于单一类型的文化，集中力量将其打造为地区特色的招牌文化，进而实现"以点带面"，沉着稳步地提升自身的文化活力。

三　街道乡镇尺度

通过对北京市文化资源分布、文化产业分布、文化活动服务、文化设施服务、文化设施分布、文化功能布局、文化感知分布以及文化感知情绪共8个评价指标进行综合分析，可以看出在街道乡镇尺度下，北京城市文化活力呈现出中心集聚的特征（图7-4）。文化活力综合指数值排名前10位的街道由高至低分别为东华门街道、什刹海街道、建外街道、景山街道、交道口街道、大栅栏街道、朝外街道、西长安街街道、金融街街道和海淀街道。由此可见，北京市东城区和西城区的街道文化活力显著高于其他街道，而同属城六区的海淀区和朝阳区则身处文化活力水平的第二层级。此外，诸如通州区的宋庄镇、顺义区的后沙峪镇、丰台区的花乡、大兴区的亦庄镇、昌平区的城北街道和北七家镇等街道在内的靠近城六区的地区也凭借自身在文化企业、设施以及活动方面的优势，形成了较高水平的文化活力。

从未来的规划策略角度讲，北京市应该继续推进全国文化中心建设进程，进一步规划完善各街道乡镇的基层文化设施，优化公共文化设施布局，引导和引进多样化的文化场所，丰富地区文化功能，提升文化设施服务水平，以期更好地满足城市居民的文化需求。同时，北京市更应该聚焦于文化活力缺失的地区，如在乡村振兴的大趋势下，推动北京市郊区、山区文化建设，基于当地历史文化特色建设文化站，完善乡村基础文化设施，为居民提供更加丰富的文化活动内容和形式。

将北京市各街道乡镇的文化活力综合指数按自然断裂点法分为五级（图7-4），同时作为文化活力整体水平的分级，即低［0.00000，0.00179）、较低［0.00179，0.00437）、中等［0.00437，0.00834）、较高［0.00834，0.01648）[①]和高［0.01648，0.03166）五个等级。从分级统计结果可知（表

---

① 注："［"表示大于等于，"）"表示小于。

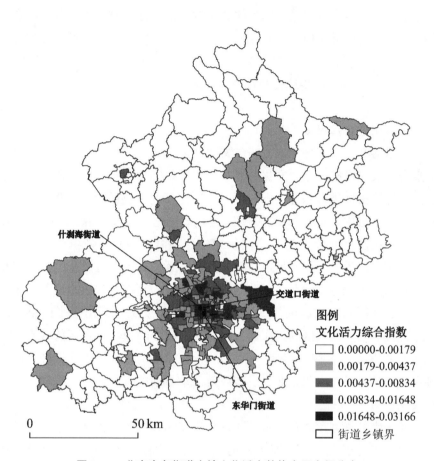

图 7 - 4　北京市各街道乡镇文化活力整体水平空间分布

7 - 1)，326 个街道中，处于文化活力高水平的街道有 5 个，较高水平的有 22 个，中等水平的有 45 个。而较低水平的有 74 个，占比为 22.70%；低水平的有 180 个，占比为 55.21%。78% 的街道的文化活力整体水平处于较低和低层次。

表 7 - 1　　　　　　　　北京各街道乡镇文化活力整体水平分级

文化活力整体水平等级	所含街道（乡镇）数	所占比例（%）	所含街道（乡镇）名称
高	5	1.53	东华门、什刹海、建外、景山、交道口

文化活力整体水平等级	所含街道（乡镇）数	所占比例（％）	所含街道（乡镇）名称
较高	22	6.75	大栅栏、朝外、西长安街、金融街、海淀、北新桥、安定门、三里屯、高碑店地区、上地、万寿路、新街口、酒仙桥、双井、望京、宋庄镇、中关村、呼家楼、奥运村、平房地区、小关、朝阳门
中等	45	13.80	天桥、麦子店、后沙峪镇、前门、东直门、建国门、八里庄、花乡地区、北下关、椿树、东四、东湖、常营地区、南磨房地区、和平里、东花市、紫竹院、亦庄镇、崇文门外、城北、来广营地区、北七家镇、北太平庄等
较低	74	22.70	花园路、广安门外、龙潭、太阳宫地区、天坛、六里屯、玉桥、将台地区、大红门、和平街、天通苑北、长阳镇、清河、西红门地区、马家堡、羊坊店、清华园、八里庄、十渡镇、安贞、月坛、丰台、青龙桥、万庄地区、永顺镇等
低	180	55.21	北庄镇、军庄镇、东邵渠镇、熊儿寨乡、佛子庄乡、南窖乡、沈家营镇、北务镇、四海镇、北臧村镇、马坊镇、峪口镇、向阳街道、大台街道、大孙各庄镇、张镇、天宫院街道、星城街道、广宁街道、北石槽镇、夏各庄镇、宝山镇、长哨营满族乡、大兴庄镇、马昌营镇、香营乡、木林镇、新镇街道、檀营（地区）满族蒙古族乡、礼贤镇、大安山乡、高岭镇等
总计	326	99.99	

注：第三列所占比例总计为99.99％，因对该列数值进行了四舍五入，保留两位小数，故此为统计正常现象。

　　下面通过 ArcGIS Pro 2.5.0 的单变量局域空间自相关分析方法，得出了北京市街道乡镇尺度的聚类和异常值分析的 LISA 聚类地图，分析了文化活力的局部空间自相关特征。图 7 - 5 能够更直观地反映北京市街道乡镇尺度的文化活力综合指数的空间差异。北京市文化活力高—高类型的街道主要分布在中心城六区，这些街道区域范围内有丰富的历史文化资源、多样化的城市文化活动、密集分布的城市文化设施和文化产业，也是文化感

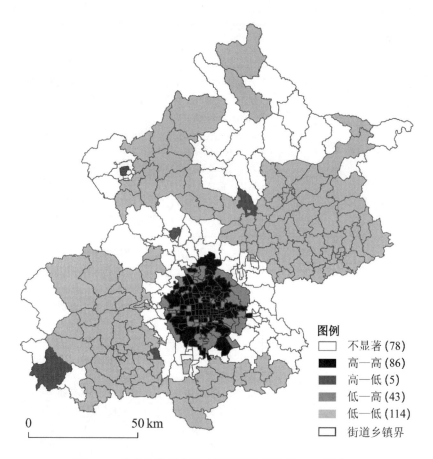

图 7 – 5　北京各街道乡镇文化活力综合指数 LISA 聚类图

图例

- □ 不显著 (78)
- ■ 高—高 (86)
- ▨ 高—低 (5)
- ▧ 低—高 (43)
- ▦ 低—低 (114)
- □ 街道乡镇界

0　　　　50 km

知微博集中发布的区域，形成了明显的聚集效应，具备极强的文化竞争力，对周边的文化辐射力也十分突出。北京市文化活力低—低类型的街道主要位于门头沟区、房山区、延庆区、顺义区、平谷区、密云区以及大兴区。这些行政区内的街道乡镇大都是基础文化设施不完善，基层文化活动少且种类单一，并且由于离城六区的高活力地区较远，也不易受到积极的文化辐射，因而文化活力偏低。高—低类型区域主要包括儒林街道、怀柔镇、拱辰街道、十渡镇、城北街道共 5 个街道乡镇，这些街道乡镇的文化活力与相邻街道乡镇的差异较大，相较于周边街道乡镇的文化活力较高，街道乡镇内文化设施、文化产业以及文化资源相对较丰富，比如，十渡镇作为首都红色文化的主要感知地，拥有多处革命战争年代的古战场、古城址、纪念馆以及烈士陵园，因而具备较强的文化吸引力，文化活力水平显著高于周边街道乡镇。低—高类型区域主要位于中心城六区的高—高类型区域的周边，尽管同属于城六区范围，但这些街道乡镇的文化设施、文化产业以及文化活动相对于相邻街道乡镇较为稀疏，文化的吸引力相对较低。

第二节 空间特征

一 城市文化活力整体水平的空间分布结构

在北京市域尺度（图7－1），城市文化活力空间分布结构在五环以内形成了以老城为核心，海淀的中关村与朝阳的望京、三里屯、双井四大副核的空间结构。在城六区以外的郊区呈现如下特征：除了各区的主城区以外，已经有较多新核心出现，如大兴的西红门、亦庄，房山的长阳，通州的宋庄、昌平的回龙观—天通苑、顺义的空港经济区，这些地区有较多的产业资源、大型住宅区，或者是各区的新城，为文化设施、文化功能、文化活动的建设和开展提供了稳定的条件，并且人口集聚，容易扩散其知名度，吸引更多的人，进而促进文化活力的提升。

在城六区尺度（图7－2），城市文化活力空间分布结构呈现无明显大规模中心的特征，高值区的空间结构为老城（东、西城区）主核心＋望京、双井、中关村、常营副核心，在老城以面状结构为主，在老城以外以零散的点状分布结构为主。

二 城市文化活力整体水平的空间异质性

（一）文化活力随离天安门的距离增加而衰减

从狭义的概念来讲，天安门是指明清时期皇城的正门，可以由天安门进入紫禁城（故宫）。时至今日，"天安门"则更多指代天安门广场，这里无论从地理位置还是历史文化的角度来讲，都是北京市的城市中心。因此，选用ArcGIS10.7软件，以天安门为中心、5千米为半径，制作了6个多环缓冲区，并与1000米×1000米格网尺度的文化活力综合指数面文件进行相交分析，进而计算出各个缓冲区内文化活力整体水平的平均值，以此来探究文化活力和离天安门的距离之间的关系。

从图 7 - 6 中的折线图可以清楚地看到，文化活力整体水平遵循着"距离天安门越近，则活力越高"的规律。距离天安门 5 千米以内的区域文化活力最高；从 5 千米到 10 千米的范围内文化活力水平急剧下降；从 10 千米到 30 千米的范围内，文化活力水平依然持续下降，但下降的幅度明显变缓。

天安门广场是世界上最大、最知名的广场之一，从明清时期举行新帝登基、祭拜天地的宏大仪式，到 1949 年的开国大典，再到一次又一次豪气壮观的阅兵仪式，天安门广场就矗立在这里，见证着中华民族一路上的风风雨雨。现如今，无数的中华儿女从四面八方聚集于此，参与升国旗、唱国歌的仪式，缅怀着伟大的先烈，感慨着幸福生活的来之不易，并下定决心继往开来，为了祖国的繁荣昌盛而进一步奋斗。天安门广场作为首都乃至全国的红色文化中心，始终具有十分高水平的文化活力。除了天安门自身外，在其 5 千米范围之内还包括了故宫博物院、天坛公园、什刹海、雍和宫、孔庙和国子监等首都文化感知地，其所包含的文化类型多样、内容丰富、历史悠久，是南来北往的游客与文化爱好者们热衷的好去处。第二个缓冲区所涵盖的是与天安门距离大于 5 千米而小于 10 千米的空间范围，这里是各种生态公园、文化广场以及寺庙类建筑聚集的区域，文化活力也是比较高的，但相较于前一个缓冲区仍有着较大差距，代表性的文化景区有玉渊潭公园、元大都城垣遗址公园、朝阳公园等。第三个缓冲区范围的文化活力整体水平则进一步下降，尽管囊括了颐和园、圆明园、奥林匹克公园等著名文化感知地点，但它们主要集中在缓冲区的北部，再加上距离城市中心较远，文化企业、文化设施、文化活动等方面的水平也有着比较明显的差距，故整体的文化活力水平稍显逊色。后三个缓冲区的文化活力水平继续下滑，其范围内只有少数地区能够呈现出文化活力的中值，其余大部分地区都以低值为主。尽管它们中的相当一部分还处于城六区范围内，但其文化活力整体水平已经远远逊色于天安门周边地带，这也再次印证了北京市文化活力空间格局的现状，即活力过度集中于东城区、西城区的中心地带，即使是具备一定经济文化发展水平的城六区的边缘地区，其文化活力水平也相去甚远。

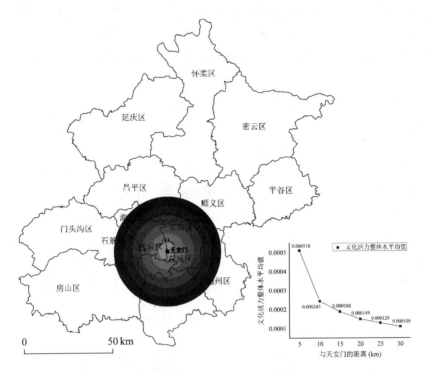

图 7 - 6　北京城市文化活力随与天安门的距离增加的衰减规律

（二）文化活力在商业用地和居住用地上聚集

清华大学宫鹏、徐冰等研究者于 2019 年 12 月在《科学通报》（*Science Bulletin*）杂志上发表了名为《中国基本城市土地利用类型制图：2018 年初步结果》（"Mapping Essential Urban Land Use Categories in China（EULUC - China）：Preliminary Results for 2018"）的论文，首次对外公布了 2018 年的全国范围的地块尺度的城市土地利用图数据集。此数据集对城市功能用地划分了 5 个一级地类和 12 个二级地类，分别是居住用地（居住用地）、商业用地（商务办公用地、商务服务用地）、工业用地（工业用地）、交通用地（道路用地、交通场站用地、机场设施用地）以及公共管理和服务用地（行政办公用地、教育科研用地、医疗卫生用地、体育与文化用地、公园与绿地用地）。这里需要说明的是，在作者论文里展示的数据集图片和分类表里有道路用地，但提供的下载数据中并没有道路用地。故下面以此数据集（5 个一级地类，11 个二级地类）为基础，采用 ArcGIS 10.7 的相交分析功能，将各类城市土地利用面文件与1000米×1000米格网尺度的文化活力综合指数面文件进行相交分析，进而计算出各类用地的文化活力整体水平的总值和平均值，以此来探究文化活力和城市功能用地类型之间的关系。

　　从文化活力整体水平的总值来看，一级地类中，公共管理和服务用地最高，其次是居住用地，交通用地最低。这可能与各个一级地类中文化活力的整体空间分布状况及土地面积有关。公共管理和服务用地的面积最大，其次是居住用地，它们远远大于工业用地、交通用地和商业用地。从文化活力整体水平的均值来看，商业用地最高，其次是居住用地，再其次是公共管理和服务用地，最后是交通用地（图7-7）。可见，随着人们生活水平日益提高，文化活动逐渐呈现出业态创新性、类型融合性、场所多元性等多种特点，城市文化活力更多地在人口密度大、生活便利、交通便捷、产业发达、人流量密集、业态丰富的商业用地和居住用地聚集。

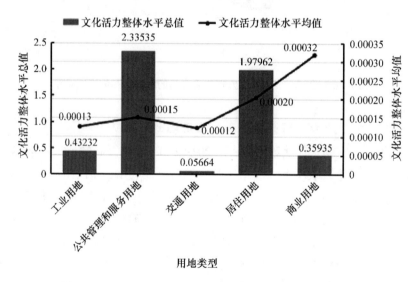

图7-7　北京城市文化活力整体水平与城市功能用地类型
（一级地类）的空间关系

　　从文化活力整体水平的总值来看，二级地类中，居住用地最高，其次是公园与绿地，交通场站用地最低。这可能与文化活力在各个二级地类中的整体空间分布状况及土地面积有关。公园与绿地的面积最大，其次是居住用地，再其次是工业用地、教育科研用地、行政与办公用地和机场设施用地，其余类型的用地面积都较小。从文化活力整体水平的均值来看，商务办公用地最高，其次是医疗卫生用地、商业服务用地，再其次是交通场站用地、行政与办公用地、体育与文化用地、居住用地（图7-8）。可见，写字楼、金融、互联网科技、电子商务、媒体等商务办公场所以及商业零售、餐馆、住宿和娱乐等商业服务场所，是城市文化活力最为集聚的区域。人们的文化活动场所更加趋向多元化，不但包括图书馆、博物馆、展览中心等传统的公共文化设施场所，而且包括购物中心等许多非传统文化场所。

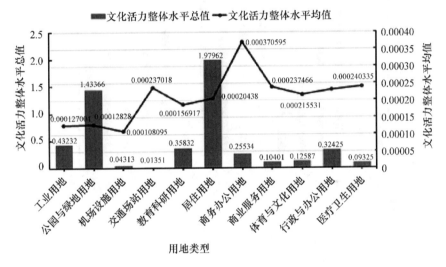

图7-8　北京城市文化活力整体水平与城市功能用地类型
（二级地类）的空间关系

（三）各区文化活力差异显著，从中心向外围先陡后缓的下降

通过ArcGIS 10.7软件的相交分析功能，叠加北京市1000米×1000米格网尺度的文化活力综合指数面文件和北京市辖区的行政边界面文件，进行相交分析和统计，得到城市文化活力整体水平总值和均值结果，进而分析文化活力与不同城市分区的空间关系。

从北京16个市辖区的城市文化活力整体水平总值来看，昌平区、朝阳区、房山区和大兴区的总值较高，超过了0.1以上。这可能与各个市辖区的文化活力空间分布状况及土地面积相关，朝阳区在城六区中土地面积最大，昌平、房山和大兴区的面积也比较大。从城市文化活力整体水平均值来看，中心城六区的均值较高，超过了 0.0001 以上。东城区的文化活力水平最高，均值为 0.0005；其次是西城区为 0.0004，远远大于其他区；再其次是朝阳区、海淀区、丰台区和石景山区，均值在 0.0001 - 0.0002 之间；郊区的 10 个区的均值都在 0.0001 以下。可见，各个区的文化活力的空间差异非常明显（图 7 - 9）。

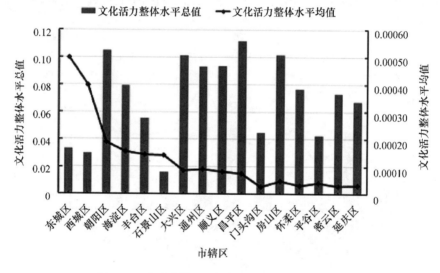

图 7 - 9　北京市辖区文化活力整体水平空间分布

　　北京市辖区按照城区和郊区分类，可分为北京中心城区 6 个（东城区、西城区、朝阳区、海淀区、丰台区、石景山区）、北京近郊区 6 个（大兴区、通州区、顺义区、昌平区、门头沟区、房山区）、北京远郊区 4 个（怀柔区、平谷区、密云区、延庆区）。近郊区的土地总面积稍大于远郊区，它们的面积是中心城区面积的 5 倍多。从文化活力整体水平的总值来看，近郊区最高，其次是中心城区，最后是远郊区。这可能与文化活力在不同市辖区的整体空间分布格局及区域的土地面积有关。从文化活力整体水平的均值来看，中心城区最高，其次是近郊区，最后是远郊区。城市文化活力呈现出明显的从城市中心到外围递减的趋势，其中，从中心城区到近郊区，文化活力呈现急剧下降的趋势，从近郊区到远郊区，下降程度逐渐趋于平缓（图7-10）。

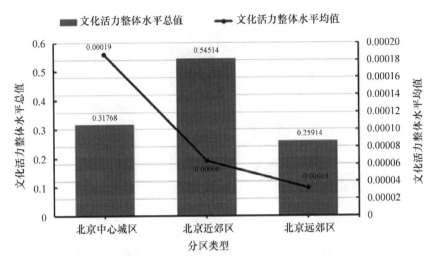

图7-10　北京城区和郊区文化活力整体水平空间分布

北京市辖区按照城市功能分区分类，可分为首都功能核心区2个（东城区、西城区）、城市功能拓展区4个（朝阳区、海淀区、丰台区、石景山区）、城市发展新区5个（通州区、顺义区、大兴区、昌平区、房山区）和生态涵养发展区5个（门头沟区、平谷区、怀柔区、密云区和延庆区）。其中，生态涵养发展区的面积最大，是城市功能扩展区面积的6倍多；其次是城市发展新区，它的面积是城市功能扩展区面积的5倍多；而首都功能核心区的面积很小，只有不到100平方千米。

从文化活力整体水平的总值来看，城市发展新区最高，其次是生态涵养区，首都功能核心区最低。这可能与文化活力在不同城市功能分区中的整体空间分布状况及区域的土地面积有关。从文化活力整体水平的均值来看，首都功能核心区最高，其次是城市功能拓展区，再其次是城市发展新区，最后是生态涵养发展区。同样，城市文化活力呈现出明显的从城市中心到外围递减的趋势，从首都功能核心区到城市功能扩展区，文化活力呈现陡然下降的趋势；从城市功能扩展区到城市发展新区再到生态涵养发展区，下降幅度逐渐变缓（图7-11）。

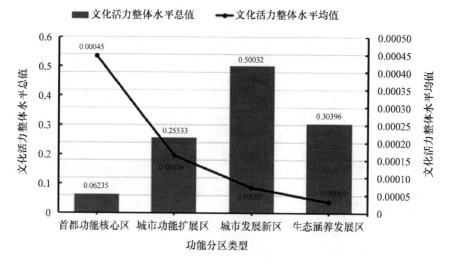

图 7 - 11　北京城市功能分区文化活力整体水平空间分布

（四）文化活力随与地铁线路和站点的距离变化无明显规律

分别以北京市 2021 年地铁线路和地铁站点周边 3 千米为研究空间范围，将其按 500 米间隔划分为 6 个缓冲区，通过 ArcGIS 10.7 软件的相交分析功能，分别叠加北京市 1 千米格网尺度的文化活力综合指数面文件和地铁线路以及站点缓冲区的面文件，进行相交分析和统计，得到城市文化活力整体水平均值结果，进而分析文化活力与地铁线路、站点缓冲距离的空间关系。

从城市文化活力整体水平的均值来看，离地铁线 500 米到 3 千米，呈现出先剧烈上升然后剧烈下降最后缓慢上升的趋势。这说明并不是离地铁线越近的区域，文化活力水平越高，文化活力最高值出现在离地铁线 1 千米的地方。地铁线周边人流汇聚，人气旺盛，地价租金高昂，物业升值，地铁的经济指向作用不断突显，周边正逐渐成为承载交通、商业、娱乐休闲、居住、办公等多种功能的城市综合体。作为城市的"地下动脉"，地铁用速度驱动着城市的经济活力。但相对来说，地铁对文化活力的作用不那么凸显。

从城市文化活力整体水平的均值来看，离地铁站点 500 米到 3 千米，呈现出持续缓慢上升的趋势。并不是离地铁站越近的区域，文化活力水平

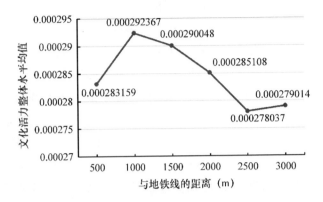

图 7 - 12　北京文化活力整体水平均值随地铁线距离的变化

越高。反而，文化活力最低值出现在离地铁站500米的地方，文化活力最高值出现在离地铁站3千米的地方。地铁车站周边土地通常开发强度较高，各种商业办公服务设施集聚，人流汇集，产业集聚。可见，比起文化活力来说，地铁对经济活力、社会活力的影响作用更加凸显。

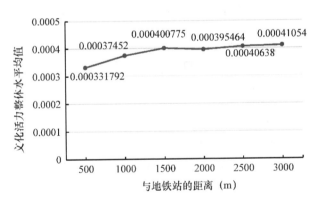

图 7 - 13　北京文化活力整体水平均值随地铁站距离的变化

三　城市文化活力整体水平的空间协调性

随着近年来北京的人口、功能、业态向外疏解，以及受城区较高的住房价格和生活压力的影响，人口和产业已经呈现向郊区迁移的现象，因而北京城市文化活力的城乡协调性相比较于以前有了大幅改善。北京城市文化活力综合指数的热点集聚区主要分布在五环路以内和五环路以外的长安街沿线。在五环路以外，顺义的首都机场片区、昌平城区、房山的长阳、大兴的亦庄、回龙观—天通苑地区也成为热点集聚区，表明它们是五环路以外新成长起来的文化活力高值热点区，与北京近年来产业和居住区不断向外围推移有直接关系。许多新城关注到了文化建设的必要性，因而多个新城在文化方面起步很快，加之政策支持，逐渐成长为各区的增长极。通州的宋庄以及北京远郊的乡村里出现了一定的文化活力，尤其是部分著名文化景区（如古北水镇、焦庄户村），由于文化旅游建设的提升，成为邻域中的文化活力高地。但是，在五环路以内的高值区周边，分布了许多零散的低值小区域，这些区域是城乡过渡带、自然河湖水系或森林公园。该现象与北京当前文化建设前沿阵地仍然在五环以内有较大关系，文化活动、文化产业等还是倾向集聚于城六区，表现出北京城市文化活力分布的城乡差异，造成城乡文化活力的不协调，使得郊区的居民无法就近享受多样的文化服务，这是未来北京亟待解决的城乡文化活力分布矛盾。未来北京应该关注郊区文化活力的建设，需要针对不协调的具体要素着手规划、调整产业布局，协调文化各类业态与居住区之间的关系，最终实现远郊区居民能够享受公平的文化服务，不断推进城乡文化协调发展。

第三节　影响因素

为了研究城市文化活力整体水平空间格局的影响因素，本部分在街道乡镇尺度，从社会经济、建成环境等方面选择了 16 个自变量，因变量为文化活力综合指数值，通过前文的熵权 + TOPSIS 法计算得到。各个自变量的数据来源及说明如表 7 - 2 所示。

表 7 - 2　　　　　　　　　　　自变量选择及数据来源

自变量名称	数据来源	说明
人口密度	第七次全国人口普查数据，2020 年	各街道人口数量/各街道面积
建筑面积	中国 90 个城市 2020 年市域范围的建筑体块（建筑屋顶）矢量数据集 https://data.tpdc.ac.cn/zh - hans/data/60dac98d - eec4 - 41df - 9ad5 - b1563e5c532c/	各街道内建筑面积

续表

自变量名称	数据来源	说明
GDP 均值	全国 2020 年 1km×1km 栅格格式 GDP 数据集 https：//github.com/thestarlab/ChinaGDP	各街道内 GDP 均值
公交站点数量	立方数据学社微信公众号分享，来自互联网整理、开源网站，2021 年	各街道内公交站点数量
地铁站点数量	立方数据学社微信公众号分享，来自互联网整理、开源网站，2021 年	各街道内地铁站点数量
公园广场面积	2019 高德地图 POI	各街道内公园广场面积
大型商场数量	2019 高德地图 POI	各街道内大型商场的数量
路网密度	Open Street Map（OSM）	各街道路网总长度/各街道面积
房价均值	地学大数据微信公众号分享，全国主要城市住宅小区房价 250 m×250 m 网格数据，2022 年之前十几年的房价均值	各街道房价总值/房价点数量
住宅地价均值	中国土地市场网（https：//www.landchina.com/），2007—2020 年土地出让价格数据	各街道地价总值/地价点数量
风景名胜数量	2020 高德地图 POI	各街道内风景名胜数量
金融保险机构数量	2020 高德地图 POI	各街道内金融保险服务机构数量
餐饮业数量	2020 高德地图 POI	各街道内餐饮业数量
购物中心数量	2020 高德地图 POI	各街道内购物中心数量
商务住宅数量	2020 高德地图 POI	各街道内商务住宅数量
生活服务业数量	2020 高德地图 POI	各街道内生活服务业数量

一　OLS 回归分析

首先，对所有变量进行 z 标准化处理，消除量纲的影响，保证数据之间的可比性。方差膨胀系数 VIF 越大，说明自变量之间存在共线性的可能性越大。如果方差膨胀因子超过 10，则回归模型存在严重的多重共线性。因此，随后运用 IBM SPSS Statistics 26 软件，对 16 个自变量进行 VIF 检验。

然后，剔除 VIF 值最大的生活服务业数量这一变量之后，再次对余下的 15 个自变量进行检验，结果 VIF 值均小于 10。

然后，采用 ArcMap 10.7 软件，以因变量（文化活力综合指数）和 15 个自变量为基础建立普通最小二乘法（Ordinary Least Squares，OLS）回归模型，结果显示有 4 个变量未通过 t 检验。因此，剔除掉这 4 个变量，采用余下的 11 个自变量（表 7 - 3），继续进行 OLS 回归分析。从 t 检验结果来看，公园广场面积这个变量没有通过显著性检验，因此后面不予分析此变量。从回归系数的绝对值来看，餐饮业数量对城市文化活力的影响程度最大，其次是房价均值、人口密度、购物中心数量、大型商场数量、路网密度和 GDP 均值。VIF 值均小于 10，因此自变量之间不存在明显的多重共线性（表 7 - 3）。

表 7 - 3　　　　　　　　　　OLS 结果汇总——模型变量

变量名称	变量代码	系数	t 统计量	概率	VIF 值
截距	—	0.000001	0.000026	0.999979	—
人口密度	x1	− 0.298082	− 5.785265	0.000000 *	3.091786
建筑面积	x2	0.124099	2.420616	0.016049 *	3.061035
GDP 均值	x3	0.237461	3.641836	0.000328 *	4.951400
公园广场面积	x4	− 0.059053	− 1.859842	0.063844	1.174114
大型商场数量	x5	0.271255	7.721915	0.000000 *	1.437111
路网密度	x6	0.252718	3.792241	0.000189 *	5.172074
房价均值	x7	0.298374	4.178275	0.000043 *	5.938966
住宅地价均值	x8	− 0.150313	− 4.696705	0.000005 *	1.192854
风景名胜数量	x9	0.171931	5.468926	0.000000 *	1.151028
餐饮业数量	x10	0.405009	5.312088	0.000000 *	6.769880
购物中心数量	x11	− 0.286586	− 3.355953	0.000901 *	8.493002

注：*数字旁的星号表示在统计学上具有显著性的 p 值（p < 0.01）。

AIC（Akaike information criterion）信息准则，是衡量统计模型拟合优良性（Goodness of fit）的一种标准，由于它为日本统计学家赤池弘次（1974）创立和发展的，因此又称赤池信息量准则。AICc 首次由 Sugiura（1978）提出，在样本小的情况下，AIC 转变为 AICc。决定系数 R^2 反映因

变量的全部变异能通过回归关系被自变量解释的比例。R^2 取值范围为 0 –
1，越接近于 1，表明模型拟合程度越好。从表 7 – 4 可知，R^2 为
0.730383，校正后的 R^2 为 0.720938，表示回归关系可以解释因变量 72%
的变异，回归模型的拟合程度较好。OLS 模型的 AICc 值为 524.007039，
将用来与 GWR 模型进行比较，得到较优的模型。

表 7 – 4　　　　　　　　　　　　　OLS 诊断表

模型参数	参数数值
观测值个数	326
R^2	0.730383
赤池信息量准则（AICc）	524.007039
校正后的 R^2	0.720938
联合 F 统计量	77.328824
联合卡方统计量	486.507792
Koenker（BP）统计量	111.598175
Jarque – Bera 统计量	771.385773

二　GWR 回归分析

OLS 模型作为一种全局回归模型，其得到的回归系数估计值是整个研
究区域内的平均值，不能反映回归参数的真实空间特征。Fortheringham 等
（1996）在总结局部回归分析和变参数研究的基础上，借鉴局部平滑思想，
提出了地理加权回归模型。地理加权回归（Geographically Weighted Regres-
sion，GWR）模型是一种空间分析技术，广泛应用于地理学及涉及空间模
式分析的相关学科，通过建立空间范围内每个点处的局部回归方程，来探
索研究对象在某一尺度下的空间变化及相关驱动因素，并可用于对未来结
果的预测。

接下来，本书以上述 11 个自变量和因变量（城市文化活力综合指数）
为基础，建立了 GWR 模型，带宽估计方式选择通过最小信息准则 AICc 来
决定最佳带宽。

模型输出结果如表 7 – 5 所示。R^2 为 0.814882，校正后的值 R^2 为
0.767832，表明回归模型拟合的结果较好。此外，AICc 值可用于检验模型
性能并比较回归模型。如果两个模型的 AICc 值相差大于 3，具有较低

AICc 值的模型将被视为更佳的模型。OLS 模型的 AICc 值为 524.007039，GWR 的 AICc 值为 497.725899。可见，相比于 OLS 模型，GWR 模型的 R^2 值更高、AICc 值更低，是更优越的模型。

表7-5　　　　　　　　　　　　GWR 模型输出表

模型参数	参数数值
残差平方和	60.163191
系数的有效数量	66.863998
Sigma（正规化剩余平方和的平方根）	0.481839
AICc（赤池信息量准则）	497.725899
R^2	0.814882
校正后的 R^2	0.767832

另外，残差（模型的偏低预计值和偏高预计值）在统计学上的显著空间聚类表明模型缺失关键的因变量，可使用空间自相关工具来确定模型残差的空间聚类是否具有统计显著性。接下来对 GWR 模型的回归残差运行空间自相关（Moran's I 指数）工具，结果显示回归残差在5%的显著性水平下是空间随机分布的。

传统 OLS 模型回归结果仅能代表整体的平均水平，为进一步探究各因素对文化活力影响的空间分异特征，将 GWR 模型的计算结果借助 GIS 平台进行可视化表达，从而更直观地对文化活力的影响因素进行空间分异分析。回归系数的绝对值大小反映了因素对文化活力的影响强度大小，回归系数的绝对值越大，对文化活力的影响程度越大。下面从 11 个自变量中，挑选了回归系数绝对值较大的 6 个变量进行具体分析。

（一）餐饮业对文化活力的影响

餐饮业数量的回归系数均为正值，说明餐饮业数量越多，文化活力值越高。城六区及其周边地区各街道的回归系数较大，餐饮业数量对城市文化活力的影响较强。因为城六区餐饮业数量多，分布广泛。城区边缘、远郊区属于回归系数的低值区，餐饮业分布较少，文化活力对餐饮业数量的敏感性较弱，郊区与中心城区在餐饮业数量上的差异对文化活力分异的影响变大。

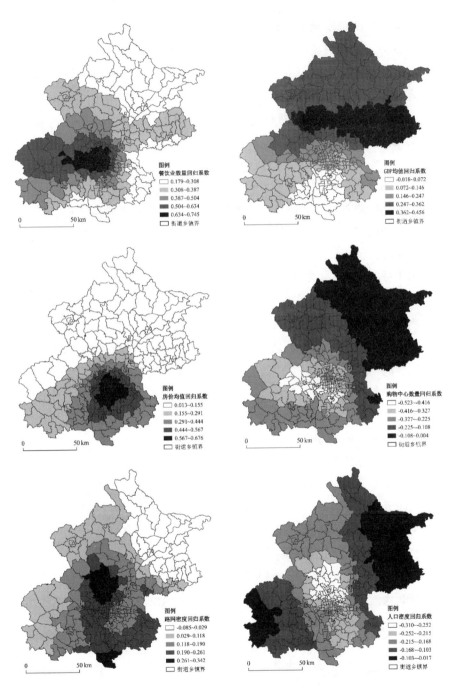

图 7-14　北京城市文化活力影响因素的回归系数空间分布

（二）人口密度对文化活力的影响

人口密度的回归系数均为负值，表明人口密度越低，文化活力越高，两者呈现负相关关系。从远郊区到城市中部，回归系数的绝对值逐渐变大，人口密度和文化活力之间的负相关程度变大，人口密度对文化活力的影响逐渐变大。昌平区的回归系数的绝对值最大，说明在昌平区，人口密度对文化活力的影响程度最大。

（三）房价对文化活力的影响

房价均值的回归系数均为正值，房价对文化活力具有正向影响。由中心城区向外回归系数逐步降低，中心城区及其周边地区的住宅小区分布密集，文化活力对房价均值的敏感性较强。怀柔区、密云区、延庆区、门头沟区、平谷区的山区较多，住宅小区分布不均，房价均值对文化活力的影响并不十分明显。

（四）购物中心对文化活力的影响

购物中心数量的回归系数，绝大部分为负值，表明购物中心数量越多，文化活力越低，且由中心城区向外扩散，回归系数的绝对值逐渐减小，说明购物中心数量对文化活力的影响程度逐渐减小，中心城区的负相关关系大于周边城区。中心城区的购物中心分布密集，数量多，对文化活力的影响大。平谷区有极少部分正值。怀柔区、密云区、平谷区因为地势原因，多山地，购物中心分布稀少，对于文化活力的影响很小。

（五）路网密度对文化活力的影响

路网密度的回归系数大部分为正值，说明路网密度越大，文化活力值越高。怀柔区、密云区、平谷区有部分负值。昌平区、海淀区、大兴区最南端回归系数值最高，大兴机场的建设带动了周边交通设施的发展，路网密度大，交通便利，进而影响周边文化活力的提升。

（六）GDP对文化活力的影响

GDP均值的回归系数大部分为正值，说明GDP均值越大，文化活力值越高。大兴区有少部分负值。由南向北回归系数的绝对值逐渐增大，昌平区、顺义区、平谷区回归系数最大，再向北回归系数减小。海淀区、朝阳区GDP均值高，对文化活力的影响大，昌平区、顺义区、平谷区建设科技园，带动周边GDP的增长，带动文化活力的提升。

第八章 北京城市文化活力
提升和优化策略

　　无论是通过词频统计、网络文本分析的方式将公众对首都文化意象的主观感知进行空间呈现，还是将文化设施、文化企业与文化资源等客观实体进行地图空间展示，其目的都是归纳和总结北京市文化发展事业的现状，找到每类文化、每个区域在文化领域所遇到的困难与问题，并结合科学的思考给出建设性的意见与建议。

　　前述已对北京城市文化活力空间格局的全貌进行了概括。北京市文化活力的整体水平具有单核心集聚的模式，文化活力中等及以上水平的区域呈现出"南多北少""东多西少"的主要特点，文化活力高水平和较高水平的区域都主要集中在五环路内部。尤其是中轴线及其周边地区，其文化活力处于城六区的最高水平，其他突出区域包括中关村地区、望京地区、三里屯商圈等地。从城市的功能分区角度来看，东城区和西城区作为首都功能核心区，凭借较小的占地面积却拥有最高水平的文化活力，以它们为中心，城市文化活力呈现出向外围逐渐递减的趋势。在边缘及远郊乡镇分布着大面积的文化活力低及较低水平的区域。而这种现象的产生离不开文化本身的特质。

　　文化本身是一种十分抽象的概念，难以脱离客观实体而存在，换言之，它是通过将自身寄托于物品、建筑，并通过人的主观体验将其挖掘和引发出来，从而深入人心，带给人们心灵和情绪上的愉悦感受。这种特质也就使得人们对文化实体具有空间追随性，即文化资源、文化企业、文化设施聚集的地方才会吸引大量的文化爱好者。而东城区与西城区则凭借故宫博物院、天安门广场、天坛公园、景山公园等著名文化景区以及数不胜数的京味美食店铺，让无数南来北往的游客以及文化爱好者都聚集于此，享受着首都文化的饕餮盛宴，这也就解释了为什么这些地区会拥有如此之高的文化活力。但从另一角度来说，北京市作为一座特大城市，又是我国的首都，同时也承担着全国文化中心的巨大使命，为了形成大国首都独特的文化气质，走在历史文化保护和创意文化激励的最前端，这种过于不平衡的文化活力空间分布现象是亟待被改善的。通过全书的探索与研究，从宏观角度总结出了如下总体建议和未来提升路径。

第一节　总体建议

根据对北京城市文化活力的综合评价结果，提出提升和优化北京城市文化活力的总体建议。

首都北京是"四方之腹心，国家之根本"，是引领民族复兴的文化枢纽，是展示国家形象的首要窗口。未来，北京应把文化建设放在全局工作的突出位置，以新时代首都发展为统领，以推进高质量发展为主题，以满足人民日益增长的美好生活需要为根本目的，紧紧围绕全国文化中心建设的"一核一城三带两区"总体框架，大力推进"科技赋能文化，文化赋能城市"的发展理念与战略，实现文化传承更加注重创新性、文化业态更加注重数字化、文化供给更加注重多元化、文化消费更加注重场景化、文化传播更加注重国际化，不断提升优秀文化传承厚度、文化资源转化效度、文化供给品质高度、文化改革创新亮度、文化价值国际认同程度，繁荣兴盛新时代首都文化，切实做好首都文化这篇大文章，在建设社会主义文化强国进程中充分发挥示范带动作用。

为了提升北京城市文化活力水平，未来需要更加完善历史文化名城保护体系，彰显首都风范、古都风韵、时代风貌的城市特色；持续加强文化创新创造活力，加强文化内容和体制的创新，充分发挥"文化＋"的力量；加强博物馆之城建设，深化全民阅读活动，建设书香京城，提升文化供给质量，着力增加优质文化产品和服务供给，推动文化结构优化升级，培育新型文化业态，满足人民群众高品质、多样化的文化需求；提升公共文化服务水平，建设现代公共文化服务体系，优化文化设施布局，办好各类品牌性文化活动和市民系列文化活动，构建首都文化服务品牌体系；着力打造"演艺之都",推进"大戏看北京",精心组织创作一批文艺精品,办好惠民文化消费季。促进以文塑旅、以旅彰文,拓展"漫步北京""畅游京郊"等品牌建设,充分利用大数据、移动互联、虚拟现实等现代科技,推出数字消费新场景、新模式,拓展与提升文化消费规模和质量,更加提升文化消费贡献度;更加激发文化产业创新活力,深入实施"文化+"融合发展战略,积极开展数字艺术、沉浸式演出等数字文化场景建设,推动文化产业园区高质量发展;更加巩固代表国家文化走出去的龙头地位,成为世界文明交流互鉴的首要窗口,彰显大国首都形象和中华文化魅力,扎实推进全国文化中心建设,增强大国首都文化软实力;全面建成中国特色社会主义先进文化之都,更加系统完善全国文化中心功能,继续加强文化建设对首都经济社会发展的驱动力,提升大国之都文化国际影响力,更加彰显全国文化中心地位,努力将伟大首都打造为彰显文化自信与多元包容魅力的世界历史文化名城。

具体而言,首先,提升城市文化设施、文化企业以及文化功能设施的多样性,这点需要政府规划部门的决策。文化多样性提升意味着在某区域的文化需求向多元化转型,丰富多彩的各类业态也为多元文化活力的产生创造条件。仅仅是数量的增加对于文化活力的提升比较有限,因此在考虑文化设施、文化产业、文化活动、文化功能等文化活力组成要素的规划布局时,需要重点考虑多样性。其次,对于历史资源禀赋极高的老城,应该利用历史遗存等开展文化活动加以宣传,带领感兴趣的人们实地回味、探访,同时结合旅游,促进历史街区的人气及文化的活力。再次,郊区应跟随住宅区、产业园的建设,配套生活性较强的文化服务设施,鼓励居民参与相关活动,增加郊区的文化体验,从而提高郊区的文化活力,减小城乡文化活力分布的差异。最后,基于格网和街道乡镇两个尺度的分析,对管理者、政策实施者来说,分别提供了粗粒度和细粒度的不同尺度的结论,在规划之时可以根据需要选择任一尺度。

第二节　提升路径

一　坚持"四个文化"基本格局

源远流长的古都文化、丰富厚重的红色文化、特色鲜明的京味文化、蓬勃兴起的创新文化，是中华优秀传统文化、革命文化、社会主义先进文化在首都的具体体现和生动实践。

新时代传承发展古都文化，要坚持城市保护和有机更新相衔接、内涵挖掘和活化利用相统一、保护传统和融入时代相协调，不断强化首都风范、古都风韵、时代风貌的城市特色，擦亮北京历史文化金名片。应该推动老城整体保护与复兴，建设国家历史文化保护传承利用的典范地区，抓好首都历史文化资源的内涵挖掘和活化利用。加大文物腾退力度，加强城市设计和风貌管控，传承城市历史文脉。做好中轴线申遗工作。统筹推进大运河文化带、长城文化带、西山永定河文化带建设。建好大运河国家文化公园（北京段）、长城国家文化公园（北京段）。保护传承好世界文化遗产，加强"三山五园"地区整体保护。保护利用好周口店北京人遗址、上宅遗址、琉璃河西周燕都遗址、金中都遗址等。

新时代弘扬红色文化，要以赓续红色基因为主线，以革命文物集中连片保护为重点，以重大时间节点为坐标，挖掘红色内涵，讲好红色故事，推动红色文化薪火相传、与时俱进。应该用红色基因筑牢理想信念，用红色资源凝聚奋斗力量，用红色传统滋养时代新人。加强红色文化保护系统规划，健全首都红色文化保护传承利用体系。突出革命文物集中连片主题保护，着力保护利用以北大红楼及周边革命旧址为代表的建党文化资源，以卢沟桥和宛平城、中国人民抗日战争纪念馆为代表的抗战文化资源，以香山革命纪念地为代表的创建新中国文化资源，推进对原平西、平北等革命旧址的传承保护，加强对革命文物史料的研究阐释。

新时代传承发展京味文化，要坚持辩证扬弃、开放包容、推陈出新，以保护城市记忆为基点，以培育首善之区市民精气神为带动，着力涵养历史与现代、传统与时尚、质朴与绚丽兼具的城市文化韵味，温润人们的精神世界。应该留住北京独特的城市记忆，弘扬北京市民的优秀品质，推动发展京味文化新形态。支持京剧、北京曲剧、京韵大鼓等传统京味曲艺的发展，加强京味文学素材的挖掘和转化，办好"我们的节日"系列文化活动，鼓励开展民间体育活动。梳理北京杰出人物、特色风物，保护好北京方言、北京雨燕等城市文化符号，做好史、志、文化档案的编纂工作，推进文化典籍、口述史、民间传说的整理出版和视听化呈现。充分发挥"平安红""志愿蓝""柠檬黄"等社会群体作用，推动志愿服务规范化常态化。鼓励时尚文化活动开展和艺术区建设，打造特色小镇，引导礼仪、饮食、休闲等各类文化健康发展。加强老旧厂房保护利用，延展交通枢纽、商圈、园区、乡村的文化功能，打造多元复合文化空间，建设综合型文化商业聚集区，彰显和谐宜居之都的文化魅力。

新时代践行创新文化，要坚持创意为先、人才为本、机制为要，让勇于创新成为风尚、形成创新氛围。应该发挥政府、企业、高校、科研机构、社会组织等创新主体协同共享的制度优势，推动政策、人才、技术、资本、市场等创新要素聚集聚合，构建创新创业生态。尊重原创，加强知识产权保护。实施"文化＋"融合发展战略，推动文化与科技、旅游、体育、金融等领域深度融合发展。布局基于大数据、区块链、人工智能等技术的全媒体建设，加强数字内容供给。打造集精品路线、文化精华区为一体的文化景观网络，以文塑旅、以旅彰文。发挥"双奥之城"的独特优势，打造国际体育赛事集聚地，推动文化和体育互融互促。发挥国家文化和科技融合示范基地、国家文化产业创新实验区以及各类文化产业园区作用。健全完善文化产业投融资服务体系，建设首都文化金融生态圈。

二　坚持"一核一城三带两区"总体框架

对于古都北京而言，应该坚持以社会主义核心价值观引领文化建设，以历史文化名城保护为根基，以大运河文化带、长城文化带、西山永定河文化带为抓手，构建涵盖老城、中心城区、市域和京津冀的历史文化名城保护体系。通过中轴线申遗推进老城整体保护与复兴，精心保护北京历史文化这张金名片，构建历史文脉和生态环境交融的整体空间结构，凸显北京历史文化整体价值。以"两区"建设为支撑，建设公共文化服务体系示范区和文化产业发展引领区。加强重大公共文化设施建设，着力提升文化产品质量和服务效能，进一步丰富群众文化生活。加快构建高精尖文化产业体系，建设具有国际竞争力的创新创意城市。在"一核一主一副、两轴多点一区"的城市空间结构中，发挥核心区和中心城区的承载作用，凸显长安街沿线、中轴线文化资源丰富的优势，抓好平原新城、生态涵养区及城市副中心的文化建设，进一步优化全国文化中心建设的空间布局，奋力开创首都文化建设新局面。

三　保护传承利用好文化遗产资源，激活城市文化活力

城市是文化的容器，北京得天独厚的文化资源，塑造了独特的古都气质。应该将北京打造为文化遗产保护传承利用的典范之城，推进中华优秀传统文化传承弘扬。深化中华优秀传统文化教育，促进中华优秀传统文化融入生产生活，积极推进长城国家文化公园和大运河国家文化公园北京段的规划建设，推动红色文化与历史文化、民俗文化、生态文化融合发展。加强非物质文化遗产保护传承。夯实非遗保护传承基础，完善非遗名录制度，继续完善传承人制度，对代表性传承人实施动态管理；推进非遗活态传承，推动老字号非遗传承振兴与创新，激发老字号非遗传承发展新活力；促进非遗展示传播，支持非遗展示中心、传承工作室的建设，持续拓展非遗展示空间。推进城市历史文化资源开发利用，构建北京历史文化名城保护利用体系，合理利用历史文化名城资源。采取渐进的、由点及面的城市更新方式，保护文化遗产。针对基础设施进行活态化改造，按照"点（文化遗产建筑）、线（历史文化街区）、面（活态城市空间）"的顺序进行老城更新。从狭义的文物保护转变为宏观的景观保护。从静态到活态，实现文化遗产与群众生活的融合。依托人进行活态传承，即在百姓日常生活中进行自然传承，以实现文化遗产、历史文化街区与百姓生活的活态融合。利用现代技术手段，推动文化遗产的数字化、数据化和物联网化，活化利用文化遗产，凸显城市文化特色的文化效益。

四　优化文化产业布局，实现各区优势互补、联动平衡发展

首都功能核心区应着力传承北京城市历史文脉，通过中轴线申遗推进老城整体保护与复兴，保护利用好历史文化名城金名片，发展文化演艺、文化体验，促进文化消费。东城区的文化遗存和胡同四合院很多，是北京历史古迹和名人故居的聚集地之一，也是古典与现代的完美结合。应该着力发挥文化、金融等资源优势，建设好国家文化与金融合作示范区，大力培育文化要素市场。西城区是历史文化的核心承载区，名人故居（齐白石、梅兰芳、宋庆龄等）和国家文物都很多，历史悠久、街道深邃，较多地保留了老北京的面貌，拥有独特的历史景观和丰厚的文化底蕴。应该巩固和提升高端设计服务、文化演艺精品生产、版权交易等领域优势地位。

在中心城区中，朝阳区是商务国际、经济娱乐中心，三里屯、CBD 已然成为年轻人经常光顾的打卡圣地，应该着力探索文化产业政策集成创新，推动国家文化产业创新实验区核心区高质量发展，以文化创意激活城市存量空间，建设高品质文化商圈。海淀区有三山五园，教育资源雄厚，科技和文化力量较强，应该依托文化科技园区，推动文化和科技深度融合发展，完善文化大数据体系，聚焦网络视听、游戏电竞、数字音乐、网络文学等领域，建设具有国际竞争力的数字文化产业集聚区。丰台区是中国南北交通的咽喉，地理位置非常好，应该重点发展数字出版、新闻信息服务、红色文化旅游等业态，推动戏曲文化创造性转化、创新性发展。石景山区曾经集中了北京的大部分重工业和高科技企业。应该重点推动动漫游戏、影视传媒、创意设计等行业的创新发展，打造数字娱乐产业集群。

城市副中心通州区有长安街的东延线、是首都的东大门和首都的城市副中心，应该构建张家湾设计小镇、台湖演艺小镇、宋庄艺术创意小镇和文化旅游区"3 + 1"文化产业发展格局，高标准、高质量推动副中心文化产业创新、融合发展。保护传承副中心优秀文化，提升文化创意氛围和文化科技含量。发挥好环球影城在文旅融合、内容策划、演艺娱乐等方面的引领作用，提升副中心文化品牌国际知名度。

在城市发展新城中，顺义区地理位置优越，有广阔的绿化面积，是北京发展速度最快的新城区，应该围绕临空经济大力发展文化会展、艺术品交易等行业，壮大会展业集聚规模，提升文化贸易发展质量效益。大兴区地理位置较好，交通发达，庞各庄盛产西瓜和伊丽莎白甜瓜，是北京一个重要的农产品基地。应该发挥新媒体产业基地带动作用，利用好临空经济区、自贸区政策优势，重点发展网络视听、创意设计等产业。房山区环境秀美，旅游业很发达，最出名的十渡山水就在这里，青山野渡、百里画廊。游玩景点较多，但商业不太发达，交通也不够方便，应该充分发挥文化、生态、旅游等资源优势，建设历史文化和遗址遗迹相融合的国际旅游休闲区，推动文化旅游融合发展。昌平区以科教引领、文化旅游融合为驱动，发展文化旅游等行业。经济技术开发区依托中国（北京）高新视听产业园区、北京智慧电竞赛事中心等园区和基地，重点发展电子竞技、网络游戏、网络视听等产业。

在生态涵养区中，门头沟区远离市中心，坐落在北京西郊，交通不太便利。最大的特色应该就是山多，北京第一高峰灵山以及秀美的百花山等都在门头沟。这里环境优美，被称为首都西部的天然屏障，但经济发展较缓慢。密云区地理位置很不错，旅游资源很丰富，经济发展稳定，是著名的旅游目的地。但远离市中心的郊区，在交通和其他方面还是略显不足。门头沟区、密云区应该依托良好的生态环境及丰富的文化文物资源，重点发展文化旅游业。怀柔区地大物博，交通便利，风光秀丽，环境优美、旅游景点众多，物产丰富，一直都有"京郊明珠"的美称。依托中国（怀柔）影视产业示范区，完善影视产业链，促进市民影视文化消费，打造国际一流的中国影都。平谷区三面环山，是北京又一个重要的农副产品基地，其中最出名的就是平谷大桃。平谷区旅游业兴旺，比较知名的有石林峡、天云山、青龙山等，交通还算便利，经济发展稳定，是个放松休闲的好去处。应该重点建设"中国乐谷"，培育壮大音乐产业、创意农业、文化旅游等。延庆区是离北京市中心最远的区，交通不太方便，经济发展也相对落后，但旅游业却是北京16个区中最具优势的，八达岭长城、野生动物园、龙庆峡、百里画廊等旅游景点都在这里。应该围绕"冬奥、世园、长城"三张金名片，推动文化和旅游、体育等融合发展，重点发展冰雪产业、体育休闲产业。

五　持续推进文化产业高质量发展，增强文化创新创造活力

继续发挥全市文化资源优势，聚焦创意设计、影视、演艺、音乐、游戏、艺术品交易等重点领域，提高文化产业对相关产业的带动能力，构建具有首都特色和国际竞争力的现代文化产业体系，显著提升文化产业高质量发展水平，进一步增强文化产业发展动力，提高文化产业发展效率。深度融合文化和科技，科技为文化赋能、文化为产业赋能，积极培育新兴业态，持续增强传统行业发展活力，加强文化产业数字化、网络化和智能化。持续优化文化产业结构，突出文化核心领域的主动力作用，凸显优势行业主导。纵深推进文化数字化战略，加强文化内容与数字技术相结合，提高文化新业态、新模式发展水平，持续增强文化企业效益与实力，实现高质量文化供给，彰显全国文化中心的责任担当。持续扩大文化产业规模，健全文化产业体系和市场体系，优化文化产业空间布局，提升文化产品供给质量，活跃文化消费，推动文化消费线上与线下并行发展，提升国

际影响力。

　　继续通过场景打造、技术升级、内容创新等方式，实现多个传统行业与沉浸式业态的深度融合。继续推进游戏动漫、文旅文博等领域积极探索"元宇宙"应用场景，推动业态的虚拟化、沉浸式、数字化发展。继续强化科技赋能，提升产业韧性与引领力。继续实行"文化+"深度赋能首都城市发展，"文化+旅游"推动以文塑旅，以旅彰文；"文化+体育"展现"双奥之城"风采；"文化+乡村振兴"推动实现文化传承与共同富裕；"文化+商业"融合发展推动商业空间和业态升级。继续推进"产城融合"，激发产业活力与场景魅力，将文化传承与城市更新有机融合，以文化优化城市空间形态，以城市发展推动文化传承与发展。继续鼓励和支持利用老旧厂房发展文化产业，继续改造利用工业遗产，构建新场景，活化构筑城市文化新空间，坚持科学保护与创新利用并举，推动工业生产空间向文化消费空间转变，继续驱动新型文创空间成为城市"网红打卡地"。以文化创意、数字科技驱动传统商圈、商业综合体转型升级，继续形成大批特色鲜明的文化产业园区，推动文化产业集聚发展、激活产业生态，使园区成为文化产业高质量发展的主要承载地、集聚发展新高地。建立具有全球竞争力的旗舰型文化企业，继续推进文化产业高质量发展，增强文化创新创造活力。

六　优化公共文化设施布局，缩小城乡活力差距

　　建设标志性公共文化设施，继续推动国家美术馆、国家工艺美术馆等国家"文化重器"落户北京，建成一批面向世界的国家级文化展示平台。继续完成城市副中心图书馆、剧院、博物馆等重大公共文化设施项目建设，加快推进北京市文化中心、北昆国际文化艺术中心等重点项目建设。继续聚焦城市副中心、城南地区、新首钢地区、重点站区等重要功能承载区，规划建设一批市级地标性公共文化设施。加强区级公共文化设施规划建设，继续重点推动西城琉璃厂艺术文化馆、海淀三山五园艺术中心、丰台综合文化中心、门头沟文化中心、北京现代艺术馆、顺义新文化中心、昌平文化艺术中心、大兴文博综合馆、怀柔综合文化中心、密云文化中心等公共文化设施项目建设。

　　织密基层公共文化设施网络，继续通过城乡统筹和资源整合，积极推

动基层公共文化设施固根基、扬优势、补短板、强弱项。加快推进基层综合性文化设施建设，促进乡镇（街道）综合文化中心、行政村（社区）综合文化室面积和服务达标，充分利用社区管理用房及腾退空间建设群众文化设施，提升城区 15 分钟公共文化服务圈服务效能。补足郊区、偏远山区公共文化设施短板，逐步消除城乡公共文化设施的盲区和盲点。引导新建大型文化设施向城市南部、西部等人口集聚区和设施薄弱地区倾斜，加快补齐城市副中心及回龙观、天通苑、方庄、望京、天宫院等人口密集的重点地区、大型居住社区文化设施规划建设短板，进一步优化全市公共文化设施布局。

七　实现公共文化服务均衡充分发展，加强高品质文化供给

继续建设现代公共文化服务体系，加快布局覆盖城乡的公共文化设施及服务网络，完善四级公共文化服务体系。继续加快公共文化设施建设。继续规划建设一批市级地标性公共文化设施，加强区级公共文化设施规划建设；继续拓展新型公共文化服务空间，实施"城市文化会客厅"项目，打造一批融互联网、数字阅读、艺术展览、文化沙龙等内容于一体的新型公共文化服务空间。继续加强高质量公共文化供给，充分满足人民群众日益增长的精神文化需求。丰富高质量公共文化产品，打造城乡特色公共文化活动；继续健全高效能公共文化服务机制，坚持政府主导、社会参与、重心下移、共建共享的工作理念，健全人民文化权益保障制度，创新公共文化服务体制机制，提高公共文化服务效能；继续推动公共文化服务社会化建设，鼓励引入竞争机制，适度创新社会委托运营、民办公助等供给模式。提高公共文化服务科技含量。推进公共文化设施智能化升级，积极建设数字图书馆、数字文化馆；推进公共文化服务数字化建设，加快建设"北京市公共文化服务和设施运营管理平台"。

八　借助节日等文化活动，提升城市文化活力

提升城市文化活力需从传统节日入手，提升市民对文化传统的珍视，特别是复原北京传统的民俗节庆活动。城市文化源于生活在这个城市的人，因此提升城市文化活力应该更加依靠群众的力量。传统民俗的演进与转化可有效活跃民俗生活，提升城市文化活力。传统节日作为中国传统文

化的重要体现形式之一，可以为城市居民生活注入生机活力。借助传统节日这种群体性文化庆祝活动传播城市文化，提升城市居民文化认同感和归属感。深化"我们的节日"等主题活动，依托春节、端午节、中秋节等传统节日，挖掘文化内涵，创新理念方法，引导市民在广泛参与中感悟中华文化、增进家国情怀。城市文化活力提升还可以借助一些政治性节日、公益性节日、国际专题节日和旅游节日等，如植树节、学雷锋纪念日、世界水日、教师节、五四青年节等，这些节日通常具有纪念意义或倡导意义，它们对于活跃居民文化生活也有难以忽视的作用。利用"首都市民系列文化活动"，普及中华诗词、音乐舞蹈、书法绘画等优秀传统文化。另外，持续举办贯穿全年、覆盖全市的首都市民系列文化活动。提升公益演出活动影响力，打造城乡特色公共文化活动。

传统文化对当地居民具有潜移默化的影响，通过定期开展展现本地传统民俗文化的活动，例如庆典活动以及主题活动，不仅能够唤起本地居民对传统民俗文化的记忆与认同感，而且也使外来游客通过亲身参与这些活动产生文化认同感，从而形成文化内涵丰富的公共空间，使空间文化活力显著增强。此外，应结合科技潮流的趋势，实现传统文化与新兴产业的融合，丰富文化活力的表达形式。以大兴区庞各庄为例，可考虑在梨花村的农耕文化体验园成立国学教育基地，并与中小学以及高校机构合作，将农耕文化与教育相结合，开发系列农耕、农业、农村的历史文化教育产品，如夏令营项目，而不仅仅是平日和周末开放参观，这类文化活动的补充会提升北京城乡全域文化活力，协调城乡文化活力的差距。

文化活动需要传统文化和创新文化内涵相结合，这是维持城市文化活力的重点。一个良好的城市文化，应该在传承和发扬这座城市的优秀传统文化的同时，鼓励发展现代创新文化。只有平衡好两种文化的碰撞与交融，才能形成崭新的、与时俱进的城市文化。传统文化和创新文化的交融结合须是协调统一的，保护传承本地历史文化并不代表着处于历史形态的束缚限制中，发展创新文化也并不意味着新文化取代老文化。而是要去粗取精，将传统历史文化融入新城市形态之中，只有这样才能保持城市文化的活力及活力的可持续发展。文化活动的内容和表现形式需要根据文化发展的需要及时调整。

九　打造新地标，提升环境品质，营造特色文化氛围和活力

建立具有国际感召力的文化标志区，打造文化消费新地标。实施"文化商圈"计划，推动前门大栅栏、王府井、西单、五棵松、蓝色港湾、三里屯、隆福寺等商业街品质化发展，加快培育建设新兴商业街区，植入高品质文化设施、文化景观、文化项目、文化业态，打造具有全球知名度的文化商业新地标。在城市副中心、"三城一区"、新首钢地区、北京大兴国际机场临空经济区等重要城市发展区域，新建一批集艺术表演、互动体验、时尚消费于一体的文化休闲空间。鼓励文化产业园区、老旧厂房举办小剧场、实体书店等，拓展群众身边的城市文化空间。

住区公共空间的环境品质是居民可停留驻足的基本条件，公共空间是自发形成的，具有很强的场所感和良好的空间品质。在现代化的影响下，实现传统文化与现代文化的融合发展是必然趋势。在不改变传统风貌、尺度、建筑外墙真实性的前提下，进行空间结构布局和使用功能的适当调整，以满足地区的文化生活需求，提高居民对文化的认知和提升区域文化活力。以爨底下村为例，因红色抗战历史，村内形成了极具文化特色的重要公共空间，现已被开发为一处旅游景点和村民文化休闲场所，常有学生和摄影师来此写生、取景、考察、调研，这种功能的转变，对空间设施和品质提出了新的要求，可适当添加植被、石凳，在丰富景观的同时提供休憩空间，满足村民和游客的文化休闲需求。在北京城区的历史文化街区，也需要布局相关小品景观，使得人们愿意留在街区体验传统与现代文化的魅力，而优雅的文化小品建设是一种可以尝试的手段。

文化不能只记录在村志（地方志）里或是仅以文化活动形式展现，还需要将传统文化中的历史人物、典型故事（如毛泽东在双清别墅做出的军事部署）进行提炼，形成文化符号，通过艺术形式，例如雕刻、涂鸦、铺装等，在村口、祠堂、戏台、寺庙、街区墙面、街道交叉口等重要公共空间内进行表达，提升地域空间的文化可识别性。以北京大栅栏街区为例，这里以街区的历史风貌展现为重点，但缺乏强烈吸引力的介绍、符号、影视等渲染北京老街区的历史生活风貌，很难让如今的游客切身体会，不利于文化活力的表达。公共空间文化活力的提升，需要将文化元素与背后的历史事件相联系，即通过文化场景的再现，形成特殊的文化空间氛围。比

如大栅栏的商贾文化、隐藏在村落里的红色文化，可采取文化活动加以强化。

十 补齐活力弱势区短板，发挥优势区作用，带动全域文化活力

北京的文化产业同文化设施、文化资源等文化实体一样，都在城六区的繁华中心地带形成了显著的集群，而广大的远郊区呈现出大量以边际乡村为主的文化活力弱势地区。北京中心城区庞大的就业以及住房压力促使一部分常住居民不断地向五环以外甚至是远郊区迁移，这种对于慢生活的消费需求，就成为北京市乡镇地区发展文旅事业的良好机遇。对于文化产业而言，未来也可尝试将文化产业园或者文化企业集群转移到远离中心城区但有一定数量文化资源的乡镇村落，吸引文化企业及其他文创群体加入北京市乡镇地区的文化发展事业。对于北京市而言，蕴藏着丰厚文化的地点并不局限于城六区，郊区的延庆、密云、大兴、门头沟、房山等地都有着属于自己的文化旅游价值，如门头沟区斋堂镇爨底下村的传统民居文化和古都商贸文化，昌平区十三陵镇德陵村的守陵文化，延庆区八达岭镇岔道村的长城文化与顺义区龙湾屯镇焦庄户村的红色文化等。尽管怀北镇、怀柔镇、溪翁庄镇、琉璃庙镇等地的许多乡村已经开始利用其特色文化资源开发文旅事业和产业，但其他大部分乡镇都还处于待挖掘或者待修缮的状态之中。如何更加充分地挖掘传统文化村落的历史文化底蕴，帮助它们营造创新创意空间以吸引游客，这将是乡村地区文化活力提升的重点课题。为了实现乡村地区文化活力的提升，由文创人才构成的文化企业成为必不可少的宝贵资源。文化创意企业和群体的集聚可以采取自下而上的自发型集聚以及自上而下的由政府引导的集聚两种方式相结合，进而实现整个乡村文化空间的重塑与再生。

对于文化活力中等及以上水平的地区，未来发展也不能"裹足不前"。在文化活力的相对优势地区应该进行深度挖掘和弱点改造，引出其蕴藏着的潜力，进一步提升公众的文化感受与体验质量。从全局来讲，应该进一步改善文化景区内部的基础设施与服务质量。通过以微博大数据为核心的文本分析可发现，在故宫、天安门广场、天坛公园等热门文化景区里频繁出现的过度拥挤现象会带来许多负面影响，使得游客与文化爱好者们的体验质量大幅度下降。

应该最大程度地满足人们对饮食、休憩等基本功能的需求，做好影响游客体验的各种细节，提高游玩的满意度和意愿。诸如前文提及的马驹桥镇、妙峰山镇、斋堂镇等文化设施分布水平明显高于设施服务水平的区域，工作人员可在景区出口处或场馆离场处与游客进行面对面的访谈和询问，同时建设好自己的旅游社区官方网站和平台，以供游客进行点评、提供建议，与作为文化参与者、感受者的游客进行真正意义上的"互动"以及"互助"，提高公众的参与感，提升景区的文化内容质量、基础服务质量，吸引更多游客的青睐，形成良性循环。

文化活力很高的历史文化街区要积极利用新形式、引入新设施、举办新活动，让平淡的氛围变得更活跃起来。通过前面章节的分析结果可知，西城区与东城区在文化资源禀赋极高的前提下，文化功能设施的数量却相对稀少，而西城区相较于东城区在文化活动的举办方面也稍显不足。因此，下一步应推陈出新，既要把自身的传统资源保存好，使其继续发挥文化内容体系的主心骨作用，同时，也要往体系中添加一些能够持续发挥吸引力的新鲜事物，通过新旧结合的方式将更多的文化爱好者发展为"忠实用户"。

在古味建筑中售卖历史文化产品作为文化街区商业经营的经典思路仍需延续，但更加值得注意的是，现在的文化消费是以年轻人为主的，要适应他们的视觉角度和消费思维，要着眼于为其提供"可亲、可感、可体验"的文化产品。既可以基于本街区文化的特点设计可爱的吉祥物，也可以创作优美的歌曲、编排有趣的话剧把文化内涵"唱出来""演出来"，还可以设置针对历史文化和民俗文化的体验设施与专区，让游客们自己制作文化工艺品、穿着历史服装、参演小剧场，使其仿佛置身于那个年代，用现代的方式还原当年的感觉。高水平的日常修缮与经营是确保历史街区文化活力的基础，各色文化活动能够掀起波动、带来高潮，针对陶然亭街道、天坛街道等文化资源与设施丰富但文化活动较为匮乏的区域，政府及相关机构可以开展一系列的文化活动，通过新媒体手段进行宣传，让年轻人甚至孩童也参与其中。

组织文化宣讲队以及文保志愿者队伍，负责历史文化讲解以及基础的文化保护工作，定期举办比如"寻找东四胡同记忆"的迷你马拉松竞赛，带领孩子们进行"报春"活动等。通过这种方式吸引大众的参与，传统文化在百姓眼中不再是晦涩难懂、高高在上的形象，而是变成容易接触到、体验到的亲民形象，成为让大家都有所感知、为所有人带来乐趣的一种事物，最大程度地释放出文化本身的价值。当然，在提高街区文化活力的同时，也需维系历史文化街区的端庄优雅的氛围，使生活在这里的居民能够保持较高的生活质量，不让街区丢失原本的色彩。

十一 增进夜间文化消费，丰富夜间文化活力

近年来，夜间文化消费成为热点。应该继续深入贯彻落实扩大内需战略，延长文化消费时间，完善夜间消费布局，丰富夜经济消费业态。推进夜游目的地建设，继续加强前门大街、天桥演艺区、798–751艺术街区、亮马河风情水岸、华熙 live·五棵松、古北水镇等国家级夜间文化和旅游消费集聚区建设。继续加强北京欢乐谷、北京世界公园等十个文旅目的地、北京网红打卡地"夜间经济"板块建设。继续发展夜展、夜读、夜市等，支持首都博物馆、北京自然博物馆等博物馆继续举办"博物馆之夜"活动；继续开展"北京书店之夜"，探索实体书店夜间经济模式，继续吸引北京特色书店亮相书店大街，继续吸引出版品牌及文创品牌参展；持续在前门大街、簋街、王府井、隆福寺等地策划举办一系列夜间经济特色活动，丰富夜间文化活力。

十二 以人为本，增强人民的文化参与感、获得感和幸福感

提升基层公共文化设施对特殊群体的服务力度，将未成年人、老年人、残疾人等作为公共文化服务的重点扶持对象，保障特殊群体享受同等基本文化权益，提高基本公共文化服务的覆盖面和适用性。坚持以人民为中心的创作导向，推进首都艺术精品力作不断涌现，吸引国际一流舞台展演集聚京城，始终保持引领全国艺术繁荣发展的大格局、大气象。更多地推出思想性、艺术性、观赏性相统一的精品力作，更好地满足人民群众多层次、个性化的文化消费需求，提高城乡居民文化消费参与度，增强人民的文化参与感、获得感和幸福感。加强文化扶持和惠民政策，提升文化供需水平，政策引导扶持精品供给。丰富高品质文化供给，增强人民群众文化获得感和幸福感。始终坚持以人民为中心的工作导向，健全人民群众文化权益保障制度，解放和发展文化生产力，不断增进人民文化福祉。

十三　促进文化贸易与交流，提升文化国际影响力

不断提升文化贸易规模与活力，加强与不同文明间的交流对话，推动世界文明互鉴互通。不断推出代表国家形象、首都水准的优秀文化成果以及具有国际影响力的品牌文化活动，不断提升"一带一路"合作共识与水平，建成世界优秀文化交流展示的重要平台。不断提供高质量文化产品和服务，拓展文化产品和服务出口规模，提升文化产业发展的国际影响力、竞争力和国际传播能力，让文化交流推动世界相知相融。聚力建设国家形象首要窗口，传播城市形象，彰显大国首都魅力，做强"双奥之城"品牌，提升城市国际影响力，集中展示首都人文历史、时尚潮流、冬奥文化等，促进奥运文化与古都文化、京味文化、创新文化的融合发展，深入开展对外文化交流，讲好中国故事、北京故事，展示大国首都良好形象。

十四　优化完善文化政策体系，促进和保障文化活力提升

完善文化政策体系，落实好中央各类文化经济政策。根据产业高质量发展需要不断加大政策创新力度，持续优化完善"1+N+X"的北京文化产业政策体系。推动各区结合本地实际完善配套政策，形成政策合力。建立文化产业重大项目库，完善文化产业重大项目报备制度。继续落实国家对产业用地和文化空间支持的相关政策，以空间拓展激发文化产业发展活力。加强文化领域综合治理，加快推进政务体系数字化升级，提升数字政府服务效能。

第三节　深化研究思考

总体来说，以上从多方面考虑，选取并搜集了以多种文化设施、文化企业、文化资源为代表的空间实体数据，基于网络平台的问卷调查数据，以大众点评、马蜂窝网、去哪儿网为代表的网络评论和游记数据，以及以首都文化感知为内容的微博文本大数据等多源数据来进行北京城市文化活力的综合评价，反映了当前北京市所存在的文化活力较为失衡的现象，进而对这种现象进行了原因分析，并为协调地区文化水平差异、促进首都文

化均衡全面发展的未来事业提供了建设性意见以及一定的理论参考。但是，内容仍有许多不足之处，这也正是在今后的研究与探索中需要着重加强与深刻理解的方面，主要包括以下几方面。

一　文化活力指标体系的构建需要更加丰富多元

在 2022 年出版的《长三角城市发展报告——长三角中小城市活力研究·文化篇》中，褚敏（2022）通过搜集长三角地区 60 个中小城市的 19 项文化活力指标数据进行分析，构建了城市文化活力的"鱼儿理论模型"。"文化就像一条具有生命的鱼儿，想让这条生命之鱼更具活力，需要不断给它注入新鲜血液和生命能量。其中，文化政策体现培植力，文化禀赋体现源生力，文化产业体现生命力，文化参与体现凝聚力，文化包容体现吸引力。具备这五大核心要素才能维持鱼儿的鲜活生命和健康生存。这五大内在力量凝聚在一起，相互影响、协调促进、深化发展，形成城市文化的整体活力。"尽管与本书所关注的地域有着明显的不同，但作者归纳和总结的理论确实较好地揭示了文化活力的多元性甚至是"文化"一词本身的多元性。

通过文化资源分布、文化活动服务、文化产业分布、文化设施分布、文化设施服务、文化功能布局、文化感知分布和文化感知情绪共 8 个一级指标来构建综合的"文化活力"。但是，文化作为一个相对抽象而又"海纳百川"的概念，它所涵盖的整个链条之上还有着许多未能被纳入研究的方面。

文化是一条"产业链"，从景区门票到其内部所售卖的旅游纪念品，从电影票到演唱会、音乐会的入场券，从颇具地方特色的美食小吃再到各种"老字号"当中广受好评的老牌商品，巨大的商业价值就寄寓在一座座文化设施和一场场文化活动之中，因此，文化消费水平的高低同样是衡量一个地区文化活力水平的重要指标。从概念上来说，文化消费是指用文化产品或者服务来满足人们对于精神文化的一种需求，在知识经济已经高度发展的时代背景下，文化消费也被赋予了新的内涵，与高新技术紧密相连，更加大众化，也更加同外来文化融会贯通。在统计学领域也出现了"文化消费指数"这一衡量国民综合素质的重要指标，它是指文化消费额占国民总消费额的比重，该指数越大，说明本地区居民的文化生活越丰富。由此更衍生出了文化消费环境、文化消费意愿、文化消费能力、文化消费水平、文化消费满意度等多个角度的衡量手段，但总体而言，都是针对实际发生过的文化消费行为来对文化的区域性发展水平进行判别的。在未来，需着重考虑增加文化消费相关的概念和指标到总体的研究框架当中。

除了文化消费以外，文化创新也值得进一步关注。2022 年 8 月 16 日，中共中央办公厅、国务院办公厅印发的《"十四五"文化发展规划》指出，迎接新一轮科技革命浪潮，推动发展质量变革、效率变革、动力变革，文化是重要领域，必须加快推进文化和科技深度融合，更好地以先进适用技术建设社会主义先进文化，重塑文化生产传播方式，抢占文化创新发展的制高点。要推动科技赋能文化产业，把先进科技作为文化产业发展的战略支撑，建立健全文化科技融合创新体系。可以说，文化发展的实质就在于文化创新，即在继承原本的文化当中优质的、适应时代的一部分的前提下，对文化的内容、形式或媒介进行创新。这种创新是文化不落后于时代甚至引领时代的必然要求，也是社会实践发展的必然要求。在北京，创新文化和古都文化、京味文化与红色文化一起，构建起了首都文化的内涵体系，本书的研究内容也包含了一些创新文化的相关内容，如首都的游客和居民对音乐会、演唱会、艺术展览和高新技术进行感知的过程等，其内容主要是文化爱好者的主体体验，而没有能够选定一个专门的实体类别，将"知识型经济"引导下的"文化创意产业"的相关数据纳入研究的范围之中。在未来，需要更多关注该方面的信息与资料，灵活运用"天眼查""企查查"等互联网平台，结合国家对于文化产业分类的详细标准，构建起一套属于文化创意产业的数据体系。另外，针对本书已收录的文化企业数据，也不能仅仅局限在空间分布的数量和密集程度上，需要找到一种科学有效的方法来衡量各个地区所拥有的文化企业的发展质量和综合实力。

另外，在目前所进行的研究以及相关的成果中，更多地侧重于北京本土的文化内容，对外来文化的关注程度是存在明显短板的。现如今，无论是经济还是文化都已经处在"全球化"的大背景之下，快餐店、咖啡厅、日式料理等多种产业和企业都已经在北京甚至是全中国范围内站稳了脚跟，也已经融入普通大众的日常生活当中。尽管它们首先是作为一种商品而存在，但其内涵之中也蕴藏着浓厚的外来文化，从而成为构建起区域综合文化活力水平的子集之一。因此，为了更加全面地衡量一个地区、一座城市的文化活力水平，这种外来文化的发展层级也是今后的研究中需要重点关注和讨论的。

二　建立长时间序列的数据库，探索城市文化活力的演变趋势

本研究所使用的数据大多是采集于某一特定年份，没有实现同一指标在不同时间点的对比研究。对于一座城市而言，无论是经济还是文化的水平都一直处于变化发展的状态，以文化产业为例，每一年都会有一批企业因经营策略落后或严酷的外部冲击而淹没在竞争的大环境下，也会有更多的企业能够抓住机遇、找到适合自身生存发展的道路，成功地进行拓展与延伸，更会有许多新的文化企业登陆这一行业，为整个市场增添色彩。人的主体感知层面也同样如此，正如"城市象限"创建人、三联人文城市光谱计划合作搭建人茅明睿在研究中所发现的那样，在大型流行疾病的影响下，游客对于文化活动、文化出行和文化感知的热情会有一个较大幅度的下降，但城市是具有韧性的，城市文化的活力也同样如此。城市的文化活力从何时起逐渐下滑，又在何时"反弹"，这些问题都十分值得在未来的研究中进行探讨。例如，通过搜集多年的文化指标数据，以疫情前后为关键时间节点，构建起长时间序列的数据库，借由各种科学有效的分析工具与方法，对疫情前后两个阶段的发展趋势进行细致化的讨论，并对未来的文化指标演变发展的趋势进行合理的预测。

三　构建起全方位的文化活力驱动机制，摸索各类文化活力要素间的影响脉络

在文化活力要素指标构建的相关内容中可以看到，一级指标是由多类二级指标所构成的，文化评价指标体系中的内容更多是以一种"树状"的形式构成，展现出一种层层递进的关系和姿态，为了确定各个指标之于城市文化活力的贡献程度和重要程度，选用熵权 + TOPSIS 法确定指标权重，并计算出城市文化活力综合指数值，也正是由于这种严谨的手段，城市文化活力综合指数值才能够在覆盖多方面文化内容的同时，又具备较高的可信度。

然而，在指标构建层面的偏重在一定程度上使得对驱动机制（或称影

响机制）方面研究的欠缺。在通常的影响机制分析中，除了自变量与因变量以外，其他的一些控制变量也是十分重要的，它们往往不是研究中的主角，对于因变量的变化发展也有着一定程度的贡献。在本书当中，使用了最小二乘法（Ordinary Least Squares，OLS）回归分析和地理加权回归（Geographically weighted regression，GWR）分析法，选用了多个社会经济、建成环境变量，分析了北京城市文化活力空间格局的影响因素，并得出了主要的影响因素，但各个影响因素之间、各个因素和城市文化活力之间的关联关系和相互作用没有探讨，影响机制的分析不够深入。选用的变量也不尽全面，导致生成的分析结果可能会存在一定的片面性。

　　另外，现有的影响因素分析仍然是在单一年份下进行的，前面提到的文化活力水平时间序列分析、演变趋势分析、多年份比较的思路，对于影响机制分析也同样具有科学价值，经过时间的变化，很多原本比较重要的因子会迎来影响力的下滑，它们对于因变量的控制能力会逐渐被其他因子所替代。由此，结合先前所提到的对疫情前后文化活力要素多年的一级、二级指标数据进行收集的工作，对影响因素数据的收集也同样可以遵从这种思路。作为政策效应评估方法中的一大利器，双重差分法受到越来越多人的青睐。当拥有连续多年的数据能够支撑自变量、因变量以及控制变量时，多期双重差分法（Difference in differences，简称"DID"）就成为一个十分可靠的模型方法。该模型能够有效消除个体在自变量出现或充分发展前后不随时间变化的一致性和随时间变化的增量，揭示出自变量对个体影响的净效应，目前在学术界已经得到了广泛的运用。相对的，它在数据搜集方面的要求也是比较高的，同一种数据的搜集工作需要做到连续多年不间断，尽管这存在着一定的难度，并伴随着相当大的工作量，但的确能够成为未来努力的目标与方向。未来，可以借助此模型方法，来探测不同的规划政策对城市文化活力的影响效应。

　　为此，未来可投入更多精力到数据的收集和检阅工作上，依靠政府部门每一年发布的《中国城市统计年鉴》以及各省市官方网站公布的电子版统计年鉴来获取可靠的统计数据，进一步扩充自身的数据资源储备。同时，也要进一步加强对回归模型、影响机制分析等方面的理解与钻研，为的是更好地探讨各种影响因子与城市文化活力之间的关系，以求从更多的角度找到提升北京城市文化活力水平的方法。

四　分人群讨论，探究本地居民和外部游客对首都文化及文化活力的理解差异

尽管文化主要是寄寓在以文化资源、文化设施、文化企业为代表的客观实体当中，并通过"物"与"形"的方式表现出来，但感受文化的主体却是公众，是生活在社会当中的每一个独立的"人"。因此，本书在分析城市化活力时比较重视对游客以及文化爱好者们的主观体验，除了以首都文化感知为内容的微博文本数据与来自各种旅游类网站的网络游记数据之外，基于网络平台发放的调查问卷也是了解和分析文化参与者们的主观感受的重要支撑。

在国内外的一些研究当中，着重提到了"分人群"讨论的研究思路，这种方法在首都文化活力的研究当中同样具有较高的应用价值。根据生活中的常识与经验，可以做出如下假设：对于从其他城市来到北京游玩的旅客而言，他们长期受到自身居住地区当地文化的熏陶，那么，各具风味的京味小吃、金碧辉煌的故宫以及雄浑壮阔的天安门广场很可能会带给他们新奇而又惊艳的文化体验，但对于北京当地居民而言，他们长期生活在北京，身边的各种文化意象早就已经融入了他们的生活，变得有些"平淡无奇"。为了验证这样的想法是否正确，将两类人群的感知评价区分开来进行对比就成为一项必要的研究工作。尽管本书在问卷调查的过程中已经对于受访者的身份有了一定的区分，但从样本的数量上来看，调查数据仍然属于"小数据"的一种，为了获取更多人对于首都文化的评价与感知状况，进一步利用大数据是未来的必由之路。现如今，以微博为代表的大数据已经可以通过用户的相关信息区分出来源地，这就给上述所提到的研究思路提供了技术与数据层面的基本保障。另外，对首都文化进行感知的过程并不一定只能在北京市范围内进行。作为全国的文化中心，许多北京市著名景区和首都文化意象都已经"名扬四海"。即使是生活在北京以外的城市的居民，也可能会因偶然品尝过的卤煮、烤鸭和炒肝而对它们心向往之，也可能会在观赏了故宫和长城的纪录片以后，而对首都的古代建筑与技艺倾心不已。在未来几年的工作中，笔者将积极获取更广、更长时间范围的微博数据，并将继续对这类文本大数据保持较高程度的关注，在更加饱满的数据基础上探究生活在其他地区的居民对于首都文化及文化活力的理解。在此基础上，也可进一步按人群的特定属性（性别、年龄、职业等）对人群进行划分，更细致深入地探讨不同人群对首都文化及文化活力的理解差异。

除此之外，外国友人对于首都文化的体验与感受同样十分重要。文化应该是面向大众的，北京作为首都，是国际交往中心，一直都是外来游客以及外来工作者所热爱并聚集的场所，能否让他们同样获得美好而幸福的文化体验，是衡量我们文化工作水平高低的重要标准。为此，可以考虑设计英文版本的调查问卷并搜集国外的社交网络平台，如 Twitter、Facebook 的一些有关北京文化的内容，从而将文化的国际化水平也纳入整体文化活力评价体系当中去。

五　开阔视野，充分借鉴先进的成功案例，探索城市文化活力提升策略与路径

作为一项以首都北京的文化为目标的研究，做到了一切从实际出发，采集北京的数据，分析北京的问题，提出针对北京的改善意见。但是，文化是一个互通的概念，尽管不同地区的文化因为各种自然、人文条件的差异而大相径庭，但提升文化水平的思路却都是值得参考的。2023 年 2 月 12 日，中国文化和旅游部在湖北武汉召开推进公共文化服务高质量发展工作会议，会上公布了由中央宣传部、文化和旅游部、国家发展改革委组织遴选的 51 个基层公共文化服务高质量发展典型案例。除了两个来自北京的案例外，其他更多的案例还是出自其他城市，这其中既有天津、上海、成都等经济文化实力雄厚的城市，也有不少还处于上升期的中小型城市以及一部分乡村地区。诚然，在中国，只有寥寥几座城市能够在整体的文化活力水平上与首都北京相媲美，但通过本书内容所反映的城市外围地区文化活力不足、城乡文化活力水平差距大的问题可见，北京文化事业、文化产业的发展也不能安逸于现状，需要积极寻求"新路子"来改变这种不平衡的现象。

在国内及国外的一些城市或乡村，有着许许多多从无到有、从有到强的文化活力提升典范，它们都值得我们去研究、去借鉴。但同样值得注意的是，这些方法都是"特殊的""具体的"，是根据地区自身的特点摸索出来的，如果只是盲目照搬，就很有可能会适得其反。因此，在搜集这些案例的时候，需要思考这些案例为什么会取得成功，它们是在怎样的特定条

件下取得的成功，它们更值得北京市哪种类型的地区去借鉴和参考，只有在对这些问题都有深刻的理解和思考后，才能真正做到因地制宜，以最直接有效的方法带动首都各区域的文化产业、文化事业的发展，让每一个市民和游客都在文化活动中拥有获得感与幸福感，让每一片土地上都充满着文化参与所带来的活力，让北京市更好地发挥全国文化中心的职能。

附　　录

《北京老城文化精华区文化感知研究》问卷

您的回答没有对错之分，请您按照自己的实际情况填写，本问卷是匿名制，我们将对调查数据进行严格保密，调查数据只用于科学研究，感谢您的宝贵意见，谢谢！

一　个人基本信息：

1. 您的性别：［单选题］
○男　　○女

2. 您的年龄：［单选题］
○18 岁以下　　○18—30 岁　　○31—50 岁　　○51 岁以上

3. 您的受教育水平：［单选题］
○高中及以下　　○大专　　○本科　　○硕士以上

4. 您的职业是：［单选题］
○公司职员　　○农民　　○个体经营　　○公务员　　○学生
○失业　　○其他_____

5. 您在北京生活多久了：［单选题］
○5 年以下　　○5 年至 10 年　　○11 年至 20 年
○20 年以上　　○一直在北京居住　　○游客

6. 如果您是游客，请填写居住的城市：［填空题］

_____

二　对北京老城文化精华区的了解程度：

7. 您都去过哪些北京老城文化精华区？［多选题］

□天安门广场　　□什刹海—南锣鼓巷　　□皇城　　□雍和宫—国子监　　□天坛—先农坛　　□张自忠路南—东四三条至八条　　□琉璃厂—大栅栏—前门东　　□东四南　　□张自忠路北—新太仓　□白塔寺—西四　　□东交民巷　　□南闹市口　　□法源寺

8. 您去过几次天安门广场？［单选题］

○0 次　　　○1 次　　　○2 次　　　○3 次及以上

9. 是否参加过天安门举办的升国旗仪式？［单选题］

○是　　　○否

10. 对于天安门所记载的中国人民不屈不挠的革命精神和大无畏的英雄气概，五四运动、一二·九运动等重大政治、历史事件，您是否了解？［单选题］

○不了解　　　○较了解　　　○了解　　　○非常了解

11. 您是否认为天安门广场是旅客在旅行中的必游之地？［单选题］

○是的　　　○可去可不去　　　○不是

12. 您了解什刹海—南锣鼓巷的历史吗？［单选题］

○不了解　　　○较了解　　　○了解　　　○非常了解

13. 您到什刹海—南锣鼓巷的目的是什么？［多选题］

□品尝美食　　□体会风土民情　　□购物　　□拍照打卡　□看风景　　□了解胡同文化　　□其他＿＿＿＿＿＿＿＿＿＿

14. 您认为南锣鼓巷的建筑改造符合明清时期的历史原貌吗？［单选题］

○完全不符　　　○较为符合　　　○符合　　　○非常符合

15. 提及北京什刹海您第一个想到的是：［单选题］

○后海　　　○胡同　　　○酒吧　　　○恭王府

○其他＿＿＿＿＿＿＿＿＿＿

16. 您参加过什刹海举办的哪些文化活动？［多选题］

□中元节　　□什刹海首航仪式　　□历史文化展　□文化旅游节　　□文化探访体验线路

□其他_____

17. 您了解故宫的发展历程吗？［单选题］

○不了解　　　○较了解　　　○了解　　　○非常了解

18. 您认为如何能更有效地保护和利用好故宫？［单选题］

○建立遗址公园　　　○颁布相关故宫保护的法律法规

○不仅保护好故宫建筑，更应保留住故宫独特的历史文化和社会风情

○其他_____

19. 在古代故宫的功能就是服务于皇帝，而今故宫已成为寻常百姓的休闲娱乐之所，请问您在浏览故宫时是否会有类似于"古代皇帝简直生活在人间仙境"之类的想法？［单选题］

○是　　　○否

20. 您在故宫中融入现代化元素持什么态度：［单选题］

○支持：与时俱进，推陈出新更能焕发出新的活力

○否定：传统文化理应保持完整性

21. 现今多个故宫皆推出相关文创产品，北京故宫也不例外，"故宫文创""故宫口红""故宫淘宝""故宫联名"系列等称为淘宝热词，请问您是否购买过相关联名产品？［单选题］

○买过　　　○没买过但有兴趣　　　○没买过且以后也不会买

22. 有什么意愿驱使您去故宫旅游？［多选题］

□古迹　　　□文化　　　□历史　　　□公务

□其他_____

23. 您是否去过雍和宫—国子监？［单选题］

○是　　　○否

24. 您对雍和宫"刺绣"文创产品了解吗？［单选题］

○不了解　　　○较了解　　　○了解　　　○非常了解

25. 当今雍和宫以"香火旺"而著名，您是否去过烧香请愿？［单选题］

○没去过　　　○没去过但准备去　　　○去过　　　○去过多次

26. 雍和宫是中国汉族地区最大的藏传佛教寺院之一，您在雍和宫购买过相关文创产品或者有意购买吗？［单选题］

○买过　　　○没买过但有兴趣想买　　　○没买过且以后不会再买

27. 在孔子诞辰之日，国子监中学的学生会在孔庙中大声朗诵"礼运·大同篇"，您对国子监中孔庙知道了解吗？〔单选题〕

　　○不了解　　　○较了解　　　○了解　　　○非常了解

28. 国子监建筑特征以中轴线为标准而修筑，由此您对北京古建筑的修筑特色了解吗？〔单选题〕

　　○不了解　　　○较了解　　　○了解　　　○非常了解

29. 您是否去过天坛—先农坛？〔单选题〕

　　○是　　　○否

30. 是什么意愿驱使您去天坛—先农坛？〔多选题〕

　　□古迹　　　□文化　　　□历史　　　□公务

　　□其他＿＿＿＿＿＿＿＿

31. 您是否清楚天坛是帝王祭祀皇天、祈五谷丰登的场所？〔单选题〕

　　○不清楚　　　○听说过　　　○较为清楚　　　○非常清楚

32. 您是否了解天坛在1998年作为文化遗产列入《世界遗产名录》？〔单选题〕

　　○不了解　　　○较了解　　　○了解　　　○非常了解

33. 天坛以严谨的建筑布局，奇特的建筑构造和瑰丽的建筑装饰著称于世，您对天坛的印象是：〔单选题〕

　　○没有印象　　　○一般　　　○印象非常深刻

34. 您是否清楚先农坛是明清两代皇帝祭祀山川、神农等诸神的重要场所，亦是皇家最早在北京城南设立的仅有的一座皇家禁苑？〔单选题〕

　　○不清楚　　　○听说过　　　○较为清楚　　　○非常了解

35. 先农坛的哪些方面驱使您去游览？〔多选题〕

　　□建筑彩画　　　□琉璃贴饰　　　□历史文化　　　□公务需求

　　□其他＿＿＿＿＿＿＿＿

36. 您是否去过张自忠路南—东四三条至八条？〔单选题〕

　　○是　　　○否

37. 您了解张自忠将军的光辉事迹吗？〔单选题〕

　　○不了解　　　○较了解　　　○了解　　　○非常了解

38. 您对张自忠路北和新太仓胡同的历史背景了解吗？〔单选题〕

　　○不了解　　　○较了解　　　○了解　　　○非常了解

39. 张自忠是国民党抗日英雄，但新中国却以其名字命名重要道路，这是：[单选题]

　　○对张自忠将军的赞扬　　○对抗日民族统一战线的认可

　　○对中华民族和平复兴的期望　　○其他＿＿＿＿＿＿＿＿

40. 张自忠路北和新太仓胡同有例如孙中山逝地等著名文化遗址，您有想去的意愿吗？[单选题]

　　○不想去　　○一般　　○较为想去　　○非常想去

41. 张自忠路和新太仓都有历史和现代的文化融合，您认为是否焕新了两地的文化活力？[单选题]

　　○是　　○否　　○不清楚

42. 您认为张自忠路南和东四三条至八条的文化活力高吗？[单选题]

　　○低　　○较低　　○较高　　○非常高

43. 您是否去过琉璃厂—大栅栏—前门东？[单选题]

　　○是　　○否

44. 琉璃厂历经沧桑，仍然以"书香"闻名于世，您怎么看琉璃厂独特的文化圈？[单选题]

　　○因当地的"中国书店"而知晓

　　○琉璃厂的"百年老店"令人向往

　　○听说过大品牌"荣宝斋"

　　○知道古玩铺的古董

　　○知道琉璃厂的"对联文化"

45. 大栅栏商业街有叫做刘老根大舞台的戏，沉淀着许多老北京的"家常事儿"，您对老北京的生活了解吗？[单选题]

　　○不了解　　○较了解　　○了解　　○非常了解

46. 前门东中的"前门"也叫正阳门，是明清两朝北京内城的正南门，您对前门的历史了解吗？[单选题]

　　○不了解　　○较了解　　○了解　　○非常了解

47. 前门东大街的老字号商铺众多，例如"天下第一烤鸭"的全聚德，您了解前门东大街的老字号吗？[单选题]

　　○不了解　　○较了解　　○了解　　○非常了解

48. 你认为东四南的文化活力高吗？[单选题]

○低　　　○较低　　　○较高　　　○非常高

49. 您去过东四南大街吗？［单选题］

○去过　　　○没去过

50. 东四南禄米仓见证了明清至民国时的中国变迁，您会想了解禄米仓遗址吗？［单选题］

○想了解　　　○一般　　　○不想了解

51. 东四清真寺是中国伊斯兰教协会会址，您认为其能提高东四南的文化多样性吗？［单选题］

○能　　　○一般　　　○不能　　　○不想了解

52. 东四南最近在进行"京韵，大市"古风貌改造，这次改造意恢复东四的古风貌，你觉得：［单选题］

○很好，还原京味　　　○不错，继承与发展　　　○无太大影响

53. 东四南大街是黄金地段，人流量非常大，您认为能提高该地的文化活力吗？［单选题］

○能　　　○一般　　　○不能　　　○不清楚

54. 您认为白塔寺—西四的文化活力高吗？［单选题］

○低　　　○较低　　　○较高　　　○高

55. 以下文化景点都在白塔寺—西四文化精华区内，您去过哪些景点？［多选题］

□妙应寺　　　□历代帝王庙　　　□弘慈广济寺
□中国地质博物馆

56. 白塔寺—西四是出名的佛教文化区，对此您了解吗？［单选题］

○不了解　　　○较了解　　　○了解　　　○非常了解

57. 白塔寺内著名建筑白塔因保护修缮需停馆两年，您认为：［单选题］

○会降低此文化精华区的文化活力
○是对文物与文化的保护
○对这个文化精华区影响不大

58. 你认为东交民巷的文化活力高吗？［单选题］

○低　　　○较低　　　○较高　　　○高

59. 东交民巷胡同西起天安门广场东路，东至崇文门内大街，全长近

1.6公里（算上西交民巷共3公里），是老北京最长的一条胡同，您知道东交民巷地名的由来吗？［单选题］

　　○知道　　○听说过　　○不知道

　　60. 东交民巷是清末民初时期多国的使领馆，至今保有大量的西洋风格建筑，您去过东交民巷的著名景点吗？［多选题］

　　□花旗银行　　□使领馆　　□六国饭店　　□汇理银行

　　61. 东交民巷使馆建筑群位于北京市东城区东交民巷，形成于1901年至1912年，是一个集使馆、教堂、银行、官邸、俱乐部为一体的欧式风格街区，您了解东交民巷的相关历史吗？［单选题］

　　○不了解　　○较了解　　○了解　　○非常了解

　　62. 东交民巷曾在近代史作为各国的使领馆地区，以中西结合的建筑闻名，您了解东交民巷相关的建筑特色吗？［单选题］

　　○不了解　　○较了解　　○了解　　○非常了解

　　63. 东交民巷的警察博物馆是打击违法犯罪和维护宪法法律尊严等方面作出巨大贡献和取得辉煌成就的印证，您去过东交民巷的警察博物馆吗？［单选题］

　　○去过　　○有意去　　○想先了解　　○没去过

　　64. 您认为南闹市口的文化活力高吗？［单选题］

　　○低　　○较低　　○较高　　○高

　　65. 南闹市口前大街的复兴门建于明永乐年间，您了解复兴门吗？［单选题］

　　○不了解　　○较了解　　○了解　　○非常了解

　　66. 南闹市口作为辽、金、元、明、清的聚集地，一直以居住功能为主，您知道南闹市口有什么功能区吗？［多选题］

　　□北京市第二实验小学　　□西单　　□金融街
　　□繁星戏剧村
　　□传统平房四合院与多层住宅小区共存的混合风貌街区

　　67. 在民族街对面，"金融街"高楼大厦的围合中有一条不是那么起眼的传统街区——南闹市口。其中有著名的李大钊故居，您了解李大钊故居吗？［单选题］

　　○不了解　　○较了解　　○了解　　○非常了解

68. 南闹市口的宣武门以其特色建筑色彩而文明，您对宣武门的历史文化了解吗？［单选题］

○不了解　　○较了解　　○了解　　　○非常了解

69. 您愿意去（再去）南闹市口吗？［单选题］

○非常愿意　　　○一般　　　○不愿意

70. 您认为南闹市口的文化活力高吗？［单选题］

○低　　○较低　　○较高　　○高

71. 宣西—法源寺是首都建设全国文化中心不可多得的物质精神财富与审美资源，您对其中哪一方面比较感兴趣？［单选题］

○文化方面　　○宗教方面　　○美学方面
○形态美方面　　○人文美方面

72. 宣西社区在近现代随着社会背景的变化渐渐衰落，您认为保卫老北京胡同文化：［单选题］

○刻不容缓　　○随时代发展　　○放在次要位置　　○无所谓

73. 您认为法源寺的现存文化价值值得保护并在社会中传播吗？［单选题］

○不值得　　○一般　　○值得　　○非常值得

74. 宣西—法源寺等北京老城区尚待发展其特色文化，您认为弘扬老北京文化重要吗？［单选题］

○不重要　　○一般　　○重要　　○非常重要

75. 您认为法源寺历史文化特色较为明显的地方在哪？［单选题］

○宗教文化　　○传统民居与街巷格局　　○名人故居
○特色小吃　　○园林建设

参考文献

一 中文文献

包亚芳、孙治、宋梦珂等：《基于居民感知视角的浙江兰溪传统村落公共空间文化活力影响因素研究》，《地域研究与开发》2019 年第 5 期。

北京市国有文化资产管理中心、中国传媒大学文化产业管理学院：《北京文化产业发展白皮书》，2022 年版。

蔡晓梅、朱竑、刘晨：《顾客对情境主题餐厅表演的感知研究——以广州味道云南食府为例》，《人文地理》2012 年第 1 期。

常东亮：《当代中国城市文化活力问题多维透视》，《学习与实践》2019 年第 4 期。

陈菲、林建群、朱逊：《严寒城市公共空间活力评价因子分析》，《哈尔滨工业大学学报》2017 年第 4 期。

程静：《建设人文北京、科技北京、绿色北京》，北京出版社 2009 年版。

褚敏：《长三角城市发展报告——长三角中小城市活力研究·文化篇》，上海财经大学出版社 2022 年版。

崔璐明、曲凌雁、何丹：《基于深度学习的城市热点空间情绪感知评价——以上海市为例》，《人文地理》2021 年第 5 期。

单霁翔：《城市文化遗产保护与文化城市建设》，《城市规划》2007 年第 5 期。

范今朝、范文君：《遗产概念的发展与当代世界和中国的遗产保护体系》，《经济地理》2008 年第 3 期。

郗童童、刘文泽、孟斌等：《基于主题模型的文化资源密集区感知研究——以北京门头沟为例》，《北京联合大学学报》2019 年第 2 期。

浩飞龙、王士君：《基于网络口碑的长春市文化娱乐场所空间布局研究》，

《人文地理》2016 年第 6 期。

何丹、金凤君、戴特奇等：《北京市公共文化设施服务水平空间格局和特征》，《地理科学进展》2017 年第 9 期。

何经平、卢晶：《城乡建设中加强文物保护工作的几点思考》，《中国文物报》2021 年 5 月 18 日第 3 版。

黄丽、周佳：《上海城市咖啡馆的空间布局特征和影响因素研究》，《现代城市研究》2019 年第 3 期。

黄晓军、黄馨：《长春市物质环境与社会空间耦合的地域分异》，《经济地理》2012 年第 6 期。

霍晓卫、张捷、刘岩等：《基于互联网大数据的历史文化名街保护利用评估研究》，《中国文物科学研究》2018 年第 2 期。

贾晓婷、雷军、武荣伟等：《基于 POI 的城市休闲空间格局分析——以乌鲁木齐市为例》，《干旱区地理》2019 年第 4 期。

蒋涤非：《城市形态活力论》，东南大学出版社 2007 年版。

康璟瑶、章锦河、胡欢等：《中国传统村落空间分布特征分析》，《地理科学进展》2016 年 第 7 期。

赖长强、巫细波：《基于 GIS 方法的特大型城市酒店空间布局特征研究——基于广州酒店 POI 数据分析》，《现代城市研究》2019 年第 8 期。

李东晔、黄震方、叶滨鸿等：《游客慢文化感知维度分异与影响因素研究——以高淳国际慢城为例》，《人文地理》2020 第 1 期。

李向北：《城市魅力》，南京东南大学出版社 2013 年版。

李瑜泽、栾馨、柯尊旺等：《知识感知的预训练语言模型综述》，《计算机工程》2021 年第 9 期。

李舟军、范宇、吴贤杰：《面向自然语言处理的预训练技术研究综述》，《计算机科学》2020 年第 3 期。

梁晨晨、李仁杰：《综合 LDA 与特征维度的丽江古城意象感知分析》，《地理科学进展》2020 年第 4 期。

廖辉、冯文翰、赵景伟：《居住性历史文化街区活力的量化评价及优化策略初探——以青岛市大鲍岛为例》，《上海城市管理》2017 年第 1 期。

刘斌、杨钊：《城市历史文化街区旅游化发展问题研究——基于北京南锣鼓巷的旅游者凝视视角》，《干旱区资源与环境》2021 年第 35 期。

刘军：《从雍和宫的匾额看佛教中国化》，《中国宗教》2021 年第 2 期。

刘黎、徐逸伦、江善虎等：《基于模糊物元模型的城市活力评价》，《地理与地理信息科学》2010 年第 1 期。

刘洋：《理论与经验——会展视角下的北京城市品牌传播》，北京联合出版公司 2015 年版。

卢济威、张凡：《历史文化传承与城市活力协同发展》，《新建筑》2016 年第 1 期。

吕拉昌、黄茹：《世界大都市的文化与发展》，华南理工大学出版社 2014 年版。

马淑琴、薛正伟、杨丽丽等：《塔里木荒漠河岸林异质生境物种多样性比较与其测度指标筛选及评价》，《植物研究》2017 年第 6 期。

明雨佳、刘勇、周佳松：《基于大数据的山地城市活力评价：以重庆主城区为例》，《资源科学》2020 年第 4 期。

潘运伟、杨明、刘海龙：《濒危世界遗产威胁因素分析与中国世界遗产保护对策》，《人文地理》2014 年第 1 期。

任红宇、杜王鑫：《文化类节目的创新传播与衍生效应——以《上新了·故宫》为例》，《中国电视》2020 年第 12 期。

荣玥芳、闫蕊：《基于序关系分析法的历史文化街区活力评价——以西琉璃厂街区为例》，《北京建筑大学学报》2020 年第 3 期。

桑爱叶：《文化：北京城市发展之魂》，《北京日报》2018 年 1 月 23 日第 1 版。

宋爽：《文化建设中的要素表现》，吉林人民出版社 2017 年版。

苏世亮、李霖、翁敏：《空间数据分析》，北京科学出版社 2019 年版。

孙施文：《活力规划》，中国建筑工业出版社 2019 年版。

塔娜、曾屿恬、朱秋宇等：《基于大数据的上海中心城区建成环境与城市活力关系分析》，《地理科学》2020 年第 1 期。

谭永忠、吴次芳：《区域土地利用结构的信息熵分异规律研究》，《自然资源学报》2003 年第 1 期。

佟玉权、韩福文、邓光玉：《景观—文化遗产整体性保护的新视角》，《经济地理》2010 年第 11 期。

童明：《城市肌理如何激发城市活力》，《城市规划学刊》2014 年第 3 期。

汪海、蒋涤非：《城市公共空间活力评价体系研究》，《铁道科学与工程学报》2012 年第 1 期。

汪胜兰、李丁、冶小梅等：《城市活力的模糊综合评价研究——以湖北主要城市为例》，《华中师范大学学报》（自然科学版）2013 年第 3 期。

王春东、张卉、莫秀良等：《微博情感分析综述》，《计算机工程与科学》2022 年第 1 期。

王昕、韦杰、胡传东：《中国世界遗产的空间分布特征》，《地理研究》2010 年第 11 期。

乌铁红、张捷、李文杰：《地域文化差异对旅游者的旅游地意象感知影响：以内蒙古自治区草原旅游地为例》，《旅游学刊》2010 年第 6 期。

吴宝新、张宝秀、黄序：《北京城乡蓝皮书——北京城乡融合发展报告（2019）》，社会科学文献出版社 2019 年版。

谢天：《全媒体时代的经典建筑叙事研究——以北京故宫为例》，《中国建筑学会·2020 中国建筑学会学术年会论文集》，中国建筑学会中国建筑工业出版社数字出版中心，2020 年。

谢晓如、封丹、朱竑：《对文化微空间的感知与认同研究：以广州太古汇方所文化书店为例》，《地理学报》2014 年第 2 期。

许婕、王晓宇：《红色文化符号：马克思主义大众化的新视点——以天安门广场为例》，《牡丹江大学学报》2019 年第 3 期。

薛东前、黄晶、马蓓蓓等：《西安市文化娱乐业的空间格局及热点区模式研究》，《地理学报》2014 年第 4 期。

薛东前、刘虹、马蓓蓓：《西安市文化产业空间分布特征》，《地理科学》2011 年第 7 期。

严朝霞、季民河、宋太新：《上海城市道路对消费活力的影响：基于 POI 密度与多样性分析》，《苏州科技大学学报》（自然科学版）2017 年第 2 期。

严淑华、王虎平、郭林峰：《基于文化社会学的城市活力研究——以河北邯郸为例》，冶金工业出版社 2019 年版。

严淑华、王虎平、郭林锋：《基于文化社会学的城市活力研究》，冶金工业出版社 2020 年版。

杨丽霞、喻学才：《中国文化遗产保护利用研究综述》，《旅游学刊》2004

年第 4 期。

杨涛、陈海、刘迪等：《黄土丘陵沟壑区乡村社区恢复力时空演变及影响因素研究——以陕西省米脂县高渠乡为例》，《地理科学进展》2021 年第 2 期。

杨晓俊、朱凯凯、陈朋艳等：《城市电影院空间分布特征及演变——以西安市为例》，《经济地理》2018 年第 6 期。

岳增营、叶霞、刘睿珩：《基于语言模型的预训练技术研究综述》，《中文信息学报》2021 年第 9 期。

翟秀娟、孙希华、孙宗耀：《基于 POI 数据的淄博市中心城区公共文化设施数量与空间分布格局研究》，《山东师范大学学报》（自然科学版）2017 年第 2 期。

张波、王兴中：《城市（营业性）娱乐场所空间结构研究》，《地理科学》2007 年第 6 期。

张海良：《城市活力》，武汉理工大学出版社 2015 年版。

张红宇：《网络口碑对消费者在线行为的影响——基于"大众点评网"的实证研究》，博士学位论文，西南交通大学，2014 年。

张文海、蒋鑫、廖丹妍等：《日常生活视角下的北京大栅栏片区院落景观研究》，《北京规划建设》2020 年第 4 期。

赵宏波、余涤非、苗长虹等：《基于 POI 数据的郑州市文化设施的区位布局特征与影响因素研究》，《地理科学》2018 年第 9 期。

赵诗童、张文新：《北京市公共文化设施分布特征及可达性》，《城市发展研究》2020 年第 6 期。

郑淞尹、孙传明、谈国新：《基于文本挖掘的中外游客文化感知差异——以世界遗产地为例》，《华侨大学学报》（哲学社会科学版）2022 年第 1 期。

钟佳娃、刘巍、王思丽等：《文本情感分析方法及应用综述》，《数据分析与知识发现》2021 年第 6 期。

周尚意、姜苗苗、吴莉萍：《北京城区文化产业空间分布特征分析》，《北京师范大学学报》（社会科学版）2006 年第 6 期。

朱勃：《城市生命力：从生命特征视角认识城市及其演进规律的研究》，中国建筑工业出版社 2011 年版。

二　英文文献

Abuzayed A, Al – khalifa H, "BERT for Arabic topic modeling: an experimental study on BERTopic technique", *Procedia Computer Science*, 2021, 189: 191 – 194.

Adedeji J A, Fadamiro J A, "Urban open space transition and management in Lagos, Nigeria", *Management of Environmental Quality*, 2015, 26: 951 – 965.

Agryzkov T, Martí P, Tortosa L, et al., "Measuring urban activities using Foursquare data and network analysis: A case study of Murcia (Spain)", *International Journal of Geographical Information Systems*, 2017, 31 (1): 100 – 121.

Ajeng C, Gim T H T, "Analyzing on – street parking duration and demand in a Metropolitan City of a developing country: A case study of Yogyakarta City, Indonesia", *Sustainability*, 2018, 10: 591.

Alcock I, White M, Cherrie M, et al., "Land cover and air pollution are associated with asthma hospitalisations: A cross – sectional study", *Environment International*, 2017, 109: 29 – 41.

Alexander C, "A city is not a tree", *Arch. Forum*, 1965, 122: 58 – 62.

Alhaj F, Al – haj A, Sharieh A, et al., "Improving Arabic cognitive distortion classification in Twitter using BERTopic", *International Journal of Advanced Computer Science and Applications*, 2022, 13 (1): 854 – 860.

Alom M Z, Taha T M, Yakopcic C, et al., "The History Began from Alexnet: A Comprehensive Survey on Deep Learning Approaches", *Computer Vision and Pattern Recognition*, 2018.

Alonso de Λ P, Berghauser P M, Amorim L, "Development of a measure of permeability between private and public space", *Urban Science*, 2018, 2 (3): 87 – 103.

Attoe W, Logan D, *American Urban Architecture: Catalysts in the Design of Cities*, Berkeley: University of California Press, 1992.

Azmi D I, Karim H A, "Implications of walkability towards promoting sustainable urban neighborhood", *Procedia – Social and Behavioral Sciences*, 2012, 50: 204 – 213.

Bakogiannis E, Siti M, Tsigdinos S, et al. , "Monitoring the first dockless bike sharing system in Greece: Understanding user perceptions, usage patterns and adoption barriers", *Research in Transportation Business & Management*, 2020, 33: 100432.

Banister D, Watson S, Wood C, "Sustainable cities: Transport, energy, and urban form", *Environment and Planning B*, 1997, 24: 125 – 143.

Bardhan R, Kurisu K, Hanaki K, "Does compact urban forms relate to good quality of life in high density cities of India? Case of Kolkata", *Cities*, 2015, 48: 55 – 65.

Barreca A, Curto R, Rolando D, "Urban Vibrancy: An Emerging Factor that Spatially Influences the Real Estate Market", *Sustainability*, 2020, 12: 346.

Barthelemy M, *The structure and dynamics of cities*, Cambridge: Cambridge University Press, 2016.

Batty M, "The pulse of the city", *Environment and Planning B: Planning and Design*, 2010, 37 (4): 575 – 577.

Bennett M M, Smith L C, "Advances in using multitemporal night – time lights satellite imagery to detect, estimate, and monitor socioeconomic dynamics", *Remote Sensing of Environment*, 2017, 192: 176 – 197.

Berghauser Pont M, Haupt P, *Spacematrix: space, density and urban form*, Rotterdam: Nai Publishers, 2010.

Bourne L S, *Internal Structure of City*, New York: Oxford University Press, 1971.

Braun L M, Malizia E, "Downtown vibrancy influences public health and safety outcomes in urban counties", *Journal of Transport & Health*, 2015, 2 (4): 540 – 548.

Buscema M, Ferilli G, Gustafsson C, et al. , "The Complex Dynamic Evolution of Cultural Vibrancy in the Region of Halland, Sweden", *International Regional Science Review*, 2020, 43 (3): 159 – 202.

Buscema M, Ferilli G, Sacco P, "The Meta – geography of the Open Society: An Auto – CM ANN Approach", *Expert Systems with Applications*, 2018, 99: 12 –24.

Cafuta M R, "Open Space Evaluation Methodology and Three Dimensional Evaluation Model as a Base for Sustainable Development Tracking", *Sustainability*, 2015, 7 (10): 13690 –13712.

Calabrese F, Diao M, Di Lorenzo G, et al., "Understanding individual mobility patterns from urban sensing data: A mobile phone trace example", *Transportation Research Part C*, 2013, 26 (1): 301 –313.

Calthorpe P, *Urbanism in the Age of Climate Change*, Washington, DC: Island Press, 2010.

Calthrope P, *The next American metropolis: ecology, community, and the American dream*, Princeton: Princeton Architectural Press, 1993.

Carr D, "The Personal Past in Public Space", *Journal of Research in Music Education*, 1995, 20: 3 –5.

Caulfield B, O' Mahony M, Brazil W, et al., "Examining usage patterns of a bike – sharing scheme in a medium sized city", *Transportation Research Part A: Policy and Practice*, 2017, 100: 152 –161.

Cervero R, Kockelman K, "Travel demand and the 3Ds: Density, diversity, and design", *Transportation Research Part D: Transport and Environment*, 1997, 2: 199 –219.

Chai Y, Palacios J, Wang J, et al., "Measuring daily – life fear perception change: a computational study in the context of COVID – 19", *PloS one*, 2021, 17 (12): e0278322.

Chan I Y S, Liu A M M, "Effects of neighborhood building density, height, greenspace, and cleanliness on indoor environment and health of building occupants", *Building and Environment*, 2018, 145: 213 –222.

Chen H, Jia B, Lau S S Y, "Sustainable urban form for chinese compact cities: challenges of a rapid urbanized economy", *Habitat International*, 2008, 32 (1): 28 –40.

Chen Y, Li X, Wang S, et al., "Simulating urban form and energy consumption in the Pearl River Delta under different development strategies", *Annals of the Association of American Geographers*, 2013, 103 (6): 1567 – 1585.

Chen Y G, Wang J J, "Multifractal characterization of urban form and growth: The case of Beijing", *Environment and Planning B: Planning and Design*, 2013, 40 (5): 884 – 904.

Chen Z, Haynes K E, *Chinese railways in the era of high – speed*, Emerald Group Publishing Limited, 2015.

Chen Z, Yu B, Ta N, et al., "Delineating seasonal relationships between Suomi NPP – VIIRS nighttime light and human activity across Shanghai, China", *IEEE Journal of Selected Topics in Applied Earth Observations and Remote Sensing*, 2019, 12 (11): 4275 – 4283.

Chhetri P, Stimson R J, Western J, "Modelling the factors of neighbourhood attractiveness reflected in residential location decision choices", *Studies in Regional Science*, 2006, 36 (2): 393 – 417.

Chi G, Liu Y, Wu Z, et al., "Ghost Cities Analysis Based on Positioning Data in China", *Computer Science*, 2015.

Chion M, "Producing urban vitality: The case of dance in San Francisco", *Urban Geography*, 2009, 30 (4): 416 – 439.

Christian H E, Bull F C, Middleton N J, et al., "How important is the land use mix measure in understanding walking behaviour? Results from the RESIDE study", *International Journal of Behavioral Nutrition and Physical Activity*, 2011, 8 (1): 55 – 66.

Chun B, Guldmann J M, "Spatial statistical analysis and simulation of the urban heat island in high – density central cities", *Landscape and Urban Planning*, 2014, 125: 76 – 88.

Clark L P, Millet D B, Marshall J D, "Air Quality and Urban Form in U. S. Urban Areas: Evidence from Regulatory Monitors", *Environmental Science & Technology*, 2011, 45: 7028 – 7035.

Cranshaw J, Schwartz R, Hong J I, et al., "The livehoods project: Utilizing social media to understand the dynamics of a city", In: Proceedings of the 6th international AAAI conference on weblogs and social media, Dublin, Ireland, June 4 – 7 2012.

Cui C, Wang J, Wu Z, et al. , "The Socio – Spatial Distribution of Leisure Venues: A Case Study of Karaoke Bars in Nanjing, China", *International Journal of Geo – Information*, 2016, 5: 150.

Currid E, "New York as a Global Creative Hub: A Competitive Analysis of Four Theories on World Cities", *Economic Development Quarterly*, 2006, 20: 330 – 350.

Currid E, *The Warhol Economy: How Fashion Art and Music Drive New York City*, Princeton: Princeton University Press, 2008.

Cybriwsky R, "Changing patterns of urban public space: Observations and assessments from the Tokyo and New York metropolitan areas", *Cities*, 1999, 16: 223 – 231.

Dai X, Bai X, Xu M, "The influence of Beijing rail transfer stations on surrounding housing prices", *Habitat International*, 2016, 55: 79 – 88.

Dale A, Ling C, Newman L, "Community vitality: The role of community – level resilience adaptation and innovation in sustainable development", *Sustainability*, 2010, 2: 215 – 231.

Dash R K, Sahoo P, "Economic growth in India: The role of physical and social infrastructure", *Journal of Economic Policy Reform*, 2010, 13 (4): 373 – 385.

Dawson J A, *Retail Geography*, New York: Halsted Press, 2013.

Delclòs – Alió X, Gutiérrez A, Miralles – Guasch C, "The urban vitality conditions of Jane Jacobs in Barcelona: Residential and smartphone – based tracking measurements of the built environment in a Mediterranean metropolis", *Cities*, 2019, 86: 220 – 228.

Dempsey N, Brown C, Bramley G, "The key to sustainable urban development in UK cities? The influence of density on social sustainability", *Progress in Planning*, 2012, 77: 89 – 141.

De Nadai M, Staiano J, Larcher R, et al. , "The death and life of great Italian cities: A mobile phone data perspective", Proceedings of the 25th International Conference on World Wide Web, Montréal, Québec, Canada, April

11 – 15, 2016.

Devlin J, Chang M W, Lee K, et al. , "BERT: Pre – training of Deep Bidirectional Transformers for Language Understanding", *Computer Science*, 2018.

Ding C, Zhao X, "Land market, land development and urban spatial structure in Beijing", *Land Use Policy*, 2014, 40: 83 – 90.

Doll C N, Muller J P, Morley J G, "Mapping regional economic activity from night – time light satellite imagery", *Ecological Economics*, 2006, 57 (1): 75 – 92.

Dong X, Suhara Y, Bozkaya B, et al. , "Social bridges in urban purchase behavior", *ACM Transactions on Intelligent Systems and Technology*, 2017, 9 (3): 33.

Dong X, Zheng S, Matthew E, et al. , "The role of transportation speed in facilitating high skilled teamwork across cities", *Journal of Urban Economics*, 2020, 115: 103212.

Dougal C, Parsons C A, Titman S, "Urban vibrancy and corporate growth", *The Journal of Finance*, 2015, 70 (1): 163 – 210.

Drewes J E, van Aswegen M, *Determining the Vitality of Urban Centres. The Sustainable World*, United Kingdom: WIT Press, 2011.

Dubin R A, Sung C H, "Specification of hedonic regressions: Non – nested tests on measures of neighborhood quality", *Journal of Urban Economics*, 1990, 27: 97 – 110.

Dunkel A, "Visualizing the perceived environment using crowdsourced photo geodata", *Landscape and Urban Planning*, 2015, 142: 173 – 186.

Eagle N, Montjoye Y A D, Bettencourt L M A, "Community computing: Comparisons between rural and urban societies using mobile phone data", In Proceedings of the 2009 International Conference on Computational Science and Engineering. Vancouver, Canada: IEEE.

Ebeling R, Sáenz C A C, Nobre J, et al. , "The effect of political polarization on social distance stances in the brazilian covid – 19 scenario", *Journal of Information and Data Management*, 2021, 12 (1).

Eren E, Uz V E, "A review on bike – sharing: The factors affecting bike – sharing demand", *Sustainable Cities and Society*, 2020, 54: 101882.

Eugene M C, "Book review of the entertainment industry economics: A guide for financial analysis, third edition", *Journal of Gambling Studies*, 1995, 11 (4): 381 – 385.

Ewing R, Cervero R, "Does compact development make people drive less? The answer is yes", *Journal of the American Planning Association*, 2017, 83 (1): 19 – 25.

Ewing R, Cervero R, "Travel and the built environment", *Journal of the American Planning Association*, 2010, 76: 265 – 294.

Ewing R, Clemente O, *Measuring Urban Design: Metrics for Livable Places*, *Washington*, DC: Island Press, 2013.

Fan Y, Yu G, He Z, "Origin, spatial pattern, and evolution of urban system: Testing a hypothesis of "urban tree"", *Habitat International*, 2017, 59: 60 – 70.

Farber S, Páez A, Morency C, "Activity spaces and the measurement of clustering and exposure: A case study of linguistic groups in Montreal", *Environment and Planning A*, 2012, 44 (2): 315 – 332.

Filion P, Hammond K, "Neighbourhood land use and performance: The evolution of neighbourhood morphology over the 20th century", *Environment and Planning B: Urban Analytics and City Science*, 2003, 30 (2): 271 – 296.

Fishman E, Washington S, Haworth N, "Bike share: A synthesis of the literature", *Transport Reviews*, 2013, 33: 148 – 165.

Fitch D T, Rhemtulla M, Handy S L, "The Relation of the Road Environment and Bicycling Attitudes to Usual Travel Mode to School in Teenagers", *Transportation Research Part A: Policy and Practice*, 2019, 123: 35 – 53.

Florida R, *The Rise of the Creative Class. And How It's Transforming Work*, *Leisure, Community, and Everyday Life*, New York: Basic Books, 2002.

Fodness D, "Consumer Perceptions of Tourist Attractions", *Journal of Travel Research*, 1990, 28 (4): 3 – 9.

Fotheringham A S, Wong D W, "The modifiable areal unit problem in multivariate statistical analysis", *Environment and Planning A: Economy and Space*, 1991, 23: 1025 – 1044.

Frank L D, Engelke P O, "The built environment and human activity patterns: Exploring the impacts of urban form on public health", *Journal of Planning Literature*, 2001, 16: 202 – 218.

Galanis A, Botzoris G, Eliou N, "Pedestrian road safety in relation to urban road type and traffic flow", *Transportation Research Procedia*, 2017, 24: 220 – 227.

Gao Y, J Cheng, H Meng, et al., "Measuring Spatio – Temporal Autocorrelation in time Series Data of Collective Human Mobility", *Geo – Spatial Information Science*, 2019, 22 (3): 166 – 173.

Geddes P, *City in evolution*, London: Williams and Norgate Ltd, 1915.

Gehl J, *Life Between Buildings: Using Public Space*, Washington: Island Press, 1971.

Gehl J, *Life between buildings*, *Washington*, DC: Island Press, 2011.

Gibson C, Brennanhorley C, Laurenson B, et al., "Cool places, creative places? Community perceptions of cultural vitality in the suburbs", *International Journal of Cultural Studies*, 2012, 15 (3): 287 – 302.

Glaeser E L, Ponzetto G A M, Zou Y, "Urban networks: Connecting markets, people, and ideas", *Papers in Regional Science*, 2016, 95 (1): 17 – 59.

Glaeser E L, *Triumph of the City: How Our Greatest Invention Makes Us Richer, Smarter, Greener, Healthier, and Happier*, New York: Penguin Books, 2012.

Gonzalez M C, Hidalgo C A, Barabasi A L, "Understanding individual human mobility patterns", *Nature*, 2008, 453 (7196): 779 – 782.

Goodchild M F, "Prospects for a space – time GIS", *Annals of the Association of American Geographers*, 2013, 103: 1072 – 1077.

Gowharji W F, A computational tool for evaluating urban vitality using Kendall Square development proposals as a case study, Boston: Massachusetts Institute of Technology, 2016.

Grant J, "Mixed use in theory and practice: Canadian experience with implementing a planning principle", *Journal of the American Planning Association*, 2002, 68: 71 – 84.

Gratz R B, Mintz N, *Cities back from the edge: new life for downtown*, New York: Preservation Press, 1996.

Griew P, Hillsdon M, Foster C, et al., "Developing and testing a street audit tool using Google street view to measure environmental supportiveness for physical activity", *The International Journal of Behavioral Nutrition and Physical Activity*, 2013, 10 (1): 103.

Gustafsson C, *The Halland Model. A Trading Zone for Building Conservation in Concert with Labour Market Policy and the Construction Industry, Aiming at Regional Sustainable Development*, Gothenburg: Department of Philosophy, Linguistics and Theory of Science of the University of Gothenburg, 2011.

Handy S, "Methodologies for exploring the link between urban form and travel behavior", *Transportation Research Part D: Transport and Environment*, 1996, 1 (2): 151 – 165.

Harvey C, Aultman – Hall L, Hurley S E, et al., "Effects of skeletal streetscape design on perceived safety", *Landscape and Urban Planning*, 2015, 142: 18 – 28.

Harvey L, "Defining and measuring employability", *Quality in Higher Education*, 2001, 7 (2): 97 – 109.

Hassan A M, Lee H, "Toward the sustainable development of urban areas: An overview of global trends in trials and policies", *Land Use Policy*, 2015, 48: 199 – 212.

Heilig G K, *World Urbanization Prospects*, New York: United Nations, Department of Economic and Social Affairs (DESA), Population Division, Population Estimates and Projections Section, 2012.

He K, Zhang X, Ren S, et al., "Delving Deep into Rectifiers: Surpassing Human – level Performance on Imagenet Classification", *Proceedings of the IEEE International Conference on Computer Vision*, 2015 (2015): 1026 – 1034.

He, Q S, He, W S, Song, Y, et al., "The impact of urban growth patterns on urban vitality in newly built_ up areas based on an association rules analysis using geographical 'big data'", *Land Use Policy*, 2018, 78: 726 – 738.

Hillier B, "Cities as movement economies", *Urban Design International*, 1996, 1 (1): 41 – 60.

Hobbs D, Lister S, Hadfield P, et al., "Receiving shadows: Governance and liminality in the night – time economy1", *The British Journal of Sociology*, 2000, 51 (4): 701 – 717.

Ho H C, Wong M S, Yang L, et al., "Spatiotemporal influence of temperature, air quality, and urban environment on cause – specific mortality during hazy days", *Environment International*, 2018, 112: 10 – 22.

Holian M J, Kahn M E, *The impact of center city economic and cultural vibrancy on greenhouse gas emissions from transportation*, San Jose State: Mineta Transportation Institute, College of Business, San Jose State University, 2012.

Hornby A S, *Oxford Advanced Learner's Dictionary (Seventh Edition Hardback)*, Oxford: Oxford University Press, 2005.

Hou Q, Qu S, Fang Y, "The method of building traditional street vitality based on D/H", In Proceedings of the China Urban Planning Annual Congress: Sustainable Development and Reasonable Planning, Dongguan, China, November 17 – 20 2017.

Houston D, "Implications of the modifiable areal unit problem for assessing built environment correlates of moderate and vigorous physical activity", *Applied Geography*, 2014, 50: 40 – 47.

Howard E, *Tomorrow: A peaceful path to reform*, London: Swan Sonnenschein, 1898.

Huang B, Zhou Y, Li Z, et al., "Evaluating and characterizing urban vibrancy using spatial big data: Shanghai as a case study", *Environment and Planning B Urban Analytics and City Science*, 2019, 47: 1543 – 1559.

Huang Q, Wong W S, "Activity patterns, socioeconomic status and urban spatial structure: What can social media data tell us?", *International Journal of*

Geographical Information Science, 2016, 30 (9): 1873 – 1898.

Humphrey C, Jensen S T, Small D, et al. , "Urban vibrancy and safety in Philadelphia", *Environment and Planning B: Urban Analytics and City Science*, 2017, 49 (9): 1573 – 1587.

Hutmacher F, "Why is There So Much More Research on Vision than on Any Other Sensory Modality?", *Frontiers in Psychology*, 2019, 10: 2246.

Hu Y, Gao S, Janowicz K, et al. , "Extracting and understanding urban areas of interest using geotagged photos", *Computers, Environment and Urban Systems*, 2015, 54: 240 – 254.

Ikioda F, "The impact of road construction on market and street trading in Lagos", *Journal of Transport Geography*, 2016, 55: 175 – 181.

Isserman N, Markusen A, "Shaping the Future through Narrative: The Third Sector, Arts and Culture", *International Regional Science Review*, 2012, 36: 115 – 136.

Jacobs A, Appleyard D, "Toward an urban design manifesto", *Journal of the American Planning Association*, 1982, 53 (1): 112 – 120.

Jacobs – Crisioni C, Rietveld P, Koomen E, et al. , "Evaluating the impact of land – use density and mix on spatiotemporal urban activity patterns: An exploratory study using mobile phone data", *Environment and Planning A: Economy and Space*, 2014, 46 (11): 2769 – 2785.

Jacobs, Harvey M, "Planning the use of land for the 21st century", *Journal of Soil and Water Conservation*, 1992, 47 (1): 32 – 34.

Jacobs J, *The death and life of American cities*, New York: Vintage Book Company, 1961.

Jalaladdini S, Oktay D, "Urban public spaces and vitality: A socio – spatial analysis in the streets of Cypriot towns", *Procedia – Social and Behavioral Sciences*, 2012, 35: 664 – 674.

Jean Baudrillard, *The consumer society: myths and structures*, London: Sage, 1998.

Jelinski D E, Wu J, "The modifiable areal unit problem and implications for landscape ecology", *Landscape Ecology*, 1996, 11: 129 – 140.

Jendryke M, Balz T, McClure S C, et al. , "Putting people in the picture: Combining big location – based social media data and remote sensing imagery for enhanced contextual urban information in Shanghai", *Computers, Environment and Urban Systems*, 2017, 62: 99 – 112.

Jenks M, Rod, *Compact cities: sustainable urban forms for developing countries*, London: Spon Press, 2000.

Jia C, Du Y Y, Wang S Y, "Measuring the vibrancy of urban neighborhoods using mobile phone data with an improved PageRank algorithm", *Transactions in GIS*, 2019, 23 (2): 241 – 258.

Jiang J, Li Q, Tu W, et al. , "A simple and direct method to analyse the influences of sampling fractions on modelling intra – city human mobility", *International Journal of Geographical Information Science*, 2019, 33 (3): 618 – 644.

Jiang S, Alves A, Rodrigues F, et al. , "Mining point – of – interest data from social networks for urban land use classification and disaggregation", *Computers, Environment and Urban Systems*, 2015, 53: 36 – 46.

Jiang S, Fiore G A, Yang Y, et al. , "A review of urban computing for mobile phone traces: Current methods, challenges and opportunities", In Proceedings of the ACM SIGKDD International Conference on Knowledge Discovery and Data Mining, Chicago, IL, USA, August 11 – 14, 2013.

Jin X, Long Y, Sun W, et al. , "Evaluating cities' vitality and identifying ghost cities in China with emerging geographical data", *Cities*, 2017, 63: 98 – 109.

Jin Y, Batty M, " Applied urban modeling: New types of spatial data provide a catalyst for new models", *Transactions in GIS*, 2013, 17 (5): 641 – 644.

John M, "Making a City: Urbanity, Vitality and Urban Design", *Journal of Urban Design*, 1998, 3: 93 – 116.

Joosten V, Nes A V, *How block types influence the natural movement economic process: Micro – spatial conditions on the dispersal of shops and Café in Berlin*, Place, Published: Techne Press, 2005.

Jost L, "Entropy and diversity", *Oikos*, 2006, 113 (2): 363 – 375.

Jung H, Lee S, Kim H S, et al. , "Does improving the physical street environment create satisfactory and active streets? Evidence from Seoul's Design Street Project", *Transportation Research Part D: Transport and Environment*, 2017, 50: 269 – 279.

Katz P, Scully V J, Bressi T W, *The New Urbanism: Toward an Architecture of Community*, New York: McGraw – Hill, 1994.

Kang C D, "The S + 5Ds: Spatial access to pedestrian environments and walking in Seoul, Korea", *Cities*, 2018, 77: 130 – 141.

Kang C, Fan D, Jiao H, "Validating activity, time, and space diversity as essential components of urban vitality", *Environment and Planning B: Urban Analytics and City Science*, 2020.

Kang C, Liu Y, Ma X, et al. , "Towards estimating urban population distributions from mobile call data", *Journal of Urban Technology*, 2012, 19 (4): 3 – 21.

Kang Chang – Deok, "Effects of the Human and Built Environment on Neighborhood Vitality: Evidence from Seoul, Korea, Using Mobile Phone Data", *Journal of Urban Planning and Development*, 2020, 48 (5): 1180 – 1197.

Keeton R, *Rising in the East: Contemporary New Towns in Asia*, San Francisco: SUN Architecture, 2011.

Keola S, Andersson M, Hall O, "Monitoring economic development from space: Using nighttime light and land coverdata to measure economic growth", *World Development*, 2015, 66: 322 – 334.

Kim T, Kim H, "Analysis of the effects of intra – urban spatial structures on carbon footprint of residents in Seoul, Korea", *Habitat International*, 2013, 38: 192 – 198.

Kim Y L, "Seoul's Wi – Fi hotspots: Wi – Fi access points as an indicator of urban vitality", *Computers, Environment and Urban Systems*, 2018, 72: 13 – 24.

King K, "Jane Jacobs and "The need for aged buildings": neighbourhood historical development pace and community social relations", *Urban Studies*, 2013, 50: 2407 – 2424.

Kitchin R, "The real – time city? Big data and smart urbanism", *GeoJournal*, 2014, 79 (1): 1 – 14.

Kockelman K, "Travel behavior as function of accessibility, land use mixing, and land use balance: evidence from San Francisco Bay Area", *Transportation Research Record: Journal of the Transportation Research Board*, 1997, 116 – 125.

Kooijman D, "A third revolution in retail: the dutch approach to leisure and urban entertainment", *Journal of Leisure Property*, 2002, 2 (3): 214 – 229.

Kooshki F, Mollatabar A, Masumi L, "The local community planning (case study: Narmak neighborhood of Tehran)", *International Journal of Academic Research in Business and Social Sciences*, 2015, 5: 171 – 178.

Kostas M, "Built environment and social well – being: How does urban form affect social life and personal relationships?", *Cities*, 2018, 74: 7 – 20.

Kotkin J, "Uncool Cities", *Prospect Magazine*, October 22, 2005.

Krier L, *The architecture of community*, Washington, DC: Island Press, 2009.

Krizhevsky A, Sutskever I, Hinton G E, "Imagenet Classification with Deep Convolutional Neural Networks", In Advances in Neural Information Processing Systems, edited by F. Pereira, C. J. C. Burges, L. Bottou, and K. Q. Weinberger, 1097 – 1105, Lake Tahoe, USA: Curran Associates, 2012.

Kunze C, Hecht R, "Semantic enrichment of building data with volunteered geographic information to improve mappings of dwelling units and population", *Computers, Environment and Urban Systems*, 2015, 53: 4 – 18.

Landry C, "Urban vitality: a new source of Urban competitiveness", *Prince Claus Fund Journal, Archive Issue Urban Vitality—Urban Heroes*, 2000.

Lan F, Gong X Y, Da H L, et al., "How do population inflow and social infrastructure affect urban vitality? Evidence from 35 large – and medium – sized cities in China", *Cities*, 2020, 100: 102454.

Lang W, Long Y, Chen T, "Rediscovering Chinese cities through the lens of land – use patterns", *Land Use Policy*, 2018, 79: 362 – 374.

Lansley G, Longley P A, "The geography of Twitter topics in London", *Computers, Environment and Urban Systems*, 2016, 58: 85 – 96.

Lee K S, You S Y, Eom J K, et al., "Urban spatiotemporal analysis using mobile phone data: Case study of medium – and large – sized Korean cities", *Habitat International*, 2018, 73: 6 – 15.

Lefebvre H, Kofman E, Lebas E, "Writings on cities", *Blackwell Oxford*, 1996, 63.

Levin N, Duke Y, "High spatial resolution night – time light images for demographic and socio – economic studies", *Remote Sensing of Environment*, 2012, 119 (3): 1 – 10.

Levin N, Zhang Q, "A global analysis of factors controlling VIIRS nighttime light levels from densely populated areas", *Remote Sensing of Environment*, 2017, 190: 366 – 382.

Li D, Dennis Wei Y, Wang T, "Spatial and temporal evolution of urban innovation network in China", *Habitat International*, 2015, 49: 484 – 496.

Li M, Shen Z, Hao X, "Revealing the relationship between spatio – temporal distribution of population and urban function with social media data", *GeoJournal*, 2016, 81: 919 – 935.

Liddle B, "Urban density and climate change: A STIRPAT analysis using city – level data", *Journal of Transport Geography*, 2013, 28: 22 – 29.

Lin G, Chen X, Liang Y, "The location of retail stores and street centrality in Guangzhou, China", *Applied Geography*, 2018, 100: 12 – 20.

Lin J, Cromley R G, "Evaluating geo – located Twitter data as a control layer for areal interpolation of population", *Applied Geography*, 2015, 58: 41 – 47.

Li S, Liu Y, "The jobs – housing relationship and commuting in Guangzhou, China: Hukou and dual structure", *Journal of Transport Geography*, 2016, 54, 286 – 294.

Liu S J, Zhang L, Long Y, et al., "A New Urban Vitality Analysis and Evaluation Framework Based on Human Activity Modeling Using Multi – Source Big Data", *International Journal of Geo – Information*, 2020, 9 (11): 617.

Liu X, Derudder B, Wang M, "Polycentric urban development in china: a multiscale analysis", *Environment and Planning B: Urban Analytics and City Science*, 2017, 45 (5): 953 –972.

Liu Y, Liu X, Gao S, et al., "Social sensing: A new approach to understanding our socioeconomic environments", *Annals of the Association of American Geographers*, 2015, 105: 512 –530.

Liu Y, Wang F, Xiao Y, et al., "Urban land uses and traffic 'source – sink areas': Evidence from GPS – enabled taxi data in Shanghai", *Landscape and Urban Planning*, 2012, 106: 73 –87.

Liu Y, Wu F, Liu Y, et al., "Changing neighbourhood cohesion under the impact of urban redevelopment: A case study of Guangzhou, China", *Urban Geography*, 2016, 38: 266 –290.

Liu Y, Zhang X, Kong X, et al., "Identifying the relationship between urban land expansion and human activities in the Yangtze River Economic Belt, China", *Applied Geography*, 2018, 94: 163 –177.

Long Y, Huang C C, "Does block size matter? The impact of urban design on economic vitality for Chinese cities", *Environment and Planning B: Urban Analytics and City Science*, 2019, 46: 406 –422.

Long Y, Zhou Y, "Quantitative evaluation on street vibrancy and its impact factors: A case study of Chengdu", *New Architecture*, 2016, 1: 52 –57.

Lopes M N, Camanho A S, "Public green space use and consequences on urban vitality: An assessment of European cities", *Social Indicators Research*, 2013, 113 (3): 751 –767.

Louw E, Bruinsma F, "From mixed to multiple land use", *Journal of Housing & the Built Environment*, 2006, 21 (1): 1 –13.

Lubow, E, "The New Leipzig School", The New York Times Magazine, January 8, 2006.

Lunecke M G H, Mora R, "The layered city: Pedestrian networks in downtown Santiago and their impact on urban vitality", *Journal of Urban Design*, 2018, 23 (3): 336 –353.

Luo F, Cao G, Mulligan K, et al., "Explore spatiotemporal and demographic characteristics of human mobility via Twitter: A case study of Chicago", *Applied Geography*, 2016, 70: 11 – 25.

Lynch K, *Good City Form*, Cambridge: MIT Press, 1984.

Lynch K, *The Image of the City*, Cambridge: MIT Press, 1960.

Maas P R, "Towards a Theory of Urban Vitality", University of British Columbia: Vancouver, BC, Canada, 1984.

Mahmoudi M, Ahmad F, Abbasi B, "Livable streets: The effects of physical problems on the quality and livability of Kuala Lumpur streets", *Cities*, 2015, 43: 104 – 114.

Manaugh K, Kreider T, "What is mixed use? Presenting an interaction method for measuring land use mix", *Journal of Transport and Land Use*, 2013, 6 (1): 63 – 72.

March A, Rijal Y, Wilkinson S, et al., "Measuring building adaptability and street vitality", *Planning Practice and Research*, 2012, 27: 531 – 552.

Mart P, Serrano – Estrada L, Nolasco – Cirugeda A, "Social media data: Challenges, opportunities and limitations in urban Studies", *Computers, Environment and Urban Systems*, 2019, 74: 161 – 174.

Mazzanti M, "Cultural heritage as multi – dimensional, multi – value and multi – attribute economic good: toward a new framework for economic analysis and valuation", *Journal of Socio – Economics*, 2002, 31 (5): 529 – 558.

McCann E J, "Inequality and Politics in the Creative City – region: Questions of Livability and State Strategy", *International Journal of Urban and Regional Research*, 2007, 31: 188 – 96.

McCarthy J, "Entertainment – led regeneration: the case of Detroit", *Cities*, 2002, 19 (2): 105 – 111.

McKenzie G, Adams B, "A data – driven approach to exploring similarities of tourist attractions through online reviews", *Journal of Location Based Services*, 2018, 12 (2): 94 – 118.

Mcphearson T, Pickett S T A, Grimm N B, et al., "Advancing urban ecology toward a science of cities", *BioScience*, 2016, 66 (3): 198 – 212.

Mehta V，"Lively streets determining environmental characteristics to support so-
cial behavior"，*Journal of Planning Education and Research*，2007，27
（2）：165 – 187.

Mellander C，Lobo J，Stolarick K，et al. ，"Night – time light data：A good
proxy measure for economic activity?"，*PLoS One*，2015，10（10）：e013
9779.

Meng Y，Xing H F，"Exploring the relationship between landscape characteris-
tics and urban vibrancy：A case study using morphology and review data"，
Cities，2019，95，102389.

Méndez M，Otero G，Link F，et al. ，"Neighbourhood cohesion as a form of
privilege"，*Urban Studies*，2020，1 – 21.

Modarres A，"Polycentricity, commuting pattern, urban form：the case of
Southern California"，*International Journal of Urban and Regional Research*，
2011，35（6）：1193 – 1211.

Molavi M，Jalili F，"Comparison of Vitality between Two Streets of Tehran"，
Urbanism. Arhitectura. Constructii，2016，7（4）：267.

Montalto V，Tacao Moura C J，Langedijk S，et al. ，"Culture Counts：An
Empirical Approach to Measure the Cultural and Creative Vitality of European
Cities"，*Cities*，2019，89：167 – 85.

Montgomery J，*Editorial urban vitality and the culture of cities*，Abingdon：Tay-
lor & Francis Group，1995.

Montgomery J，"Making a city：Urbanity, vitality and urban design"，*Urban
Design*，1998，3：93 – 116.

Muniz I，Garcia – López M À，"The polycentric knowledge economy in Barcelo-
na"，*Urban Geography*，2010，31（6）：774 – 799.

Nicodemus A G，"Fuzzy vibrancy：Creative placemaking as ascendant US cul-
tural policy"，*Cultural Trends*，2013，22：213 – 222.

Oliveira V，Medeiros V，"Morpho：Combining morphological measures"，*En-
vironment and Planning B：Planning and Design*，2016，43（5）：
805 – 825.

Page S E，*Diversity and Complexity*，Princeton，NJ：Princeton University

Press, 2010.

Paldino S, Bojic I, Sobolevsky S, et al., "Urban magnetism through the lens of geo – tagged photography", *Epj Data Science*, 2015, 4 (1): 5.

Park J H, Kim J, Yoon D K, et al., "The influence of Korea's green parking project on the thermal environment of a residential street", *Habitat International*, 2016, 56: 181 – 190.

Peiravian F, Derrible S, Ijaz F, "Development and Application of the Pedestrian Environment Index (PEI)", *Journal of Transport Geography*, 2014, 39: 73 – 84.

Pei T, Sobolevsky S, Ratti C, et al., "A new insight into land use classification based on aggregated mobile phone data", *International Journal of Geographical Information Science*, 2014, 28 (9): 1988 – 2007.

Perles A, Pérez – Marín E, Mercado R, et al., "An energy – efficient internet of things (loT) architecture for preventive conservation of cultural heritage", *Future Generation Computer Systems*, 2018 (81): 566 – 581.

Philipsen Klaus, "How food became the ferment of urbanity", Community Architecture Website (2015), http: //archplanbaltimore. blogspot. sg/2015/10/how – food – became – ferment – of – urbanity. html.

Pivo G, Fisher J D, "The walk ability premium in commercial real estate investments", *Real Estate Economics*, 2011, 39 (2): 185 – 219.

Porta S, Crucitti P, Latora V, "The network analysis of urban streets: A primal approach", *Environment and Planning B: Urban Analytics and City Science*, 2006, 33: 705 – 725.

Porta S, Strano E, Iacoviello V, et al., "Street centrality and densities of retail and services in Bologna, Italy", *Environment and Planning B: Urban Analytics and City Science*, 2009, 36 (3): 450 – 465.

Pratt A C, "Creative cities: tensions within and between social, cultural and economic development acritical reading of the UK experience", *City, Culture and Society*, 2010, 1 (1): 13 – 20.

Punter J, Yu L, Ye J, "Sustainable principles of urban development pattern", *Urban Planning International*, 2005, 20 (6): 31 – 37.

Qin Y, " 'No county left behind?' The distributional impact of high – speed rail upgrades in China", *Journal of Economic Geography*, 2017, 17 (3): 489 – 520.

Qi Y, Drolma S C, Zhang X, et al., "An investigation of the visual features of urban street vitality using a convolutional neural network", *Geo – spatial Information Science*, 2020, 23: 341 – 351.

Raco M, Tunney E, "Visibilities and invisibilities in urban development: Small business communities and the London Olympics 2012", *Urban Studies*, 2010, 47: 2069 – 2091.

Rahimi S, Mottahedi S, Liu X, "The geography of taste: Using yelp to study urban culture", *ISPRS International Journal of Geo – Information*, 2018, 7 (9), 376.

Ratti C, Frenchman D, Pulselli R M, et al., "Mobile landscapes: Using location data from cell phones for urban analysis", *Environment and Planning B: Planning and Design*, 2006, 33 (5): 727 – 748.

Ravenscroft N, "The vitality and viability of town centres", *Urban Studies*, 2000, 37 (13): 2533 – 2549.

Richards G, "Tourism attraction systems: Exploring cultural behavior", *Annals of Tourism Research*, 2002, 29 (4): 1048 – 1064.

Robinson J, "Comparative urbanism: New geographies and cultures of theorizing the urban", *International Journal of Urban and Regional Research*, 2016, 40: 187 – 199.

Rodrigue J P, Comtois C, Slack B, *The Geography of Transport Systems*, England: Routledge, 2016.

Roig – Tierno N, Baviera – Puig A, Buitrago – Vera J, et al., "The retail site location decision process using GIS and the analytical hierarchy process", *Applied Geography*. 2013, 40: 191 – 198.

Rui Y K, Ban Y F, "Exploring the relationship between street centrality and land use in Stockholm", *International Journal of Geographical Information Science*, 2014, 28: 1425 – 1438.

Rundle A G, Bader M D, Richards C A, et al., "Using Google street view to audit neighborhood environments", *American Journal of Preventive Medicine*, 2011, 40 (1): 94 –100.

Ryder A, "The changing nature of adult entertainment districts: between a rock and a hard place or going from strength to strength?", *Urban Studies*, 2004, 41 (9): 1659 –1686.

Sacco P L, Crociata A, "A Conceptual Regulatory Framework for the Design and Evaluation of Complex, Participative Cultural Planning Strategies", *International Journal of Urban and Regional Research*, 2013, 37: 1688 –706.

Sacco P L, Ferilli G, Tavano Blessi G, "From Culture 1. 0 to Culture 3. 0: Three Socio – technical Regimes of Social and Economic Value Creation through Culture, and Their Impact on European Cohesion Policies", *Sustainability*, 2018, 10: 3923.

Salesses P, Schechtner K, Hidalgo C A, "The collaborative image of the city: Mapping the inequality of urban perception", *PLoS One*, 2013, 8 (7): e68400.

Samuels I, "ISUF task force on research and practice in urban morphology: An interim report", *Urban Morphology*, 2013, 17 (1): 40 –43.

Schläpfer M, Bettencourt L, Grauwin S, et al. , "The scaling of human interactions with city size", *Journal of the Royal Society Interface*, 2013, 11 (98): 20130789.

Schlüter, C, "Ueber einige von Goldfuss beschriebene Spatangiden, II. Stück", *Zeitschrift Der Deutschen Geologischen Gesellschaft*, 1899, 51: 104 –124.

Scott A J, "Cultural – products industries and urban economic development: prospects for growth and market contestation in global context", *Urban Affairs Review*, 2004, 39 (4): 461 –490.

Sevtsuk A, Carlo R, "Does urban mobility have a daily routine? Learning from the aggregate data of mobile networks", *Journal of Urban Technology*, 2010, 17: 41 –60.

Sharkova I V, Sanchez T W, *An analysis of neighborhood vitality: The role of local civic organizations*, Portland State: Center for Urban Studies Publications and Reports, 1999.

Shaw S L, Tsou M H, Ye X, "Editorial: Human dynamics in the mobile and big data era", *International Journal of Geographical Information Science*, 2016, 30: 1687 – 1693.

Shaw S L, Yu H, "A GIS – based time – geographic approach of studying individual activities and interactions in a hybrid physical – virtual space", *Journal of Transport Geography*, 2009, 17 (2): 141 – 149.

Shelton B, Karakiewicz J, Kvan T, *The Making of Hong Kong: From Vertical to Volumetric (Planning, History, and the Environment Series)*, New York: Routledge, 2011.

Shelton T, Poorthuis A, Zook M, "Social media and the city: Rethinking urban socio – spatial inequality using user – generated geographic information", *Landscape and Urban Planning*, 2015, 142: 198 – 211.

Shen M, Sun Z, Wang S, et al., "No evidence of continuously advanced green – up dates in the Tibetan Plateau over the last decade", *PNAS*, 2013, 110 (26).

Shen Y, Karimi K, "Urban function connectivity: Characterisation of functional urban streets with social media check – in data", *Cities*, 2016, 55: 9 – 21.

Shirvani H, *The Urban Design Process*, New York: Van Nostrand Reinhold, 2007.

Simmel G, *The metropolis and mental life. In: Bridge G and Watson S (eds) The Blackwell City Reader*, Oxford: Wiley – Blackwell, 2002.

Smith T, Nelischer M, Perkins N, "Quality of an urban community: A framework for understanding the relationship between quality and physical form", *Landscape and Urban Planning*, 1997, 39: 229 – 241.

Son J, Kim H, Bell M L, "Does urban land – use increase risk of asthma symptoms?", *Environmental Research*, 2015, 142: 309 – 318.

Song Y, Popkin B, Gordon – Larsen P, "A national – level analysis of neighborhood form metrics", *Landscape and Urban Planning*, 2013, 116: 73 – 85.

Stanilov K, Batty M, "Exploring the historical determinants of urban growth patterns through cellular automata", *Transactions in GIS*, 2011, 15 (3): 253 – 271.

Steiger E, Westerholt R, Resch B, et al. , "Twitter as an indicator for whereabouts of people? Correlating twitter with UK census data", *Computers, Environment and Urban Systems*, 2015, 54: 255 – 265.

Stern M J, Seifert S C, "Cultural clusters: The implications of cultural assets agglomeration for neighborhood revitalization", *Journal of Planning Education and Research*, 2010, 29: 262 – 279.

Sternberg E, "An integrative theory of urban design", *Journal of the American Planning Association*, 2000, 66: 265 – 278.

Storper M, *Keys to the City: How Economics, Institutions, Social Interaction, and Politics Shape Development*, Princeton: Princeton University Press, 2013.

Stuart Chapin F, "Activity systems and urban structure: A working schema", *Journal of the American Institute of Planners*, 1968, 34 (1): 11 – 18.

Sung H, Lee S, "Residential built environment and walking activity: Empirical evidence of Jane Jacobs' urban vitality", *Transportation Research Part D: Transport and Environment*, 2015, 41: 318 – 329.

Sun W, Zheng S, Wang R, "The capitalization of subway access in home value: A repeat – rentals model with supply constraints in Beijing", *Transportation Research Part A: Policy and Practice*, 2015, 80: 104 – 115.

Tang L, Lin Y, Li S, et al. , "Exploring the Influence of Urban Form on Urban Vibrancy in Shenzhen Based on Mobile Phone Data", *Sustainability*, 2018, 10: 4565.

Teschke K, Chow Y, Van N C, "Exposures to atmospheric effects in the entertainment industry", *Journal of Occupational and Environmental Hygiene*, 2005, 2 (5): 277 – 284.

Thomas L, Cousins W, *The Compact City: A Successful, Desirable and Achievable Urban Form. The Compact City: A Sustainable Urban Form*, London: Routledge, 1996.

Tian G, Wu J, Yang Z, "Spatial pattern of urban functions in the Beijing metropolitan region", *Habitat International*, 2010, 34 (2): 249 – 255.

Tiebout C M, "A pure theory of local expenditures", *Journal of Political Economy*, 1956, 64 (5): 416 – 424.

Turner Z, Art M, "A Medieval Romanian City with Major Art Talent", *T Magazine*, 2013.

Tu W, Cao R, Yue Y, et al., "Spatial variations in urban public ridership derived from GPS trajectories and smart card data", *Journal of Transport Geography*, 2018, 69: 45 – 57.

United Nations Educational, Scientific and Cultural Organization, *Convention Concerning the Protection of the World Cultural and Natural Heritage*, Paris: Document 17/C/106 UNESCO, 1972.

Vallance S, Perkins H C, Moore K, "The results of making a city more compact: Neighbours' interpretation of urban infill", *Environment and Planning B: Planning and Design*, 2005, 32 (5): 715 – 733.

Vanderhaegen S, Canters F, "Mapping urban form and function at city block level using spatial metrics", *Landscape and Urban Planning*, 2017, 167: 399 – 409.

Van Eck J R, Koomen E, "Characterising urban concentration and land – use diversity in simulations of future land use", *The Annals of Regional Science*, 2008, 42 (1): 123 – 140.

Van Lenthe F J, Brug J, Mackenbach J P, "Neighborhood inequalities in physical inactivity: The role of neighborhood attractiveness, proximity to local facilities and safety in The Netherlands", *Social Science & Medicine*, 2005, 60: 763 – 775.

Vickerman R, "High – speed rail in Europe: Experience and issues for future development", *The Annals of Regional Science*, 1997, 31 (1): 21 – 38.

Wang F, Chen C, Xiu C, et al., "Location analysis of retail stores in Changchun, China: A street centrality perspective", *Cities*, 2014, 41: 54 – 63.

Wang F, Guldmann J M, "Simulating urban population density with a gravity – based model", *Socio – Economic Planning Sciences*, 1996, 30: 245 – 256.

Wang X C, Kockelman K M, Lemp J D, "The dynamic spatial multinomial probit model: Analysis of land use change using parcel – level data", *Journal of Transport Geography*, 2012, 24: 77 – 88.

Wang Z, "Evolving landscape – urbanization relationships in contemporary China", *Landscape and Urban Planning*, 2018, 171: 30 – 41.

Wayne A, Logan D, *American Urban Architecture: Catalysts in the Design of Cities*, Berkeley: University of California Press, 1989.

Wen H, Tao Y, "Polycentric urban structure and housing price in the transitional China: Evidence from Hangzhou", *Habitat International*, 2015, 46: 138 – 146.

Wentz E A, York A M, Alberti M, et al., "Six fundamental aspects for conceptualizing multidimensional urban form: A spatial mapping perspective", *Landscape and Urban Planning*, 2018, 179: 55 – 62.

Wey W M, Chiu Y H, "Assessing the walkability of pedestrian environment under the transit – oriented development", *Habitat International*, 2013, 38: 106 – 118.

Whitehand J, Gu K, "Research on Chinese urban form: Retrospect and prospect", *Progress in Human Geography*, 2006, 30 (3): 337 – 355.

Whittemore A H, Bendor T K, "Talking about density: An empirical investigation of framing", *Land Use Policy*, 2018, 72: 181 – 191.

Whyte W H, *The Social Life of Small Urban Spaces*, New York: Conservation Foundation, 1980.

Winters M, Brauer M, Setton E. M, et al., "Built environment influences on healthy transportation choices: Bicycling versus driving", *Journal of Urban Health*, 2010, 87: 969 – 993.

Wirth L, "Urbanism as a way of life", *American Journal of Sociology*, 1938, 44: 1 – 24.

Wojnicki I, Kotulski L, "Empirical Study of How Traffic Intensity Detector Parameters Influence Dynamic Street Lighting Energy Consumption: A Case Study in Krakow, Poland", *Sustainability*, 2018, 10 (4): 1221.

Woodworth M D, Wallace J L, "Seeing ghosts: Parsing China's "ghost city" controversy", *Urban Geography*, 2017, 38: 1270 – 1281.

Wu W, Niu X, "Influence of built environment on urban vitality: Case study of Shanghai using mobile phone location data", *Journal of Urban Planning and Development*, 2019, 145 (3): 04019007.

Wu C, Ye X, Ren F, Wan Y, et al., "Spatial and social media data analytics of housing prices in Shenzhen, China", *PLoS One*, 2016, 11 (10): e0164553.

Wu C, Ye X, Ren F, et al., "Check – in behavior and spatiotemporal vibrancy: An exploratory analysis in Shenzhen. China", *Cities*, 2018, 77: 104 – 116.

Xia C, Yeh G, Zhang A Q, "Analyzing spatial relationships between urban land use intensity and urban vitality at street block level: A case study of five Chinese megacities", *Landscape and Urban Planning*, 2020, 193: 103669.

Xia C, Zhang A, Wang H, et al., "Bidirectional urban flows in rapidly urbanizing metropolitan areas and their macro and micro impacts on urban growth: A case study of the Yangtze River middle reaches megalopolis, China", *Land Use Policy*, 2019, 82: 158 – 168.

Xiao D C, Piers M N, Zheng Y D, Jie Y, Xi Z, Joseph G A, "Using Twitter to Better Understand the Spatiotemporal Patterns of Public Sentiment: A Case Study in Massachusetts, USA", *International Journal of Environmental Research and Public Health*, 2018, 15 (2): 250.

Xing, H F, Meng Y, Shi Y, "A dynamic human activity - driven model for mixed land use evaluation using social media data", *Transactions in GIS*, 2018, 22 (5): 1361 – 1682.

Xu G, Jiao L, Yuan M, et al., "How does urban population density decline over time? An exponential model for Chinese cities with international comparisons", *Landscape and Urban Planning*, 2019, 183: 59 – 67.

Xu N, Wang J, "Research on urban public space based on daily life perspective: Case studies of three groups of urban public space in Nanjing old city", *Arch. J.* 2008, 8: 45 – 48.

Xu X, Xu X, Guan P, et al., "The cause and evolution of urban street vitality under the time dimension: Nine cases of streets in Nanjing City, China",

Sustainability, 2018, 10: 2797.

Yang J, Tsou M, Janowicz K, et al. , "Reshaping the Urban Hierarchy: Patterns of Information Diffusion on Social Media", *Geo - Spatial Information Science*, 2019, 22 (3): 149 - 165.

Yang L, "Modeling the mobility choices of older people in a transit - oriented city: Policy insights", *Habitat International*, 2018, 76: 10 - 18.

Yang X, Zhao Z, Lu S, "Exploring spatial - temporal patterns of urban human mobility hotspots", *Sustainability*, 2016, 8: 674.

Ye Y, Van Nes A, "Measuring urban maturation processes in Dutch and Chinese new towns: Combining street network configuration with building density and degree of land use diversification through GIS", *Journal of Space Syntax*, 2013, 4: 18 - 37.

Ye Y, Li D, Liu X, "How block density and typology affect urban vitality: An exploratory analysis in Shenzhen, China", *Urban Geography*, 2018, 39 (4): 631 - 652.

Yokohari M, Takeuchi K, Watanabe T, et al. , "Beyond greenbelts and zoning: a new planning concept for the environment of Asian mega - cities", *Landscape and Urban Planning*, 2000, 47 (3): 159 - 171.

Yuan M, "Human dynamics in space and time: A brief history and a view forward", *Transactions in GIS*, 2018, 22: 900 - 912.

Yue W Z, Chen Y, Thy P T M, et al. , "Identifying urban vitality in metropolitan areas of developing countries from a comparative perspective: Ho Chi Minh City versus Shanghai", *Sustainable Cities and Society*, 2020, 65: 102609.

Yue W, Chen Y, Zhang Q, et al. , "Spatial explicit assessment of urban vitality using multicource data: A case of Shanghai, China", *Sustainability*, 2019, 11, 638.

Yue Y, Wang H D, Hu B, et al. , "Exploratory calibration of a spatial interaction model using taxi GPS trajectories", *Computers, Environment and Urban Systems*, 2012, 36 (2): 140 - 153.

Yue Y, Zhuang Y, Yeh A G O, et al. , "Measurements of POI - based mixed use and their relationships with neighbourhood vibrancy", *International Journal of Geographical Information Science*, 2017, 31 (4): 658 –675.

Yu H, Wang J, Bai Y, et al., "Analysis of Large – Scale UAV Images Using a MultiScale Hierarchical Representation", *Geo – Spatial Information Science*, 2018, 21 (1): 33 –44.

Zarin S Z, Niroomand M, Heidari A A, "Physical and social aspects of vitality case study: Traditional street and modern street in Tehran", *Procedia – Social and Behavioral Sciences*, 2015, 170: 659 –668.

Zeng C, Song Y, He Q, et al., "Spatially explicit assessment on urban vitality: Case studies in Chicago and Wuhan", *Sustainable Cities and Society*, 2018, 40: 296 –306.

Zeng P, Wei M, Liu X Y, "Investigating the Spatiotemporal Dynamics of UrbanVitality Using Bicycle – Sharing Data", *Sustainability*, 2020, 12 (5): 1714.

Zhan C, "School and neighborhood: Residential location choice of immigrant parents in the Los Angeles Metropolitan area", *Journal of Population Economics*, 2015, 28 (3): 737 –783.

Zhang A, Li W, Wu J, et al., "How can the urban landscape affect urban vitality at the street block level? A case study of 15 metropolises in China", *Environment and Planning B: Urban Analytics and City Science*, 2020, 48 (5): 1245 –1262.

Zhang A, Xia C, Chu J, et al., "Portraying urban landscape: A quantitative analysis system applied in fifteen metropolises in China", *Sustainable Cities and Society*, 2019, 46: 101396.

Zhang M, Kukadia N, "Metrics of urban form and the modifiable areal unit problem", *Journal of the Transportation Research Board*, 2005, 1902: 71 –79.

Zhang M, "The role of land use in travel mode choice: Evidence from Boston and Hong Kong", *Journal of the American Planning Association*, 2004, 70 (3): 344 –360.

Zhang Q, Seto K C, "Mapping urbanization dynamics at regional and global scales using multi – temporal DMSP/OLS nighttime light data", *Remote Sensing of Environment*, 2011, 115 (9): 2320 – 2329.

Zhang X, Li Q, Fang Z, et al., "An assessment method for landmark recognition time in real scenes", *Journal of Environmental Psychology*, 2014, 40: 206 – 217.

Zhang X, Xu Y, Tu W, et al., "Do different datasets tell the same story about urban mobility — A comparative study of public transit and taxi usage", *Journal of Transport Geography*, 2018, (70): 78 – 90.

Zhen F, Cao Y, Qin X, et al., "Delineation of an urban agglomeration boundary based on Sina Weibo microblog 'check – in' data: A case study of the Yangtze River Delta", *Cities*, 2017, 60: 180 – 191.

Zheng Q, Deng J, Jiang R, et al., "Monitoring and assessing "ghost cities" in Northeast China from the view of nighttime light remote sensing data", *Habitat International*, 2017, 70: 34 – 42.

Zheng S Q, Wang J H, Dong L, "Urban network and vibrancy", *Habitat International*, 2020, 106: 102290.

Zheng S, Zhang X, Sun W, et al., "The effect of a new subway line on local air quality: A case study in Changsha", *Transportation Research Part D: Transport and Environment*, 2019, 68: 26 – 38.

Zheng Y, Capra L, Wolfson O, et al., "Urban computing: Concepts, methodologies, and applications", *ACM Transactions on Intelligent Systems and Technology*, 2014, 5 (3): 38.

Zhong C, Huang X, Arisona S M, et al., "Inferring building functions from a probabilistic model using public transportation data", *Computers, Environment and Urban Systems*, 2014, 48: 124 – 137.

Zhong C, Schläpfer M, Müller Arisona S, et al., "Revealing centrality in the spatial structure of cities from human activity patterns", *Urban Studies*, 2017, 54 (2): 437 – 455.

Zhou H, Gao H, "The impact of urban morphology on urban transportation mode: A case study of Tokyo", *Case Studies on Transport Policy*, 2018, 8 (1): 197 – 205.

Zhou Q, Luo J, "The study on evaluation method of urban network security in the big data era", *Intelligent Automation & Soft Computing*, 2017, 1 – 6.

Zhou W, Pickett S T A, Cadenasso M L, "Shifting concepts of urban spatial heterogeneity and their implications for sustainability", *Landscape Ecology*, 2017, 32（1）: 15 – 30.

Zhou Y, Long Y, "SinoGrids: A practice for open urban data in China", *Cartography and Geographic Information Science*, 2016, 43: 1 – 14.

Zukin S, *Naked City: The Death and Life of Authentic Urban Places*, New York: Oxford University Press, 2010.

后　记

　　进入不惑之年，回想我走过的岁月，自工作以来，在我所从事的教育工作中孜孜以求，不敢有所懈怠。能完成此书，算是对我没有虚度光阴的一种慰藉。本书是我主持的北京市社会科学基金研究基地重点项目（编号19JDGLA006）的研究成果，是基于实证对城市文化活力认知的一些研究总结。限于知识水平，加之时间仓促，书中难免有错漏之处，或有的观点难以被同行及专家所认同，还望各位读者不吝赐教或进行交流（hedan@buu.edu.cn）。

　　全书包括前言和八章内容。我是主执笔人。张宝秀教授是课题组主要成员，在项目研究的过程中，在本书的名称确定、整体框架设计、大纲层级和标题设定、成果表达、观点形成、政策建议等方面提供了许多宝贵的建议和意见，还撰写了前言、第一章、第二章、第八章部分内容，并对全书进行了修改和校正统稿。

　　本书在撰写过程中得到了多位领导、同事、朋友和本人指导的学生的帮助和支持。李建平研究员、张景秋教授、赵连稳教授在项目申报过程中给予了悉心指导和大力支持，孟斌教授在大数据特别是微博数据的处理分析方面给予了很多的指导和帮助，硕士研究生陈子轩、秦子航、李启萌和杨婷做了大量的文献综述、数据处理与分析、成果出图等工作，本科生仇迎鑫、侯郡和孙嘉萱在问卷调查部分参与了问卷设计、收集和处理等工作，在此一并衷心感谢！

　　本书的出版得到了北京联合大学教育基金会基金资助和北京市哲学社会科学北京学研究基地的帮助。正是因为这些单位和部门的大力支持和资助，才使得本著作得以顺利完成并付梓出版，特表感谢。本书的出版还得到中国社会科学出版社的大力支持，得到编辑吴丽平老师和胡安然老师对文稿严谨认真的校对和编辑，在此表示衷心的感谢！

　　从心底里感谢我的先生，十几年的陪伴、关爱与支持，成为我坚强的后盾和支柱。感谢我的两个可爱的女儿，她们的成长给了我无限的快乐和前进的动力。感谢我的父母和弟弟，他们的理解、鼓励和支持，他们对我无私的爱与付出，永远是我心底最强大的支撑与力量。家人的爱护与支持使我幸福生活、快乐科研，勇往直前地从事我热爱的教育事业。

何丹

2023 年 2 月于北京